松亭 金赫濟 校閱

原本集註 書傳

明文堂

書集傳序

慶元(宋寧宗年號)己未冬、先生文公、令(平聲)沈、作書集傳、(去聲)明年、先生、歿、又十年、始克成編、總若干萬言、嗚呼、書豈易(音異)言哉、二帝(堯舜)三王(禹湯文武)治(平聲澄之反鄭氏季友曰治字本平聲借使於諸經中平聲者並無音去聲者乃音直用乃爲去聲故陸氏或皆作去聲讀之今二聲並音以爲其弊平聲者修理其事用其力也去反而讀者不察乃聲者事有條理已見其效也諸篇中有不盡及者以此推之皆可見矣)天下之大經大法、皆載此書、而淺見薄識、豈足以盡發蘊奧、且生於數千載之下、而欲講明於數千載之前、亦已難矣、然二帝三王之治(去聲下同)本於道、二帝三王之道、本於心、得其心、則道與治、固可得而言矣、何者、精一執中、堯舜禹相授之心法也、建中建極、商湯周武相傳之心法也、曰德曰仁曰敬曰誠、言雖殊而理則一、無非所以明此心之妙也、至於言天、則嚴其心之所自出、言民、則謹其心之所由施、禮樂教化、心之發也、典章文物、心之著也、家齊國治而天下平、心之推也、心之德其盛矣乎、二帝三王、存此心者也、夏桀商受、亡此心者也、太甲成王、困而存此心者也、存則治、亡則亂、治亂之分、顧其心之存不存如何耳、後世人主、有志於二帝三王之治、不可不求其道、有志於二帝三王之道、不可不求其心、求心之要、舍(音捨)是書何以哉、沈、自受讀以來、沈潛其義、參考衆說、融會貫通、廼敢折衷(音中)微辭奧旨、多述舊聞、二典禹謨、先生蓋嘗是正、手澤、尚新、嗚呼惜哉、(先生改本已附文集中其間亦有經承先生口授指畫而未及盡改者今悉更定見本篇)集傳、(去聲)本先生所命故、凡引用師說、不復(扶又反)識(音志)別、(彼列反)四代(虞夏商周)之書、分爲六卷、(虞一卷夏一卷商一卷周三卷〇書凡百篇遭秦火後今所存者僅五十八篇文以時異、治以道同、聖人之心、見音現於書猶化工之妙、著於物、非精深、不能識也、是傳去聲也、於堯舜禹湯文武周公之心、雖未必能造七到反其微、於堯舜禹湯文武周公之書、因是訓詁、果五古慕二反通古今之言也亦可得其指意之大略矣、嘉定亦寧宗年號己巳三月既望、武夷蔡沈、序沈俗作沉非沈音沉沈字仲默建寧府建陽縣人西山先生之仲子從學朱文公隱居不仕自號九峯先生

書篇目

第一卷

第二卷

第三卷

第四卷

第五卷

周書

第六卷

周書

正本

集註書傳卷之一

蔡沈集傳

虞書

虞舜氏因以爲有天下之號也書凡五篇堯典雖紀唐堯之事然本虞史所作故曰虞書其舜典以下夏史所作當曰夏書春秋傳亦多引爲夏書此云虞書或以爲孔子所定也

堯典

堯唐帝名說文曰典從冊在丌上尊閣之也此篇以簡冊載堯之事故名曰堯典後世以其所載之事可爲常法故又訓爲常也今文古文皆有

曰若稽古帝堯(ᄒᆞᆫ디)**曰放**(上聲)**勳**(이시니)**欽明文思**(去聲)(ㅣ)**安安**(ᄒᆞ시며)**允恭克讓**(ᄒᆞ샤)**光被四表**(ᄒᆞ시며)**格于上下**(ᄒᆞ시니라)

●녯帝堯를稽ᄒᆞᆫ디갈온放ᄒᆞᆫ勳이시니欽ᄒᆞ시며明ᄒᆞ시며文ᄒᆞ시며思ㅣ安安ᄒᆞ시며진실노恭ᄒᆞ시며능히讓ᄒᆞ샤光이四表에被ᄒᆞ시며上下에格ᄒᆞ시니라

○曰粤越通古文作粤曰若者發語辭周書越若來三月亦此例也稽考也史臣將敘堯事故先言考古之帝堯者其德如下文所云也曰者猶言其說如此也放至也猶孟子言放乎四海是也勳功也言堯之功大而無所不至也欽恭敬也明通明也敬體而明用也

文文章也思意思也文著見而思深遠也安安無所勉强也言其德性之美皆出於自然而非勉强所謂性之者也允信克能也常人德非性有物欲害之故有强爲恭而不實欲爲讓而不能者惟堯性之是以信恭而能讓也光顯被及表外格至上天下地也言其德之盛如此故其所及之遠如此也蓋放勳者總言堯之德業也欽明文思也安安本其德性而言也允恭克讓以其行實而言也至於被四表格上下則放勳之所極也孔子曰惟天爲大惟堯則之故書敘帝王之德莫盛於堯而其贊堯之德莫備於此且又首以欽之一字爲言此書中開卷第一義也讀者深味而有得焉則一經之全體不外是矣其可忽哉

克明俊德ᄒᆞ샤以親九族ᄒᆞ신ᄃᆡ九族이旣睦이어늘平章百姓ᄒᆞ신ᄃᆡ百姓이昭明ᄒᆞ며協和萬邦ᄒᆞ신ᄃᆡ黎民이於變時雍ᄒᆞ니라 於音烏

●능히큰德을ᄇᆞᆰ히샤써九族을親ᄒᆞ신ᄃᆡ九族이임의睦ᄒᆞ거늘百姓을平章ᄒᆞ신ᄃᆡ百姓이昭明ᄒᆞ며萬邦을協和ᄒᆞ신ᄃᆡ黎民이於홉다變ᄒᆞ야이히雍ᄒᆞ니라

○明明之也俊大也堯之大德上文所稱是也九族高祖至玄孫之親擧近以該遠五服異姓之親亦在其中也睦親而和也平均章明也百姓畿內民庶也昭明皆能自明其德也萬邦天下諸侯之國也黎黑也民首皆黑故曰黎民於歎美辭變變惡爲善也時是雍和也此言堯推其德自身而家而國而天下所謂放勳者也

乃命羲和ᄒᆞ샤欽若昊天ᄒᆞ야曆象日月星辰ᄒᆞ야敬授人時ᄒᆞ샤다 昊下老反

●이에羲와和를命ᄒᆞ샤昊天을欽若ᄒᆞ야日月星辰을曆ᄒᆞ며象ᄒᆞ야敬ᄒᆞ야人時를授ᄒᆞ라ᄒᆞ시다

○乃者繼事之辭羲氏和氏主曆象授時之官若順也昊光大之意曆所以紀數之書象所以觀天之器如下篇璣衡之屬是也日陽精一日而繞地一周月陰精一月而與日一會星二十八宿衆星爲經金木水火土五星爲緯皆是也辰以日月所會分周天之度爲十二次也人時謂耕穫之候凡民事早晚之所關也其說詳見下文

分命羲仲ᄒᆞ샤宅嵎夷ᄒᆞ시니曰暘谷이니寅賓出日ᄒᆞ야平秩東作이니日中이오星鳥ㅣ라以殷仲春이면厥民은析이오鳥獸는孶尾니라 嵎音隅 孶音字

●羲仲을分命ᄒᆞ샤嵎夷에宅케ᄒᆞ시니갈온暘谷이니出ᄒᆞᄂᆞᆫ日을寅ᄒᆞ야賓ᄒᆞ야東作을平秩ᄒᆞᆯ디니日은中이오星은鳥ㅣ라써곰殷ᄒᆞᆫ仲春이면그民은析ᄒᆞ고鳥와獸ᄂᆞᆫ孶ᄒᆞ며尾ᄒᆞᄂᆞ니라

○此下四節言曆既成而分職以頒布且考驗之恐其推步之或差也或曰上文所命蓋羲伯和伯此乃分命其仲叔未詳是否也宅居也嵎夷即禹貢嵎夷既略者也曰暘谷者取日出之義羲仲所居官次之名蓋官在國都而測候之所則在於嵎夷東表之地也寅敬也賓禮接之如賓客也亦帝嚳曆日月而迎送之意出日方出之日蓋以春分之旦朝方出之日而識其初出之景也平均秩序作起也東作春月歲功方興所當作起之事也

蓋以曆之節氣早晩均次其先後之宜以授有司也日中者春分之刻於夏永冬短爲適中也晝夜皆五十刻擧晝以見夜故曰日星鳥南方朱鳥七宿唐一行推以鶉火爲春分昏之中星也殷中也春分陽之中也折分散也先時冬寒民聚於隩至是則以民之散處而驗其氣之溫也乳化曰孶交接曰尾以物之生育而驗其氣之和也

申命羲叔ᄒᆞ샤宅南交ᄒᆞ시니曰明都ㅣ니平秩南訛ᄒᆞ야敬致ㅣ니日永이오星火ㅣ라以正仲夏ㅣ면厥民은因이오鳥獸ᄂᆞᆫ希革이니라

●다시羲叔을命ᄒᆞ샤南交에宅게ᄒᆞ시니갈온明都ㅣ니南訛를平秩ᄒᆞ야敬ᄒᆞ야致ᄒᆞᆯ지니日은永ᄒᆞ고星은火라써금正ᄒᆞᆫ仲夏ㅣ면그民은因ᄒᆞ고鳥와獸ᄂᆞᆫ希ᄒᆞ야革ᄒᆞᄂᆞ니라

○申重也南交南方交趾之地陳氏曰南交下當有曰明都三字訛化也謂夏月時物長盛所當變化之事也史記索隱作南爲謂所當爲之事也敬致周禮所謂冬夏致日蓋以夏至之日中祠日而識其景如所謂日至之景尺有五寸謂之地中者也永長也日永晝六十刻也星火東方蒼龍七宿火謂大火夏至昏之中星也正者夏至陽之極午爲正陽位也因析而又析以氣愈熱而民愈散處也希革鳥獸毛希而革易也

分命和仲ᄒᆞ샤宅西ᄒᆞ시니曰昧谷이니寅餞納日ᄒᆞ야平秩西成이니宵中이오星虛라以殷仲秋ㅣ면厥民은夷오鳥獸ᄂᆞᆫ毛毨(跣蘇典反)**이니라**

●和仲을分命ᄒᆞ샤西에宅게ᄒᆞ시니갈온昧谷이니納ᄒᆞᄂᆞᆫ日을寅ᄒᆞ야餞ᄒᆞ야西成을平秩홀디니宵ᄂᆞᆫ中이오星은虛ㅣ라써곰殷ᄒᆞᆫ仲秋ㅣ면그民은夷ᄒᆞ고鳥와獸ᄂᆞᆫ毛ㅣ毨ᄒᆞᄂᆞ니라

○西謂西極之地也曰昧谷者以日所入而名也餞禮送行者之名納日方納之日也蓋以秋分之莫夕方納之日而識其景也西成秋月物成之時所當成就之事也宵夜也宵中者秋分夜之刻於夏冬爲適中也晝夜亦各五十刻擧夜以見日故曰宵星虛北方玄武七宿之虛星秋分昏之中星也亦曰殷者秋分陰之中也夷平也暑退而人氣平也毛毨鳥獸毛落更生潤澤鮮好也

申命和叔ᄒᆞ샤宅朔方ᄒᆞ시니曰幽都ㅣ니平在朔易이니日短이오星昴ㅣ라以正仲冬이면厥民은隩ㅣ오鳥獸ᄂᆞᆫ氄毛ㅣ니라

●다시和叔을命ᄒᆞ샤朔方에宅게ᄒᆞ시니갈온幽都ㅣ니朔易을平在홀지니日은短ᄒᆞ고星은昴ㅣ라써곰正ᄒᆞᆫ仲冬아면그民은隩ᄒᆞ고鳥와獸ᄂᆞᆫ毛ㅣ氄ᄒᆞᄂᆞ니라

○朔方北荒之地謂之朔者朔之爲言蘇也萬物至此死而復蘇猶月之晦而有朔也日行至是則淪於地中萬象幽暗故曰幽都在察也朔易冬月歲事已畢除舊更新所當改易之事也日短晝四十刻也星昴西方白虎七宿之昴宿冬至昏之中星也亦曰正者冬至陰之極子爲正陰之位也隩室之內也氣寒而民聚於內也氄毛鳥獸生耎毳細毛以

自溫也蓋旣命羲和造曆制器而又分方與時使各驗其實以審夫推步之差聖人之欽天勤民其謹如是是以術不違天而政不失時也又按此冬至日在虛昏中昴今冬至日在斗昏中壁中星不同者蓋天有三百六十五度四分度之一歲有三百六十五日四分日之一天度四分之一而有餘歲日四分之一而不足故天度常平運而舒日道常內轉而縮天漸差而西歲漸差而東此歲差之由唐一行所謂歲差者是也古曆簡易未立差法但隨時占候修改以與天合至東晋虞喜始以天爲天以歲爲歲乃立差以追其變約以五十年退一度何承天以爲太過乃倍其年而又反不及至隋劉焯取二家中數七十五年爲近之然亦未爲精密也因附著于此

帝曰咨汝羲暨和아 朞는 三百有六旬有六日이니 以閏月이라사 定四時成歲ᄒᆞ야 允釐百工ᄒᆞ야 庶績이 咸熙ᄒᆞ리라

●帝ㅣ ᄀᆞᆯᄋᆞ샤ᄃᆡ 咨홉다 너 羲와 밋 和아 朞ᄂᆞᆫ 三百이오 ᄯᅩ 六旬이오 ᄯᅩ 六日이니 閏月을 써야사 四時를 定ᄒᆞ야 歲를 成ᄒᆞ야 진실노 百工을 釐ᄒᆞ야 모ᄃᆞᆫ 績이 다 熙ᄒᆞ리라

○咨嗟也嗟歎而告之也暨及也朞猶周也允信釐治工官庶衆績功咸皆熙廣也天體至圓周圍三百六十五度四分度之一繞地左旋常一日一周而過一度日麗天而少遲故日行一日亦繞地一周而在天爲不及一度積三百六十五日九百四十分日之二百三十五而與天會是一歲日行之數也月麗天而尤遲一日常不及天十三度十九分度

之七積二十九日九百四十分日之四百九十九而與日會十二會得全日三百四十餘分之積又五千九百八十八如日法九百四十而一得六不盡三百四十八通計得日三百五十四九百四十分日之三百四十八是一歲月行之數也歲有十二月月有三十日三百六十者一歲之常數也故日與天會而多五日九百四十分日之二百三十五者爲氣盈月與日會而少五日九百四十分日之五百九十二者爲朔虛合氣盈朔虛而閏生焉故一歲閏率則十日九百四十分日之八百二十七三歲一閏則三十二日九百四十分日之六百單一五歲再閏則五十四日九百四十分日之三百七十五十有九歲七閏則氣朔分齊是爲一章也故三年而不置閏則春之一月入于夏而時漸不定矣子之一月入于丑而歲漸不成矣積之之久至於三失閏則春皆入夏而時全不定矣十二失閏子皆入丑歲全不成矣其名實乖戾寒暑反易農桑庶務皆失其時故必以此餘日置閏月於其間然後四時不差而歲功得成以此信治百官而衆功皆廣也

帝曰疇咨若時ᄒᆞ야 **登庸**고 **放齊曰胤子朱**ㅣ **啓明**ᄒᆞ니이다 **帝曰吁**ㅣ라 **嚚訟**이어니 **可乎**아 放甫両反胤羊進反嚚魚由反

●帝ㅣᄀᆞᆯᄋᆞ샤ᄃᆡ뉘時ᄅᆞᆯ若ᄒᆞ리ᄅᆞᆯ咨ᄒᆞ야登ᄒᆞ야庸ᄒᆞᆯ고放齊ㅣᄀᆞᆯᄋᆞᄃᆡ胤子ㅣ언朱ㅣ啓明ᄒᆞ니이다帝ᄀᆞᆯᄋᆞ샤ᄃᆡ吁ㅣ라嚚ᄒᆞ며訟커니可ᄒᆞ랴

○此下至鯀績用弗成皆爲禪舜張本也疇誰咨訪問也若順庸用也堯言誰爲我訪問

能順時爲治之人而登用之乎放齊臣名胤嗣也胤子朱堯之嗣子丹朱也啓開也言其性開明可登用也吁者歎其不然之辭嚚謂口不道忠信之言訟爭辯也朱蓋以其開明之才用之於不善故嚚訟禹所謂傲虐是也此見堯之至公至明深知其子之惡而不以一人病天下也或曰胤國子爵堯時諸侯也侯書有胤侯周書有胤之舞衣今亦未見其必不然姑存於此云

帝曰疇咨若予采오 驩兜ㅣ 曰都ㅣ라 共工이 方鳩僝功ᄒᆞᄂᆞ니이다 帝ㅣ 曰吁라 靜言庸違ᄒᆞ고 象恭ᄒᆞ니라 滔天 驩呼官反兜當侯反 共音恭僝仕限反

●帝ㅣ ᄀᆞᆯᄋᆞ샤ᄃᆡ 뉘 내의 采를 若ᄒᆞ리를 咨ᄒᆞᆯ고 驩兜ㅣ ᄀᆞᆯ오ᄃᆡ 都ㅣ라 共工이 ᄯᅩᄒᆞᆫ 鳩ᄒᆞ야 功을 僝ᄒᆞᄂᆞ니이다 帝ᄀᆞᆯᄋᆞ샤ᄃᆡ 吁ㅣ라 靜ᄒᆞ얀 言호ᄃᆡ 庸ᄒᆞ얀 違ᄒᆞ고 象만 恭ᄒᆞ니라

○采事也都歎美之辭也驩兜臣名共工官名蓋古之世官族也方且鳩聚僝見也言共工方且鳩聚而見其功也靜言庸違者靜則能言用則違背也象恭貌恭而心不然也滔天二字未詳與下文相似疑有舛誤上章言順時此言順事職任大小可見

帝曰咨四岳아 湯湯洪水ㅣ 方割ᄒᆞ야 蕩蕩懷山襄陵ᄒᆞ야 浩浩滔天일서 下民其咨ᄒᆞᄂᆞ니 有能이어든 俾乂호리라 僉曰於ㅣ라 鯀哉니이다 帝曰吁ㅣ라

咈哉라方命ᄒᆞ며圮族ᄒᆞᄂᆞ니라岳曰异哉나試可오乃已니이다帝曰往欽哉ᄒᆞ라ᄒᆞ시니九載에績用이弗成(湯音傷於音烏鯀古本反咈符勿反圮部鄙反异音異)ᄒᆞ니다

●帝ㅣᄀᆞᆯᄋᆞ샤ᄃᆡ咨홉다四岳아湯湯ᄒᆞᆫ洪水ㅣ바야흐로割ᄒᆞ야蕩蕩히山을懷ᄒᆞ며陵을襄ᄒᆞ야浩浩히天애滔ᄒᆞᆯᄉᆡ下民이그咨ᄒᆞᄂᆞ니能ᄒᆞ리잇거든ᄒᆞ야곰乂케ᄒᆞ리라모다ᄀᆞᆯ오ᄃᆡ於ㅣ라鯀이니다帝ㅣᄀᆞᆯᄋᆞ샤ᄃᆡ吁ㅣ라咈ᄒᆞᆫ지라命을方ᄒᆞ며族을圮ᄒᆞᄂᆞ니라岳이ᄀᆞᆯ오ᄃᆡ异ᄒᆞ나可를試ᄒᆞ고已ᄒᆞᆯ자니이다帝ㅣᄀᆞᆯᄋᆞ샤ᄃᆡ往ᄒᆞ야欽ᄒᆞ라ᄒᆞ시니九載에績用이成치못ᄒᆞ니라

○四岳官名一人而總四岳諸侯之事也湯湯水盛貌洪大也孟子曰水逆行謂之洚水洚水者洪水也蓋水涌出而未洩故汎濫而逆流也割害也蕩蕩廣貌懷包其四面也襄駕出其上也大阜曰陵浩浩大貌滔漫也極言其大勢若漫天也俾使乂治也言有能則任此責者使之治水也僉衆共之辭四岳與其所領諸侯之在朝者同辭而對也於歎言辭鯀崇伯名歎其美而薦之也咈者甚不然之之辭方命者逆命而不行也王氏曰圓曰行方則止方命猶今言廢閣詔令也蓋鯀之爲人悻戾自用不從上令也圮敗族類也鯀與衆不和傷人害物鯀之不可用者以此也楚辭言鯀悻直是其方命圮族之證也岳曰四岳之獨言也异義未詳疑是已廢復而强擧之之意試可乃已者蓋廷臣未有能於此者不若姑試用之取其可以治水而已言無預他事不必求其備也堯於是遣之往治戒

以欽哉蓋任大事不可以不敬聖人之戒辭約而意盡也載年也九載三考功用不成故
黜之

帝曰咨四岳아 朕이 在位七十載니 汝能庸命ᄒᆞᄂ니 巽朕位인뎌 岳曰否德이라 忝帝位ᄒᆞ리이다 曰明明ᄒᆞ며 揚側陋ᄒᆞ라 師錫帝曰有鰥이 在下ᄒᆞ니 曰虞舜이니이다 帝曰俞ㅣ라 予聞ᄒᆞ니 如何오 岳曰瞽子ㅣ니 父頑ᄒᆞ며 母嚚ᄒᆞ며 象傲ㅣ어늘 克諧以孝ᄒᆞ야 烝烝乂ᄒᆞ야 不格姦ᄒᆞ니이다 帝曰我其試哉ᆫ뎌 女去聲于時ᄒᆞ야 觀厥刑于二女호리라ᄒᆞ시고 釐降二女于嬀汭ᄒᆞ야 嬪于虞ᄒᆞ시고 帝曰欽哉ᄒᆞ라ᄒᆞ시다 嬀韋爲反汭如稅反嬪音弁

●帝ㅣᄀᆞᆯᄋᆞ샤ᄃᆡ咨홉다四岳아朕이位에잇건디七十載니네能히命을庸ᄒᆞᄂᆞ니朕의位를巽ᄒᆞᆯ진뎌岳이ᄀᆞᆯ오ᄃᆡ德이아니라帝位를忝ᄒᆞ리이다ᄀᆞᆯᄋᆞ샤ᄃᆡ明을明ᄒᆞ며側陋를揚ᄒᆞ라모다帝ᄭᅴ錫ᄒᆞ야ᄀᆞᆯ오ᄃᆡ鰥잇셔下에이시니ᄀᆞᆯᄋᆞᆫ虞舜이니이다帝ㅣᄀᆞᆯᄋᆞ샤ᄃᆡ兪ㅣ라내聞ᄒᆞ얀노니엇더요岳이ᄀᆞᆯ오ᄃᆡ瞽의子ㅣ니父ㅣ頑ᄒᆞ며母ㅣ嚚ᄒᆞ며象이傲커ᄂᆞᆯ능히諧ᄒᆞᄃᆡ 孝로ᄡᅥᄒᆞ야烝烝히 乂ᄒᆞ야姦의格지아니케ᄒᆞ니이다帝ㅣᄀᆞᆯᄋᆞ샤ᄃᆡ내그試ᄒᆞᆯ진뎌이에女ᄒᆞ야 그刑을二女의觀호리라ᄒᆞ시고二女

를嬀에汭에釐ᄒᆞ야降ᄒᆞ샤虞에嬪ᄒᆞ시고帝ㅣ갈ᄋᆞ샤ᄃᆡ欽ᄒᆞ라ᄒᆞ시다

○朕古人自稱之通號巽氏曰巽遜古通用言汝四岳能用我之命而可遜以此位乎蓋丹朱旣不肖羣臣又多不稱故欲擧以授人而先之四岳也否不通忝辱也明明言上明謂明顯之下明謂已在顯位者揚擧也側陋微賤之人也言惟德是擧不拘貴賤也師衆錫與也四岳群臣諸侯同辭以對也鰥無妻之名虞氏舜名也兪應許之辭予聞者我亦嘗聞是人也如何者復問其德之詳也岳曰四岳獨對也瞽無目之名言舜乃瞽者之子也舜父號瞽叟心不則德義之經爲頑母舜後母也象舜異母弟名傲驕慢也諧和烝進也言舜不幸遭此而能和以孝使之進進以善自治而不至於大爲姦惡也女以女與人也時是刑法也二女堯二女娥皇女英也此堯言其將試舜之意也莊子所謂二女事之以觀其內是也蓋夫婦之間隱微之際正始之道所繫尤重故觀人者於此爲尤切也釐理降下也嬀水名在今河中府河東縣出歷山入河爾雅曰水北曰汭亦小水入大水之名蓋兩水合流之內也故從水從內蓋舜所居之地嬪婦也虞舜氏也史言堯治裝下嫁二女于嬀水之北使爲舜婦于虞氏之家也欽哉堯戒二女之辭即禮所謂往之女家必敬必戒者況以天子之女嫁於匹夫尤不可不深戒之也

舜典

今文古文皆有今文合于堯典而無篇首二十八字○唐孔氏曰東晉梅賾上孔傳闕舜典自乃命以位以上二十八字世所不傳多用王范之註補之而皆以愼徽五

典以下爲舜典之初至齊蕭鸞建武四年姚方興於大航頭得孔氏傳古文舜典乃上之事未施行而方興以罪致戮至隋開皇初購求遺典始得之今按古文孔傳尙書有曰若稽古以下二十八字伏生以舜典合於堯典只以愼徽五典以上接帝曰欽哉之下而無此二十八字梅賾既失孔傳舜典故亦不知有此二十八字而愼徽五典以下則固具於伏生之書故傳者用王范之註以補之至姚方興乃得古文孔傳舜典於是始知有此二十八字或者由此乃謂古文舜典一篇皆盡亡失至是方全得之遂疑其僞蓋過論也

曰若稽古帝舜ᄒᆞᆫ디 曰重華(平聲)ㅣ 協于帝ᄒᆞ시니 濬哲文明ᄒᆞ시며 溫恭允塞ᄒᆞ샤 玄德이 升聞ᄒᆞ신디 乃命以位ᄒᆞ시다 濬音俊

●녯帝舜을稽ᄒᆞᆫ디 ᄀᆞᆯ온重華ㅣ帝ㅅ긔協ᄒᆞ시니濬ᄒᆞ시고哲ᄒᆞ시며文ᄒᆞ시고明ᄒᆞ시며溫ᄒᆞ시고恭ᄒᆞ시며允ᄒᆞ시고塞ᄒᆞ샤玄ᄒᆞᆫ德이升ᄒᆞ야聞ᄒᆞ신디이에位로써命ᄒᆞ시다

○華光華也協合也帝謂堯也濬深哲智也溫和粹也塞實也玄幽潛也升上也言堯既有光華而舜又有光華可合於堯因言其目則深沈而有智文理而光明和粹而恭敬誠信而篤實有此四者幽潛之德上聞於堯堯乃命之以職位也

愼徽五典ᄒᆞ신디 五典이 克從ᄒᆞ며 納于百揆ᄒᆞ신디 百揆ㅣ 時敍ᄒᆞ며 賓于

四門ᄒᆞ신ᄃᆡ 四門이 穆穆ᄒᆞ며 納于大麓ᄒᆞ신ᄃᆡ 烈風雷雨에 弗迷ᄒᆞ시다

●五典을愼ᄒᆞ야徽케ᄒᆞ라ᄒᆞ신ᄃᆡ五典이능히從케ᄒᆞ며百揆에納ᄒᆞ신ᄃᆡ百揆ㅣ時로敘ᄒᆞ며四門에賓ᄒᆞ신ᄃᆡ四門이穆穆ᄒᆞ며大麓에納ᄒᆞ신ᄃᆡ烈ᄒᆞᆫ風과雷ᄒᆞᄂᆞᆫ雨에迷티아니ᄒᆞ시다

○徽美也五典五常也父子有親君臣有義夫婦有別長幼有序朋友有信是也從順也左氏所謂無違敎也此蓋使爲司徒之官也揆度也百揆者揆度庶政之官惟唐虞有之猶周之冢宰也時敘以時而敘左氏所謂無廢事也四門四方之門古者以賓禮親邦國諸侯各以方至而使主焉故曰賓穆穆和之至也左氏所謂無凶人也此蓋又兼四岳之官也麓山足也烈迅迷錯也史記曰堯使舜入山林川澤暴風雷雨舜行不迷蘇氏曰洪水爲害堯使舜入山林相視原隰雷雨大至衆懼失常而舜不迷其度量有絶人者而天地鬼神亦或有以相之歟愚謂遇烈風雷雨非常之變而不震懼失常非固聰明誠智確乎不亂者不能也易震驚百里不喪匕鬯意爲近之

帝曰格ᄒᆞ라 汝舜아 詢事考言ᄒᆞᆫᄃᆡ 乃言이 底可績이언 三載니 汝陟帝位ᄒᆞ라 舜이 讓于德ᄒᆞ샤 弗嗣ᄒᆞ시다

●帝ㅣᄀᆞᆯ으샤ᄃᆡ格ᄒᆞ라너舜아事를詢ᄒᆞ고言을考ᄒᆞᆫᄃᆡ네言이可히績에底건三載ㅣ니네帝位에陟ᄒᆞ라舜이德에讓ᄒᆞ샤嗣치아니ᄒᆞ시다

○格來詢謀乃汝底致陟升也堯言詢舜所行之事而考其言則見汝之言致可有功於今三年矣汝宜升帝位也讓于德讓于有德之人也或曰謙遜自以其德不足爲嗣也

正月上日애受終于文祖ᄒᆞ시다

○上日朔日也葉氏曰上旬之日曾氏曰如上戊上辛上丁之類未詳孰是受終者堯於是終帝位之事而舜受之也文祖者堯始祖之廟未詳所指爲何人也

●正月ㅅ上日에終을文祖ㅅ긔受ᄒᆞ시다

在璿璣玉衡ᄒᆞ사以齊七政ᄒᆞ시다 璿音旋

●璿로ᄒᆞᆫ璣에玉으로ᄒᆞᆫ衡으로在ᄒᆞ사써곰七政을齊ᄒᆞ시라

○在察也美珠謂之璿璣機也以璿飾璣所以象天體之轉運也衡橫也謂衡簫也以玉爲管橫而設之所以窺璣而齊七政之運行猶今之渾天儀也七政日月五星也七者運行於天有遲有速有順有逆猶人君之有政事也此言舜初攝位整理庶務首察璣衡以齊七政蓋曆象授時所當先也○按渾天儀者天文志云言天體者三家一曰周髀二曰宣夜三曰渾天宣夜絶無師說不知其狀如何周髀之術以爲天似覆盆蓋以斗極爲中高而四邊下日月旁行遶之日近而見之爲晝日遠而不見爲夜蔡邕以爲考驗天象多所違失渾天說曰天之形狀似鳥卵地居其中天包地外猶卵之裹黃圓如彈丸故曰渾天言其形體渾渾然也其術以爲天半覆地上半在地下其天居地上見者一百八十

二度半强地下亦然北極出地上三十六度南極入地下亦三十六度而嵩高正當天之
中極南五十五度當嵩高之下又其南十二度爲夏至之日道又其南二十四度爲春秋
分之日道又其南二十四度爲冬至之日道南下去地三十一度而已是夏至日北去極
六十七度春秋分去極九十一度冬至去極一百一十五度此其大率也其南北極持其
兩端其天與日月星宿斜而廻轉此必古有其法遭秦而滅漢武帝時落下閎始經營之
鮮于妄人又量度之至宣帝時耿壽昌始鑄銅而爲之象宋錢樂又鑄銅作渾天儀衡長
八尺孔徑一寸璣徑八尺圓周二丈五尺强轉而望之以知日月星辰之所在即璿璣玉
衡之遺法也歷代以來其法漸密本朝因之爲儀三重其在外者曰六合儀平置黑單環
上刻十二辰入于四隅在地之位以準地面而定四方側立黑雙環背刻去極度數以中
分天脊直跨地平使其半入地下而結於其子午以爲天經斜倚赤單環背刻赤道度數
以平分天腹橫繞天經亦使半出地上半入地下而結於其卯酉以爲天緯三環表裏相
結不動其天經之環則南北二極皆爲圓軸虛中而內向以挈三辰四遊之環以其上四
方於是可考故曰六合儀次其內曰三辰儀側立黑雙環亦刻去極度數外貫天經之軸
內挈黃赤二道其赤道則爲赤單環外依天緯亦刻宿度而結於黑雙環之卯酉其黃道
則爲黃單環亦刻宿度而又斜倚於赤道之腹以交結於卯酉而半入其內以爲春分後
之日軌半出其外以爲秋分後之日軌又爲白單環以承其交使不傾墊下設機輪以水
激之使其日夜隨天東西運轉以象天行以其日月星辰於是可考故曰三辰其最在內

者曰四遊儀亦爲黑雙環如三辰儀之制以貫天經之軸其環之內則兩面當中各施直距外指兩軸而當其要中之內面又爲小竅以受玉衡要中之小軸使衡旣得隨環東西運轉又可隨處南北低昻以待占候者之仰窺焉以其東西南北無不周徧故曰四遊此其法之大畧也沈括曰舊法規環一面刻周天度一面加銀丁蓋以夜候天晦不可目察則以手切之也古人以璿飾璣疑亦爲此今太史局祕書省銅儀制極精緻亦以銅丁爲之曆家之說又以北斗魁四星爲璣杓三星爲衡今詳經文簡質不應北斗二字乃用寓名恐未必然姑存其說以廣異聞

肆類于上帝ᄒᆞ시며禋于六宗ᄒᆞ시며望于山川ᄒᆞ시며徧于羣神ᄒᆞ시다 禋音因

●드디어上帝ᄭᅴ類ᄒᆞ시며六宗에禋ᄒᆞ시며山川을望ᄒᆞ사며群神을徧ᄒᆞ시다

○肆遂也類禋望皆祭名周禮肆師類造于上帝註云郊祀者祭昊天之常祭非常祀而祭告于天其禮依郊祀爲之故曰類如泰誓武王伐商王制言天子將出皆云類于上帝是也禋精意以享之謂宗尊也所尊祭者其祀有六祭法曰埋少牢於泰昭祭時也相近於坎壇祭寒暑也王宮祭日也夜明祭月也幽宗祭星也雩宗祭水旱也山川名山大川五嶽四瀆之屬望而祭之故曰望徧周徧也群神謂丘陵墳衍古昔聖賢之類言受終觀象之後即祭祀上下神祇以攝位告也

輯五瑞ᄒᆞ시니旣月이어늘乃日覲四岳羣牧ᄒᆞ시고班瑞于群后ᄒᆞ시다

●五瑞를輯ᄒᆞ시니月이既ᄒᆞ거늘日로四岳과群牧을覲케ᄒᆞ시고瑞를群后에班ᄒᆞ시다

○輯斂瑞信也公執桓圭侯執信圭伯執躬圭子執穀璧男執蒲璧五等諸侯執之以合符於天子而驗其信否也周禮天子執冒以朝諸侯鄭氏註云名玉以冒以德覆冒天下也諸侯始受命天子錫以圭圭頭斜銳其冒下斜刻小大長短廣狹如之諸侯來朝天子以刻處冒其圭頭有不同者則辨其僞也既盡覲見四岳四方之諸侯群牧九州之牧伯也程子曰輯五瑞徵五等之諸侯也此已上皆正月事至盡此月則四方之諸侯有至者矣遠近不同來有先後故日日見之不如他朝會之同期於一日蓋欲以少接之則得盡其詢察禮意也班頒同群后即侯牧也既見之後審知非僞則又頒還其瑞以與天下正始也

歲二月에東巡守ᄒᆞ샤至于岱宗ᄒᆞ샤柴ᄒᆞ시며望秩于山川ᄒᆞ시며肆覲東后ᄒᆞ시니協時月ᄒᆞ샤正日ᄒᆞ시며同律度量衡ᄒᆞ시며修五禮ᄒᆞ시니五玉과三帛과二生과一死贄ㅣ러라如五器ᄒᆞ시고卒乃復ᄒᆞ시다五月에南巡守ᄒᆞ샤至于南岳ᄒᆞ샤如岱禮ᄒᆞ시며八月에西巡守ᄒᆞ샤至于西岳ᄒᆞ샤如初ᄒᆞ시며十有一月에朔巡守ᄒᆞ샤至于北岳ᄒᆞ샤如西禮ᄒᆞ시고歸格于藝祖ᄒᆞ샤

用特ᄒᆞ시다

●歲二月에東으로守애巡ᄒᆞ샤岱宗애至ᄒᆞ샤柴ᄒᆞ시며山川을望ᄒᆞ야秩ᄒᆞ시고드듸여東后를覲케ᄒᆞ시니五玉과三帛과二生과一死ㅣ贄러라時와月을協ᄒᆞ샤日을正ᄒᆞ시며律과度와量과衡을同케ᄒᆞ시며五禮를修ᄒᆞ시며五器를如케ᄒᆞ시고卒ᄒᆞ시고復ᄒᆞ시다五月에南으로守에巡ᄒᆞ샤南岳에至ᄒᆞ샤岱ㅅ禮갓티ᄒᆞ시며八月에西로守에巡ᄒᆞ샤西岳에至ᄒᆞ샤初갓티ᄒᆞ시며十有一月에朔으로守에巡ᄒᆞ샤北岳에至ᄒᆞ샤西ㅅ禮갓티ᄒᆞ시고歸ᄒᆞ야藝祖ㅅ긔格ᄒᆞ샤特을用ᄒᆞ시다

○孟子曰天子適諸侯曰巡守巡守者巡所守也歲二月當巡守之年二月也岱宗泰山也柴燔以祀天也望望秩以祀山川也秩者其牲幣祝號之次第如五岳視三公四瀆視諸侯其餘視伯子男者也東后東方之諸侯也時謂四時月謂月之大小日謂日之甲乙其法畧見上篇諸侯之國其有不齊者則協而正之也律謂十二律黃鍾大簇姑洗蕤賓夷則無射大呂夾鍾仲呂林鍾南呂應鍾也六爲律六爲呂凡十二管皆徑三分有奇空圍九分而黃鍾之長九寸大呂以下律呂相間以次而短至應鍾而極焉以之制樂而節聲音則長者聲下短者聲高下者則重濁而舒遲上者則輕淸而剽疾以之審度而度長短則九十分黃鍾之長一爲一分而十分爲寸十寸爲尺十尺爲丈十丈爲引以之審量而量多少則黃鍾之管其容子穀秬黍中者一千二百以爲龠而十龠爲合十合爲升十升爲斗十斗爲斛以之平衡而權輕重則黃鍾之龠所容千二百黍其重十二銖兩龠

則二十四銖爲兩十六兩爲斤三十斤爲鈞四鈞爲石此黃鍾所以萬事根本諸侯之國其有不一者則審而同之也時月之差由積日而成其法則先粗而後精度量衡受法於律其法則先本而後末故言正日在協時月之後同律在度量衡之先立言之叙蓋如此也五禮吉凶軍賓嘉也修之所以同天下之風俗五玉五等諸侯所執者即五瑞也三帛諸侯世子執纁公之孤執玄附庸之君執黃二生卿執羔大夫執鴈一死士執雉五玉三帛二生一死所以爲贄而見者此九字當在肆覲東后之下協時月正日之上誤脫在此言東后之覲皆執此贄也如五器劉侍講曰如同也五器即五禮之器也周禮六器六贄即舜之遺法也卒乃復者擧祀禮覲諸侯一正朔同制度修五禮如五器數事皆畢則不復東行而遂西向且轉而南行也故曰卒乃復南岳衡山西岳華山北岳恒山二月東五月南八月西十一月北各以其時也格至也言至于其廟而祭告也藝祖疑即文祖或曰文祖藝祖之所自出未有所考也特特牲也謂一牛也古者君將出必告于祖禰歸又至其廟而告之孝子不忍死其親出告反面之義也王制曰歸格于祖禰鄭註曰祖下及禰皆一牛程子以爲但言藝祖擧尊爾實皆告也但止就祖廟共用一牛不如時祭各設主於其廟也二說未知孰是今兩存之

五載에 一巡守ㅣ어시든 羣后는 四朝ᄒᆞᄂᆞ니 敷奏以言ᄒᆞ시며 明試以功ᄒᆞ시며 車服以庸ᄒᆞ시다

●五載에한번守에巡거시든群后ᄂᆞᆫ네번朝ᄒᆞᄂᆞ니敷ᄒᆞ야奏케호ᄃᆡ言으로ᄡᅥᄒᆞ시며明히試호ᄃᆡ功으로ᄡᅥᄒᆞ시며車와服을庸으로ᄡᅥᄒᆞ시다

○五載之內天子巡守者一諸侯來朝者四蓋巡守之明年則東方諸侯來朝于天子之國又明年則南方之諸侯來朝又明年則西方之諸侯來朝又明年則北方之諸侯來朝又明年則天子復巡守是則天子諸侯雖有尊卑而一往一來禮無不答是以上下交通而遠近洽和也敷陳奏進也周禮曰民功曰庸程子曰敷奏以言者使各陳其爲治之說言之善者則從而明考其功有功則賜車服以旌異之其言不善則亦有以告飭之也林氏曰天子巡守則有協時月日以下等事諸侯來朝則有敷奏以言以下等事

肇十有(有音又)二州ᄒᆞ시고封十有二山ᄒᆞ시며濬川ᄒᆞ시다

●十이오ᄯᅩ二州를肇ᄒᆞ시고十이오ᄯᅩ二山을封ᄒᆞ시며川을濬ᄒᆞ시다

○肇始也十二州冀兗靑徐荊揚豫梁雍幽幷營也中古之地但爲九州曰冀兗靑徐荊揚豫梁雍禹治水作貢亦因其舊及舜卽位以冀靑地廣始分冀東恒山之地爲幷州其東北醫無閭之地爲幽州又分靑之東北遼東等處爲營州而冀州止有河內之地今河東一路是也封表也封十二山者每州封表一山以爲一州之鎭如職方氏言揚州其山鎭曰會稽之類濬川濬導十二州之川也然舜旣分十有二州而至商時又但言九圍九有周禮職方氏亦止列爲九州有揚荊豫靑兗雍幽冀幷而無徐梁營也則是爲十二州蓋不甚久不知其自何時復合爲九也吳氏曰此一節在禹治水之後其次序不當在四

罪之先蓋史官泛記舜所行之大事初不計先後之叙也

象以典刑ᄒᆞ샤ᄃᆡ **流宥五刑**ᄒᆞ시며 **鞭作官刑**ᄒᆞ시고 **扑作教刑**ᄒᆞ샤ᄃᆡ **金作贖刑**ᄒᆞ시며 **眚災**란 **肆赦**ᄒᆞ시고 **怙終**으란 **賊刑**ᄒᆞ샤ᄃᆡ **欽哉欽哉**ᄒᆞ샤 **惟刑之恤哉**ᄒᆞ시다 宥音又 眚音省

●典ᄒᆞᆫ刑으로써象ᄒᆞ샤ᄃᆡ五刑을流로宥ᄒᆞ시며鞭으로官刑을作ᄒᆞ시고扑으로教刑을作ᄒᆞ샤ᄃᆡ金으로贖刑을作ᄒᆞ시며眚과災란肆ᄒᆞ야赦ᄒᆞ시고怙와終으란賊ᄒᆞᆯ刑으로ᄒᆞ샤ᄃᆡ欽ᄒᆞ며欽ᄒᆞ샤刑을恤ᄒᆞ시다

○象如天之垂象以示人而典者常也示人以常刑所謂墨劓剕宮大辟五刑之正也所以待夫元惡大憝殺人傷人穿窬淫放凡罪之不可宥者也流宥五刑者流遣之使遠去如下文流放竄殛之類也宥寬也所以待夫罪之稍輕雖入於五刑而情可矜法可疑與夫親貴勳勞而不可加以刑者則以此而寬之也鞭作官刑者木末垂革官府之刑也扑作教刑者夏楚二物學校之刑也皆以待夫罪之輕者金作贖刑者金黃金贖贖其罪也蓋罪之極輕雖入於鞭扑之刑而情法猶有可議者也此五句者從重入輕各有條理法之正也肆縱也眚災肆赦者眚謂過誤災謂不幸若人有如此而入於刑則又不待流宥金贖而直赦之也賊殺也怙終賊刑者怙謂有恃終謂再犯若人有如此而入於刑則雖當宥當贖亦不許其宥不聽其贖而必刑之也此二句者或由重而即輕或由輕而即重

蓋用法之權衡所謂法外意也聖人立法制刑之本末此七言者大畧盡之矣雖其輕重取舍陽舒陰慘之不同然欽哉欽哉惟刑之恤之意則未始不行乎其間也蓋其輕重毫釐之間各有攸當者乃天討不易之定理欽恤之意行乎其間則可以見聖人好生之本心也據此經文則五刑有流宥而無金贖周禮秋官亦無其文至呂刑乃有五等之罰疑穆王始制之非法之正也蓋當刑而贖則失之輕疑赦而贖則失之重且使富者幸免貧者受刑又非所以爲平也

流共工于幽洲하시며 放驩兜于崇山하시며 竄三苗于三危하시며 殛鯀于羽山하샤 四罪하신대 而天下ㅣ咸服하니라

●共工을幽洲에流하시며驩兜를崇山에放하시며三苗를三危에竄하시며鯀를羽山에殛하샤네가지로罪하신대天下다服하니라

○流遣之遠去如水之流也放置之於此不得他適也竄則驅逐禁錮之殛則拘囚困苦之隨其罪之輕重而異法也共工驩兜鯀事見上篇三苗國名在江南荊揚之間恃險爲亂者也幽洲北裔之地水中可居曰洲崇山南裔之山在今澧州三危西裔之地即雍之所謂三危既宅者羽山東裔之山即徐之蒙羽其藝者服者天下皆服其用刑之當罪也程子曰舜之誅四凶怒在四凶舜何與焉蓋因是人有可怒之事而怒之聖人之心本無怒也聖人以天下之怒爲怒故天下咸服之春秋傳所記四凶之名與此不同說者以窮

奇爲共工渾敦爲驩兜饕餮爲三苗檮杌爲鯀不知其果然否也

二十有八載에帝乃殂落ᄒᆞ거시ᄂᆞᆯ百姓은如喪考妣ᄅᆞᆯ三載ᄒᆞ고四海ᄂᆞᆫ遏密八音ᄒᆞ니라

●二十이오ᄯᅩ八載애帝ㅣ殂落커시ᄂᆞᆯ百姓은考妣ᄅᆞᆯ喪ᄒᆞᆫ다시ᄒᆞᆯ三載ᄅᆞᆯᄒᆞ고四海ᄂᆞᆫ八音을遏ᄒᆞ야密ᄒᆞ니라

○殂落死也死者魂氣歸于天故曰殂體魄歸于地故曰落喪爲之服也遏絕密靜也八音金石絲竹匏土革木也言堯聖德廣大恩澤隆厚故四海之民思慕之深至於如此也儀禮圻內之民爲天子齊衰三月圻外之民無服今應服三月者如喪考妣應服無者遏密八音堯十六卽位在位七十載又試舜三載老不聽政二十八載乃崩在位通計百單一年

月正元日에舜이格于文祖ᄒᆞ시다

●月正ㅅ元日애舜이文祖ㅅ긔格ᄒᆞ시다

○月正正月也元日朔日也漢孔氏曰舜服堯喪三年畢將卽政故復至文祖廟告蘇氏曰受終告攝此告卽位也然春秋國君皆以遭喪之明年正月卽位於廟而改元孔氏云喪畢之明年不知何所據也

詢于四岳ᄒᆞ샤闢四門ᄒᆞ시며明四目ᄒᆞ시며達四聰ᄒᆞ시다

●四岳애詢ᄒᆞ샤四門을闢ᄒᆞ시며四目을明ᄒᆞ시며四聰을達ᄒᆞ시다
○詢謀闢開也舜既告廟即位乃謀治于四岳之官開四方之門以來天下之賢俊廣四方之視聽以決天下之壅蔽

咨十有二牧ᄒᆞ샤曰食哉惟時니柔遠能邇ᄒᆞ며惇(惇音肫)德允元ᄒᆞ고而難任人이면蠻夷도率服ᄒᆞ리라

●十이오또二牧을咨ᄒᆞ샤ᄀᆞᆯ으샤ᄃᆡ食은時니遠을柔ᄒᆞ며邇를能ᄒᆞ며德을惇ᄒᆞ며元을允ᄒᆞ고任人을難ᄒᆞ면蠻夷도率ᄒᆞ야服ᄒᆞ리라
○牧養民之官十二牧十二州之牧也王政以食爲首農事以時爲先舜言足食之道惟在於不違農時也柔者寬而撫之也能者擾而習之也遠近之勢如此先其畧而後其詳也惇厚允信也德有德之人也元仁厚之人也難拒絶也任古文作壬包藏凶惡之人也言當厚有德信仁人而拒奸惡也凡此五者處之各得其宜則不特中國順治雖蠻夷之國亦相率而服從矣

舜曰咨四岳아有能奮庸ᄒᆞ야熙帝之載어든使宅百揆ᄒᆞ야亮采惠疇ᄒᆞ리라僉曰伯禹ㅣ作司空ᄒᆞ니이다帝曰俞ㅣ라咨禹아汝平水土ᄒᆞ니惟時懋哉ㅣㄴ저禹拜稽首ᄒᆞ야讓于稷契과暨皐陶ᄒᆞᆫ대帝曰俞ㅣ라汝往哉

ᄒᆞ다
契音泄 陶音遙

●舜이ᄀᆞᆯᄋᆞ샤ᄃᆡ咨홉다四岳아能히庸을奮ᄒᆞ야帝의載를熙ᄒᆞ리잇거든ᄒᆞ야곰百揆에宅ᄒᆞ야采를亮ᄒᆞ며疇를惠케호리라다ᄀᆞᆯ오ᄃᆡ伯禹ㅣ司空을作ᄒᆞ얀ᄂᆞ니이다帝ㅣᄀᆞᆯᄋᆞ샤ᄃᆡ兪ㅣ라咨홉다禹아네水土를平ᄒᆞ니이에懋홀진뎌禹ㅣ拜ᄒᆞ고首를稽ᄒᆞ야稷과契와밋皐陶에게讓ᄒᆞᆫᄃᆡ帝ㅣᄀᆞᆯᄋᆞ샤ᄃᆡ兪ㅣ라네往ᄒᆞ라

○奮起熙廣載事亮明惠順疇類也一說亮相也舜言有能奮起事功以廣帝堯之事者使居百揆之位以明亮庶事而順成庶類也僉衆也四岳所領四方諸侯有在朝者也禹姒姓崇伯鯀之子也平水土者司空之職時是懋勉也指百揆之事以勉之也蓋四岳及諸侯言伯禹見作司空可宅百揆帝然其擧而咨禹仍作司空而兼行百揆之事錄其舊績而勉其新功也以司空兼百揆如周以六卿兼三公後世以他官平章事知政事亦此類也稽首首至地稷田正官稷名棄姓姬氏封於邰契臣名姓子氏封於商稷契皆帝嚳之子暨及也皐陶亦臣名兪者然其擧也汝往哉者不聽其讓也此章稱舜曰此下方稱帝曰者以見堯老舜攝堯在時舜未嘗稱帝此後舜方眞即帝位而稱帝也

帝曰棄아黎民이阻飢서릴汝ㅣ后稷이니播時百穀ᄒᆞ라

●帝ㅣᄀᆞᆯᄋᆞ샤ᄃᆡ棄아黎民이飢에阻ᄒᆞ릴시네稷에后ᄒᆞ얀ᄂᆞ니時로百穀을播ᄒᆞ라

○阻厄后君也有爵土之稱播布也穀非一種故曰百穀此因禹之讓而申命之使仍舊

職以終其事也

帝曰契아百姓이不親ᄒᆞ며五品不遜릴ᄉᆡ汝作司徒니敬敷五敎호ᄃᆡ在寬ᄒᆞ라

●帝ㅣᄀᆞᆯᄋᆞ샤ᄃᆡ契아百姓이親치아니ᄒᆞ며五品이遜치아니ᄒᆞᆯ릴ᄉᆡ네司徒를作ᄒᆞ얀ᄂᆞ니五敎를敬ᄒᆞ야敷호ᄃᆡ寬에在ᄒᆞ라

○親相親睦也五品父子君臣夫婦長幼朋友五者之名位等級也遜順也司徒掌敎之官敷布也五敎父子有親君臣有義夫婦有別長幼有序朋友有信以五者當然之理而爲敎令也敬敬其事也聖賢之於事雖無所不敬而此又事之大者故特以敬言之寬裕以待之也蓋五者之理出於人心之本然非有强而後能者自其拘於氣質之偏溺於物欲之蔽始有昧於其理而不相親愛不相遜順者於是因禹之讓又申命契仍爲司徒使之敬以敷敎而又寬裕以待之使之優柔浸漬以漸而入則其天性之眞自然呈露不能自已而無無耻之患矣孟子所引堯言勞來匡直輔翼使自得之又從而振德之亦此意也

帝曰皐陶아蠻夷猾夏ᄒᆞ며寇賊姦宄릴ᄉᆡ汝作士니五刑에有服호ᄃᆡ五服을三就ᄒᆞ며五流에有宅호ᄃᆡ五宅에三居니惟明이라야克允ᄒᆞ리라 宄音軌

●帝ㅣ 갈ᄋᆞ샤ᄃᆡ 臯陶아 蠻夷ㅣ 夏를 猾ᄒᆞ며 寇ᄒᆞ며 賊ᄒᆞ며 姦ᄒᆞ며 究ᄒᆞᆯ실ᄉᆡ 네 士를 作ᄒᆞ얏ᄂᆞ니 五刑에 服을 두ᄃᆡ 五服을 셰 곳에 就ᄒᆞ며 五流에 宅을 두ᄃᆡ 五宅에 셰 곳에 居케 ᄒᆞᆯ디니 明ᄒᆞ야사 능히 允ᄒᆞ리라

○猾亂夏明而大也曾氏曰中國文明之地故曰華夏四時之夏疑亦取此義也刼人曰寇殺人曰賊在外曰姦在內曰宄士理官也服服其罪也呂刑所謂上服下服是也三就孔氏以爲大罪於原野大夫於朝士於市不知何據竊恐惟大辟棄之於市宮辟則下蠶室餘刑亦就屛處蓋非死刑不欲使風中其瘡誤而至死聖人之仁也五流五等象刑之當宥者也五宅三居者流雖有五而宅之但爲三等之居如列爵惟五分土惟三也孔氏以爲大罪居於四裔次則九州之外次則千里之外雖亦未見其所據然大槪當畧近之此亦因禹之讓而申命之又戒以必當致其明察乃能使刑當其罪而人無不信服也

帝曰疇若予工고 僉曰垂哉니이다 帝曰兪ㅣ라 咨垂아 汝共工이어다 垂拜稽首ᄒᆞ야 讓于殳斨과 暨伯與ᄒᆞᆫᄃᆡ 帝曰兪ㅣ라 往哉汝諧ᄒᆞ라 殳音殊斨于羊反與音餘

●帝ㅣ 갈ᄋᆞ샤ᄃᆡ 뉘 나의 工을 若ᄒᆞᆯ고 다 갈오ᄃᆡ 垂ㅣ니이다 帝ㅣ 갈ᄋᆞ샤ᄃᆡ 兪ㅣ라 咨ᄒᆞᆸ다 垂아 네 共工을 ᄒᆞᆯ디어다 垂ㅣ 拜ᄒᆞ고 首를 稽ᄒᆞ야 殳와 斨과 밋 伯與의게 讓ᄒᆞᆫᄃᆡ 帝ㅣ 갈ᄋᆞ샤ᄃᆡ 兪ㅣ라 往ᄒᆞ야 네 諧ᄒᆞ라

○若順其理而治之也曲禮六工有土工金工石工木工獸工草工周禮有攻木之工攻

金之工攻皮之工設色之工博埴之工皆是也帝問誰能順治予百工之事者垂臣名有巧思莊子曰攦工倕之指即此也殳斨伯與三臣名也殳以積竹爲兵建兵車者斨方銎斧也古者多以其所能爲名殳斨豈能爲二器者歟往哉汝諧者往哉汝和其職也

帝曰疇若予上下草木鳥獸오 僉曰益哉니이다 帝曰俞ㅣ라 咨益아 汝作朕虞ᄒᆞ라 益이 拜稽首ᄒᆞ야 讓于朱虎熊羆ᄒᆞᆫᄃᆡ 帝曰俞ㅣ라 往哉汝諧ᄒᆞ라 熊回弓皮 羆班非反

●帝ㅣᄀᆞᆯᄋᆞ샤ᄃᆡ뉘나의上下엣草와木과鳥와獸를若계ᄒᆞᆯ고다ᄀᆞᆯ오ᄃᆡ益이니이다帝ㅣᄀᆞᆯᄋᆞ샤ᄃᆡ俞ㅣ라咨홉다益아네朕의虞를作ᄒᆞ라益이拜ᄒᆞ고首를稽ᄒᆞ야朱와虎와熊과羆의게讓ᄒᆞᆫᄃᆡ帝ㅣᄀᆞᆯᄋᆞ샤ᄃᆡ俞ㅣ라往ᄒᆞ야네諧ᄒᆞ라

○上下山林澤藪也虞掌山澤之官周禮分爲虞衡屬於夏官朱虎熊羆四臣名也高辛氏之子有曰仲虎仲熊意以獸爲名者亦以其能服是獸而得名歟史記曰朱虎熊羆爲伯益之佐前殳斨伯與當亦爲垂之佐也

帝曰咨四岳아 有能典朕의 三禮아 僉曰伯夷니이다 帝曰俞ㅣ라 咨伯아 汝作秩宗이니 夙夜애 惟寅ᄒᆞ야 直哉라사 惟淸ᄒᆞ리라 伯이 拜稽首ᄒᆞ야 讓于夔龍ᄒᆞᆫᄃᆡ 帝曰俞ㅣ마 往欽哉ᄒᆞ라

●帝ㅣ골ᄋᆞ샤ᄃᆡ咨홉다四岳아能히朕의三禮ᄅᆞᆯ典ᄒᆞ리잇ᄂᆞ냐다골오ᄃᆡ伯夷니이다帝ㅣ골ᄋᆞ샤ᄃᆡ兪ㅣ라咨홉다伯아네秩宗을作ᄒᆞᆯ다니夙夜에寅ᄒᆞ야直ᄒᆞ야사淸ᄒᆞ리라伯이拜ᄒᆞ고首ᄅᆞᆯ稽ᄒᆞ야夔와龍에게讓ᄒᆞᆫᄃᆡ帝ㅣ골ᄋᆞ샤ᄃᆡ兪ㅣ라往ᄒᆞ야欽ᄒᆞ라

○典主也三禮祀天神享人鬼祭地祇之禮也伯夷臣名姜姓秩序也宗祖廟也秩宗主叙次百神之官而專以秩宗名之者蓋以宗廟爲主也周禮亦謂之宗伯而都家皆有宗人之官以掌祭祀之事亦此意也夙早寅敬畏也直者心無私曲之謂人能敬以直內不使少有私曲則其心潔淸而無物欲之汚可以交於神明矣夔龍二臣名

帝曰夔아命汝ᄒᆞ야典樂ᄒᆞ노니敎胄子호ᄃᆡ直而溫ᄒᆞ며寬而栗ᄒᆞ며剛而無虐ᄒᆞ며簡而無傲케ᄒᆞ리니詩ᄂᆞᆫ言志오歌ᄂᆞᆫ永言이오聲은依永이오律은和聲ᄒᆞᄂᆞ니八音이克諧ᄒᆞ야無相奪倫이라사神人以和ᄒᆞ리라夔曰於予擊石拊石百獸率舞 胄直又反

●帝ㅣ골ᄋᆞ샤ᄃᆡ夔아너ᄅᆞᆯ命ᄒᆞ야樂을典ᄒᆞ노니胄子ᄅᆞᆯ敎호ᄃᆡ直호ᄃᆡ溫ᄒᆞ며寬호ᄃᆡ栗ᄒᆞ며剛호ᄃᆡ虐디말게ᄒᆞ며簡호ᄃᆡ傲치말게ᄒᆞᆯ디니詩ᄂᆞᆫ志ᄅᆞᆯ言ᄒᆞ고歌ᄂᆞᆫ言을永하ᄒᆞ고聲은永을依ᄒᆞ고律은聲을和케ᄒᆞᄂᆞ니八音이능히諧ᄒᆞ야서로倫을奪ᄒᆞᆷ이업서샤神人이ᄡᅥ和ᄒᆞ리라

○冑長也自天子至卿大夫之適子也栗莊敬也上二無字與毋同凡人直者必不足於溫故欲其溫寬者必不足於栗故欲其栗所以慮其偏而輔翼之也剛者必至於虐故欲其無虐簡者必至於傲故欲其無傲所以防其過而戒禁之也敎冑子者欲其如此而其所以敎之之具則又專在於樂如周禮大司樂掌成均之法以敎國子弟而孔子亦曰興於詩成於樂蓋所以蕩滌邪穢斟酌飽滿動盪血脉流通精神養其中和之德而救其氣質之偏者也心之所之謂之志心有所之必形於言故曰詩言志旣形於言則必有長短之節故曰歌永言旣有長短則必有高下淸濁之殊故曰聲依永聲者宮商角徵羽也大抵歌聲長而濁者爲宮以漸而淸且短則爲商爲角爲徵爲羽所謂聲依永也旣有長短淸濁則又必以十二律和之乃能成文而不亂假令黃鍾爲宮則太簇爲商姑洗爲角林鍾爲徵南呂爲羽蓋以三分損益隔八相生而得之餘律皆然卽禮運所謂五聲六律十二管還相爲宮所謂律和聲也人聲旣和乃以其聲被之八音而爲樂則無不諧協而不相侵亂失其倫次可以奏之朝廷薦之郊廟而神人以和矣聖人作樂以養情性育人材事神祇和上下其體用功效廣大深切乃如此今皆不復見矣可勝歎哉夔曰以下蘇氏曰舜方命九官濟濟相讓無緣夔於此獨言其功此益稷之文簡編脫誤復見於此

帝曰龍아 朕은 堲讒說이 殄行이라 震驚朕師ᄒᆞ야 命汝ᄒᆞ야 作納言ᄒᆞᄂᆞ니 夙夜에 出納朕命ᄒᆞ되 惟允ᄒᆞ라 堲疾力反 讒音慚

● 帝ㅣ ᄀᆞᆯᄋᆞ샤ᄃᆡ 龍아 朕은 讒說이 行을 殄ᄒᆞ논디라 朕의 師을 震驚호믈 堲ᄒᆞ야 너를 命ᄒᆞ야 納言을 作ᄒᆞ노니 夙夜애 朕의 命을 出ᄒᆞ며 納호ᄃᆡ 允케 ᄒᆞ라

○堲疾殄絶也殄行者謂僞絶善人之事也師衆也謂其言之不正而能變亂黑白以駭衆聽也納言官名命令政教必使審之旣允而後出則讒說不得行而矯僞無所託矣敷奏復逆必使審之旣允而後入則邪僻無自進而功緖有所稽矣周之內史漢之尙書魏晋以來所謂中書門下者皆此職也

帝曰咨汝二十有二人아 欽哉ᄒᆞ야 惟時로 亮天功ᄒᆞ라

● 帝ㅣ ᄀᆞᆯᄋᆞ샤ᄃᆡ 咨홉다 너 二十이오 ᄯᅩ 二人아 欽ᄒᆞ야 時로 天功을 亮ᄒᆞ라

○二十二人四岳九官十二牧也周官言內有百揆四岳外有州牧侯伯蓋百揆者所以統庶官而四岳者所以統十二牧也旣分命之又總告之使之各敬其職以相天事也曾氏曰舜命九官新命者六人命伯禹命伯夷咨四岳而命者也命垂命益泛咨而命者也命夔命龍因人之讓不咨而命者也夫知道而後可宅百揆知禮而後可典三禮知道知禮非人人所能也故必咨於四岳若予工若上下草木鳥獸則非此之比故泛咨而已禮樂命令其體雖不若百揆之大然其事理精微亦非百工庶物之可比伯夷旣以四岳之擧而當秩宗之任則其所讓之人必其中於典樂納言之選可知故不咨而命之也若稷契皐陶之不咨者申命其舊職而已又按此以平水土若百工各爲一官而周制同領於司空此以士一官兼兵刑之事而周禮分爲夏秋兩官蓋帝王之法隨時制宜所謂損益

可知者如此

三載애考績ᄒᆞ시고三考에黜陟幽明ᄒᆞ신디庶績이咸熙ᄒᆞ더니分北三苗ᄒᆞ시다 北如字又音佩

●三載애績을考ᄒᆞ시고三考에幽와明을黜ᄒᆞ며陟ᄒᆞ신디庶績이다熙ᄒᆞ더니三苗를分北ᄒᆞ시다

○考核實也三考九載也九載則人之賢否事之得失可見於是陟其明而黜其幽賞罰明信人人力於事功此所以庶績咸熙也北猶背也其善者留其不善者竄徙之使分背而去也此言舜命二十二人之後立此考績黜陟之法以時擧行而卒言其效如此也按三苗見於經者如典謨益稷禹貢呂刑詳矣蓋其負固不服乍臣乍叛舜攝位而竄逐之禹治水之時三危已宅而舊都猶頑不即工禹攝位之後帝命徂征而猶逆命及禹班師而後來格於是乃得考其善惡而分北之也呂刑之言遏絶則通其本末而言不可以先後論也

舜生三十이라徵庸ᄒᆞ시고三十이라在位ᄒᆞ샤五十載에陟方乃死ᄒᆞ시니라 徵知陵反

●舜이生ᄒᆞ신三十이라徵ᄒᆞ야庸ᄒᆞ시고三十이라位에在ᄒᆞ샤五十載에方에陟ᄒᆞ야死ᄒᆞ시니라

○徵召也陟方猶言升遐也韓子曰竹書紀年帝王之沒皆曰陟陟昇也謂昇天也書曰

殷禮陟配天言以道終其德協天也故書紀舜之沒云陟其下言方乃死者所以釋陟爲死也地之勢東南下如言舜巡守而死宜言下方不得言陟方也按此得之但不當以陟爲句絶耳方猶雲徂乎方之方陟方乃死猶言殂落而死也舜生三十年堯方召用歷試三年居攝二十八年通三十年乃即帝位又五十年而崩蓋於篇末總叙其始終也史記言舜巡守崩于蒼梧之野孟子言舜卒於鳴條未知孰是今零陵九疑有舜塚云

大禹謨

謨謀也林氏曰虞史既述二典其所載有未備者於是又叙其君臣之間嘉言善政以爲大禹皐陶謨益稷三篇所以備二典之未備者今文無古文有

曰若稽古大禹ᄒᆞᆫᄃᆡ **曰文命**을 **敷于四海**ᄒᆞ시고 **祗承于帝**ᄒᆞ시다

●녯大禹를稽ᄒᆞᆫᄃᆡ ᄀᆞᆯ온文命을四海에敷ᄒᆞ시고帝ㅅ긔祗ᄒᆞ야承ᄒᆞ시다

○命敎祗敬也帝謂舜也文命敷于四海者即禹貢所謂東漸西被朔南曁聲敎訖于四海者是也史臣言禹既己布其文敎於四海矣於是陳其謨以敬承于舜如下文所云也文命史記以爲禹名蘇氏曰以文命爲禹名則敷于四海者爲何事邪

曰后ㅣ克艱厥后ᄒᆞ며 **臣**이 **克艱厥臣**이라사 **政乃乂**ᄒᆞ야 **黎民**이 **敏德**ᄒᆞ리이다

●ᄀᆞᆯᄋᆞ샤ᄃᆡ后ㅣ능히 그后를艱ᄒᆞ며臣이능히 그臣을艱ᄒᆞ야샤政이乂ᄒᆞ야黎民이德에敏ᄒᆞ리이다

○曰以下卽禹祗承于帝之言也艱難也孔子曰爲君難爲臣不易卽此意也乃者難辭也敏速也禹言君而不敢易其爲君之道臣而不敢易其爲臣之職夙夜祗懼各務盡其所當爲者則其政事乃能修治而無邪慝下民自然觀感速化於善而有不容已者矣

帝曰俞ㅣ라允若玆ᄒᆞ면嘉言이罔攸伏ᄒᆞ며野無遺賢ᄒᆞ야萬邦이咸寧ᄒᆞ리니稽于衆ᄒᆞ야舍己從人ᄒᆞ며不虐無告ᄒᆞ며不廢困窮은惟帝사時克이러시니라 舍音拾

●帝ᄀᆞᆯᄋᆞ샤ᄃᆡ兪ㅣ라진실노이갓치ᄒᆞ면嘉ᄒᆞᆫ言이伏ᄒᆞᆯ비업ᄉᆞ며野에遺ᄒᆞᆫ賢이업서萬邦이다寧ᄒᆞ리니衆에稽ᄒᆞ야己ᄂᆞᆯ舍ᄒᆞ고人을從ᄒᆞ며無告를虐디아니ᄒᆞ며困窮을廢티아니홈은오직帝샤이에克ᄒᆞ더시니라

○嘉善攸所也舜然禹之言以爲信能如此則必有以廣延衆論悉致群賢而天下之民咸被其澤無不得其所矣然非忘私順理愛民好士之至無以及此而惟堯能之非常人所及也蓋爲謙辭以對而不敢自謂其必能舜之克艱於此亦可見矣程子曰舍己從人最爲難事己者我之所有雖痛舍之猶懼守己者固而從人者輕也

益曰都ㅣ라帝德이廣運ᄒᆞ사乃聖乃神ᄒᆞ시며乃武乃文ᄒᆞ신ᄃᆡ皇天이眷命ᄒᆞ사奄有四海ᄒᆞ사爲天下君ᄒᆞ시니이다

●益이골오ᄃᆡ都ㅣ라帝의德이廣ᄒᆞ고運ᄒᆞ샤聖ᄒᆞ시며神ᄒᆞ시며武ᄒᆞ시며文ᄒᆞ신ᄃᆡ皇天이眷命ᄒᆞ샤四海를다두샤天下에人君을사므시니이다

○廣者大而無外運者行之不息大而能運則變化不測故自其大而化之而言則謂之聖自其聖而不可知而言則謂之神自其威之可畏而言則謂之武自其英華發外而言則謂之文眷顧奄盡也堯之初起不見於經傳稱其自唐侯特起爲帝觀益之言理或然也或曰舜之所謂帝者堯也羣臣之言帝者舜也如帝德罔愆帝其念哉之類皆謂舜也蓋益因舜尊堯而遂美舜之德以勸之言不特堯能如此帝亦當然也今按此說所引比類固爲甚明但益之語接連上句惟帝時克之下未應遽舍堯而譽舜又徒極口以稱其美而不見其有勸勉規戒之意恐唐虞之際未遽有此諛佞之風也依舊說贊堯爲是

禹曰惠迪ᄒᆞ면吉이오從逆ᄒᆞ면凶ᄒᆞᄂᆞᆫ디惟影響ᄒᆞ니이다 影古但作景葛洪始加彡

●禹ㅣ골ᄋᆞ샤ᄃᆡ迪을惠ᄒᆞ면吉ᄒᆞ고逆을從ᄒᆞ면凶ᄒᆞᄂᆞᆫ디影과響이ᄀᆞᆺ타니이다

○惠順迪道也逆反道者也惠迪從逆猶言順善從惡也禹言天道可畏吉凶之應於善惡猶影響之出於形聲也以見不可不艱者以此而終上文之意

益曰吁ㅣ라戒哉ᄒᆞ소서儆戒無虞ᄒᆞ샤罔失法度ᄒᆞ시며罔遊于逸ᄒᆞ시며罔淫于樂ᄒᆞ시며任賢勿貳ᄒᆞ시며去邪勿疑ᄒᆞ소서疑謀를勿成ᄒᆞ시샤百志ㅣ惟熙ᄒᆞ리이다罔違道ᄒᆞ야以干百姓之譽ᄒᆞ시며罔咈百姓ᄒᆞ야以從己之

欲ᄒᆞ소서無怠無荒ᄒᆞ면四夷도來王ᄒᆞ리이다 樂音洛 咈符勿反

●益이ᄀᆞᆯ오ᄃᆡ吁ㅣ라戒ᄒᆞ소서無虞ᄒᆞᆫ더긔儆戒ᄒᆞ샤法度를失티마라시며逸애遊티마라시며樂에淫티마라시며賢을任호ᄃᆡ貳티마라시며邪를去호ᄃᆡ疑티마라소서疑ᄒᆞᆫ謀를成티마라시샤百志ㅣ熙ᄒᆞ리이다道를違ᄒᆞ야써곰百姓의譽를干티마ᄅᆞ시며百姓을咈ᄒᆞ야써곰己의欲을從티마ᄅᆞ소서怠티말며荒티말면四夷도來ᄒᆞ야王ᄒᆞ리이다

○先吁後戒欲使聽者精審也儆與警同虞度罔勿也法度法則制度也淫過也當四方無可虞度之時法度易至廢弛故戒其失墜逸樂易至縱恣故戒其遊淫言此三者所當謹畏也任賢以小人間之謂之貳去邪不能果斷謂之疑謀圖爲也有所圖爲揆之於理而未安者則不復成就之也百志猶易所謂百慮也咈逆也九州之外世一見曰王帝於是八者朝夕戒懼無怠於心無荒於事則治道益隆四夷之遠莫不歸王中土之民服從可知今按益言八者亦有次第蓋人君能守法度不縱逸樂則心正身修義理昭著而於人之賢否孰爲可任孰爲可去事之是非孰爲可疑孰爲不可疑皆有以審其幾微絕其蔽惑故方寸之間光輝明白而於天下之事孰爲道義之正而不可違孰爲民心之公而不可咈皆有以處之不失其理而毫髮私意不入於其間此其懲戒之深旨所以推廣大禹克艱惠迪之謨也苟無其本而是非取舍決於一己之私乃欲斷而行之無所疑惑則其爲害反有不可勝言者矣可不戒哉

禹曰於ㅣ라帝하 念哉ᄒᆞ소셔 德惟善政이오政在養民ᄒᆞ니 水火金木土穀이惟修ᄒᆞ며正德利用厚生이惟和ᄒᆞ야九功이惟敍ᄒᆞ야九敍를惟歌ㅣ어든戒之用休ᄒᆞ시며董之用威ᄒᆞ시며勸之以九歌ᄒᆞ사俾勿壞ᄒᆞ소셔 於音烏

●禹ㅣ ᄀᆞᆯᄋᆞ샤ᄃᆡ 於ㅣ라 帝하 念ᄒᆞ쇼셔 德은 政을 善케 ᄒᆞ고 政은 民을 養호매 잇ᄂᆞ니 水와 火와 金과 木과 土와 穀이 修ᄒᆞ며 德을 正케 ᄒᆞ며 用을 利케 ᄒᆞ며 生을 厚케 홈이 和ᄒᆞ야 九功이 敍ᄒᆞ야 九敍를 歌ᄒᆞ거든 戒ᄒᆞ야 써 休ᄒᆞ시며 董ᄒᆞ야 써 威ᄒᆞ시며 勸호ᄃᆡ 九歌로써 ᄒᆞ샤 ᄒᆞ야곰 壞티 말게 ᄒᆞ소셔

○益言儆戒之道禹歎而美之謂帝當深念益之所言也且德非徒善而已惟當有以善其政政非徒法而已在乎有以養其民下文六府三事卽養民之政也水火金木土穀惟修者水克火火克金金克木木克土而生五穀或相制以洩其過或相助以補其不足而六者無不修矣正德者父慈子孝兄友弟恭夫義婦聽所以正民之德也利用者工作什器商通貨財之類所以利民之用也厚生者衣帛食肉不饑不寒之類所以厚民之生也六者旣修民生始遂不可以逸居而無敎故爲之惇典敷敎以正其德通功易事以利其用制節謹度以厚其生使皆當其理而無所乖則無不和矣九功六與三也敍者言九者各順其理而不汨陳以亂其常也歌者以九功之敍而詠之歌也言九者旣已修和各由其理民享其利莫不歌詠而樂其生也然始勤終怠者人情之常恐安養旣久怠心必生

則已成之功不能保其久而不廢故當有以激勵之如下文所云也董督也威古文作畏其勤於是者則戒喩而休美之其怠於是者則督責而懲戒之然又以事之出於勉强者不能久故復即其前日歌詠之言協之律呂播之聲音用之鄕人用之邦國以勸相之使其歡欣鼓舞趨事赴功不能自已而前日之成功得以久存而不壞此周禮所謂九德之歌九韶之舞而太史公所謂佚能思和安能惟始沐浴膏澤而歌詠勤苦者也葛氏曰洪範五行水火木金土而已穀本在木行之數禹以其爲民食之急故別而附之也

帝曰兪ㅣ라地平天成ᄒᆞ야六府三事ㅣ允治ᄒᆞ야萬世永賴ㅣ時乃功이니라 治去聲

●帝ㅣᄀᆞᆯ아사ᄃᆡ兪ㅣ라地ㅣ平ᄒᆞ요ᄆᆡ天이成ᄒᆞ야六府와三事ㅣ진실로治ᄒᆞ야萬世ㅣ기리賴홈이너의功이니라

○水土治曰平言水土旣平而萬物得以成遂也六府卽水火金木土穀也六者財用之所自出故曰府三事正德利用厚生也三者人事之所當爲故曰事舜因禹言養民之政而推其功以美之也

帝曰格ᄒᆞ라汝禹아朕이宅帝位ㅣ三十有三載어니耄期ᄒᆞ야倦于勤ᄒᆞ노니汝惟不怠ᄒᆞ야總朕師ᄒᆞ라 耄莫報反

●帝ㅣᄀᆞᆯᄋᆞ샤ᄃᆡ格ᄒᆞ라너禹아朕이帝位에宅건三十이오또三載어니耄ᄒᆞ며期ᄒᆞ

야勤에倦ᄒᆞ노니네怠티마라朕의師를總ᄒᆞ라

○九十日耄百年日期舜至是年己九十三矣總率也舜自言旣耄血氣已衰故倦於勤勞之事汝當勉力不怠而總率我衆也蓋命之攝位之事堯命舜曰陟帝位舜命禹曰總朕師者蓋堯欲使舜眞宅帝位舜讓弗嗣後惟居攝亦若是而已

禹曰朕德이罔克이라民不依어니와皐陶는邁種德이라德乃降ᄒᆞ야黎民이懷之ᄒᆞᄂᆞ니帝念哉ᄒᆞ소서念玆在玆ᄒᆞ며釋玆在玆ᄒᆞ며名言玆在玆ᄒᆞ며允出玆在玆ㅣ니惟帝念功ᄒᆞ소서

●禹ㅣ갈오ᄃᆡ朕의德이克디못ᄒᆞᆫ지라民이依티아니ᄒᆞ거니와皐陶ᄂᆞᆫ邁ᄒᆞ야德을種ᄒᆞᆫ지라德이降ᄒᆞ야黎民이懷ᄒᆞᄂᆞ니帝念ᄒᆞ소서이를念ᄒᆞ야두이에이시며이를釋ᄒᆞ야두이에이시며이를名言홈도이에이시며이를允出홈도이에이실디니帝ㅣ功을念ᄒᆞ소서

○邁勇往力行之意種布降下也禹自言其德不能勝任民不依歸惟皐陶勇往力行以布其德德下及於民而民懷服之帝當思念之而不忘也玆指皐陶也禹遂言念之而不忘固在於皐陶舍之而他求亦惟在於皐陶名言於口固在於皐陶誠發於心亦惟在於皐陶也蓋反覆思之而卒無有易於皐陶者惟帝深念其功而使之攝位也

帝曰皐陶아惟玆臣庶ㅣ罔或干予正은汝作士ㅣ라明于五刑ᄒᆞ야

以弼五敎ᄒᆞ야期于予治ㅣ니 刑期于無刑ᄒᆞ야 民協于中이 時乃功이懋哉어다

●帝ㅣᄀᆞᆯ으샤ᄃᆡ皐陶아이臣庶ㅣ내의正을干ᄒᆞ리업ᄉᆞ믄네士를作ᄒᆞ얀ᄂᆞᆫ디라五刑을明ᄒᆞ야五敎를弼ᄒᆞ야나를治에期홈이니刑을無刑에期ᄒᆞ야民이中에協홈이이너의功이니懋홀디어다

○干犯正政弼輔也聖人之治以德爲化民之本而刑特以輔其所不及而已期者先事取必之謂舜言惟此臣庶無或有干犯我之政者以爾爲士師之官能明五刑以輔五品之敎而期我以至於治其始雖不免於用刑而實所以期至於無刑之地故民亦皆能協於中道初無有過不及之差則刑果無所施矣凡此皆汝之功也懋勉也蓋不聽禹之讓而稱皐陶之美以勸勉之也

皐陶曰帝德이罔愆ᄒᆞ샤臨下以簡ᄒᆞ시고御衆以寬ᄒᆞ시며 罰弗及嗣ᄒᆞ시고賞延于世ᄒᆞ시며宥過無大ᄒᆞ시고 刑故無小ᄒᆞ시며 罪疑란惟輕ᄒᆞ시고 功疑란惟重ᄒᆞ시며與其殺不辜론寧失不經이라ᄒᆞ샤好生之德이 洽于民心이라이兹用不犯于有司ㅣ니이다

●皐陶ㅣᄀᆞᆯ오ᄃᆡ帝의德이愆이업ᄉᆞ샤下를臨ᄒᆞ샤ᄃᆡ簡으로써ᄒᆞ시고衆을御호ᄃᆡ寬으로써ᄒᆞ시며罰으란嗣에及디아니ᄒᆞ시고賞으란世에延ᄒᆞ시며過를宥ᄒᆞ샤ᄃᆡ

大를업시ᄒᆞ시고故를刑ᄒᆞ샤ᄃᆡ小를업시ᄒᆞ시며罪ㅣ疑ᄒᆞ니란輕으로ᄒᆞ시고功이疑ᄒᆞ니란重으로ᄒᆞ시며다못不辜를殺호모론찰ᄒᆞ리不經애失홀게시라ᄒᆞ샤生을好ᄒᆞ논德이民心에洽ᄒᆞᆫ디라아러모로써有司의게犯티아니ᄒᆞ니이다

○愆過也簡者不煩之謂上煩密則下無所容御者急促則衆擾亂嗣世皆謂子孫然嗣親而世疎也延遠及也父子罪不相及而賞則遠延于世其善善長而惡惡短如此過者不識而誤犯也故者知之而故犯也過誤所犯雖大必宥不忌故犯雖小必刑即上篇所謂眚災肆赦怙終賊刑者也罪已定矣而於法之中有疑其可重可輕者則從輕以罰之功已定矣而於法之中有疑其可輕可重者則從重以賞之辜罪經常也謂法可以殺可以無殺殺之則恐陷於非辜不殺之恐失於輕縱二者皆非聖人至公至平之意而殺不辜者尤聖人之所不忍也故與其殺之而害彼之生寧姑全之而自受失刑之責此其仁愛忠厚之至皆所謂好生之德也蓋聖人之法有盡而心則無窮故其用刑行賞或有所疑則常屈法以申恩而不使執法之意有以勝其好生之德此其本心所以無所壅遏而得行於常法之外及其流衍溢洋漸涵浸漬有以入于民心則天下之人無不愛慕感悅興起於善而自不犯于有司也皐陶以舜美其功故言此以歸功於其上蓋不敢當其褒美之意而自謂己功也

帝曰俾予로從欲以治ᄒᆞ야四方이風動ᄒᆞᆫ디惟乃之休ㅣ니라

●帝ㅣ골ᄋᆞ샤ᄃᆡ날로ᄒᆡ여곰欲을從ᄒᆞ야써治ᄒᆞ야四方이風이動ᄃᆞᆺᄒᆞ논디너의休

ㅣ니라

○民不犯法而上不用刑者舜之所欲也汝能使我如所願欲以治敎化四達如風鼓動莫不靡然是乃汝之美也舜又申言以重歎美之

帝曰來ᄒᆞ라禹아洚水儆予ㅣ어ᄂᆞᆯ成允成功ᄒᆞᆫ디惟汝賢이며克勤于邦ᄒᆞ며克儉于家ᄒᆞ야不自滿假ᄒᆞ논지惟汝賢이니라汝惟不矜ᄒᆞ나天下ㅣ莫與汝로爭能ᄒᆞ며汝惟不伐ᄒᆞ나天下ㅣ莫與汝로爭功ᄒᆞᄂᆞ니予懋乃德ᄒᆞ며嘉乃丕績ᄒᆞ노니天之曆數ㅣ在汝躬이라汝ㅣ終陟元后ᄒᆞ리라 洚與降通韻會有四音一音洪一音胡江反一音閧一音降懋楙古通數雙遇反

●帝ㅣᄀᆞᆺ아샤ᄃᆡ來ᄒᆞ라禹아洚水ㅣ나ᄅᆞᆯ儆ᄒᆞ거ᄂᆞᆯ允을成ᄒᆞ며功을成ᄒᆞᆫ디너의賢이며능히邦에勤ᄒᆞ며능히家애儉ᄒᆞ야스ᄉᆞ로滿ᄒᆞ며假티아니ᄒᆞ논지너의賢이니라네矜치아니ᄒᆞ나天下ㅣ널로다ᄆᆞᆺ能을爭치못ᄒᆞ며네伐차아니ᄒᆞ나天下ㅣ널로다ᄆᆞᆺ功을爭치못ᄒᆞᄂᆞ니내너의德을懋히너기며너의丕ᄒᆞᆫ績을嘉히너기노니天의曆數ㅣ네躬애잇ᄂᆞᆫ지라네ᄆᆞᄎᆞᆷ내元后에陟ᄒᆞ리라

○洚水洪水也古文作降孟子曰水逆行謂之洚水蓋山崩水渾下流淤塞故其逝者輒復反流而泛濫決溢洚洞無涯也其災所起雖在堯時然舜旣攝位害猶未息故舜以爲

天警懼於己不敢以爲非己之責而自寬也允信也禹奏言而能踐其言試功而能有其功所謂成允成功也禹能如此則旣賢於人矣而又能勤於王事儉於私養此又禹之賢也有此二美而又能不矜其能不伐其功然其功能之實則自有不可掩者故舜於此復申命之必使攝位也懋楙古通用楙盛大之意丕大績功也楙乃德者禹有是德而我以爲盛大嘉乃丕績者禹有是功而我以爲嘉美也曆數帝王相繼之次第猶歲時氣節之先後汝有盛德大功故知曆數當歸於汝汝終當升此大君之位不可辭也是時舜方命禹以居攝未卽天位故以終陟言也

人心은惟危ᄒᆞ고道心은惟微ᄒᆞ니惟精惟一ᄒᆞ야사允執厥中ᄒᆞ리라

●人心은危ᄒᆞ고道心은微ᄒᆞ니精ᄒᆞ며一ᄒᆞ야샤진실로그中을執ᄒᆞ리라

○心者人之知覺主於中而應於外者也指其發於形氣者而言則謂之人心指其發於義理者而言則謂之道心人心易私而難公故危道心難明而易昧故微惟能精以察之而不雜形氣之私一以守之而純乎義理之正道心常爲之主而人心聽命焉則危者安微者著動靜云爲自無過不及之差而信能執其中矣堯之告舜但曰允執其中今舜命禹又推其所以而詳言之蓋古之聖人將以天下與人未嘗不以其治之之法並而傳之其見於經者如此後之人君其可不深思而敬守之哉

無稽之言을弗聽ᄒᆞ며弗詢之謀를勿庸ᄒᆞ라

●稽치안닌言을聽치말며詢치안닌謀를庸치말라

○無稽者不考於古弗詢者不咨於衆言之無據謀之自專是皆一人之私心必非天下之公論皆妨政害治之大者也言謂泛言勿聽可矣謀謂計事故又戒其勿用也上文既言存心出治之本此又告之以聽言處事之要內外相資而治道備矣

可愛ᄂᆞᆫ非君이며可畏ᄂᆞᆫ非民가衆非元后ㅣ면何戴며后非衆이면罔與守邦ᄒᆞ리니欽哉ᄒᆞ야愼乃有位ᄒᆞ야敬修其可願ᄒᆞ라四海ㅣ困窮ᄒᆞ면天祿이永終ᄒᆞ리라惟口ᄂᆞᆫ出好ᄒᆞ며興戎ᄒᆞᄂᆞ니朕言은不再ᄒᆞ리라

●可이愛ᄒᆞ오니ᄂᆞᆫ君이아니며可히畏ᄒᆞ오니ᄂᆞᆫ民이아닌가衆이元后곳아니면어더戴ᄒᆞ며后ㅣ衆곳아니면더브러邦을守치못ᄒᆞ리니欽ᄒᆞ야너의두ᄂᆞᆫ位를愼ᄒᆞ야그可願을敬ᄒᆞ야修ᄒᆞ라四海ㅣ困窮ᄒᆞ면天祿이기리終ᄒᆞ리라口ᄂᆞᆫ好를出ᄒᆞ며戎을興ᄒᆞᄂᆞ니朕의言은再치아니ᄒᆞ리라

○可愛非君乎可畏非民乎衆非君則何所奉戴君非民則誰與守邦欽哉言不可不敬也可願猶孟子所謂可欲凡可願欲者皆善也人君當謹其所居之位敬修其所可願欲者苟有一毫之不善生於心害於政則民不得其所者多矣四海之民至於困窮則君之天祿一絕而不復續豈不深可畏哉此又極言安危存亡之戒以深警之雖知其功德之盛必不至此然猶欲其戰戰兢兢無敢逸豫而謹之於毫釐之間此其所以爲聖人之心

也好善也戎兵也言發於口則有二者之分利害之幾可畏如此吾之命汝蓋已審矣豈復更有他說蓋欲禹受命而不復辭避也

禹曰枚卜功臣ᄒᆞ샤 惟吉之從ᄒᆞ소셔 帝曰禹아 官占은 惟先蔽志오샤 昆命于元龜ᄒᆞᄂᆞ니 朕志ㅣ先定이어놀 詢謀ㅣ僉同ᄒᆞ며 鬼神이 其依ᄒᆞ야 龜筮協從ᄒᆞ니 卜不習吉이니라 禹拜稽首ᄒᆞ야 固辭ᄒᆞᆫ대 帝曰毋ᄒᆞ라 惟汝사 諧니라

●禹ㅣᄀᆞᆯ오ᄃᆡ功臣을枚卜ᄒᆞ샤吉을從ᄒᆞ소셔帝ㅣᄀᆞᆯ으샤ᄃᆡ禹ㅣ아官占은몬져志를蔽ᄒᆞ고샤昆에元龜를命ᄒᆞᄂᆞ니朕의志ㅣ몬져定ᄒᆞ얏거놀詢ᄒᆞᆫ謀ㅣ다同ᄒᆞ며鬼神이그依ᄒᆞ야龜와筮ㅣ다從ᄒᆞ니卜은習吉아니ᄒᆞᄂᆞ니라禹ㅣ拜ᄒᆞ고首를稽ᄒᆞ야固辭ᄒᆞᆫ대帝ㅣᄀᆞᆯ아샤ᄃᆡ毋ᄒᆞ라네사諧ᄒᆞ리라

○枚卜歷卜之也帝之所言人事已盡禹不容復辭但請歷卜有功之臣而從其吉冀自有以當之者而已得遂其辭也官占掌占卜之官也蔽斷昆後龜卜筮蓍習重也帝言官占之法先斷其志之所向然後命之於龜今我志既先定而衆謀皆同鬼神依順而龜筮已協從矣又何用更枚卜乎況占卜之法不待重吉也固辭再辭也毋者禁止之辭言惟汝可以諧此元后之位也

正月朔旦에受命于神宗ᄒᆞ사率百官ᄒᆞ사ᄃᆡ若帝之初ᄒᆞ시다

●正月朔旦에命을神宗ᄭᅴ受ᄒᆞ샤百官을率ᄒᆞ샤ᄃᆡ帝의初ᄀᆞᆺ치ᄒᆞ시다

○神宗堯廟也蘇氏曰堯之所從受天下者曰文祖舜之所從受天下者曰神宗受天下於人必告於其人之所從受者禮曰有虞氏禘黃帝而郊嚳祖顓頊而宗堯則神宗爲堯明矣正月朔日禹受攝帝之命于神宗之廟總率百官其禮一如帝舜受終之初等事也

帝曰咨禹아惟時有苗ㅣ弗率ᄒᆞᄂᆞ니汝徂征ᄒᆞ라禹ㅣ乃會羣后ᄒᆞ야誓于師曰濟濟有衆아咸聽朕命ᄒᆞ라蠢玆有苗ㅣ昏迷不恭ᄒᆞ야侮慢自賢ᄒᆞ며反道敗德ᄒᆞ야君子ㅣ在野ᄒᆞ고小人이在位ᄒᆞᆫᄃᆡ民棄不保ᄒᆞ며天降之咎ᄒᆞ실ᄉᆡ肆予ㅣ以爾衆士로奉辭伐罪ᄒᆞ노니爾尙一乃心力이라사其克有勳ᄒᆞ리라 濟子禮反蠢尺尹反敗北邁反

●帝ㅣᄀᆞᆯ아샤ᄃᆡ咨ᄒᆞᆸ다禹아이有苗ㅣ率치아니ᄒᆞᄂᆞ니네徂ᄒᆞ야征ᄒᆞ라禹ㅣ모든后를會ᄒᆞ야師에誓ᄒᆞ야ᄀᆞᆯ오ᄃᆡ濟濟ᄒᆞᆫ衆아다朕의命을聽ᄒᆞ라蠢ᄒᆞᆫ이有苗ㅣ昏迷ᄒᆞ야恭치아니ᄒᆞ야侮慢ᄒᆞ고ᄉᆞᄉᆞ로賢호라ᄒᆞ며道에反ᄒᆞ며德을敗ᄒᆞ야君子ㅣ野에잇고小人이位에이심ᄃᆡ民이棄ᄒᆞ고保치아니ᄒᆞ며天이咎를降ᄒᆞ실ᄉᆡ이러호모로내네衆士로ᄡᅥ辭를奉ᄒᆞ야罪를伐ᄒᆞ노니네거의心力을一ᄒᆞ야사그능히勳이이

시니라
○徂往也舜咨嗟言今天下惟是有苗之君不循敎命汝往征之征正也往正其罪也會
徵會也誓戒也軍旅曰誓有會有誓自唐虞時已然禮言商作誓周作會非也禹會諸侯
之師而戒誓以征討之意濟濟和整衆盛之貌蠢動也蠢蠢然無知之貌昏闇迷惑也不
恭不敬也言商民昏迷不敬侮慢於人妄自尊大反戾正道敗壞常德用舍顚倒民怨天
怒故我以爾衆士奉帝之辭伐苗之罪爾衆士庶幾同心同力乃能有功此上禹誓衆之
辭也林氏曰堯老而舜攝者二十有八年舜老而禹攝者十有七年其居攝也代總萬機
之政而堯舜之爲天子蓋自若也故國有大事猶稟命焉禹征有苗蓋在夫居攝之後而
稟命於舜禹不敢專也以征有苗推之則知舜之誅四凶亦必稟堯之命無疑

三旬을 苗民이 逆命이어늘 益이 贊于禹曰惟德은 動天이라 無遠弗屆ᄒᆞ나니 滿招損ᄒᆞ고 謙受益이 時乃天道ㅣ니이라 帝初于歷山에 徃于田ᄒᆞ야 日號泣于旻天과 于父母ᄒᆞ사 負罪引慝ᄒᆞ샤 祇載見瞽瞍ᄒᆞ사ᄃᆡ 夔夔齊慄ᄒᆞ신ᄃᆡ 瞽亦允若ᄒᆞ니 至誠은 感神이온 矧兹有苗ㅣᄯᆞ녀 禹拜昌言曰俞ㅣ라 班師振旅ㅣ어늘 帝乃誕敷文德ᄒᆞ사 舞干羽于兩階러니 七旬에 有苗ㅣ格ᄒᆞ니라

屆音介旻音民諴音咸慝惕德反矧音哂羽王遇反

●三旬을苗民이命을逆ᄒᆞ거ᄂᆞᆯ益이禹ㅅ긔贊ᄒᆞ야ᄀᆞᆯ오ᄃᆡ德은天을動ᄒᆞᄂᆞᆫ지라遠에屆치아니아니ᄒᆞᄂᆞ니滿은損을招ᄒᆞ고謙은益을受ᄒᆞᆷ이이天의道ㅣ니이다帝ㅣ쳐음歷山에田에가샤日로旻天과父母ㅅ긔號ᄒᆞ야泣ᄒᆞ샤罪를負ᄒᆞ시며慝을引ᄒᆞ샤載를祗ᄒᆞ야瞽瞍ㅅ긔見ᄒᆞ샤ᄃᆡ夔夔히齊慄ᄒᆞ션ᄃᆡ瞽ㅣ또ᄒᆞᆫ允ᄒᆞ야若ᄒᆞ니至誠은神을感ᄒᆞ곤ᄒᆞᄆᆞᆯ며이有苗ㅣᄯᆞ녀禹ㅣ昌言을拜ᄒᆞ야ᄀᆞᆯᄋᆞ사ᄃᆡ俞ㅣ라師를班ᄒᆞ고旅를振커ᄂᆞᆯ帝ㅣ키文德을敷ᄒᆞ사干과羽를兩階에舞ᄒᆞ더시니七旬에有苗ㅣ格ᄒᆞ니라

○三旬三十日也以師臨之閱月苗頑猶不聽服也贊佐屆至也是時益蓋從禹出征以苗負固恃强未可威服故贊佐於禹以爲惟德可以動天其感通之妙無遠不至蓋欲禹還兵而增修其德也滿損謙益即易所謂天道虧盈而益謙者帝舜也歷山在河中府河東縣仁覆閔下謂之旻日非一日也言舜耕歷山往于田之時以不獲順於父母之故而日號呼于旻天于其父母蓋怨慕之深也負罪自負其罪不敢以爲父母之罪引慝自引其慝不敢以爲父母之慝也祗敬載事也瞍長者之稱言舜敬其子職之事以見瞽瞍也齊莊敬也慄戰慄也夔夔莊敬戰慄之容也舜之敬畏小心而盡於事親者如此允信若順也言舜以誠孝感格雖瞽瞍頑愚亦且信順之即孟子所謂底豫也誠感物曰諴益又推極至誠之道以爲神明亦且感格而況於苗民乎昌信盛德之言拜所以敬其言也班還振整也謂整旅以歸也或謂出曰班師入曰振旅謂班師於有苗之國而振旅於京師

也誕大也文德文命德敎也干楯羽翳也皆舞者所執也兩階賓主之階也七旬七十日也格至也言班師七旬而有苗來格也舜之文德非自禹班師而始敷苗之來格非以舞干羽而後至史臣以禹班師而歸弛其威武專尙德敎干羽之舞雍容不迫有苗之至適當其時故作史者因即其實以形容有虞之德數千載之下猶可以是而想其一時氣象也

皐陶謨

今文古文皆有

曰若稽古皐陶ᄒᆞᆫᄃᆡ曰允迪厥德ᄒᆞ면謨明ᄒᆞ며弼諧ᄒᆞ리이다禹曰兪ㅣ라如何오皐陶曰都ㅣ라愼厥身修ᄒᆞ며思永ᄒᆞ며惇敍九族ᄒᆞ며庶明이勵翼ᄒᆞ면邇可遠이在玆ᄒᆞ니이다禹拜昌言曰兪ㅣ라

●녜皐陶를稽ᄒᆞᆫᄃᆡ닐오ᄃᆡ진실노그德을迪ᄒᆞ면謨ㅣ明ᄒᆞ며弼이諧ᄒᆞ리이다禹ㅣᄀᆞᆯᄋᆞ샤ᄃᆡ兪ㅣ라엇뎨오皐陶ㅣᄀᆞᆯ오ᄃᆡ都ㅣ라愼ᄒᆞ야그身을修ᄒᆞ며思를永ᄒᆞ며九族을惇히敍ᄒᆞ며庶明이勵翼ᄒᆞ면邇로可히遠홈이이예잇ᄂᆞ니이다禹ㅣ昌言을拜ᄒᆞ야ᄀᆞᆯᄋᆞ샤ᄃᆡ兪ㅣ라

○稽古之下即記皐陶之言者謂考古皐陶之言如此也皐陶言爲君而信蹈其德則臣

之所謀者無不明所弼者無不諧也俞如何者禹然其言而復問其詳也都者皐陶美其問也愼者言不可不致其謹也身修則無言行之失思永則非淺近之謀厚敍九族則親親恩篤而家齊矣庶明勵翼則群哲勉輔而國治矣邇近玆此也言近而可推之遠者在此道也蓋身修家齊國治而天下平矣皐陶此言所以推廣允迪謨明之義故禹復俞而然之也○又按典謨皆稱稽古而下文所記則異典主記事故堯舜皆載其實謨主其言故禹皐陶則載其謨后克艱厥后臣克艱厥臣禹之謨也允迪厥德謨明弼諧皐陶之謨也然禹謨之上增文命敷于四海祗承于帝者禹受舜天下非耑皐陶比例立言輕重於此可見

皐陶曰都ㅣ라在知人ᄒᆞ며在安民ᄒᆞ니이다禹曰吁ㅣ라咸若時ᄒᆞᆯ든惟帝두其難之러시니知人則哲이라能官人ᄒᆞ며安民則惠라黎民懷之ᄒᆞ리니能哲而惠면何憂乎驩兜ㅣ며何遷乎有苗ㅣ며何畏乎巧言令色孔壬이리오

●皐陶ㅣᄀᆞᆯ오ᄃᆡ都ㅣ라人을知ᄒᆞ미이시며民을安ᄒᆞ미인ᄂᆞ니이다禹ㅣᄀᆞᆯᄋᆞ샤ᄃᆡ吁ㅣ라다이ᄀᆞᆺ티ᄒᆞᆯ든帝두그難ᄒᆞ더시니人을知ᄒᆞ면哲ᄒᆞᆫ디라能히人을官ᄒᆞ며民을安ᄒᆞ면惠ᄒᆞᆫ디라黎民이懷ᄒᆞ리니能히哲ᄒᆞ고惠ᄒᆞ면엇디驩兜를憂ᄒᆞ며엇디有苗를遷ᄒᆞ며엇디言을巧히ᄒᆞ며色을令히ᄒᆞᄂᆞᆫ孔壬을畏ᄒᆞ리오

○皐陶因禹之俞而復推廣其未盡之旨歎美其言謂在於知人在於安民二者而已知人智之事安民仁之事也禹曰吁者歎而未深然之辭也時是也帝謂堯也言旣在知人又在安民二者兼擧雖帝堯亦難能之哲智之明也惠仁之愛也能哲而惠猶言能知人而安民也遷竄巧好令善孔大也好其言善其色而大包藏凶惡之人也言能哲而惠則智仁兩盡雖黨惡如驩兜者不足憂昏迷如有苗者不足遷與夫好言善色大包藏姦惡者不足畏是三者擧不足害吾之治極言仁智功用如此其大也或曰巧言令色孔壬共工也禹言三凶而不及鯀者爲親者諱也○楊氏曰知人安民此皐陶一篇之體要也九德而下知人之事也天敍有典而下安民之道也非知人而能安民者未之有也

皐陶曰都ㅣ라 亦行有九德ᄒᆞ니 亦言其人의 有德인ᄃᆡ 乃言曰載采采니이라 禹曰何오 皐陶曰寬而栗ᄒᆞ며 柔而立ᄒᆞ며 愿而恭ᄒᆞ며 亂而敬ᄒᆞ며 擾而毅ᄒᆞ며 直而溫ᄒᆞ며 簡而廉ᄒᆞ며 剛而塞ᄒᆞ며 彊而義니 彰厥有常이 吉哉니이다 行胡孟反作代反擾而小反

●皐陶ㅣ ᄀᆞᆯ오ᄃᆡ 都ㅣ라 亦컨ᄃᆡᆫ 行애 九德니 인ᄂᆞ니 그 人의 둔ᄂᆞᆫ 德을 亦言컨ᄃᆡᆫ 닐너 ᄀᆞᆯ오ᄃᆡ 采采를 載홈이니이다 禹ㅣ ᄀᆞᆯ으샤ᄃᆡ 엇뎨오 皐陶ㅣ ᄀᆞᆯ오ᄃᆡ 寬ᄒᆞ고 栗ᄒᆞ며 柔ᄒᆞ고 立ᄒᆞ며 愿ᄒᆞ고 恭ᄒᆞ며 亂ᄒᆞ고 敬ᄒᆞ며 擾ᄒᆞ고 毅ᄒᆞ며 直ᄒᆞ고 溫ᄒᆞ며 簡ᄒᆞ고 廉ᄒᆞ며 剛ᄒᆞ고 塞ᄒᆞ며 彊ᄒᆞ고 義홈이니 彰ᄒᆞ야 그 常을 두미 吉ᄒᆞ니이다

○亦總也亦行有九德者總言德之見於行者其凡有九也亦言其人有德者總言其人之有德也載行采事也總言其人有德必言其行某事某事爲可信驗也禹曰何者問其九德之目也寬而栗者寬弘而莊栗也柔而立者柔順而植立也愿而恭者謹愿而恭恪也亂治也亂而敬者有治才而敬畏也擾馴也擾而毅者馴擾而果毅也直而溫者徑直而溫和也簡而廉者簡易而廉隅也剛而塞者剛健而篤實也彊而義者彊勇而好義也而轉語辭也正言而反應者所以明其德之不偏皆指其成德之自然非以彼濟此之謂也彰著也成德著之於身而又始終有常其吉士矣哉

日宣三德ᄒᆞ린夙夜에浚明有家ᄒᆞ리며 日嚴祗敬六德ᄒᆞ린亮采有邦ᄒᆞ리니 翕受敷施ᄒᆞ면九德이咸事ᄒᆞ야俊乂ㅣ在官ᄒᆞ야 百僚ㅣ師師ᄒᆞ며百工이 惟時로撫于五辰ᄒᆞ야庶績이其凝ᄒᆞ리이다 浚音峻

●日로三德을宣ᄒᆞ린夙夜애有家를浚明ᄒᆞ리며日로嚴히六德을祗敬ᄒᆞ린采을有邦애亮ᄒᆞ리니翕ᄒᆞ야受ᄒᆞ며敷ᄒᆞ야施ᄒᆞ면九德이다事ᄒᆞ야俊과乂ㅣ官애在ᄒᆞ야百僚ㅣ師ᄒᆞ며師ᄒᆞ며百工이時로五辰을撫ᄒᆞ야모단績이그凝ᄒᆞ리이라

○宣明也三德六德者九德之中有其三有其六也浚治也亮亦明也有家大夫也有邦諸侯也浚明亮采皆言家邦政事明治之義氣象則有大小之不同三德而爲大夫六德而爲諸侯以德之多寡職之大小槩言之也夫九德有其三必日宣而充廣之而使之益

以著九德有其六尤必日嚴而祗敬之而使之益以謹也翕合也德之多寡雖不同人君惟能合而受之布而用之如此則九德之人咸事其事大而千人之俊小而百人之乂皆在官使以天下之才任天下之治唐虞之朝下無遺才而上無廢事者良以此也師師相師法也言百僚皆相師法而百工皆及時以趨事也百僚百工皆謂百官言其人之相師則曰百僚言其人之趨事則曰百工其實一也撫順也五辰四時也木火金水旺於四時而土則寄旺於四季也禮運曰播五行於四時者是也凝成也言百工趨時而衆功皆成也

無教逸欲有邦ᄒᆞ샤 兢兢業業ᄒᆞ쇼셔 一日二日애 萬幾니이다 無曠庶官ᄒᆞ쇼셔 天工을 人其代之(幾音機)**ᄒᆞᄂᆞ니이다**

●逸와欲으로有邦을敎치마ᄅᆞ샤兢兢ᄒᆞ며業業ᄒᆞ쇼셔一日二日애幾ㅣ萬이나ᄒᆞ니이다庶官을曠케마ᄅᆞ쇼셔天의工을人이그代ᄒᆞ야ᄒᆞᄂᆞ니이다

○無與毋通禁止之辭教非必教令謂上行而下效也言天子當以勤儉率諸侯不可以逸欲導之也兢兢戒謹也業業危懼也幾微也易曰惟幾也故能成天下之務蓋禍患之幾藏於細微而非常人之所豫見及其著也則雖智者不能善其後故聖人於幾則兢業以圖之所謂圖難於其易爲大於其細者此也一日二日者言其日之至淺萬幾者言其幾事之至多也蓋一日二日之間事幾之來且至萬焉是可一日而縱欲乎曠廢也言不

可用非才而使庶官曠廢厥職也天工天之工也人君代天理物庶官所治無非天事苟一職之或曠則天工廢矣可不深戒哉

天敍有典ᄒᆞ시니 勅我五典ᄒᆞ샤 五을 惇哉ᄒᆞ시며 天秩有禮ᄒᆞ시니 自我五禮ᄒᆞ샤 有를 庸哉ᄒᆞ쇼서 同寅協恭ᄒᆞ샤 和衷哉ᄒᆞ쇼서 天命有德이어시든 五服으로 五章哉ᄒᆞ시며 天討有罪어시든 五刑으로 五用哉ᄒᆞ샤 政事를 懋哉懋哉ᄒᆞ쇼서

衷音中

●天이 敍ᄒᆞ야 典을 두시니 우리 五典을 勅ᄒᆞ샤 五을 惇케 ᄒᆞ시며 天이 秩ᄒᆞ야 禮를 두시니 우리 五禮로 自ᄒᆞ샤 有를 庸케 ᄒᆞ쇼서 寅을 同ᄒᆞ며 恭을 協ᄒᆞ샤 衷을 和케 ᄒᆞ쇼서 天이 有德을 命ᄒᆞ거시든 五服으로 五를 章ᄒᆞ시며 天이 有罪를 討ᄒᆞ거시든 五刑으로 五를 用ᄒᆞ샤 政事를 懋ᄒᆞ며 懋ᄒᆞ쇼서

○敍者君臣父子兄弟夫婦朋友之倫敍也秩者尊卑貴賤等級隆殺之品秩也勅正惇厚庸常也有庸馬本作五庸衷降衷之衷即所謂典禮也典禮雖天所叙秩然正之使叙倫而益厚用之使品秩而有常則在我而已故君臣當同其寅畏協其恭敬誠一無間融會流通而民彝物則各得其正所謂和衷也章顯也五服五等之服自九章以至一章是也言天命有德之人則五等之服以彰顯之天討有罪之人則五等之刑以懲戒之蓋爵賞刑罰乃人君之政事君主之臣用之當勉勉而不可怠者也○楊氏曰典禮自天子出

故言勅我自我若夫爵人於朝與衆共之刑人於市與衆棄之天子不得而私焉此其立
言之異也

天聰明이 自我民聰明ᄒᆞ며 天明畏ㅣ 自我民明威ㅣ라 達于上下ᄒᆞ니
敬哉어나 有土아

●天의聰ᄒᆞ며明홈이우리民으로브터聰ᄒᆞ며明ᄒᆞ며天의明ᄒᆞ며畏홈이우리民으
로브터明ᄒᆞ며威ᄒᆞ논디라上下애達ᄒᆞ니敬홀지어다土를두ᄂᆞᆫ이아

○威古文作畏二字通用明者顯其善畏者威其惡天之聰明非有視聽也因民之視聽
以爲聰明天之明畏非有好惡也因民之好惡以爲明畏上下天下民也敬心無所慢
也有土有民社也言天人一理通達無間民心所存即天理之所在而吾心之敬是又合
天民而一之者也有天下者可不知所以敬之哉

皐陶曰朕言惠ᄒᆞ야 可底行이리이다 禹曰俞ㅣ라 乃言이 底可績이로다 皐陶
曰予未有知ㅣ어니와 思曰贊贊襄哉ᄒᆞ노이다

●皐陶ㅣ골오ᄃᆡ朕의言이惠ᄒᆞ야可히行에底ᄒᆞ리니이다禹ㅣ골ᄋᆞ샤ᄃᆡ俞ㅣ라너
의言이底ᄒᆞ면可히績ᄒᆞ리로다皐陶ㅣ골오ᄃᆡ내知홈이잇디아니커니와日로贊ᄒᆞ
며贊ᄒᆞ야襄홈을思ᄒᆞ노니다

○思曰之曰當作日襄成也皐陶謂我所言順於理可致之於行禹然其言以爲致之於

行信可有功皐陶謙辭我未有所知言不敢計功也惟思日賛助於帝以成其治而已

益稷

今文古文皆有但今文合於皐陶謨帝曰來禹汝亦昌言正與上篇末文勢接續古者簡冊以竹爲之而所編之簡不可以多故釐而二之非有意於其間也以下文禹稱益稷二人佐其成功因以名篇

帝曰來ᄒᆞ라禹아汝亦昌言ᄒᆞ라禹ㅣ拜曰都ㅣ라帝와予何言ᄒᆞ리잇고予思曰孜孜ᄒᆞ노이다皐陶曰吁ㅣ라如何오禹曰洪水滔天ᄒᆞ야浩浩懷山襄陵ᄒᆞ야下民昏墊이어든予乘四載ᄒᆞ야隨山刊木ᄒᆞ고曁益으로奏庶鮮食ᄒᆞ며予決九川ᄒᆞ야距四海ᄒᆞ며濬畎澮ᄒᆞ야距川ᄒᆞ고曁稷으로播ᄒᆞ야奏庶艱食鮮食ᄒᆞ고懋遷有無ᄒᆞ야化居ᄒᆞ니烝民이乃粒ᄒᆞ야萬邦이作乂ᄒᆞ니이다皐陶曰俞ㅣ라師汝의昌言ᄒᆞ노라

墊都念反刊丘寒反本作栞鮮音仙下同畎古泫反

●帝ㅣ갈ᄋᆞ샤ᄃᆡ來ᄒᆞ라禹아네ᄯᅩᄒᆞᆫ昌言ᄒᆞ라禹ㅣ拜ᄒᆞ야갈오ᄃᆡ都ㅣ라帝하내무ᄉᆞᆷ言ᄋᆞᆯᄒᆞ리잇고내日로孜ᄒᆞ며孜ᄒᆞᆷ을思ᄒᆞ노이다皐陶ㅣ갈오ᄃᆡ吁ㅣ라엇데오禹ㅣ갈ᄋᆞ샤ᄃᆡ洪水ㅣ天애滔ᄒᆞ야浩浩히山을懷ᄒᆞ며陵을襄ᄒᆞ야下民이昏ᄒᆞ며墊ᄒᆞ

거늘내四載를乘ᄒᆞ야山을隨ᄒᆞ야木을刋ᄒᆞ고밋益으로모단鮮食을奏ᄒᆞ며내九川를決ᄒᆞ야四海애距케ᄒᆞ며畎과澮를濬ᄒᆞ야川애距케ᄒᆞ고밋稷으로播ᄒᆞ야모단艱食과鮮食을奏ᄒᆞ고懋ᄒᆞ야有를無애遷ᄒᆞ야居를化ᄒᆞ니烝民이粒ᄒᆞ야萬邦이乂를作ᄒᆞ니이다皐陶ㅣᄀᆞᆯ오ᄃᆡ俞ㅣ라너의昌言을師ᄒᆞ노라

○孜孜者勉力不怠之謂帝以皐陶既陳知人安民之謨因呼禹使陳其言禹拜而歎美謂皐陶之謨至矣我更何所言惟思日勉勉以加事功而已觀此則上篇禹皐陶答問者蓋相與言於帝舜之前也如何者皐陶問其孜孜者何如也禹言往者洪水泛溢上漫于天浩浩盛大包山上陵下民昏瞀墊溺困於水災如此之甚也四載水乘舟陸乘車泥乘輴山乘樏也輴史記作橇漢書作毳以板爲之其狀如箕擿行泥上樏史記作橋漢書作梮以鐵爲之其形似錐長半寸施之履下以上山不蹉跌也蓋禹治水之時乘此四載以跋履山川踐行險阻者隨循刋除也左傳云井堙木刋刋除木之義也蓋水涌不洩泛濫瀰漫之地平者無非水也其可見者山耳故必循山伐木通蔽障開道路而後水工可與也奏進也血食曰鮮水土未平民未粒食與益進衆鳥獸魚鼈之肉於民使食以充飽也九川九州之川也距至濬深也周禮一畝之間廣尺深尺曰畎一同之間廣二尋深二仞曰澮畎澮之間有遂有溝有洫皆通田間水道以小注大言畎澮而不及遂溝洫者擧小大以包其餘也先決九川之水使各通于海次濬畎澮之水使各通于川也播布也謂布種五穀也艱難也水平播種之初民尙艱食也懋勉也懋勉其民民徙有於無交易變化

其所居積之貨也烝衆也米食曰粒蓋水患悉平民得播種之利而山林川澤之貨又有無相通以濟匱乏然後庶民粒食萬邦興起治功也禹因孜孜之義述其治水本末先後之詳而警戒之意實存於其間蓋欲君臣上下相與勉力不怠以保其治於無窮而已師法也皐陶以其言爲可師法也

禹曰都ㅣ라帝하愼乃在位하쇼셔 帝曰兪ㅣ라 禹曰安汝止하샤 惟幾惟康하며 其弼直하면 惟動에 丕應徯志하리니 以昭受上帝어든 天其申命用休하시리이다 幾音機 應去聲

●禹ㅣᄀᆞᆯᄋᆞ샤ᄃᆡ都ㅣ라帝하位예在홈을愼ᄒᆞ쇼셔帝ㅣᄀᆞᆯᄋᆞ샤ᄃᆡ兪ㅣ라禹ㅣᄀᆞᆯᄋᆞ샤ᄃᆡ네止를安ᄒᆞ샤幾를惟ᄒᆞ며康을惟ᄒᆞ며그弼이直ᄒᆞ면動홈애ᄏᆡ應ᄒᆞ야志를徯ᄒᆞ리니써곰上帝ㅅ긔昭히受커든天이그다시곰命ᄒᆞ샤써休ᄒᆞ시리이다

○禹既歎美又特稱帝以告之所以起其聽也愼乃在位者謹其在天子之位也天位惟艱一念不謹或以貽四海之憂一日不謹或以致千百年之患帝深然之而禹又推其所以謹在位之意如何下文所云也止者心之所止也人心之靈事事物物莫不各有至善之所而不可遷者人惟私欲之念動搖其中始有昧於理而不得其所止者安止云者順適乎道心之正而不陷於人欲之危動靜云爲各得其當而無有止而不得其止者惟幾所以審其事之發惟康所以省其事之安即下文庶事康哉之義至於左右輔弼之臣又

皆盡其繩愆糾謬之職內外交修無有不至若是則是惟無作作則天下無不丕應固有先意而徯我志以是昭受于天天豈不重命而用休美乎

帝曰吁ㅣ라臣哉隣哉며隣哉臣哉ㅣ니라禹曰兪ㅣ라

●帝ㅣᄀᆞᆯᄋᆞ샤ᄃᆡ吁ㅣ라臣이隣이며隣이臣이니라禹ㅣᄀᆞᆯᄋᆞ샤ᄃᆡ兪ㅣ라

○隣左右輔弼也臣以人言隣以職言帝深感上文弼直之語故曰吁臣哉隣哉鄰哉臣哉反復歎詠以見弼直之意如此其重而不可忽禹即兪而然之也

帝曰臣은作朕股肱耳目이니予欲左右有民이어든汝翼ᄒᆞ며予欲宣力四方이어든汝爲ᄒᆞ며予欲觀古人之象ᄒᆞ야日月星辰山龍華蟲을作會ᄒᆞ며宗彝藻火粉米黼黻을絺繡ᄒᆞ야以五采로彰施于五色ᄒᆞ야作服이어든汝明ᄒᆞ며予欲聞六律五聲八音ᄒᆞ야在汝忽ᄒᆞ야以出納五言이어든汝聽ᄒᆞ라黼音甫黻音弗出尺類反

●帝ㅣᄀᆞᆯᄋᆞ샤ᄃᆡ臣은朕의股肱이며耳目이되얏ᄂᆞ니내民을左右코져ᄒᆞ거든네翼ᄒᆞ며내四方애力을宣코자ᄒᆞ거든네爲ᄒᆞ며내古人의象을觀ᄒᆞ야日과月과星辰과山과龍과華蟲을會를作ᄒᆞ며宗彝와藻와火와粉米와黼와黻을絺ᄒᆞ며繡ᄒᆞ야五采로써五色을彰ᄒᆞ야施ᄒᆞ야服을作코쟈ᄒᆞ거든네明ᄒᆞ며내六律과五聲과八音을聞

호야治호며忽흠을在호야써곰五言을出호며納고쟈호거든네聽호라

○此言臣所以爲鄰之義也君元首也君資臣以爲助猶元首須股肱耳目以爲用也下文翼爲明聽即作股肱耳目之義左右者輔翼也獨孟子所謂輔之翼之使自得之也宣力者宣布其力也言我欲左右有民則資汝以爲助欲宣力四力則資汝以有爲也象像也日月以下物象是也易曰黃帝堯舜垂衣裳而天下治蓋取諸乾坤則上衣下裳之制創自黃帝而成於堯舜也日月星辰取其照臨也山取其鎭也龍取其變也華蟲雉取其文也會繪也宗彝虎蜼取其孝也藻水草取其潔也火取其明也粉米白米取其養也黼若斧形取其斷也黻爲兩己相背取其辨也絺鄭氏讀爲黹紩也紩以爲繡也日也月也星辰也山也龍也華蟲也六章繪之於衣宗彝也藻也火也粉米也黼也黻也六者繡之於裳所謂十二章也衣之六章其序自上而下裳之六章其序自下而上采者靑黃赤白黑也色者言施之於繒帛也繪於衣繡於裳皆雜施五采以爲五色也汝明者汝當明其大小尊卑之差等也又按周制以日月星辰畫於旂冕服九章登龍於山登火於宗彝以龍山華蟲火宗彝五者繪於衣以藻粉黼黻四者繡於裳袞冕九章以龍爲首鷩冕七章以華蟲爲首毳冕五章以虎蜼爲首蓋亦增損有虞之制而爲之耳六律陽律也不言六呂者陽統陰也有律而後有聲有聲而後八音得以依據故六律五聲八音言之敍如此也在察也忽治之反也聲音之道與政通故審音以知樂審樂以知政而治之得失可知也五言者詩歌之協於五聲者也自上達下謂之出自下達上謂之納汝聽者言汝當審

樂而察政治之得失者也

子違를汝弼이니汝無面從ᄒᆞ고退有後言ᄒᆞ야欽四隣ᄒᆞ라

●내違를네弼ᄒᆞᆯ지니네面ᄒᆞ야從ᄒᆞ고退ᄒᆞ야後言를두지마라四隣을欽ᄒᆞ라

○違戾也言我有違戾於道爾當弼正其失爾無面諛以爲是而背毁以爲非不可不敬爾隣之職也中結上文弼直鄰哉之義而深責之禹者如此

庶頑讒說이若不在時ㅣ어든侯以明之ᄒᆞ며撻以記之ᄒᆞ며書用識哉ᄒᆞ야欲並生哉니工以納言으로時而颺之ᄒᆞ야格則承之庸之ᄒᆞ고否則威之니라 識音志颺音揚否俯久反

●모단頑ᄒᆞᆫ讒說이만일에이에잇지아니커든侯로써明ᄒᆞ며撻로써記케ᄒᆞ며書로써識ᄒᆞ야并生코자ᄒᆞ니工이納ᄒᆞᆫ言으로써時로颺ᄒᆞ야格ᄒᆞ거든承ᄒᆞ야庸ᄒᆞ고否ᄒᆞ거든威ᄒᆞᆯ지니라

○此因上文而慮庶頑讒說之不忠不直也讒說卽舜所堲者時是也在是指忠直爲言侯射侯也明者欲明其果頑愚讒說與否也蓋射所以觀德頑愚讒說之人其心不正則形乎四體布乎動靜其容體必不能比於禮其節奏必不能比於樂其中必不能多審如是則其爲頑愚讒說也必矣周禮王大射則供虎侯熊侯豹侯諸侯供熊侯豹侯卿大夫供麋侯皆設其鵠又梓人爲侯廣與崇方三分其廣而鵠居一焉應古制亦不相遠也撻扑也卽扑作敎刑者蓋懲之使記而不忘也識誌也錄其過惡以識于册如周制鄕黨之

官以時書民之孝悌睦婣有學者也聖人不忍以頑愚讒說而遽棄之用此三者之敎啓其憤發其悱使之遷善改過欲其並生於天地之間也工掌樂之官也格有恥且格之格謂改過也承薦也聖人於庶頑讒說之人旣有以啓發其憤悱遷善之心而又命掌樂之官以其所納之言時而颺之以觀其改過與否如其改也則進之用之如其不改然後刑以威之以見聖人之敎無所不極其至必不得已焉而後威之其不忍輕於棄人也如此此卽龍之所典而此命伯禹總之也

禹曰俞哉나帝光天之下ᄒᆞ샤至于海隅蒼生ᄒᆞ시면萬邦黎獻이共惟帝臣ᄒᆞ리니惟帝ㅣ時擧ㅣ니이다敷納以言ᄒᆞ시며明庶以功ᄒᆞ시며車服以庸ᄒᆞ시면誰敢不讓ᄒᆞ며敢不敬應ᄒᆞ리잇고帝不時ᄒᆞ시면敷同ᄒᆞ야日奏罔功ᄒᆞ리이다

●禹ㅣ골ᄋᆞ샤ᄃᆡ俞ᄒᆞᄂᆞ帝ㅣ天下애光ᄒᆞ샤海隅蒼牛애니르히ᄒᆞ시면萬邦엣黎獻이다帝의臣이되고자ᄒᆞ리니帝ㅣ이히擧ᄒᆞ실디니이다敷ᄒᆞ야든納호ᄃᆡ言으로써ᄒᆞ시며庶를明ᄒᆞᄃᆡ功으로써ᄒᆞ시며車服을庸으로써ᄒᆞ시면뉘敢히讓티아니ᄒᆞ며敢히敬ᄒᆞ야應티아니ᄒᆞ리잇고帝ㅣ이갓티아니ᄒᆞ시면敷同ᄒᆞ야日ᄅᆞ罔功에奏ᄒᆞ리이다

○俞哉者蘇氏曰與春秋傳公曰諾哉意同口然而心不然之辭也隅角也蒼生者蒼蒼

然而生視遠之義也獻賢也黎獻者黎民之賢者也共同時是也敷納者下陳而上納也明庶者明其衆庶也禹雖俞帝之言而有未盡然之意謂庶頑讒說加之以威不若明之以德使帝德光輝達於天下海隅蒼生之地莫不昭灼德之遠著如此則萬邦黎民之賢孰不感慕興起而皆有帝臣之願惟帝時擧而用之爾敷納以言而觀其蘊明庶以功而考其成旌能命德以厚其報如此則誰敢不讓於善敢不精白一心敬應其上而庶頑讒說豈足慮乎帝不如是則今任用之臣遠近數同率爲誕慢日進於無功矣豈特庶頑讒說爲可慮哉

無若丹朱傲ᄒᆞ쇼셔 惟慢遊ᄅᆞᆯ 是好ᄒᆞ며 傲虐을 是作ᄒᆞ며 罔晝夜頟頟ᄒᆞ며 罔水行舟ᄒᆞ며 朋淫于家ᄒᆞ야 用殄厥世ᄒᆞ니이다 予創若時ᄒᆞ야 娶于塗山ᄒᆞ야 辛壬癸甲이며 啓呱呱而泣이어늘 予弗子ᄒᆞ고 惟荒度土功ᄒᆞ야 弼成五服ᄒᆞ되 至于五千ᄒᆞ고 州十有二師ᄒᆞ며 外薄四海히 咸建五長ᄒᆞ니 各迪有功이어늘 苗頑ᄒᆞ야 弗卽工ᄒᆞᄂᆞ니 帝其念哉ᄒᆞ쇼셔 帝曰迪朕德은 時乃功惟敍ㅣ니 皐陶ㅣ 方祗厥敍ᄒᆞ야 方施象刑ᄒᆞ되 惟明ᄒᆞᄂᆞ니다 頟鄂格反 呱音孤

●丹朱의傲갓디마ᄅᆞ쇼셔慢遊ᄅᆞᆯ이히好ᄒᆞ며傲虐을이히作ᄒᆞ며晝夜ᄅᆞᆯ업시頟頟ᄒᆞ며水ㅣ업ᄉᆞᆫᄃᆡ舟ᄅᆞᆯ行ᄒᆞ며朋ᄒᆞ야家에셔淫ᄒᆞ야써그世ᄅᆞᆯ殄ᄒᆞ니이다내이러ᄐᆞᆺ

ᄒᆞᆷ을創ᄒᆞ야塗山애娶ᄒᆞ야辛과壬과癸와甲이며啓ㅣ呱呱히泣ᄒᆞ거늘내子티못ᄒᆞ고土功을키度ᄒᆞ야五服을弼ᄒᆞ야成호ᄃᆡ五千애니르히ᄒᆞ고州애十이오또二師를ᄒᆞ며外로四海에薄히다五長을建호니各各功을迪ᄒᆞ거늘苗ㅣ頑ᄒᆞ야工애即디아니ᄒᆞᄂᆞ니帝ㅣ그念ᄒᆞ쇼셔帝ㅣ골ᄋᆞ샤ᄃᆡ朕의德을迪홈은이너의功이叙홀시니皐陶ㅣ보야ᄒᆞ로그叙를祗ᄒᆞ야보야ᄒᆞ로象刑을施호ᄃᆡ明히ᄒᆞᄂᆞ니라

○漢志堯處子朱於丹淵爲侯丹朱之國名也頟頟不休息之狀罔水行舟如奡盪舟之類朋淫者朋比小人而淫亂于家也殄絕也世者世堯之天下也丹朱不肖堯以天下與舜而不與朱故曰殄世程子曰夫聖莫聖於舜而禹之戒舜至曰無若丹朱好慢遊作傲虐且舜之不爲慢遊傲雖愚者亦當知之豈以禹而不知乎蓋處崇高之位所以儆戒者當如是也創懲也禹自言懲丹朱之惡而不敢以慢遊也塗山國名在今壽春縣東北禹娶塗山氏之女也辛壬癸甲四日也禹娶塗山甫及四日即往治水也啓禹之子呱呱泣聲荒大也言娶妻生子皆有所不暇顧念惟以大相度平治水土之功爲急也孟子言禹八年於外三過其門而不入是也五服甸侯綏要荒也言非特平治水土又因地域之遠近以輔成五服之制也疆理宇內乃人君之事非人臣之所當專者故曰弼成也五千者每服五百里五服之地東西南北相距五千里也十二師者每州立十二諸侯以爲之師使之相牧以糾羣后也薄迫也九州之外迫於四海每方各建五人以爲之長而統率之也聖人經理之制其詳內畧外者如此即就也謂十二師五長內而侯牧外而蕃夷皆

蹈行有功惟三苗頑慢不率不肯就工帝當憂念之也帝言四海之內蹈行我之德敎者是汝功惟敍之故其頑而弗率者則皐陶方敬承汝之功敍方施象刑惟明矣曰明者言其刑罰當罪可以畏服乎人也上文禹之意欲舜弛其鞭扑之威益廣其文敎之及而帝以禹之功敍既已如此而猶有頑不即工如苗民者是豈刑法之所可廢哉或者乃謂苗之凶頑六師征之猶且逆命豈皐陶象刑之所能致是未知聖人兵刑之敍與帝舜治苗之本末也帝之此言乃在禹未攝位之前非徂征後事蓋威以象刑而苗猶不服然後命禹征之征之不服以益之諫而又增修德敎及其來格然後分背之舜之此言雖在三謨之末而實則禹未攝位之前也

夔曰戛擊鳴球ᄒᆞ며搏拊琴瑟ᄒᆞ야以詠호니祖考來格ᄒᆞ시며虞賓이在位ᄒᆞ야羣后로德讓ᄒᆞᄂᆞ다下管鼗鼓ᄒᆞ고合止柷敔ᄒᆞ며笙鏞以間호니鳥獸ㅣ蹌蹌ᄒᆞ며蹌音鏘**簫韶九成애鳳凰이來儀ᄒᆞᄂᆞ다**

戛訖點反鼗音桃柷易六反敔偶許反

●夔ㅣᄀᆞᆯ오ᄃᆡ鳴球ᄅᆞᆯ戛擊ᄒᆞ며琴과瑟을搏拊ᄒᆞ야ᄡᅥ詠호니祖考ㅣ來ᄒᆞ야格ᄒᆞ시며虞ㅅ賓이位에잇셔群后로德으로讓ᄒᆞᄂᆞ다下앤管과鼗鼓ᄒᆞ고合ᄒᆞ며止호ᄃᆡ柷과敔로ᄒᆞ며笙과鏞으로ᄡᅥ間호니鳥와獸ㅣ蹌蹌ᄒᆞ며簫韶ㅣ九成홈애鳳凰이來ᄒᆞ야儀ᄒᆞᄂᆞ다

○戛擊考擊也鳴球玉磬名也搏至拊循也樂之始作升歌於堂上則堂上之樂惟取其

聲之輕淸者與人聲相比故曰以詠蓋戞擊鳴球搏拊琴瑟以合詠歌之聲也格神之格思之格虞賓丹朱也堯之後爲賓於虞猶微子作賓於周也丹朱在位與助祭群后以德相讓則人無不和可知矣下堂下之樂也管猶周禮所謂陰竹之管孤竹之管絲竹之管也鼗鼓如鼓而小有柄持而搖之則旁耳自擊柷敔郭璞云柷如漆桶方二尺四寸深一尺八寸中有椎柄連底撞之令左右擊敔狀如伏虎背上有二十七鉏鋙刻以籈擽之籈長一尺以木爲之始作也擊柷以合之及其將終也則擽敔以止之蓋節樂之器也笙以匏爲之列管於匏中又施簧於管端鏞大鍾也葉氏曰鍾與笙相應者曰笙鍾與歌相應者曰頌鍾頌或謂之鏞詩賁鼓維鏞是也大射禮樂人宿縣于阼階東笙磬西面其南笙鍾西階之西頌磬東面其南頌鍾頌鍾即鏞鍾也上言以詠此言以間相對而言蓋與詠歌迭奏也鄕飮酒禮云歌鹿鳴笙南陔間歌魚麗笙由庚或其遺制也蹌蹌行動之貌言樂音不獨感神人至於鳥獸無知亦且相率而舞蹌蹌然也簫古文作箾舞者所執之物說文云樂名箾韶季札觀周樂見舞韶箾者則箾韶蓋舜樂之總名也今文作簫故先儒誤以簫管釋之九成者樂之九成也功以九敘故樂以九成九成猶周禮所謂九變也孔子曰樂者象成者也故曰成鳳凰羽族之靈者其雄爲鳳其雌爲凰來儀者來舞而有容儀也戞擊鳴球搏拊琴瑟以詠堂上之樂也下管鼗鼓合止柷敔笙鏞以間堂下之樂也唐孔氏曰樂之作也依上下而遞奏間合而後曲成祖考尊神故言於堂上之樂鳥獸微物故言於堂下之樂九成致鳳尊異靈瑞故別言之非堂上之樂獨致神格堂下之樂偏

能舞獸也或曰笙之形如鳥翼鏞之簴爲獸形故於笙鏞以間言鳥獸蹌蹌風俗通曰舜作簫笙以象鳳蓋因其形聲之似以狀其聲樂之和豈眞有鳥獸鳳凰而蹌蹌來儀者乎曰是未知聲樂感通之妙也瓠巴鼓瑟而游魚出聽伯牙鼓琴而六馬仰秣聲之致祥召物見於傳者多矣況舜之德致和於上夔之樂召和於下其格神人舞獸鳳豈足疑哉今按季札觀周樂見舞韶箾者曰德至矣盡矣如天之無不覆如地之無不載雖甚盛德蔑以加矣夫韶樂之奏幽而感神則祖考來格明而感人則群后德讓微而感物則鳳儀獸舞原其所以能感召如此者皆由舜之德如天地之無不覆燾也其樂之傳歷千餘載孔子聞之於齊尙且三月不知肉味曰不圖爲樂之至於斯則當時感召從可知矣又按此章夔言作樂之效其文自爲一段不與上下文勢相屬蓋舜之在位五十餘年其與禹皐陶夔益相與答問者多矣史官取其尤彰明者以詔後世則是其所言者自有先後史官集而記之非其一日之言也諸儒之說自皐陶謨至此篇末皆謂文勢相屬故其說牽合不通今皆不取

夔曰於(於音烏)**予擊石拊石**애**百獸**ㅣ**率舞**ᄒᆞ며**庶尹**이**允諧**ᄒᆞᄂᆞ다

●夔ㅣ골오ᄃᆡ내石을擊ᄒᆞ며石을拊홈애百獸ㅣ率ᄒᆞ야舞ᄒᆞ며庶尹이진실로諧ᄒᆞᄂᆞ니다

○重擊曰擊輕擊曰拊石磬也有大磬有編磬有歌磬磬有小大故擊有輕重八音獨言石者蓋石音屬角最難諧和記曰磬以立辨夫樂以合爲主而石聲獨立辨者以其難和

也石聲旣和則金絲竹匏土革木之聲無不和者矣詩曰旣和且平依我磬聲則知言石者總樂之和而言之也或曰玉振之也者終條理之事故擧磬以終焉上言鳥獸此言百獸者考工記曰天下大獸五脂者膏者贏者羽者鱗者羽鱗總可謂之獸也百獸舞則物無不和可知矣尹正也庶尹者衆百官府之長也允諧者信皆和諧也庶尹諧則人無不和可知矣

帝庸作歌曰勅天之命ᄒᆞᆫᄃᆡ 惟時惟幾ᄒᆞ라ᄒᆞ시고 乃歌曰股肱喜哉면 元首起哉ᄒᆞ야 百工熙哉ᄒᆞ리라 皐陶ㅣ拜手稽首ᄒᆞ야 颺言曰念哉ᄒᆞ샤 率作興事ᄒᆞ샤ᄃᆞᆫ 愼乃憲ᄒᆞ샤 欽哉ᄒᆞ시며 屢省乃成ᄒᆞ샤 欽哉ᄒᆞ소서 乃賡載歌曰元首明哉ᄒᆞ시면 股肱良哉ᄒᆞ야 庶事康哉ᄒᆞ리이다 又歌曰元首ㅣ叢脞哉ᄒᆞ시면 股肱惰哉ᄒᆞ야 萬事墮哉ᄒᆞ리이다 帝拜曰俞ㅣ라 往欽哉ᄒᆞ라 明音芒 脞取果反

●帝ㅣᄡᅥ歌를作ᄒᆞ야ᄀᆞᆯᄋᆞ샤ᄃᆡ天의命을勅ᄒᆞᆫᄃᆡ時로ᄒᆞ며幾로ᄒᆞᆯ써시라ᄒᆞ시고歌ᄒᆞ야ᄀᆞᆯᄋᆞ샤ᄃᆡ股肱이喜ᄒᆞ면元首ㅣ起ᄒᆞ야百工이熙ᄒᆞ리라皐陶ㅣ手애拜ᄒᆞ고首를稽ᄒᆞ야言을颺ᄒᆞ야ᄀᆞᆯ오ᄃᆡ念ᄒᆞ샤率ᄒᆞ야事를作興ᄒᆞ샤ᄃᆡ憲을愼ᄒᆞ샤欽ᄒᆞ시며ᄌᆞ조成을省ᄒᆞ샤欽ᄒᆞ소서歌를賡ᄒᆞ야載ᄒᆞ야ᄀᆞᆯ오ᄃᆡ元首ㅣ明ᄒᆞ시면股肱이良ᄒᆞ

야庶事ㅣ康ᄒᆞ리아다ᄯᅩ歌ᄒᆞ야ᄀᆞᆯ오ᄃᆡ元首ㅣ叢脞ᄒᆞ시면股肱이惰ᄒᆞ야萬事ㅣ墮ᄒᆞ리이다帝ㅣ拜ᄒᆞ야ᄀᆞᆯᄋᆞ샤ᄃᆡ俞ㅣ라往ᄒᆞ야欽ᄒᆞ라

○庸用也歌詩歌也勅戒勅也幾事之微也惟時者無時而不戒勅也惟幾者無事而不戒勅也蓋天命無常理亂安危相爲倚伏今雖治定功成禮備樂和然頃刻謹畏之不存則怠荒之所自起毫髮幾微之不察則禍患之所自生不可不戒也此舜將欲作歌而先述其所以歌之意也股肱臣也元首君也人臣樂於趨事赴功則人君之治爲之興起而百官之功皆廣也拜手稽首者首至手又至地也大言而疾曰颺率總率也臯陶言人君當總率羣臣以起事功又必謹其所守之法度蓋樂於興事者易至於紛更故深戒之也屢數也興事而數考其成則有課功覈實之效而無誕慢欺蔽之失兩言欽哉者興事考成二者皆所當深敬而不可忽者也此臯陶將欲賡歌而先述其所以歌之意也賡續載成也續帝歌以成其義也臯陶言君明則臣良而衆事皆安所以勸之也叢脞煩碎也惰懈怠也墮傾圮也言君行臣職煩瑣細碎則臣下懈怠不肯任事而萬事廢壞所以戒之也舜作歌而責難於臣臯陶賡歌而責難於君君臣之相責難者如此有虞之治玆所以爲不可及也歟帝拜者重其禮也重其禮然其言而曰汝等往治其職不可以不敬也林氏曰舜與臯陶之賡歌三百篇之權輿也學詩者當自此始

集註書傳卷之二

蔡沈集傳

夏書

夏禹有天下之號也書凡四篇禹貢作於虞時而繫之夏書者禹之王以是功也

禹貢

上之所取謂之賦下之所供謂之貢是篇有貢有賦而獨以貢名篇者孟子曰夏后氏五十而貢貢者較數歲之中以爲常則貢又夏后氏田賦之總名今文古文皆有

禹ㅣ敷土ᄒᆞ시고隨山刊木ᄒᆞ샤奠高山大川ᄒᆞ시다 刊丘寒反

●禹ㅣ土를敷ᄒᆞ시고山을隨ᄒᆞ야木을刊ᄒᆞ샤高山과大川을奠ᄒᆞ시다

○敷分也分別土地以爲九州也奠定也定高山大川以別州境也若兗之濟河青之海岱揚之淮海雍之黑水西河荊之荊衡徐之海岱淮豫之荊河梁之華陽黑水是也方洪水橫流不辨區域禹分九州之地隨山之勢相其便宜斬木通道以治之又定其山之高者與其川之大者以爲之紀綱此三者禹治水之要故作書者首述之○曾氏曰禹別九州非用其私智天文地理區域各定故星土地法則有九野而在地者必有高山大川爲之限隔風氣爲之不通民生其間亦各異俗故禹因高山大川之所限者別爲九州又定其山之高峻水之深大者爲其州之鎭秩其祭而使其國主之也

冀州라

●冀州라

○冀州帝都之地三面距河兗河之西雍河之東豫河之北周禮職方河內曰冀州是也八州皆言疆界而冀不言者以餘州所至可見鼂氏曰亦所以尊京師示王者無外之意

既載壺口ᄒ샤 載作代反

●임의壺口를載ᄒ샤

○經始治之謂之載壺口山名漢地志在河東郡北屈縣東南今隰州吉鄉縣也○今按既載云者冀州帝都之地禹受命治水所始在所當先經始壺口等處以殺河勢故曰既載然禹治水施功之序則皆自下流始故次兗次青次徐次揚次荆次豫次梁次雍兗最下故所先雍最高故獨後禹言予決九川距四海濬畎澮距川即其用工之本末先決九川之水以距海則水之大者有所歸又濬畎澮以距川則水之小者有所泄皆自下流以跡殺其勢讀禹貢之書求禹功之序當於此詳之

治梁及岐ᄒ시며 治平聲

●梁과밋岐를治ᄒ시며

○梁岐皆冀州山梁山呂梁山也在今石州離石縣東北爾雅云梁山晉望即冀州呂梁也呂不韋曰龍門未闢呂梁未鑿河出孟門之上又春秋梁山崩左氏穀梁皆以爲晉山

則亦指呂梁矣酈道元謂呂梁之石崇竦河流激盪震動天地此禹旣事壺口乃即治梁也岐山在今汾州介休縣狐岐之山勝水所出東北流注于汾酈道元云後魏於胡岐置六壁防離石諸胡因爲大鎭今六壁城在勝水之側實古河逕之險阨二山河水所經治之所以開河道也先儒以爲雍州梁岐者非是

旣修太原ᄒᆞ샤至于岳陽ᄒᆞ시며

●임의太原을修ᄒᆞ샤岳陽애至ᄒᆞ시며

○修因鯀之功而修之也廣平曰原今河東路大原府也岳太岳也周職方冀州其山鎭曰霍山地志謂霍太山即太岳在河東郡彘縣東今晉州霍邑也山南曰陽即今岳陽縣地也堯之所都楊子雲冀州箴曰岳陽是都是也蓋汾水出於太原經於太岳東入于河此則導汾水也

覃懷에底績ᄒᆞ샤至于衡漳ᄒᆞ시다 覃徒含反 衡與橫通

●覃懷애績을底ᄒᆞ샤衡漳애至ᄒᆞ시다

○覃懷地名地志河內郡有懷縣今懷州也曾氏曰覃懷平地也當在孟津之東太行之西涑水出乎其西淇水出乎其東方洪水懷山襄陵之時而平地致功爲難故曰底績衡漳水名衡古橫字地志漳水二一出上黨沾縣大黽谷今平定軍樂平縣少山也名爲清漳一出上黨長子縣鹿谷山今潞州長子縣發鳩山也名爲濁漳酈道元謂之衡水又謂

之橫水東至鄚合淸漳東北至阜城入北河鄚今潞州涉縣也阜城今定遠軍東光縣也
○又按桑欽云二漳異源而下流相合同歸于海唐人亦言漳水能獨達于海請以爲瀆
而不云入河者蓋禹之導河自洚水大陸至碣石入于海本隨西山下東北去周定王五
年河徙砱礫則漸遷而東漢初漳猶入河其後河徙日東而取漳水益遠至欽時河自大
伾而下已非故道而漳自入海矣故欽與唐人所言者如此

厥土는惟白壤이오

●그土는白ᄒᆞ고壤이오
○漢孔氏曰無塊曰壤顔氏曰柔土曰壤夏氏曰周官大司徒辨十有二壤之物而知其
種以敎稼穡樹藝以土均之法辨五物九等制天下之地征則夫敎民樹藝與因地制貢
固不可不先於辨土也然辨土之宜有二白以辨其色壤以辨其性也蓋草人糞壤之法
騂剛用牛赤緹用羊墳壤用麋渴澤用鹿糞治田疇各因色性而辨其所當用也曾氏曰
冀州之土豈皆白壤云然者土會之法從其多者論也

厥賦는惟上에上이니錯ᄒᆞ며厥田은惟中에中이니라

●그賦는上애上이니錯ᄒᆞ며그田은中애中이니라
○賦田所出穀米兵車之類錯雜也賦第一等而錯出第二等也田第五等也賦高於田
四等者地廣而人稠也林氏曰冀州先賦後田者冀王畿之地天子所自治倂與場圃園

田漆林之類而征之如周官載師所載賦非盡出於田也故賦屬於厥土之下餘州皆田之賦也故先田而後賦又按九州九等之賦皆每州歲入總數以九州多寡相較而爲九等非以是等田而責其出是等賦也冀獨不言貢篚者冀天子封內之地無所事於貢篚也

恒衛既從ᄒᆞ며大陸既作ᄒᆞ니라 恒胡登反

●恒과衛ㅣ임의從ᄒᆞ며大陸이임의作ᄒᆞ니라

○恒衛二水名恒水地志出常山郡上曲陽縣恒山北谷在今定州曲陽縣西北恒山也東入滱水薛氏曰東流合滱水至瀛州高陽縣入易水鼂氏曰今之恒水西南流至眞定府行唐縣東流入于滋水又南流入于衛水非古逕矣衛水地志出常山郡靈壽縣東北即今眞定府靈壽縣也東入滹沱河薛氏曰東北合滹沱河過信安軍入易水從從其道也大陸孫炎曰鉅鹿北廣阿澤河所經也程氏曰鉅鹿去古河絕遠河未嘗逕邢以行鉅鹿之廣阿非是按爾雅高平曰大陸云者四無山阜曠然平地蓋禹河自澶相以北皆行西山之麓故班馬王横皆謂載之高地則古河之在其冀以及枯洚之南率皆穿西山踵趾以行及其已過信洚之北則西山勢斷曠然四平蓋以此地謂之大陸乃與下文北至大陸者合故隨改趙之昭慶以爲大陸縣唐又割鹿城置陸澤縣皆疑鉅鹿之大陸不與河應而亦求之向北之地杜佑李吉甫以爲邢趙深三州爲大陸者得之作者言可耕治水患既息而平地之廣衍者亦可耕治也恒衛水小而地遠大陸地平而近河故其成功

於田賦之後

島夷는皮服이로다 島都皓反

●島夷는皮服으로ᄒᆞ놋다

○海曲曰島海島之夷以皮服來貢也

夾右碣石ᄒᆞ야入于河ᄒᆞᄂᆞ니라 夾音協碣其謁巨列二反

●右로碣石을夾ᄒᆞ야河에入ᄒᆞᄂᆞ니라

○碣石地志在北平郡驪城縣西南河口之地今平州之南也冀州北方貢賦之來自北海入河南向西轉而碣石在其右轉屈之間故曰夾右也程氏曰冀爲帝都東西南三面距河他州貢賦皆以達河爲至故此三方亦不必書而其北境則漢遼東西右北平漁陽上谷之地其水如遼濡滹易皆中高不與河通故必自北海然後能達河也又按酈道元言驪城枕海有石如甬道數千里當山頂有大石如柱形韋昭以爲碣石其山昔在河口海濱故以誌其入貢河道歷世既久爲水所漸淪入于海己去岸五百餘里矣戰國策以碣石在常山郡九門縣者恐名偶同而鄭氏以爲九門無此山也

濟河에惟兗州라 濟子禮反 兗以轉反

●濟와河에兗州라

○兗州之域東南據濟西北距河濟河見導水蘇氏曰河濟之間相去不遠兗州之境東

南跨濟非止於濟也愚謂河昔北流兗州之境北盡碣石河右之地後碣石之地淪入于海河益徙而南濟河之間始相去不遠蘇氏之說未必然也○林氏曰濟古文作沸說文註云此兗州之濟也其從水從齊者說文註云出常山房子縣贊皇山則此二字音同義異當以古文爲正

九河ㅣ既道ᄒᆞ며

●九河ㅣ임의道ᄒᆞ며

○九河爾雅一曰徒駭二曰太史三曰馬頰四曰覆鬴五曰胡蘇六曰簡潔七曰鉤盤八曰鬲津其一則河之經流也先儒不知河之經流遂分簡潔爲二既道者既順其道也○按徒駭河地志云滹沱河寰宇記云在滄州清池南許商云在平城馬頰河元和志在德州安德平原南東寰宇記云在棣州滴河北輿地記云即篤馬河也覆鬴河通典云在德州安德胡蘇河寰宇記云在滄之饒安無棣臨津三縣許商云在東光簡潔河輿地記云在臨津鉤盤河寰宇記云在樂陵東南從德州平昌來輿地記云在樂陵鬲津河寰宇記云在樂陵東西北流入饒安許商云在鬲縣輿地記云在無棣太史河不知所在自漢以來講求九河者甚詳漢世近古止得其三唐人集累世積傳之語遂得其六歐陽忞輿地記又得其一或新河而載以舊名或一地而互爲兩說要之皆似是而非無所依據至其顯然謬誤者則班固以滹沱爲徒駭而不知滹沱不與古河相涉欒史馬頰乃以漢篤馬

河當之鄭氏求之不得又以爲九河齊桓塞其入流以自廣夫曲防齊之所禁塞河宜非桓公之所爲也河水可塞而河道果能盡平乎皆無稽考之言也惟程氏以爲九河之地已淪於海引碣石爲九河之證以謂今滄州之地北與平州接境相去五百餘里禹之九河當在其地後爲海水淪沒故其迹不存方九河未沒於海之時從今海岸東北更五百里平地河播爲九在此五百里中又上文言夾右碣石則九河入海之處有碣石在其西北岸九河水道變遷難於推考而碣石通趾頂皆石不應仆沒今兗冀之地既無此石而平州正南有山而名碣石者尙在海中去岸五百餘里卓立可見則是古河自今以爲海處向北斜行始爲其九河道已淪入於海明矣漢王橫言昔天常連雨東北風海水溢西南出浸數百里九河之地已爲海水所漸酈道元亦謂九河碣石包淪於海後世儒者知求九河於平地而不知求碣石有無以爲之證故前後異說竟無歸宿蓋非九河之地而强鑿求之宜其支離而不能得也

雷夏ㅣ 旣澤ᄒᆞ며

●雷夏임의 澤ᄒᆞ며

○澤者水之鍾也雷夏地志在濟陰郡城陽縣西北今濮州雷澤縣西北也山海經云澤中有雷神龍身而人頰鼓其腹則雷然則本夏澤也因其神名之曰雷夏也洪水橫流而入于澤澤不能受則亦泛濫奔潰故水治而後雷夏爲澤

灉沮ㅣ會同이로다 (灉音邕沮千余反)

●灉과沮ㅣ會ᄒᆞ야同ᄒᆞ놋다

○灉沮二水名灉水曾氏曰爾雅水自河出爲灉許愼云河灉水在宋又曰汳水受陳留浚儀陰溝至蒙爲灉水東入于泗水經汳水出陰溝東至蒙爲狚獾則灉水即汳水也灉之下流入于睢水沮水地志睢水出沛國芒縣睢水其沮水歟鼂氏曰爾雅云自河出爲灉濟出爲濋求之於韻沮有楚音二水河濟之別也二說未詳孰是會者水之合也同者合而一也

桑土ㅣ既蠶ᄒᆞ니是降丘宅土ㅣ로다

●桑土ㅣ임의蠶ᄒᆞ니이히丘애降ᄒᆞ야土애宅ᄒᆞ놋다

○桑土宜桑之土既蠶者可以蠶桑也蠶性惡濕故水退而後可蠶然九州皆賴其利而獨於兗言之者兗地宜桑後世之濮上桑間猶可驗也地高曰丘兗地多在卑下水害尤甚民皆依丘陵以居至是始得下居平地也

厥土는黑墳이니厥草는惟繇ㅣ오厥木은惟條ㅣ로다 (墳房吻反繇音遙)

●그土는黑ᄒᆞ고墳이니그草는繇ᄒᆞ고그木은條ᄒᆞ도다

○墳土脉墳起也如左氏所謂祭之地地墳是也繇茂條長也○林氏曰九州之勢西北多山東南多水多山則草木爲宜不待書也兗徐揚三州最居東南下流其地卑濕沮洳

洪水爲患草木不得其生至是或繇或條或夭或喬而或漸包故於三州特言之以見水土平草木亦得遂其性也

厥田은惟中에下ㅣ오厥賦는貞이로소니作十有三載라사乃同이로다

●그田은中애下ㅣ오그賦는貞이로소니作ᄒᆞᆫ十이오또三載라사同ᄒᆞ리로다

○田第六等賦第九等貞正也兗賦最薄言君天下者以薄賦爲正也作十有三載乃同者兗當下流之衝水激而湍悍地平而土疎被害尤劇今水患雖平而卑濕沮洳未必盡去土曠人稀生理鮮少必作治十有三載然後賦法同於他州此爲田賦而言故其文屬於厥賦之下先儒以爲禹治水所歷之年且謂此州治水最在後畢州爲第九成功因以上文厥賦貞者謂賦亦第九與州正爲相當殊無意義其說非是

厥貢은漆絲ㅣ오厥篚는織文이로다

●그貢은漆과絲ㅣ오그篚는織ᄒᆞᆫ文이로다

○貢者下獻其土所有於上也兗地宜漆宜桑故貢漆絲也篚竹器筐屬也古者幣帛之屬則盛之以筐篚而貢焉經曰篚厥玄黃是也織文者織而有文綿綺之屬也以非一色故以織文總之林氏曰有貢又有篚者所貢之物入於篚也

浮于濟漯ᄒᆞ야達于河ᄒᆞᄂᆞ니라 漯託合反

●濟와漯으로浮ᄒᆞ야河애達ᄒᆞᄂᆞ니라

○舟行水曰浮漯者河之枝流也兗之貢賦浮濟浮漯以達於河也帝都冀州三面距河達河則達帝都矣又按地志曰漯水出東郡東武陽至千乘入海程氏以爲此乃漢河與漯殊異然亦不能明言漯河所在未詳其地也

海岱에惟靑州라

●海와岱에靑州라

○靑州之域東北至海西南距岱岱泰山也今在襲慶府奉符縣西北三十里

嵎夷既略ᄒᆞ니

●嵎夷임의略ᄒᆞ니

○嵎夷薛氏曰今登州之地畧經略爲之封畛也即堯典之嵎夷

濰淄ㅣ其道ᄒᆞ도다 濰音維淄莊持反

●濰淄그道ᄒᆞ도다

○濰淄二水名濰水地志云出琅琊郡箕縣今密州莒縣東北濰山也北至都昌入海今濰州昌邑也淄水地志云出泰山郡萊蕪縣原山今淄州淄川縣東南七十里原山也東至博昌縣入濟今靑州壽光縣也其道者水循其道也上文言既道者禹爲之道也此言其道者泛濫既去水得其故道也林氏曰河濟下流兗受之淮下流徐受之江漢下流揚受之靑雖近海然不當衆流之衝但濰淄二水順其故道則其功畢矣比之他州用力最

省者也

厥土는白墳이니海濱은廣斥이로다 斥尙石反

●그土는白ᄒᆞ고墳이니海濱은廣ᄒᆞ고斥ᄒᆞ도다

○濱涯也海涯之地廣漠而斥鹵許愼曰東方謂之斥西方謂之鹵斥鹵鹹地可煑爲鹽者也

厥田은惟上애下오厥賦는中애上이로다

●그田은上애下ㅣ오그賦는中애上이로다

○田第三賦第四也

厥貢은鹽絺ㅣ오海物은惟錯이로다岱畎애絲枲과鉛松과恠石괘로다萊夷ㅣ作牧ᄒᆞ니厥篚는檿絲ㅣ로다 絺抽遲反下章同枲想里反下章同檿於琰反

●그貢은鹽과絺오海物은錯이로다岱ㅅ畎애絲와枲와鉛과松과恠ᄒᆞᆫ石괘로다萊애夷ㅣ牧을作ᄒᆞ니그篚는檿絲ㅣ로다

○鹽斥地所出絺細葛也錯雜也海物非一種故曰錯林氏曰既總謂之海物則固非一物矣此與揚州齒革羽毛惟木文勢正同錯蓋別爲一物如錫貢磬錯之錯理或然也畎谷也岱山之谷也枲麻也怪石怪異之石也林氏曰怪石之貢誠爲可疑意其必須以爲

器用之飾而有不可闕者非特貢其怪異之石以爲玩好也萊夷顔師古曰萊山之夷齊有萊侯萊人即今萊州之地作牧者言可牧放夷人以畜牧爲生也檿山桑也山桑之絲其韌中琴瑟之絃蘇氏曰惟東萊爲有此絲以之爲繒其堅韌異常萊人謂之山蠒

浮于汶ᄒᆞ야達于濟ᄒᆞᄂᆞ니라

●汶으로浮ᄒᆞ야濟에達ᄒᆞᄂᆞ니라

○汶水出泰山郡萊蕪縣原山今襲慶府萊蕪縣也西南入濟在今鄆州中都縣也蓋淄水出萊蕪原山之陰東北而入海汶水出萊蕪原山之陽西南而入濟不言達河者因於兗也

海岱及淮애惟徐州라

●海와岱와밋淮에徐州라

○徐州之域東至海南至淮北至岱而西不言濟者岱之陽濟東爲徐岱之北濟東爲青言濟不足以辨故略之也爾雅濟東曰徐州者商無青幷青於徐也周禮正東曰青州者周無徐幷徐於青也林氏曰一州之境必有四至七州皆止二至蓋以鄰州互見至此州獨載其三邊者止言海岱則嫌於青止言淮海則嫌於揚故必曰海岱及淮而後徐州之疆境始別也

淮沂ㅣ其乂ᄒᆞ니 沂魚依反

●淮와沂ㅣ그乂ᄒᆞ니

○淮沂二水名淮見導水曾氏曰淮之源出于豫之境至揚徐之間始大其泛濫爲患尤在於徐故淮之治於徐言之也沂水地志云出泰山郡蓋縣艾山今沂州沂水縣也南至于下邳西南而入于泗曾氏曰徐州水以沂名者非一酈道元謂水出尼丘山西北徑魯之雩門亦謂之沂水水出太公武陽之冠石山亦謂之沂水而沂水之大則出於泰山也又按徐之水有泗有汶有汴有漷而獨以淮沂言者周職方氏靑州其川淮泗其浸沂沭周無徐州兼之於靑周之靑卽禹之徐則徐州川莫大於淮淮乂則自泗而下凡爲川者可知矣徐之浸莫大於沂沂乂則自沭而下凡爲浸者可知矣

蒙羽ㅣ其藝ᄒᆞ도다

●蒙과羽ㅣ그藝ᄒᆞ도다

○蒙羽二山名蒙山地志在泰山郡蒙陰縣西南今沂州費縣也羽山地志在東海郡祝其縣南今海州朐山縣也藝者言可種藝也

大野ㅣ旣豬ᄒᆞ니 豬張如反今作瀦下章同

●大野ㅣ임의豬ᄒᆞ니

○大野澤名地志在山陽郡鉅野縣北今濟州鉅野縣也鉅卽大也水蓄而復流者謂之豬按水經濟水至乘氏縣分爲二南爲荷北爲濟酈道元謂一水東南流一水東北流入

鉅野澤則大野爲濟之所絶其所聚也大矣何承天曰鉅野廣大南導洙泗北連淸濟徐之有濟於是乎見又鄆州中都西南亦有大野陂或皆大野之地也

東原이底平ᄒᆞ도다

●東原이平에底ᄒᆞ도다

○東原漢之東平國今之鄆州也鼂氏曰東平自古多水患數徙其城咸平中又徙城於東南則其下濕可知底平者水患已去而底於平也後人以其地之平故謂之東平又按東原在徐之西北而謂之東者以在濟東故也東平國在景帝亦謂濟東國云益知大野東原所以志濟也

厥土ᄂᆞᆫ赤埴墳이니草木은漸包ㅣ로다 埴丞職昌志二反

●그土ᄂᆞᆫ赤ᄒᆞ고埴ᄒᆞ고墳이니草木은漸ᄒᆞ며包ᄒᆞ얏다

○土黏曰埴埴膩也黏泥如脂之膩也周有搏埴之工老氏言埏埴以爲器惟土性黏膩細密故可摶可埏也漸進長也如易所謂木漸言其日進於茂而不已也包叢生也如詩所謂如竹包矣言其叢生而稹也

厥田은惟上애中이오厥賦ᄂᆞᆫ中애中이로다

●그田은上에中이오그賦ᄂᆞᆫ中애中이로다

○田第二等賦第五等也

厥貢은惟土五色과羽畎애夏翟과嶧陽애孤桐과泗濱애浮磬이로다

淮夷는蠙珠曁魚ㅣ로소니厥篚는玄纖縞ㅣ로다

●그貢은土의五色과羽ㅅ畎애夏의翟과嶧陽애孤혼桐과泗ㅅ濱애浮혼磬이로다
淮엣夷는蠙과珠와밋魚ㅣ로소니그篚는玄혼纖과縞ㅣ로다 夏亥雅反翟亭歷反蠙蒲眠反纖思廉反縞古老反

○徐州之土雖赤而五色之土亦間有之故制以爲貢周書作雒曰諸侯受命于周乃建大社于國中其壝東靑土南赤土西白土北驪土中央亹以黃土將建諸侯鑿取其方面之土苞以黃土苴以白茅以爲土封故曰受削土於周室此貢土五色意亦爲是用也羽畎羽山之谷也夏翟雉具五色其羽中旌旄者也染人之職秋染夏鄭氏曰染夏者染五色也林氏曰古之車服器用以雉爲飾多者不但旌旄也曾氏曰山雉具五色出于羽山之畎則其名山以羽者以此歟嶧山名地志云東海郡下邳縣西有葛嶧山古文以爲嶧山下邳今淮陽軍下邳縣也陽者山南也孤桐特生之桐其材中琴瑟詩曰梧桐生矣于彼朝陽蓋草木之生以向日爲貴也泗水名出魯國卞縣桃墟西北陪尾山源有泉四四泉俱導因以爲名西南過彭城又東南過下邳入淮汴縣今襲慶府泗水縣也濱水旁也浮磬石露水濱若浮於水然或曰非也泗濱非必水中泗水之旁近浮者石浮生土中不根著者也今下邳有石磬山或以爲古取磬之地曾氏曰不謂之石者成磬而後貢也淮夷淮之夷也蠙蚌之別名也曁及也珠爲服飾魚用祭祀今濠泗楚皆貢淮白魚亦古之

遺制歟夏翟之出於羽畎孤桐之生于嶧陽浮磬之出於泗濱珠魚之出於淮夷各有所産之地非他處所有故詳其地而使貢也玄赤黑色幣也武成曰篚厥玄黃纖縞皆繒也禮曰及期而大祥素縞麻衣中月而禫禫而纖記曰有虞氏縞衣而養老則知纖縞皆繒之名也曾氏曰玄赤而有黑色以之爲衮所以祭也以之爲端所以齊也以之爲冠以爲首服也黑經白緯曰纖纖也縞也皆去凶即吉之所服也

浮于淮泗ᄒᆞ야達于河ᄒᆞᄂᆞ니라

●淮泗로浮ᄒᆞ야河에達ᄒᆞᄂᆞ니라

○許愼曰汳水受陳留浚儀陰溝至蒙爲灉水東入于泗則淮泗之可以達于河者以灉至于泗也許愼又曰泗受沛水東入淮蓋泗水至大野而合沛然則泗之上源自沛亦可以通河也

淮海애惟揚州라

●淮와海애揚州라

○揚州之域北至淮東南至于海

彭蠡ㅣ既豬ᄒᆞ니 蠡音禮

●彭蠡ㅣ임의豬ᄒᆞ니

○彭蠡地志在豫章郡彭澤縣東合江西江東諸水跨豫章饒州南康軍三州之地所謂

鄱陽湖者是也詳見導水

陽鳥애攸居ㅣ로다

●陽鳥의居ᄒᆞ는배로다

○陽鳥隨陽之鳥謂鴈也今惟彭蠡洲渚之間千百爲羣記陽鳥所居猶夏小正記鴈北鄕也言澤水既豬洲渚既平而禽鳥亦得其居止而遂其性也

三江이既入ᄒᆞ니

●三江아임의入ᄒᆞ니

○唐仲初吳都賦註松江下七十里分流東北入海者爲婁江東南流者爲東江併松江爲三江其地今亦名三江口吳越春秋所謂范蠡乘舟出三江之口者是也○又按蘇氏謂岷山之江爲中江嶓冢之江爲北江豫章之江爲南江即導水所謂東爲北江東爲中江者既有中北二江則豫章之江爲南江可知今按此爲三江若可依據然江漢會于漢陽合流數百里至湖口而後與豫章江會又合流千餘里而後入海不復可指爲三矣蘇氏知其說不通遂有味別之說禹之治水本爲民去害豈如陸羽輩辨味烹茶爲口腹計耶亦可見其說之窮矣以其說易以惑人故併及之或曰江漢之水揚州巨浸何以不書曰禹貢書法費跡鑿者雖小必記無施勞者雖大亦畧江漢荊州而下安於故道無俟濬治故在不書況朝宗于海荊州固備言之是亦可以互見矣此正禹貢之書法也

震澤이底定ᄒᆞ도다

●震澤이定애底ᄒᆞ도다

○震澤太湖也周職方揚州藪曰具區地志在吳縣西南五十里今蘇州吳縣也曾氏曰震如三川震之震若今湖翻是也具區之水多震而難定故謂之震澤底定者言底於定而不震蕩也

篠簜이既敷ᄒᆞ니厥草ᄂᆞᆫ惟夭ㅣ며厥木은惟喬ㅣ오厥土ᄂᆞᆫ惟塗泥로다

●篠과簜이임의敷ᄒᆞ니그草ᄂᆞᆫ夭ㅣ며그木은喬ㅣ오그土ᄂᆞᆫ塗泥로다

○篠箭竹簜大竹郭璞曰竹濶節曰簜敷布也水去竹已布生也少長曰夭喬高也塗泥水泉濕也下地多水其土淖

厥田은惟下下ㅣ오厥賦ᄂᆞᆫ下에上이로소니上錯이로다 上錯之上是掌反

●그田은下애下ㅣ오그賦ᄂᆞᆫ下애上이로소니上애錯도다

○田第九等賦第七等雜出第六等也言下上上錯者以本設賦九等分爲三品下上與中下異品故變文言下上上錯也

厥貢은惟金三品과瑤琨篠簜과齒革羽毛와惟木이로다 島夷ᄂᆞᆫ卉服이로소니厥篚ᄂᆞᆫ織貝오厥包橘柚ᄂᆞᆫ錫貢이로다 瑤音遙琨音昆卉許偉許貴二反

●그貢은金三品과瑤와琨과篠와簜과齒와革과羽와毛와木괘로다島夷ᄂᆞᆫ卉로ᄒᆞᆫ服이로소니그篚ᄂᆞᆫ織ᄒᆞᆫ貝오그包ᄒᆞᆫ橘과柚ᄂᆞᆫ錫ᄒᆞ야든貢ᄒᆞ놋다

○三品金銀銅也瑤琨玉石名詩曰何以舟之惟玉及瑤琨說文云石之美似玉者取之可以爲禮器篠之材中於矢之笴簜之材中於樂之管簜亦可爲符節周官掌節有英簜象有齒犀兕有革鳥有羽獸有毛木楩梓豫章之屬齒革可以成車甲羽毛可以爲旌旄木可以備棟宇器械之用也島夷東南海島之夷卉草也葛越木綿之屬織貝錦名織爲貝文詩曰貝錦是也今南夷木綿之精好者亦謂之吉貝海島之夷以卉服來貢而織貝之精者則入篚焉包裹也小曰橘大曰柚錫者必待錫命而後貢非歲貢之常也張氏曰必錫命乃貢者供祭祀燕賓客則詔之口腹之欲則難於出令也

沿于江海ᄒᆞ야達于淮泗ᄒᆞᄂᆞ니라

●江海로沿ᄒᆞ야淮와泗애達ᄒᆞᄂᆞ니라

○順流而下曰沿沿江入海自海而入淮泗不言達于河者因於徐也禹時江淮未通故沿于海至吳始開邗溝隋人廣之而江淮舟船始通也孟子言排淮泗而注之江記者之誤也

荊及衡陽에惟荊州라

●荊과밋衡陽애荊州라

○荊州之域北距南條荊山南盡衡山之陽荊衡各見導山唐孔氏曰荊州以衡山之陽爲至者蓋南方惟衡山爲大以衡陽言之見其地不止此山而猶包其南也

江漢이朝宗于海ᄒᆞ며

●江과漢이海에朝宗ᄒᆞ며

○江漢見導水春見曰朝夏見曰宗朝宗諸侯見天子之名也江漢合流于荊去海尙遠然水道已安而無有壅塞橫決之患雖未至海而其勢已奔趍於海猶諸侯之朝宗于王也

九江이孔殷ᄒᆞ도다

●九江이심히殷ᄒᆞ도다

○九江即今之洞庭也水經言九江在長沙下雋西北楚地記曰巴陵瀟湘之淵在九江之間今岳州巴陵縣即楚之巴陵漢之下雋也洞庭正在其西北則洞庭之爲九江審矣今沅水漸水元水辰水敍水酉水澧水資水湘水皆合於洞庭意以是名九江也孔甚殷正也九江水道甚得其正也○按漢志九江在廬江郡之尋陽縣尋陽記九江之名一曰烏江二曰蚌江三曰烏白江四曰嘉靡江五曰畎江六曰源江七曰廩江八曰提江九曰菌江今詳漢九江郡之尋陽乃禹貢揚州之境而唐孔氏又以爲九州之名起於近代未足爲據且九江派別取之耶亦必首尾長短大略均布然後可目之爲九然其一水之間

當有一洲九江之間沙水相間乃爲十有七道而今尋陽之地將無所容况沙洲出沒其勢不常果可以爲地理之定名乎說使派別爲九則當曰九江旣道不應曰孔殷於導江當曰播九江不應曰過九江反復參攷則九江非尋陽明甚本朝胡氏以洞庭爲九江者得之曾氏亦謂導江曰過九江至于東陵東陵今之巴陵今巴陵之上卽洞庭也因九水所合遂名九江故下文導水曰過九江經之例大水合小水謂之過則洞庭之爲九江益以明矣

沱潛이旣道ᄒᆞ니

●沱와潛이임의道ᄒᆞ니

○爾雅曰水自江出爲沱自漢出爲潛凡水之出於江漢者皆有此名此則荊州江漢之出者也今按南郡枝江縣有沱水然其流入江而非出於江也華容縣有夏水首出于江尾入於沔亦謂之沱若潛水則未有見也

雲土와夢作乂ᄒᆞ도다 夢莫鳳反 乂謨蓬反

●雲은土ㅣ오夢은作乂ᄒᆞ도다

○雲夢澤名周官職方荊州其澤藪曰雲夢方八九百里跨江南北華容枝江江夏安陸皆其地也左傳楚子濟江入于雲中又楚子以鄭伯田于江南之夢合而言之則爲一別而言之則二澤也雲土者雲之地土見而已夢作乂者夢之地已可耕治也蓋雲夢之澤

地勢有高卑故水落有先後人工有早晩也

厥土는惟塗泥ㅣ니厥田은惟下애中이오厥賦는上애下ㅣ로다

●그土는塗泥니그田은下애中이오그賦는上애下ㅣ로다

○荆州之土與揚州同故田比揚只加一等而賦爲第三等者地濶而人工修也

厥貢은羽毛齒革과惟金三品과杶榦栝柏과礪砥砮丹이로다惟箘簵楛는三邦이底貢厥名ᄒᆞᄂᆞ니라包匭菁茅ㅣ며厥篚는玄纁璣組ㅣ로소니九江이納錫大龜ᄒᆞ놋다

●그貢은羽와毛과齒와革과金三品과杶榦과栝과柏과礪와砥와砮와丹이로다箘과簵와楛는三邦이그名을底貢ᄒᆞᄂᆞ니라包ᄒᆞ고匭ᄒᆞᄂᆞᆫ菁茅ㅣ며그篚는玄纁과璣와組ㅣ로소니九江이大龜를納ᄒᆞ야錫ᄒᆞ놋다

○荆之貢與揚州大抵多同然荆先言羽毛者漢孔氏所謂善者爲先也按職方氏揚州其利金錫荆州其利丹銀齒革則荆揚所産不無優劣矣杶栝柏三木名也杶木似樗而可爲弓榦栝木栢葉松身礪砥皆磨石砥以細密爲名礪以麁糲爲稱砮者中矢鏃之用肅愼氏貢石砮者是也丹丹砂也箘簵竹名楛木名皆可以爲矢董安于之治晋陽也公宮之垣皆以荻蒿苫楚廧之其故丈餘趙襄子發而試之其堅則箘簵不能過也則箘簵叢竹之堅者其材中矢之笴楛肅愼氏貢楛矢者是也三邦未詳其地底致也致貢箘簵

楛之有各者也匭匣也菁茅有刺而三脊所以供祭祀縮酒之用旣包而又匣之所以示敬也齊桓公責楚貢包茅不入王祭不供無以縮酒又管子云江淮之間一茅而三脊名曰菁茅菁茅一物也孔氏謂菁以爲葅者非是今辰州麻陽縣苞茅山出苞茅有刺而三脊纁周禮染人夏纁絳色幣也璣珠不圓者組綬類大龜尺二寸所謂國之守龜非可常得故不爲常貢若偶得之則使之納錫於上謂之納錫者下與上之辭重其事也

浮于江沱潛漢ᄒᆞ야踰于洛ᄒᆞ야至于南河ᄒᆞᄂᆞ니라

●江과沱와潛과漢애浮ᄒᆞ야洛애踰ᄒᆞ야南河애至ᄒᆞᄂᆞ니라

○江沱潛漢其水道之出入不可詳而大勢則自江沱而入潛漢也踰越也漢與洛不通故舍舟而陸以達于洛自洛至于南河也程氏曰不徑浮江漢兼用沱潛者隨其貢物所出之便或由經流或循枝派期於便事而已

荊河애惟豫州라

●荊과河애豫州

○豫州之域西南至南條荊山北距大河

伊洛瀍澗이旣入于河ᄒᆞ며 瀍音廛

●伊와洛과瀍과澗이임의河애入ᄒᆞ며

○伊水山海經曰熊耳之山伊水出焉東北至洛陽縣南北入于洛郭璞云熊耳在上洛縣南今商州上洛縣也地志言伊水出弘農盧氏之熊耳者非是洛水地志云出弘農郡上洛縣冡領山水經謂之讙舉山今商州洛南縣冡領山也至鞏縣入河今河南府鞏縣也瀍水地志云出河南郡穀城縣替亭北今河南府河南縣西北有古穀城縣其北山實瀍水所出也至偃師縣入洛今河南府偃師縣也澗水地志云出弘農郡新安縣東南入于洛新安在今河南府新安澠池之間今澠池縣東二十三里新安城是也城東北有白石山即澗水所出酈道元云世謂之廣陽山然則澗水出今之澠池至新安入洛也伊瀍澗水八于洛而洛水入于河此言伊洛瀍澗入于河若四水不相合而各入河者猶漢入江江入海而荊州言江漢朝宗于海意同蓋四水幷流小大相適故也詳見下文

滎波ㅣ旣豬ㅣ로다

●滎과波ㅣ임의豬ᄒᆞ도다

○滎波二水名濟水自今孟州温縣入河潛行絶河南溢爲滎在今鄭州滎澤縣西五里敖倉東南敖倉者古之敖山也按今濟水但入河不復過河之南滎瀆水受河水有石門謂之滎口石門也鄭康成謂滎今塞爲平地滎陽民猶謂其處爲滎澤酈道元曰禹塞淫水於滎陽下引河東南以通淮泗濟水分河東南流漢明帝使王景即滎水故瀆東注浚儀謂之浚儀渠漢志謂滎陽縣有狼蕩渠首受濟者是也南曰狼蕩北曰浚儀其實一也波水周職方豫州其川滎雒其浸波溠爾雅云水自洛出爲波山海經曰婁涿之山波水

出其陰北流注于穀二說不同未詳孰是孔氏曰以滎波爲一水者非也

導菏澤ᄒᆞ샤被孟豬ᄒᆞ시다

●菏澤을導ᄒᆞ샤孟豬애被ᄒᆞ시다

○菏澤地志在濟陰郡定陶縣東今興仁府濟陰縣南三里其地有菏山故名其澤爲菏澤也蓋濟水所經水經謂南濟東過寃句縣南又東過定陶縣南又東北菏水東出焉是也被及也孟豬爾雅作孟地志在梁諸國睢陽縣東北今南京虞城縣西北孟諸澤是也曾氏曰被覆也菏水衍溢導其餘波入于孟豬不常入也故曰被

厥土ᄂᆞᆫ惟壤이니下土ᄂᆞᆫ墳壚ㅣ로다 壚音盧

●그土ᄂᆞᆫ壤이니下土ᄂᆞᆫ墳ᄒᆞ며壚ᄒᆞ도다

○土不言色者其色雜也壚疏也顔氏曰玄而疏者謂之壚其土有高下之不同故別言之

厥田은惟中애上이오厥賦ᄂᆞᆫ錯이로소니上애中이로다

●그田은中애上이오그賦ᄂᆞᆫ錯ᄒᆞ도소니上애中이로다

○田第四等賦第二等雜出第一等也

厥貢은漆枲絺紵ㅣ오厥篚ᄂᆞᆫ纖纊이로소니錫貢磬錯ᄒᆞᄂᆞᆺ다

●그貢은漆과枲와絺와紵ㅣ오그篚ᄂᆞᆫ纖ᄒᆞᆫ纊이로소니磬錯은錫ᄒᆞ야든貢ᄒᆞᄂᆞᆺ다

○林氏曰周官載師漆林之征二十有五周以爲征而此乃貢者蓋豫州在周爲畿內故載師掌其征而不制貢禹時豫在畿外故有貢也推此義則冀不言貢者可知顔師古曰織紵以爲布及練然經但言貢枲與紵成布與未成布不可詳也纊細綿也磬錯治磬之錯也非所常用之物故非常貢必待錫命而後納也與揚州橘柚同然揚州先言橘柚而此先言錫貢者橘柚言包則於厥篚之文無嫌故言錫貢在後磬錯則與厥篚之文嫌於相屬故言錫貢在先蓋立言之法也

浮于洛ᄒᆞ야達于河ᄒᆞᄂᆞ니라

●洛애浮ᄒᆞ야河애達ᄒᆞᄂᆞ니라

○豫州去帝都最近豫之東境徑自入河豫之西境則浮于洛而後至河也

華陽黑水애惟梁州라

●華陽과黑水애梁州라

○梁州之境東距華山之南西據黑水華山即太華見導山黑水見導水

岷嶓ㅣ既藝ᄒᆞ며

●岷과嶓ㅣ임의藝ᄒᆞ며

○岷嶓二山名岷山地志在蜀郡湔氏道西徼外在今茂州汶山縣江水所出也鼂氏曰蜀以山近江源者通爲岷山連峯接岫重疊險阻不詳遠近靑城天彭諸山之所環遶皆

古之岷山青城乃其第一峯也嶓冢地志云在隴西郡氐道縣漾水所出又云在西縣今興元府西縣三泉縣也蓋嶓冢一山跨于兩縣云川源旣滌水去不滯而無泛溢之患其山巳可種藝也

沱潛이既道ᄒᆞ도다

●沱와潛이임의道ᄒᆞ도다

○此江漢別流之在梁州者沱水地志蜀郡郫縣江沱在東西入大江郫縣今成都府郫縣也又地志云蜀郡汶江縣江沱在西南東入江汶江縣今永康軍導江縣也潛水地志云巴郡宕渠縣潛水西南入江宕渠今渠州流江縣也酈道元謂宕渠縣有大穴潛水入焉通罡山下西南潛出南入于江又地志漢中郡安陽縣灊谷水出西南入漢灊音潛安陽縣今洋州眞符縣也○又按梁州乃江漢之源此不志者岷之藝導江也嶓之藝導漾也道沱則江悉矣道潛則漢悉矣上志岷嶓下志沱潛江漢源流於是而見

蔡蒙애旅平ᄒᆞ시며

●蔡와蒙에平을旅ᄒᆞ시며

○蔡蒙二山名蔡山輿地記在今雅州嚴道縣蒙山地志蜀郡青衣縣今雅州名山縣也酈道元謂山上合下開沫水逕其間溷崖水脉漂疾歷代爲患蜀郡太守李冰發卒鑿平溷崖則此二山在禹爲用功多也祭山曰旅旅平者治畢而旅祭也

和夷애底績ᄒᆞ시다

●和夷에績을底ᄒᆞ시다

○和夷地名嚴道以西有和川有夷道或其地也又按鼂氏曰和夷二水名和水今雅州榮經縣北和川水自蠻界羅嵓州東西來經蒙山所謂青衣水而入岷江者也夷水出巴郡魚復縣東南過很山縣南又東過夷道縣北東入于江今二說皆未可必但經言底績者三覃懷原隰旣皆地名則此恐爲地名或地名因水亦不可知也

厥土ᄂᆞᆫ靑黎니

●그土ᄂᆞᆫ靑ᄒᆞ며黎ㅣ니

○黎黑也

厥田은惟下애上이오厥賦ᄂᆞᆫ下애中이로소니三錯이도다

●그田은下에上이오그賦ᄂᆞᆫ下에中이로소니三이錯ᄒᆞ도다

○田第七等賦第八等雜出第七等九等也按賦雜出他等者或以爲歲有豐凶或以爲戶有增減皆非也意者地力有上下年分不同如周官田一易再易之類故賦之等第亦有上下年分冀之正賦第一等而間歲第二等也揚之正賦第七等而間歲第六等也豫之正賦第二等而間歲第一等也梁之正賦第八等而間歲出第七第九等也當時必有條目詳具今不存矣書之所載特凡例也若謂之歲之豊凶戶之增減則九州皆然何獨

於冀揚豫梁四州言哉

厥貢은璆鐵과銀鏤와砮磬과熊羆과狐狸과織皮패로다

●그貢은璆와鉄과銀과鏤와砮磬과熊과羆와狐와狸와織ᄒᆞᆫ皮패로다

○璆玉磬鐵柔鐵也鏤剛鐵可以刻鏤者也磬石磬也言鐵而先於銀者鐵之利多於銀也後世蜀之卓氏程氏以鐵冶富擬封君則梁之利尤在於鐵也織皮者梁州之地山林爲多獸之所走熊羆狐狸四獸之皮製之可以爲裘其毳毛織之可以爲罽也○林氏曰徐州貢浮磬此州旣貢玉磬又貢石磬豫州又貢磬錯以此觀之則知當時樂器磬最爲重豈非以其聲角而在淸濁小大之間最難得其和者哉

西傾으로因桓是來ᄒᆞ야浮于潛ᄒᆞ며逾于沔ᄒᆞ며入于渭ᄒᆞ야亂于河ᄒᆞᄂᆞ니라

●西傾으로桓을因ᄒᆞ야이來ᄒᆞ야潛에浮ᄒᆞ며沔에逾ᄒᆞ며渭에入ᄒᆞ야河에亂ᄒᆞᄂᆞ니라

○西傾山名地志在隴西郡臨洮縣西今洮州臨潭縣西南桓水名水經曰西傾之南桓水出焉蘇氏曰漢始出爲瀁東南流爲沔至漢中東行爲漢沔酈道元曰自西傾而至葭萌浮于西漢西漢卽潛水也自西漢遡流而屆于晉壽界阻瀁枝津南歷岡北迤邐接漢沔歷漢川至于褒水逾褒而暨于衙嶺之南溪灌于斜川屆于武功而北以入于渭漢武帝時人有上書欲通褒斜道及漕事下張湯問之云褒水通沔斜水通渭皆可以漕從南

陽上沔入褒褒絕水至斜間百餘里以車轉從斜下渭如此則漢中穀可致經言沔渭而不言褒斜者因大以見小也褒斜之間絕水百餘里故曰逾然於經文則當曰逾于渭今曰逾于沔此又未可曉也絕河而渡曰亂

黑水西河애惟雍州라

●黑水와西河애雍州라

○雍州之域西據黑水東距西河謂之西河者主冀都而言也

弱水ㅣ旣西ᄒᆞ며

●弱水ㅣ임의西ᄒᆞ며

○柳宗元曰西海之山有水焉散渙無力不能負芥投之則委靡墊沒及底而後止故名曰弱旣西者導之西流也地志云在張掖郡刪丹縣薛氏曰弱水出吐谷渾界窮石山自刪丹西至合黎山與張掖縣河合又按通鑑魏太武擊柔然至栗水西行至菟園水分軍收討又循弱水西行至涿邪山則弱水在菟園水之西涿邪山之東矣北史載太武至菟園水分軍搜討東至瀚海西接張掖水北渡燕然山與通鑑小異豈瀚海張掖水於弱水爲近乎程氏據西域傳以弱水爲在條支援引甚悉然長安西行一萬二千二百里又百餘日方至條支其去雍州如此之遠禹豈應窮荒而導其流也哉其說非是

涇이屬渭汭ᄒᆞ며

●涇이渭와汭애屬ᄒᆞ며

○涇渭汭三水名涇水地志出安定郡涇陽縣西今原州百泉縣岍頭山也東南至馮翊陽陵縣入渭今永興軍高陵縣也渭水地志出隴西郡首陽縣西南今渭州渭源縣鳥鼠山西北南谷山也東至京兆船司空縣入河今華州華陰縣也汭水地志作芮扶風汧縣弦蒲藪芮水出其西北東入涇今隴州汧源縣弦蒲藪有汭水焉周職方雍州其川涇汭詩曰汭鞫之即皆謂是也屬連屬也涇水連屬渭汭二水也

漆沮ㅣ既從ᄒᆞ며

●漆과沮ㅣ임의從ᄒᆞ며

○漆沮二水名漆水寰宇記自耀州同官縣東北界來經華原縣合沮水沮水地志出北地郡直路縣東今坊州宜君縣西北境也寰宇記沮水自坊州昇平縣北子午嶺出俗號子午水下合榆谷慈馬等川遂爲沮水至耀州華原縣合漆水至同州朝邑縣東南入渭二水相敵故幷言之既從者從於渭也又按地志謂漆水出扶風縣鼂氏曰此豳之漆也水經漆水出扶風杜陽縣程氏曰杜陽今岐山普潤縣之地亦漢漆縣之境其水入渭在酆水之上與經序渭水節次不合非禹貢之漆水也

灃水攸同이로다

●灃水ㅣ同ᄒᆞᆫ배로다

○灃水地志作酆出扶風鄠縣終南山今永興軍鄠縣山也東至咸陽縣入渭同者同於渭也渭水自鳥鼠而東灃水南注之涇水北注之漆沮東北注之曰屬曰從曰同皆主渭而言也

荊岐에旣旅ᄒᆞ시고終南惇物로至于鳥鼠ᄒᆞ시며

●荊과岐에임의旅ᄒᆞ시고終南과惇物로鳥鼠애至ᄒᆞ시며

○荊岐二山名荊山卽北條之荊地志在馮翊懷德縣南今耀州富平縣掘陵原也岐山地志在扶風美陽縣西北今鳳翔府岐山縣東北十里也終南惇物鳥鼠亦皆山名終南地志古文以太一山爲終南山在扶風武功縣今永興軍萬年縣南五十里也惇物地志古文以垂山爲惇物在扶風武功縣今永興軍功縣也鳥鼠地志在隴西郡首陽縣西南今渭州渭源縣西也俗呼爲靑雀山擧三山而不言所治者蒙上旣旅之文也

原隰에底績ᄒᆞ샤至于豬野ᄒᆞ시다

●原과隰애績올릴워샤豬野애至ᄒᆞ시다

○廣平曰原下濕曰隰詩曰度其隰原卽指此也鄭氏曰其地在豳今邠州也豬野地志云武威縣東北有休屠澤古今以爲豬野今凉州姑臧縣也治水成功自高而下故先言山次原隰次陂澤也

三危ㅣ旣宅ᄒᆞ니三苗ㅣ丕敍ᄒᆞ도다

●三危ㅣ임의宅ᄒᆞ니三苗ㅣ키敍ᄒᆞ도다

○三危即舜竄三苗之地或以爲燉煌未詳其地三苗之竄在洪水未平之前及是三危旣已可居三苗於是大有功敍今按舜竄三苗以其惡之尤甚者遷之而立其次者於舊都今旣竄者已丕叙而居於舊都者尙桀驁不服蓋三苗舊都山川險阻氣習使然今湖南猺洞時猶竊發俘而詢之多爲猫姓豈其遺種歟

厥土ᄂᆞᆫ惟黃壤이니

●그土ᄂᆞᆫ黃ᄒᆞ고壤이니

○黃者土之正色林氏曰物得其常性者最貴雍州之土黃壤故其田非他州所及

厥田은惟上에上이오厥賦ᄂᆞᆫ中에下ㅣ오

●그田은上애上이오그賦ᄂᆞᆫ中애下ㅣ오

○田第一等而賦第六等者地狹而人功少也

厥貢은惟球琳琅玕이로다

●그貢은球琳과琅玕이로다

○球琳美玉也琅玕石之似珠者爾雅曰西北之美者有昆侖虛之球琳琅玕今南海有青琅玕珊瑚屬也

浮于積石ᄒᆞ야至于龍門西河ᄒᆞ야會于渭汭ᄒᆞᄂᆞ니라

●積石에浮ᄒᆞ야龍門西河애至ᄒᆞ야渭汭에會ᄒᆞᄂᆞ니라

○積石地志在金城郡河關縣西南羌中今鄯州龍支縣界也龍門山地志在馮翊夏陽縣今河中府龍門縣也西河冀之西河也雍之貢道有二其東北境則自積石至于西河其西南境則會于渭汭言渭汭不言河者蒙梁州之文也他州貢賦亦當不止一道發此例以互見耳○按邢恕奏乞下熙河路打造船五百隻於黃河順流放下至會州西小河內藏放熙河路漕使李復奏竊知邢恕欲用此船載兵順流而下去取興州契勘會州之西小河鹹水其濶不及一丈深止於一二尺豈能藏船黃河過會州入葦精山石峽險窄自上垂流直下高數十丈船豈可過至西安州之東大河分爲六七道散流渭之南山逆流數十里方再合逆溜水淺灘磧不勝舟載此聲若出必爲夏國侮笑事遂寢邢恕之策如李復之言可謂謬矣然此言貢賦之路亦曰浮于積石至于龍門西河則古來此處河道固通舟楫矣而復之言乃如此何也姑錄之以備參考云

織皮는崐崙과析支와渠搜파ᄒᆞᆯ西戎이卽叙ᄒᆞ도다

●織ᄒᆞᆫ皮ᄂᆞᆫ崑崙과析支와渠搜파ᄒᆞᆯ西戎이叙에卽ᄒᆞ도다

○崑崙卽河源所出在臨羌析支在河關西千餘里渠搜水經曰河自朔方東轉經渠搜縣故城北蓋近朔方之地也三國皆貢皮衣故以織皮冠之皆西方戎落故以西戎總之卽就也雍州水土旣平而餘功及于西戎故附于末○蘇氏曰靑徐揚三州皆萊夷淮夷島夷所篚此三國亦篚織皮且古語有顚倒詳畧爾其文當在厥貢惟球琳琅玕之下浮

于積石之上簡編脫誤不可不正愚謂梁州亦篚織皮恐蘇氏之說爲然

導岍ᄒᆞ샤ᄃᆡ 及岐ᄒᆞ야 至于荊山ᄒᆞ시며 逾于河ᄒᆞ샤 壺口雷首로 至于太岳ᄒᆞ시며 底柱析城으로 至于王屋ᄒᆞ시며 太行恒山으로 至于碣石ᄒᆞ샤 入于海ᄒᆞ시다

●岍을導ᄒᆞ샤ᄃᆡ岐애及ᄒᆞ야荊山애至ᄒᆞ시며河애逾ᄒᆞ샤壺口와雷首로太岳애至ᄒᆞ시며底柱와析城으로王屋애至ᄒᆞ시며太行과恒山으로碣石애至ᄒᆞ샤海에入ᄒᆞ시다

○此下隨山也岍岐荊三山皆雍州山岍山地志扶風岍縣西吳山古文以爲岍山今隴州吳山縣吳嶽山也周禮雍州山鎭曰嶽山又按寰宇記隴州岍源有岍山岍水所出禹貢所謂岍山也鼂氏以爲今之隴山天井金門秦嶺山者皆古之岍也岐荊見雍州壺口雷首太岳底柱析城王屋太行恒山皆冀州山壺口太岳碣石見冀州雷首地志在河東郡蒲坂縣南今河中府河東縣也底柱石在大河中流其形如柱今陝州陝縣三門山是也析城地志在河東郡濩澤縣西今澤州陽城縣也鼂氏曰山峯四面如城王屋地志在河東郡垣縣東北今絳州垣曲縣也鼂氏曰山狀如屋太行山地志在河內郡山陽縣西北今懷州河內也恒山地志在常山郡上曲陽縣西北今定州曲陽也逾者禹自荊山而過于河也孔氏以爲荊山之脉逾河而爲壺口雷首者非是蓋禹之治水隨山刊木其所

表識諸山之名必其高大可以辨彊域廣博可以奠民居故謹而書之以見其施功之次第初非有意推其脉絡之所自來若今之葬法所言也若必實以山脉言之則尤見其說之謬妄蓋河北諸山根本脊脉皆自代北寰武嵐憲諸州乘高而來其脊以西之水則西流入龍門西河之上流其脊以東之水則東流而爲桑乾幽冀以入于海其西一支爲壺口太岳次一支包汾晋之源而南出以爲析城王屋而又西折以爲雷首又次一支乃爲太行又次一支乃爲恒山其間各隔沁潞諸川不相連屬豈自研岐跨河而爲是諸山哉山之經理者已附于逐州之下於此又條列而詳記之而山之經緯皆可見矣王鄭有三條四列之名皆爲未當今據導字分之以爲南北二條而江河以爲之紀於二之中又分爲二焉此北條大河北境之山也

西傾과朱圉와鳥鼠과로至于太華ᄒᆞ시며熊耳와外方과桐栢과로至于陪尾ᄒᆞ시다

●西傾과朱圉와鳥鼠과로太華애至ᄒᆞ시며熊耳와外方과桐栢과로陪尾애至ᄒᆞ시다

○西傾朱圉鳥鼠太華雍州山也熊耳外方桐栢陪尾豫州山也西傾見梁州朱圉地志在天水郡冀縣南今秦州大潭縣也俗呼爲白巖山鳥鼠見雍州太華地志在京兆華陰縣南今華州華陰縣二十里也熊耳在商州上洛縣詳見豫州外方地志潁川郡嵩高縣

有宗高山古文以爲外方在今西京登封縣也桐栢地志在南陽郡平氏縣東南今唐州桐栢縣也陪尾地志江夏郡安陸縣東北有橫尾山古文以爲陪尾今安州安陸也西傾不言導者蒙導岍之文也此北條大河南境之山也

導嶓冢ᄒᆞ샤ᄃᆡ至于荊山ᄒᆞ시며內方으로至于大別ᄒᆞ시다

●嶓冢을導ᄒᆞ샤ᄃᆡ荊山애至ᄒᆞ시며內方으로大別애至ᄒᆞ시다

○嶓冢卽梁州之嶓也山形如冢故謂之嶓冢詳見梁州荊山南條荊山地志在南郡臨沮縣北今襄陽府南漳縣也內方大別亦山名內方地志章山古文以爲內方山在江夏郡章陵縣東北今荊門軍長林縣也左傳吳與楚戰楚濟漢而陳自小別至于大別蓋近漢之山今漢陽軍漢陽縣北大別山是也地志水經云在安豐者非是此南條江漢北境之山也

岷山之陽으로至于衡山ᄒᆞ시며過九江ᄒᆞ샤至于敷淺原ᄒᆞ시다

●岷山의陽으로衡山애至ᄒᆞ시며九江을過ᄒᆞ샤敷淺原애至ᄒᆞ시다

○岷山見梁州衡山南嶽也地志在長沙國湘南縣今潭州衡山縣也九江見荊州敷淺原地志云豫章郡歷陵縣南有博陽山古文以爲敷淺原今江州德安縣博陽山也鼂氏以爲在鄱陽者非是今按鼂氏以鄱陽有博陽山又有歷陵山爲應地志歷陵縣之名然鄱陽漢舊縣地不應又爲歷陵縣山名偶同不足據也江州德安雖爲近之然所謂敷淺原者其山甚小而卑亦未見其爲在所表見者惟廬阜在大江彭蠡之交最高且大宜所

當紀志者而皆無考據恐山川之名古今或異而傳者未必得其眞也姑俟知者過經過也與導岍逾于河之義同孔氏以爲衡山之脉連延而爲敷淺原者亦非是蓋岷山之脉其北一支爲衡山而盡於洞庭之西其南一支度桂嶺北經袁筠之地至德安所謂敷淺原者二支之間湘水間斷衡山在湘水西南敷淺原在湘水東北其非衡山之脉連延過九江而爲敷淺原者明甚且其山川崗脊源流具在眼前而古今異說如此況殘山斷港歷數千百年者尙何自取信哉岷山不言導者蒙導嶓冢之文也此南條江漢南境之山也

導弱水ᄒᆞ샤ᄃᆡ 至于合黎ᄒᆞ야 餘波를 入于流沙ᄒᆞ시다

●弱水를導ᄒᆞ샤ᄃᆡ合黎애至ᄒᆞ야餘波를流沙애入ᄒᆞ시다

○此下濬川也弱水見雍州合黎山名隋地志在張掖縣西北亦名羌谷流沙杜佑云在沙州西八十里其沙隨風流行故曰流沙水之跡導者已附于逐州之下於此又派別而詳記之而水之經緯皆可見矣濬川之功自隨山始故導水次於導山也又按山水皆原於西北故禹敍山敍水皆自西北而東南導山則先岍岐導水則先弱水也

導黑水ᄒᆞ시ᄃᆡ 至于三危ᄒᆞ샤 入于南海ᄒᆞ시다

●黑水를導ᄒᆞ샤ᄃᆡ三危애至ᄒᆞ샤南海에入ᄒᆞ시다

○黑水地志出犍爲郡南廣縣汾關山水經出張掖鷄山南至燉煌過三危山南流入于

南海唐樊綽云西夷之水南流入于南海者凡四曰區江曰西珥河曰麗水曰瀰渃江皆入于南海其曰麗水者即古之黑水也三危山臨峙其上按梁雍二州西邊皆以黑水爲界是黑水自雍之西北而直出梁之西南也中國山勢岡脊大抵皆自西北而來積石西傾岷山岡脊以東之水既入于河漢岷江其岡脊以之西水即爲黑水而入于南海地志水經樊氏之說雖未詳的實要是其地也程氏曰樊綽以麗水爲黑水者恐其狹小不足爲界其所稱西珥河者却與漢志葉榆澤相貫廣處可二十里既足以界別二州其流又正趨南海又漢滇池即葉榆之地武帝初開滇嶲時其地古有黑水舊祠夷人不知載籍必不能附會而綽及道元皆謂此澤以楡葉所積得名則其水之黑似楡葉積漬所成且其地乃在蜀之正西又東北距宕昌不遠宕昌即三苗種裔與三苗之叙于三危者又爲相應其証驗莫此之明也

導河ᄒᆞ샤ᄃᆡ積石으로至于龍門ᄒᆞ며南至于華陰ᄒᆞ며東至底柱ᄒᆞ며又東至于孟津ᄒᆞ며東過洛汭ᄒᆞ야至于大伾ᄒᆞ며北過洚水ᄒᆞ야至于大陸ᄒᆞ며又北播爲九河ᄒᆞ야同爲逆河ㅣ라入于海ᄒᆞ니라

● 河ᄅᆞᆯ導ᄒᆞ샤ᄃᆡ積石으로龍門에至ᄒᆞ며南으로華陰에至ᄒᆞ며東으로底柱에至ᄒᆞ며ᄯᅩ東으로孟津에至ᄒᆞ며東으로洛汭ᄅᆞᆯ過ᄒᆞ야大伾에至ᄒᆞ며北으로洚水ᄅᆞᆯ過ᄒᆞ야大陸에至ᄒᆞ며ᄯᅩ北으로播ᄒᆞ야九河ㅣ되야한가지로逆河ㅣ된지라海에入ᄒᆞ니

라

○積石龍門見雍州華陰華山之北也底柱見導山孟地名津渡處也杜預云在河內郡河陽縣南今孟州河陽縣也武王師渡孟津者即此今亦名富平津洛汭洛水交流之內在今河南府鞏縣之東洛之入河實在東南河則自西而東過之故曰東過洛汭大伾孔氏曰山再成曰伾張揖以爲在成皐鄭玄以爲在修武武德臣瓚以爲修武武德無此山成皐山又不再成今通利軍黎陽縣臨河有山蓋大伾也按黎陽山在大河垂欲趨北之地故禹記之若成皐之山旣非從東折北之地又無險礙如龍門底柱之須疏鑿西去洛汭旣已大近東距洚水大陸又爲絕遠當以黎陽者爲是洚水地志在信都縣今冀州信都縣枯洚渠也程氏曰周時河徙砱礫至漢又改向頓丘東南流與禹河迹大相背戾地志魏郡鄴縣有故大河在東北直達于海疑即禹之故河孟康以爲王莽河非也古洚瀆自唐貝州經城北入南宮貫穿信都大底北向而入故河於信都之北爲合北過洚水之文當以信都者爲是大陸見冀州九河見兗州逆河意以海水逆潮而得名九河旣淪于海則逆河在其下流固不復有矣河上播而爲九下同而爲一其分播合同皆水勢之自然禹特順而導之耳今按漢西域傳張騫所窮河源云河有兩源一出葱嶺一出于闐于闐在南山下其河北流與葱嶺河合東注蒲昌海蒲昌海一名鹽澤去玉門陽關三百餘里其水停居冬夏不增減潛行地中南出積石又唐長慶中薛元鼎使吐蕃自隴西成紀縣西南出塞二千餘里得河源於莫賀延積尾曰悶磨黎山其山中高四下所謂崑崙也

東北流與積石河相連河源澄瀅冬春可涉下稍合流色赤益遠他水幷注遂濁吐蕃亦自言崑崙在其國西南二說恐薛氏爲是河自積石三千里而後至于龍門經但一書積石不言方向荒遠在所畧也龍門而下因其所經記其自北而南則曰南至華陰記其自南而東則曰東至底柱又詳記其東向所經之地則曰孟津曰洛汭曰大伾又記其自東而北則曰北過洚水又詳記其北向所經之地則曰大陸曰九河又記其入海之處則曰逆河自洛汭而上河行於山其地皆可考自大伾而下垠岸高於平地故決齧流移水陸變遷而洚水大陸九河逆河皆難指實然上求大伾下得碣石因其方向辨其故迹則猶可考也其詳悉見上文○又按李復云同州韓城北有安國嶺東西四十餘里東臨大河瀕河有禹廟在山斷河出處禹鑿龍門起於唐張仁愿所築東受降城之東自北而南至此山盡兩岸石壁峭立大河盤東於山峽間千數百里至此山開岸闊豁然奔放怒氣噴風聲如萬雷今按舊說禹鑿龍門而不詳其所以鑿誦說相傳但謂因舊修闢去其齟齬以決水勢而已今詳此說則謂受降以東至于龍門皆是禹新開鑿若果如此則禹未鑿時河之故道不知却在何處而李氏之學極博不知此說又何所考也

嶓冢애 導漾ᄒᆞ사 東流爲漢ᄒᆞ며 又東爲滄浪之水ᄒᆞ며 過三澨ᄒᆞ야 至于大別ᄒᆞ야 南入于江ᄒᆞ며 東匯澤ᄒᆞ야 爲彭蠡ᄒᆞ며 東爲北江ᄒᆞ야 入于海ᄒᆞ니라

浪音郎 時制反

●嶓冢애漾을導ᄒᆞ샤東으로流ᄒᆞ야漢이되며ᄯᅩ東으로滄浪之水ㅣ되며三澨를過ᄒᆞ야大別애至ᄒᆞ야南으로江애入ᄒᆞ며東으로澤애匯ᄒᆞ야彭蠡ㅣ되며東으로北江이되야海에入ᄒᆞᄂᆞ니라

○漾水名水經曰漾水出隴西郡氐道縣嶓冢山東至武都常璩曰漢水有兩源此東源也即禹貢所謂嶓冢導漾者其西源出隴西嶓冢山會泉始源曰沔逕葭萌入漢東源在今西縣之西西源在今三泉縣之東也酈道元謂東西兩川俱出嶓冢而同爲漢水者是也水源發于嶓冢爲漾至武都爲漢又東流爲滄浪之水酈道元云武當縣北四十里漢水中有洲曰滄浪洲水曰滄浪水是也蓋水之經歷隨地得名謂之爲者明非他水也三澨水名今郢州長壽縣磨石山發源東南流者名澨水至復州景陵縣界來又名汊水疑即三澨之一然據左傳漳澨蘧澨則爲水際未可曉也大別見導山入江在今漢陽軍漢陽縣匯廻也彭蠡見揚州北江未詳入海在今通州靜海縣○今按彭蠡古今記載皆謂今之鄱陽然其澤在江之南去漢水入江之處己七百餘里所蓄之水則合饒信徽撫吉贛南安建昌臨江袁筠隆興南康數州之流非自漢入而爲匯者又其入江之處西則廬阜東則湖口皆石山峙立水道狹甚不應漢水入江之後七百餘里乃橫截而南入于鄱陽又橫截而北流爲北江且鄱陽合數州之流豬而爲澤泛溢壅遏初無仰於江漢之匯而後成也不惟無所仰於江漢而衆流之積日遏月高勢亦不復容江漢之來入矣今湖口橫渡之處其北則江漢之濁流其南則鄱陽之淸漲不見所謂漢水匯澤而爲彭蠡者

鄱陽之水既出湖口則依南岸與大江相持以東又不見所謂橫截而爲北江者又以經文考之則今之彭蠡既在大江之南於經則宜曰南匯彭蠡不應曰東匯於導江則宜曰南會于匯不應曰北會于匯匯既在南於經則宜曰北爲北江不應曰東爲北江以今地望參校絶爲反戾今廬江之北有所謂巢湖者湖大而源淺每歲四五月間蜀嶺雪消大江泛溢之時水淤入湖至七八月大江水落湖水方洩隨江以東爲合東匯北匯之文然蟠陽之湖方五六百里不應舍此而錄彼記其小而遺其大也蓋嘗以事理情勢考之洪水之患惟河爲甚意當時龍門九河等處事急民困勢重役煩禹親莅而身督之若江淮則地偏水急不待疏鑿固已通行或分遣官屬往視亦可況洞庭彭蠡之間乃三苗所居水澤山林深昧不測彼方負其險阻頑不即工則官屬之往者亦未必遽敢深入是以但知彭蠡之爲澤而不知其非漢水所匯但意如巢湖江水之淤而不知彭蠡之源爲甚衆也以此致誤謂之爲匯謂之北江無足怪者然則鄱陽之爲彭蠡信矣

岷山애導江ᄒᆞ샤東別爲沱ᄒᆞ며 又東至于澧ᄒᆞ며過九江ᄒᆞ야至于東陵ᄒᆞ며東迆北會ᄒᆞ야爲滙ᄒᆞ며東爲中江ᄒᆞ야入于海ᄒᆞ니라 別皮列反 澧音禮 迆移爾反

● 岷山애江을導ᄒᆞ샤東으로別ᄒᆞ야沱ㅣ되며또東으로澧애至ᄒᆞ며九江을過ᄒᆞ야東陵애至ᄒᆞ며東으로迆ᄒᆞ며北으로會ᄒᆞ야匯ㅣ되며東으로中江이되야海에入ᄒᆞ니라

○沱江之別流於梁者也澧水名水經出武陵充縣西至長沙下雋縣西北入江鄭氏云經言道言會者水也言至者或山或澤也澧宜山澤之名按下文九江澧水既與其一則非水明矣九江見荊州東陵巴陵也今岳州巴陵縣也地志在廬江西北者非是會匯中江見上章

導沇水ᄒᆞ샤ᄃᆡ 東流爲濟ᄒᆞ야 入于河ᄒᆞ며 溢爲滎ᄒᆞ며 東出于陶丘北ᄒᆞ며 又東至于菏ᄒᆞ며 又東北으로 會于汶ᄒᆞ야 又北東으로 入于海ᄒᆞ니라 沇音允濟子禮反滎互扃反

●沇水를導ᄒᆞ샤ᄃᆡ東으로流ᄒᆞ야濟ㅣ되야河애入ᄒᆞ며溢ᄒᆞ야滎이되야東으로陶丘ㅅ北애出ᄒᆞ며또東으로菏애至ᄒᆞ며또東北으로汶애會ᄒᆞ야또東北으로海애入ᄒᆞ니라

○沇北濟水也發源爲沇既東爲濟地志云濟水出河東郡垣曲縣王屋山東南今絳州垣曲縣山也始發源王屋山頂崖下曰沇水既見而伏東出於今孟州濟源縣二源東源周廻七百步其深不測西源周廻六百八十五步其深一丈合流至溫縣是爲濟水歷虢公臺西南入于河溢滿也復出河之南溢而爲滎滎卽滎波之滎見豫州又東出於陶丘北陶丘地名再成曰陶在今廣濟軍西又東至于菏菏卽菏澤亦見豫州謂之至者濟陰縣自有菏派濟流至其地爾汶北汶也見靑州又東北至于東平府壽張縣安民亭合汶水至今靑州博興縣入海唐李賢謂濟自鄭以東貫滑曹鄆濟齊靑以入于海本朝樂史

謂今東平濟南淄川北海界中有水流入海謂之淸河酈道元謂濟水當王莽之世川瀆枯竭其後水流逕通津渠勢改尋梁脉水不與昔同然則滎澤濟河雖枯而濟水未嘗絶流也程氏曰滎水之爲濟本無他義濟之入河適會河滿溢出南岸溢出者非濟水因濟而溢故禹還以元名命之按程氏言溢之一字固爲有理然出於河南者旣非濟水則禹不應以河枝流而冒稱爲濟蓋溢者指滎而言非指河也且河濁而滎淸則滎之水非河之儒溢明矣況經所書單立導沇條例若斷若續而實有源流或見或伏而脉絡可考先儒皆以濟水性下勁疾故能入河穴地流注顯伏南豊曾氏齊州二堂記云泰山之北與齊之東南諸谷之水西北匯于黑水之灣又西北匯于柏崖之灣而至于渴馬之崖蓋水之來也衆其北折而西也悍疾尤甚及至于崖下則泊然而止而自崖以北至于歷城之西盖五十里而有泉湧出高或致數尺其旁之人名之曰趵突之泉齊人皆謂嘗有棄糠於黑水之灣者而見之於此蓋泉自渴馬之崖潛流地中而至此復出也其注而北則謂之濼水達于淸河以入于海舟之通於濟者皆於是乎達也齊多甘泉其顯名者十數而色味皆同以余驗之蓋皆濼水之旁出者也然則水之伏流地中固多有之奚獨於滎澤疑哉吳興沈氏亦言古說濟水伏流地中今歷下凡發地皆是流水世謂濟水經過其下東阿亦濟所經取其井水煑膠謂之阿膠用攪濁水則淸人服之下膈疏痰蓋其水性趨下淸而重故也濟水伏流絶河乃其物性之常事理之著者程氏非之顧弗深考耳

導淮ᄒᆞ샤ᄃᆡ 自桐柏ᄒᆞ야 東會于泗沂ᄒᆞ야 東入于海ᄒᆞ니라

● 淮를導ᄒᆞ샤ᄃᆡ桐栢으로自ᄒᆞ야東으로泗沂애會ᄒᆞ야東으로海에入ᄒᆞ니라
○水經云淮水出南陽平氏縣胎簪山禹只自桐柏導之耳桐柏見導山泗沂見徐州沂入于泗泗入于淮此言會者以二水相敵故也入海在今淮浦

導渭ᄒᆞ샤ᄃᆡ **自鳥鼠同穴**ᄒᆞ야 **東會于灃**ᄒᆞ며 **又東會于涇**ᄒᆞ며 **又東過漆沮**ᄒᆞ야 **入于河**ᄒᆞ니라 灃音豐

● 渭를導ᄒᆞ샤ᄃᆡ鳥鼠와同穴로自ᄒᆞ야東으로灃애會ᄒᆞ며ᄯᅩ東으로涇애會ᄒᆞ며ᄯᅩ東으로漆沮를過ᄒᆞ야河애入ᄒᆞ니라
○同穴山名地志云鳥鼠山者同穴之枝山也餘並見雍州孔氏曰鳥鼠共爲雌雄同穴而處其說怪誕不經不足信也酈道元云渭水出南谷山在鳥鼠山西北禹只自鳥鼠同穴導之耳

導洛ᄒᆞ샤ᄃᆡ **自熊耳**ᄒᆞ야 **東北**으로 **會于澗瀍**ᄒᆞ며 **又東會于伊**ᄒᆞ며 **又東北**으로 **入于河**ᄒᆞ니라

● 洛을導ᄒᆞ샤ᄃᆡ熊耳로自ᄒᆞ야東北으로澗瀍애會ᄒᆞ며ᄯᅩ東으로伊애會ᄒᆞ며ᄯᅩ東北으로河애入ᄒᆞ니라
○熊耳盧氏之熊耳也餘幷見豫州洛水出冢嶺山禹只自熊耳導之耳○按經言嶓冢

導漾岷山導江者漾之源出於鄱江之源出於岷故先言山而後言水也言導河積石導淮自桐柏導渭自鳥鼠同穴導洛自熊耳皆非出於其山特自其山以導之耳故先言水而後言山也河不言自者河源多伏流積石其見處故言積石而不言自也沇水不言山者沇水伏流其出非一故不誌其準也弱水黑水不言山者九州之外蓋略之也小水合大水謂之入大水合小水謂之過二水勢均相入謂之會天下之水莫大於河故於河不言會此禹貢立言之法也

九州ㅣ攸同ᄒᆞ니 四隩ㅣ既宅ᄒᆞ도다 九山애 刊旅ᄒᆞ며 九川애 滌源ᄒᆞ며 九澤이 既陂ᄒᆞ니 四海ㅣ會同이로다

●九州ㅣ同ᄒᆞᆫ배니 四隩ㅣ임의 宅ᄒᆞ도다 九山애 刊ᄒᆞ야 旅ᄒᆞ며 九川애 源을 滌ᄒᆞ며 九澤이 임의 陂ᄒᆞ니 四海ㅣ會ᄒᆞ야 同ᄒᆞ놋다

○隩隈也李氏曰涯內近水爲隩陂障也會同與灉沮會同同義四海之隩水涯之地已可奠居九州之山槎木通道已可祭告九州之川浚滌泉源而無壅遏九州之澤已有陂障而無決潰四海之水無不會同而各有所歸此盖總結上文言九州四海水土無不平治也

六府ㅣ孔修ᄒᆞ야 庶土ㅣ交正이어ᄂᆞᆯ 底愼財賦ᄒᆞ샤ᄃᆡ 咸則三壤ᄒᆞ샤 成賦中邦ᄒᆞ시다

●六府ㅣ키修ᄒᆞ야庶土ㅣ交正커ᄂᆞᆯ財賦ᄅᆞᆯ底愼ᄒᆞ샤ᄃᆡ다三壤으로則ᄒᆞ샤賦ᄅᆞᆯ中邦에成ᄒᆞ시다

○孔大也水火金木土穀皆大修治也土者財之自生謂之庶土則非特穀土也庶土有等當以肥瘠高下名物交相正焉以任土事底致也因庶土所出之財而致謹其財賦之入如周大司徒以土宜之法辨十有二土之名物以任土事之類咸皆也則品節之也九州穀土又皆品節之以上中下三等如周大司徒辨十有二壤之名物以致稼穡之類中邦中國也蓋土賦或及於四夷而田賦則止於中國而已故曰成賦中邦

錫土姓ᄒᆞ시다

●土와姓을錫ᄒᆞ시다

○錫土姓者言錫之土以立國錫之姓以立宗左傳所謂天子建德因生以賜姓胙之土而命之氏者也

祗台德先ᄒᆞ신ᄃᆡ不距朕行ᄒᆞ니라

●내의德을祗ᄒᆞ야先ᄒᆞ신ᄃᆡ내의行을距치아니ᄒᆞ니라

○台我距違也禹平水土定土賦建諸侯治已定功已成矣當此之時惟敬德以先天下則天下自不能違越我之所行也

五百里ᄂᆞᆫ甸服이니百里ᄂᆞᆫ賦納總ᄒᆞ고一二百里ᄂᆞᆫ納銍ᄒᆞ고三里里ᄂᆞᆫ納

秸服ᄒᆞ고四百里ᄂᆞᆫ粟ᄒᆞ고五百里ᄂᆞᆫ米ㅣ니라

●五百里ᄂᆞᆫ甸의服ᄒᆞᄂᆞ니百里ᄂᆞᆫ賦ᄅᆞᆯ總을納ᄒᆞ고二百里ᄂᆞᆫ銍을納ᄒᆞ고三百里ᄂᆞᆫ秸服을納ᄒᆞ고四百里ᄂᆞᆫ粟을ᄒᆞ고五百里ᄂᆞᆫ米ᄅᆞᆯᄒᆞᄂᆞ니라

○甸服畿內之地也甸田服事也以皆田賦之事故謂之甸服五百里者王城之外四面皆五百里也禾本全曰總刈禾曰銍半藁也半藁去皮曰秸謂之服者三百里內去王城為近非惟納總銍秸而又使之服輸將之事也獨於秸言之者總前二者而言也粟穀也內百里為最近故幷禾本總賦之外百里次之只刈禾半藁納也外百里又次之去藁麤皮納也外百里為遠去其穗而納穀外百里為尤遠去其穀而納米蓋量其地之遠近而為納賦之輕重精麤也此分甸服五百里而為五等者也

五百里ᄂᆞᆫ侯服이니百里ᄂᆞᆫ采오二百里ᄂᆞᆫ男邦이오三百里ᄂᆞᆫ諸侯ㅣ니라

●五百里ᄂᆞᆫ侯의服ᄒᆞᄂᆞ니百里ᄂᆞᆫ采ㅣ오二百里ᄂᆞᆫ男邦이오三百里ᄂᆞᆫ諸侯ㅣ니라

○侯服者侯國之服甸服外四面又各五百里也采者卿大夫邑地男邦男爵小國也諸侯諸侯之爵大國次國也先小國而後大國者大可以禦外侮小得以安內附也此分侯服五百里而為三等也

五百里ᄂᆞᆫ綏服이니三百里ᄂᆞᆫ揆文教ᄒᆞ고二百里ᄂᆞᆫ奮武衛ᄒᆞᄂᆞ니라

●五百里ᄂᆞᆫ綏ᄒᆞᆫ服이니三百里ᄂᆞᆫ文教로揆ᄒᆞ고二百里ᄂᆞᆫ武衛로奮ᄒᆞᄂᆞ니라

○綏安也謂之綏者漸遠王畿而取撫安之義侯服外四面又各五百里也揆度也綏服內取王城千里外取荒服千里介於內外之間故以內三百里揆文敎外二百里奮武衛文以治內武以治外聖人所以嚴華夏之辨者如此此分綏服五百里而爲二等也

五百里는要服이니三百里는夷오二百里는蔡ㅣ니라

●五百里는要훈服이니三百里는夷ㅣ오二百里는蔡이니라

○要服去王畿已遠皆夷狄之地其文法略於中國謂之要者取要約之義特羈縻之而已綏服外四面又各五百里也蔡放也左傳云蔡蔡叔是也流放罪人於此也此分要服五百里而爲二等也

五百里는荒服이니三百里는蠻이오二百里는流ㅣ니라

●五百里는荒훈服이니三百里는蠻이오二百里는流ㅣ니라

○荒服去王畿益遠而經略之者視要服爲尤略也以其荒野故謂之荒服要服外四面又各五百里也流流放罪人之地蔡與流皆所以處罪人而罪有輕重故地有遠近之別也此分荒服五百里而爲二等也○今按每服五百里五服則二千五百里南北東西相距五千里故益稷篇言弼成五服至于五千然堯都冀州冀之北境幷雲中涿易亦恐無二千五百里藉使有之亦皆沙漠不毛之地而東南財賦所出則反棄於要荒以地勢考之殊未可曉但意古今土地盛衰不同當舜之時冀北之地未必荒落如後世耳亦猶閩浙之間舊爲蠻夷淵藪而今富庶繁衍遂爲上國土地興廢不可以一時槩也周制九畿

曰侯甸男采衛蠻夷鎭藩每畿亦五百里而王畿又不在其中倂之則一方五千里四方相距爲萬里蓋倍禹服之數也漢地志亦言東西九千里南北一萬三千里先儒皆疑禹服之狹而周漢地廣或以周服里數皆以方言或以古今尺有長短或以禹直方計而後世以人迹屈曲取之要之皆非的論蓋禹聲敎所及則地盡四海而其疆理則止以五服爲制至荒服之外又別爲區畫如所謂咸建五長是已若周漢則盡其地之所至而疆畫之也

東漸于海ᄒᆞ며西被于流沙ᄒᆞ며朔南에暨ᄒᆞ야聲敎ㅣ訖于四海어늘禹ㅣ錫玄圭ᄒᆞ샤告厥成功ᄒᆞ시다

● 東으로海에漸ᄒᆞ며西으로流沙에被ᄒᆞ며朔과南애暨ᄒᆞ야聲敎ㅣ四海에訖커늘禹ㅣ玄圭를錫ᄒᆞ샤 그成功을告ᄒᆞ시다

○漸漬被覆暨及也地有遠近故言有淺深也聲謂風聲敎謂敎化林氏曰振擧於此而遠者聞焉故謂之聲軌範於此而遠者效焉故謂之敎上言五服之制此言聲敎所及蓋法制有限而敎化無窮也錫與師錫之錫同水土旣平禹以玄圭爲贄而告成功于舜也水色黑故圭以玄云

甘誓

甘地名有扈氏國之南郊也在扶風鄠縣誓與禹征苗之誓同義言其討叛伐罪之

意嚴其坐作進退之節所以一衆志而起其怠也誓師于甘故以甘誓名篇書有六體誓其一也今文古文皆有○按有扈夏同姓之國史記曰啓立有扈不服遂滅之唐孔氏因謂堯舜受禪啓獨繼父以是不服亦臆度之耳左傳昭公元年趙孟曰虞有三苗夏有觀扈商有姺邳周有徐奄則有扈亦三苗徐奄之類也

大戰于甘ᄒᆞ실서 乃召六卿ᄒᆞ시다

●키甘애戰ᄒᆞ실서六卿을召ᄒᆞ시다

○六卿六鄕之卿也按周禮鄕大夫每鄕卿一人六鄕六卿平居無事則各掌其鄕之政敎禁令而屬於大司徒有事出征則各率其鄕之一萬二千五百人而屬於大司馬所謂軍將皆卿者是也意夏制亦如此古者四方有變專責之方伯方伯不能討然後天子親征之天子之兵有征無戰今啓旣親率六軍以出而又書大戰于甘則有扈之怙强稔惡敢與天子抗衡豈特孟子所謂六師移之者書曰大戰蓋所以深著有扈不臣之罪而爲天下後世諸侯之戒也

王曰嗟六事之人아 予誓告汝ᄒᆞ노라

●王이ᄀᆞᆯᄋᆞ샤ᄃᆡ嗟홉다六事ㅅ人아내誓ᄒᆞ야너희게告ᄒᆞ노라

○重其事故嗟歎而告之六事者非但六卿有事於六軍者皆是也

有扈氏ㅣ 威侮五行ᄒᆞ며 怠棄三正ᄒᆞᆯ서 天用勦絶其命ᄒᆞ시ᄂᆞ니 今予ᄂᆞᆫ

惟恭行天之罰이니라 勦當作剿子小反

●有扈氏ㅣ五行을威侮ᄒᆞ며三正를怠棄ᄒᆞᆯᄉᆡ天이써그命을勦絶ᄒᆞ시ᄂᆞ니이제나ᄂᆞᆫ天의罰을恭ᄒᆞ야行ᄒᆞᆯ디니라

○威暴殄之也侮輕忽之也鯀汨五行而殛死況於威侮之者乎三正子丑寅之正也夏正建寅怠棄者不用正朔也有扈氏暴殄天物輕忽不敬廢棄正朔虐下背上獲罪于天天用勦絶其命今我伐之惟敬行天之罰而已今按此章則三正迭建其來久矣舜協時月正日亦所以一正朔也子丑之建唐虞之前當已有之

左不攻于左ᄒᆞ면汝不恭命이며右不攻于右ᄒᆞ면汝不恭命이며御非其馬之正이면汝不恭命이니라

●左ㅣ左를攻티아니ᄒᆞ면네命를恭티아니홈이며右ㅣ右를攻티아니ᄒᆞ면네命을恭티아니홈이며御ㅣ그馬를正으로아니ᄒᆞ면네命를恭티아니홈이니라

○左車左右車右也攻治也古者車戰之法甲士三人一居左以主射一居右以主擊刺御者居中以主馬之馳驅也左傳宣公十二年楚許伯御樂伯攝叔爲右以致晉師樂伯曰吾聞致師者左射以菆是車左主射也攝叔曰吾聞致師者右入壘折馘執俘而還是車右主擊刺也御非其馬之正猶王良所謂詭遇也蓋左右不治其事與御非其馬之正皆足以致敗故各指其人以責其事而欲各盡其職而不敢忽也

用命으란賞于祖ᄒᆞ고不用命으란戮于社ᄒᆞᄃᆡ予則孥戮汝ᄒᆞ리라 孥音奴

●命을用ᄒᆞᄂᆞ니란祖에賞ᄒᆞ고命을用티아니ᄒᆞᄂᆞ니란社에戮호ᄃᆡᄂᆡ너를孥조차戮호리라

○戮殺也禮曰天子巡狩以遷廟主行左傳軍行祓社釁鼓然則天子親征必載其遷廟之主與其社主以行以示賞戮之不敢專也祖左陽也故賞于祖社右陰也故戮于社孥子也孥戮與上戮字同義言若不用命不但戮及汝身將併汝妻子而戮之戰危事也不重其法則無以整肅其衆而使赴功也或曰戮辱也孥戮猶秋官司厲孥男子以爲罪隷之孥古人以辱爲戮謂戮辱之以爲孥耳古者罰弗及嗣孥戮之刑非三代之所宜有也按此說固爲有理然以上句考之不應一戮而二義蓋罰弗及嗣者常刑也予則孥戮者非常刑也常刑則愛克厥威非常刑則威克厥愛盤庚遷都尙有劓殄滅之無遺育之語則啓之誓師豈爲過哉

五子之歌

五子太康之弟也歌與帝舜作歌之歌同義今文無古文有

太康이尸位ᄒᆞ야以逸豫로滅厥德ᄒᆞᆫᄃᆡ黎民이咸貳커늘乃盤遊無度ᄒᆞ야畋于有洛之表ᄒᆞ야十旬을弗反ᄒᆞ니라

●太康이位에尸ᄒᆞ야逸豫로써그德을滅ᄒᆞᆫ디黎民이다貳커ᄂᆞᆯ遊를無度에盤ᄒᆞ야洛表에畋ᄒᆞ야十旬을反티아니ᄒᆞ니라

○太康啓之子尸如祭祀之尸謂居其位而不爲其事如古人所謂尸祿尸官者也豫樂也夏諺曰吾王不遊吾何以休吾王不豫吾何以助一遊一豫爲諸侯度夏之先王非不遊豫蓋有其節皆所以爲民非若太康以逸豫而滅其德也民咸貳心而太康猶不知悔乃安於遊畋之無度言其遠則至于洛水之南言其久則十旬而弗反是則太康自棄其國矣

有窮后羿ㅣ因民弗忍ᄒᆞ야距于河ᄒᆞ니라 羿研計反

●有窮에后羿ㅣ民의弗忍을因ᄒᆞ야河에가距ᄒᆞ니라

○窮國名羿窮國君之名也或曰羿善射者之名賈逵說文羿帝嚳射官故其後善射者皆謂之羿有窮之君亦善射故以羿目之也羿因民不堪命距太康于河北使不得返遂廢之

厥弟五人이御其母以從ᄒᆞ야徯于洛之汭ᄒᆞ더니 五子ㅣ咸怨ᄒᆞ야述大禹之戒ᄒᆞ야以作歌ᄒᆞ니라

●그弟五人이그母를御ᄒᆞ야써從ᄒᆞ야洛ㅅ汭에셔徯ᄒᆞ더니五子ㅣ다怨ᄒᆞ야大禹의戒를述ᄒᆞ야써곰歌를作ᄒᆞ니라

○御侍也怨如孟子所謂小弁之怨親親也小弁之詩父子之怨五子之歌兄弟之怨親之過大而不怨是愈踈也五子知宗廟社稷危亡之不可救母子兄弟離散之不可保憂愁鬱悒慊慨感厲情不自已發爲詩歌推其亡國敗家之由皆原於荒棄皇祖之訓雖其五章之間非盡述皇祖之戒然其先後終始互相發明史臣以其作歌之意序於五章之首後世序詩者每篇皆有小序以言其作詩之義其原蓋出諸此

其一曰皇祖ㅣ有訓ᄒᆞ시니 民可近이언뎡 不可下ㅣ니라 民惟邦本이니 本固ㅣ라사 邦寧ᄒᆞᄂᆞ니라

●그 一은 ᄀᆞᆯ온 皇祖ㅣ 訓을두시니 民은 可히 近홀디언뎡 可히 下티몯홀거시니라 民은 邦애 本이니 本이 固ᄒᆞ야사 邦이 寧ᄒᆞᄂᆞ니라

○此禹之訓也皇大也君之與民以勢而言則尊卑之分如霄壤之不侔以情而言則相須以安猶身體之相資以生也故勢踈則離情親則合以其親故謂之近以其踈故謂之下言其可親而不可踈之也且民者國之本本固而後國安本既不固則雖强如秦富如隋終亦滅亡而已矣其一其二或長幼之序或作歌之序不可知也

予視天下ᄒᆞᆫ디 愚夫愚婦ㅣ 一能勝予ㅣ라ᄒᆞᄂᆞ니 一人이 三失이어니 怨豈在明이리오 不見애 是圖ㅣ니라 予臨兆民호디 懍乎若朽索之馭六馬ᄒᆞ노

니**爲人上者**ᄂᆞᆫ**奈何不敬**고 索昔各反馭音御

●내天下를視ᄒᆞᆫᄃᆡ愚夫와愚婦ㅣ一이能히나를勝ᄒᆞ리라ᄒᆞ노니一人이失이三이어니怨이엇디明애이스리오見티못ᄒᆞᆯ제이의圖ᄒᆞᆯ디니라내兆民을臨호ᄃᆡ懍히朽索으로六馬를馭ᄒᆞᆷᄀᆞᆺ티ᄒᆞ노니人의上이되야인ᄂᆞᆫ者ᄂᆞᆫ엇디敬티아니ᄒᆞᄂᆞᆫ고

○予五子自稱也君失人心則爲獨夫獨夫則愚夫愚婦一能勝我矣三失者言所失衆也民心怨背豈待其彰著而後知之當於事幾未形之時而圖之也朽腐也朽索易絕六馬易驚朽索固非可以馭馬也以喩其危懼可畏之甚爲人上者奈何而不敬乎前既引禹之訓言此則以己之不足恃民之可畏者申結其義也

其二曰訓에**有之**ᄒᆞ시니**內作色荒**이어나**外作禽荒**이어나**甘酒嗜音**이어나**峻宇彫牆**이어나**有一于此**ᄒᆞ면**未或不亡**이니라

●그二ᄂᆞᆫᄀᆞᆯ온訓애두거시니內로色荒을作ᄒᆞ거나外로禽荒을作ᄒᆞ거나酒를甘ᄒᆞ거나音을嗜ᄒᆞ거나宇를峻ᄒᆞ거나墻을彫ᄒᆞ거ᄂᆞᆫ一이이에이시면或亡티아니티아니ᄒᆞᄂᆞ니라

○此亦禹之訓也色荒惑嬖寵也禽荒耽遊畋也荒者迷亂之謂甘嗜皆無厭也峻高大也宇棟宇也彫繪飾也言六者有其一皆足以致滅亡也禹之訓昭明如此而太康獨不念之乎此章首尾意義已明故不復申結之也

其三曰惟彼陶唐오로有此冀方ᄒᆞ시니今失厥道ᄒᆞ야亂其紀綱ᄒᆞ야乃底滅亡이로다

● 그三은골온뎌陶唐으로이冀方을두시니이제그道를失ᄒᆞ야그紀綱을亂ᄒᆞ야滅ᄒᆞ야亡애底ᄒᆞ놋다

○堯初爲唐侯後爲天子都陶故曰陶唐堯授舜舜授禹皆都冀州言冀方者擧中以包外也大者爲綱小者爲紀底致也堯舜禹相授一道以有天下今太康失其道而紊亂其紀綱以致滅亡也○又按左氏所引惟彼陶唐之下有帥彼天常一語厥道作其行乃底滅亡作乃滅而亡

其四曰明明我祖ᄂᆞᆫ萬邦之君이시니有典有則ᄒᆞ샤貽厥子孫이라關石和鈞이王府애則有ᄒᆞ니荒墜厥緖ᄒᆞ야覆宗絶祀ㅣ로다

● 그四ᄂᆞᆫ골온明ᄒᆞ며明ᄒᆞ신우리祖ᄂᆞᆫ萬邦엣君이시니典을두시며則을두샤그子孫애貽ᄒᆞ신디라關ᄒᆞᄂᆞᆫ石과和ᄒᆞᄂᆞᆫ鈞이王府애곳인ᄂᆞ니그緖을荒墜ᄒᆞ야宗을覆ᄒᆞ며祀를絶ᄒᆞ놋다

○明明而又明也我祖禹也典猶周之六典則猶周之八則所以治天下之典章法度也貽遺關通和平也百二十斤爲石三十斤爲鈞鈞與石五權之最重者也關通以見彼

此通同無折閾之意和平以見人情兩平無乖爭之意言禹以明明之德君臨天下典則法度所以貽後世者如此至於鈞石之設所以一天下之輕重而立民信者王府亦有之其爲子孫後世慮可謂詳且遠矣奈何太康荒墜其緖覆其宗而絶其祀乎○又按法度之制始於權權與物鈞而生衡衡運生規規圓生矩矩方生繩繩直生準是權衡者又法度之所自出也故以鈞石言之

其五曰嗚呼曷歸오 予懷之悲여 萬姓이 仇予ᄒᆞᄂᆞ니 予將疇依오 鬱陶乎ㅣ라 予心이여 顔厚有忸怩호라 弗愼厥德이어니 雖悔ᄒᆞᆫ들 可追아 忸女六反 怩女夷反

●그五는ᄀᆞᆯ온嗚呼ㅣ라어드로歸ᄒᆞᆯ고내懷의悲홈이여萬姓이나ᄅᆞᆯ仇ᄒᆞᄂᆞ니내장찻누ᄅᆞᆯ依ᄒᆞᆯ고鬱陶ᄒᆞᆫ디라내心이여顔이厚ᄒᆞ야忸怩호라그德을愼티안커니비록悔ᄒᆞᆫ들可히追ᄒᆞ랴

○曷何也嗚呼曷歸歎息無地之可歸也予將疇依彷徨無人之可依也爲君至此亦可哀矣仇予之予指太康也指太康而謂之予者不忍斥言忠厚之至也鬱陶哀思也顔厚愧之見於色也忸怩愧之發於心也可追言不可追也

胤征

胤國名孟子曰征者上伐下也此以征名實即誓也仲康丁有夏中衰之運羿執國政社稷安危在其掌握而仲康能命胤侯以掌六師胤侯能承仲康以討有罪是雖未能行羿不道之誅明羲和黨惡之罪然當國命中絶之際而能擧師伐罪猶爲禮樂征伐之自天子出也夫子所以錄其書者以是歟今文無古文有○或曰蘇氏以爲羲和貳於羿忠於夏者故羿假仲康之命命胤侯征之今按篇首言仲康肇位四海胤侯命掌六師又曰胤侯承王命徂征詳其文意蓋史臣善仲康能命將遣師胤侯能承命致討未見貶仲康不能制命而罪胤侯之爲專征也若果爲簒羿之書則亂臣賊子所爲孔子亦取之爲後世法乎

惟仲康이**肇位四海**ᄒᆞ샤**胤侯**를**命掌六師**ㅣ러시니**羲和**ㅣ**廢厥職**ᄒᆞ고**酒荒于厥邑**ᄒᆞᆫ디**胤后**ㅣ**承王命**ᄒᆞ야**徂征**ᄒᆞ니라

●仲康이四海에바로쇼位ᄒᆞ샤胤侯를命ᄒᆞ야六師를掌ᄒᆞ얏더시니羲和ㅣ그職을廢ᄒᆞ고그邑의酒로荒ᄒᆞᆫ디胤后ㅣ王命을承ᄒᆞ야徂ᄒᆞ야征ᄒᆞ니라

○仲康太康之弟胤侯胤國之侯命掌六師命爲大司馬也仲康始即位即命胤侯以掌六師次年方有征羲和之命必本始而言者蓋史臣善仲康肇位之時已能收其兵權故羲和之征猶能自天子出也林氏曰羿廢太康而立仲康然其簒也乃在相之世仲康不爲羿所簒至其子相然後見簒是則仲康獨有以制之也羿之立仲康也方將執其禮樂

征伐之權以號令天下而仲康卽位之始卽能命胤侯掌六師以收其兵權如漢文帝入自代邸卽皇帝位夜拜宋昌爲衞將軍鎭撫南北軍之類羲和之罪雖曰沈亂于酒然黨惡於羿同惡相濟故胤侯承王命徃征之以翦羿羽翼故終仲康之世羿不得以逞使仲康盡失其權則羿之簒夏豈待相而後敢耶羲氏和氏夏合爲一官曰胤后者諸侯入爲王朝公卿如禹稷伯夷謂之后也

告于衆曰嗟予有衆아 聖有謨訓ᄒᆞ시니 明徵定保ㅣ니라 先王이 克謹天戒어시든 臣人이 克有常憲ᄒᆞ야 百官이 修輔ᄒᆞᆯ셔 厥后ㅣ惟明明이시니라

徵知陵及

●衆의게告ᄒᆞ야닐오ᄃᆡ嗟홉다우리衆아聖이謨訓을두시니明히徵ᄒᆞ야定保ᄒᆞᆯ거시니라先王이능히天戒를謹ᄒᆞ시거든臣人이능히常憲을두어百官이修ᄒᆞ야輔ᄒᆞᆯ셔그后ㅣ明ᄒᆞ며明ᄒᆞ시니라

○徵驗保安也聖人訓謨明有徵驗可以定安邦國也下文卽謨訓之語天戒日蝕之類謹者恐懼修省以消變異也常憲者奉法修職以供乃事也君能謹天戒於上臣能有常憲於下百官之衆各修其職以輔其君故君內無失德外無失政此其所以爲明明后也

又按日蝕者君弱臣强之象后羿專政之戒也羲和掌日月之官黨羿而不言是可赦乎

每歲孟春애 遒人이 以木鐸으로 徇于路ᄒᆞᄃᆡ 官師相規ᄒᆞ며 工執藝事

ᄒᆞ야以諫ᄒᆞ야其或不恭ᄒᆞ면邦有常刑ᄒᆞ니라 遒慈秋反鐸達各反徇松潤反

●每歲ㅅ孟春애遒人이木鐸으로써路애徇호ᄃᆡ官師ㅣ서로規ᄒᆞ며工이藝事를執ᄒᆞ야써곰諫ᄒᆞ라그或恭티아니ᄒᆞ면邦애常刑이잇ᄂᆞ니라

○遒人宣令之官木鐸金口木舌施政敎時振以警衆也周禮小宰之職正歲帥治官之屬徇以木鐸曰不用法者國有常刑亦此意也官以職言師以道言規正也相規云者胥敎誨也工百工也百工技藝之事至理存焉理無往而不在故言無微而可略也孟子曰責難於君謂之恭官師百工不能規諫是謂不恭不恭之罪猶有常刑而況於畔官離次俶擾天紀者乎

惟時義和ㅣ顚覆厥德이오沈亂于酒ᄒᆞ야畔官離次ᄒᆞ야俶擾天紀ᄒᆞ야遐棄厥司ᄒᆞ야乃季秋月朔애辰이弗集于房이어늘瞽ㅣ奏鼓ᄒᆞ며嗇夫ㅣ馳ᄒᆞ며庶人이走커늘義和ㅣ尸厥官ᄒᆞ야罔聞知ᄒᆞ야昏迷于天象ᄒᆞ야以干先王之誅ᄒᆞ니政典에曰호ᄃᆡ先時者도殺無赦ᄒᆞ며不及時者도殺無赦ㅣ라ᄒᆞ도다 畔叛通俶昌六反先見反

●이義和ㅣ그德을顚覆ᄒᆞ고酒애沈亂ᄒᆞ야官을畔ᄒᆞ며次를離ᄒᆞ야비로소天紀를擾ᄒᆞ야그司를멀니棄ᄒᆞ야季秋ㅅ月朔애辰이房애集디아니커늘瞽ㅣ鼓를奏ᄒᆞ며

嗇夫ㅣ馳ᄒᆞ며庶人이走커늘羲和ㅣ그官에尸ᄒᆞ야聞知티아니ᄒᆞ야天象에昏迷ᄒᆞ야써곰先王誅를干ᄒᆞ니政典에갈오ᄃᆡ時애몬져ᄒᆞᆫ者도殺ᄒᆞ야赦치말며時에밋지못ᄒᆞᆫ者도殺ᄒᆞ야赦티말라ᄒᆞ도다

○次位也官以職言次以位言畔官則亂其所治之職離次則舍其所居之位俶始擾亂也天紀則洪範所謂歲月日星辰曆數是也蓋自堯舜命羲和曆象日月星辰之後爲羲和者世守其職未嘗紊亂至是始亂其天紀焉遐遠也遠棄其所司之事也辰日月會次之名房所次之宿也集漢書作輯集輯通用言日月會次不相和輯而掩蝕於房宿也按唐志日蝕在仲康即位之五年瞽樂官以其無目而審於音也奏進也古者日蝕則伐鼓用幣以救之春秋傳曰惟正陽之月則然餘則否今季秋而行此禮夏禮與周異也嗇夫小臣也漢有上林嗇夫庶人庶人之在官者周禮庭氏救日之弓矢嗇夫庶人蓋供救日之百役者曰馳曰走者以見日蝕之變天子恐懼于上嗇夫庶人奔走于下以助救日如此其急羲和爲曆象之官尸居其位若無聞知則其昏迷天象以干先王之誅豈特不恭之刑而已哉政典先王政治之典籍也先時後時皆違制失時當誅而不赦者也今日蝕之變如此而羲和罔聞知是固干先王後時之誅矣

今予ㅣ以爾有衆으로奉將天罰ᄒᆞ노니爾衆士는同力王室ᄒᆞ야尙弼予ᄒᆞ야欽承天子ㅅ威命ᄒᆞ라

●이제ᄂᆡ너의有衆으로써天罰을奉將ᄒᆞ노니너희衆士ᄂᆞᆫ王室애同力ᄒᆞ야거의나ᄅᆞᆯ弼ᄒᆞ야天子ㅅ威命을欽ᄒᆞ야承ᄒᆞ라

○將行也我以爾衆士奉行天罰爾其同力王室庶幾輔我以敬承天子之威命也蓋天子討而不伐諸侯伐而不討仲康之命胤侯得天子討罪之權胤侯之征羲和得諸侯敵愾之義其辭直其義明非若五霸摟諸侯其辭曲其義迂也

火炎崐岡ᄒᆞ면玉石이俱焚ᄒᆞᄂᆞ니天吏逸德은烈于猛火ᄒᆞ니殲厥渠魁ᄒᆞ고脅從으란罔治ᄒᆞ야舊染汙俗을咸與惟新ᄒᆞ리라 殲將廉反脅虛業反字本作愶治平聲汙音烏

●火ㅣ崐岡애炎ᄒᆞ면玉과石이다焚ᄒᆞᄂᆞ니天吏의逸ᄒᆞᆫ德은猛火도곤烈ᄒᆞ니그渠魁ᄅᆞᆯ殲ᄒᆞ고脅ᄒᆞ야從ᄒᆞ니란治티말라녜染ᄒᆞ야汙ᄒᆞᆫ俗ᄅᆞᆯ다더브러新케ᄒᆞ리라

○崐出玉山名岡山脊也逸過渠大也言火炎崐岡不辨玉石之美惡而焚之苟爲天吏而有過逸之德不擇人之善惡而戮之其害有甚於猛火不辨玉石也今我但誅首惡之魁而已脅從之黨則罔治之舊染汙習之人亦皆赦而新之其誅惡宥善是猶王者之師也今按胤征始稱羲和之罪止以其畔官離次俶擾天紀至是有脅從舊染之語則知羲和之罪當不止於廢時亂日是必聚不逞之人崇飮私邑以爲亂黨助羿爲惡者也胤后徂征隱其叛逆而不言者蓋正名其罪則必鋤根除源而仲康之勢有未足以制后羿者故止責其曠職之罪而實誅其不臣之心也

嗚呼ㅣ라 威克厥愛ᄒᆞ면 允濟오 愛克厥威ᄒᆞ면 允罔功이니 其爾衆士는 懋戒哉어다

●嗚呼ㅣ라 威ㅣ 그 愛를 克ᄒᆞ면 진실노 濟ᄒᆞ고 愛ㅣ 그 威를 克ᄒᆞ면 진실노 功이 업시리니 그 너 衆士는 힘써 戒ᄒᆞᆯ디어다

○威者嚴明之謂愛者姑息之謂記曰軍旅主威蓋軍法不可以不嚴嚴明勝則信其事之必濟姑息勝則信其功之無成誓師之末而復嗟歎以是深警之欲其勉力戒懼而用命也

正本

集註書傳卷之三

蔡沈集傳

商書

契始封商湯因以爲有天下之號書凡十七篇

湯誓

湯號也或曰諡湯名履姓子氏夏桀暴虐湯往征之亳衆憚於征役故湯諭以吊伐之意蓋師興之時而誓于亳都者也今文古文皆有

王曰格ᄒᆞ라爾衆庶아悉聽朕言ᄒᆞ라非台小子ㅣ敢行稱亂이라有夏ㅣ多罪어늘天命殛之ᄒᆞ시ᄂᆞ니라 台音怡後同

●王이ᄀᆞᆯ오샤ᄃᆡ格ᄒᆞ라너희衆庶아다ᄂᆡ말을聽ᄒᆞ라나小子ㅣ敢히亂을稱ᄒᆞ야行ᄒᆞᄂᆞᆫ줄이아니라有夏ㅣ罪ㅣ多ᄒᆞ거늘天이命ᄒᆞ샤殛ᄒᆞ시ᄂᆞ니라

○王曰者史臣追述之稱也格至台我稱擧也以人事言之則臣伐君可謂亂矣以天命言之則所謂天吏非稱亂也

今爾有衆이汝曰我后ㅣ不恤我衆ᄒᆞ야舍我穡事ᄒᆞ고而割正夏ㅣ라ᄒᆞᄂᆞ니予惟聞汝衆言이나夏氏有罪어늘予畏上帝라不敢不正이니라

● 이제너희衆이네일오듸우리后ㅣ우리衆을恤치아니ᄒᆞ야우리穡事을舍ᄒᆞ고夏를割ᄒᆞ야正ᄒᆞᆫ다ᄒᆞᄂᆞ니너희衆言을드르나夏氏ㅣ罪ㅣ잇거늘ᄂᆡ上帝를畏ᄒᆞ논디라敢히正티안이티못ᄒᆞ논디이라

○穡刈穫也割斷也亳邑之民安於湯之德政桀之虐焰所不及故不知夏氏之罪而憚伐桀之勞反謂湯不恤亳邑之衆舍我刈穫之事而斷正有夏湯言我亦聞汝衆論如此然夏桀暴虐天命殛之我畏上帝不敢不往正其罪也

今汝ㅣ其曰ᄒᆞ되夏罪는其如台라ᄒᆞᄂᆞ니 夏王이率遏衆力ᄒᆞ며率割夏邑ᄒᆞ되有衆이率怠弗協ᄒᆞ야 曰時日은曷喪고予及汝로皆亡이라ᄒᆞᄂᆞ니 夏德이若玆ㅣ라今朕이必往ᄒᆞ리라

● 이제너희그닐오듸夏ㅅ罪는그너게엇더뇨ᄒᆞᄂᆞ니夏王이率ᄒᆞ야衆力을遏ᄒᆞ며率ᄒᆞ야夏邑을割ᄒᆞᆫ듸衆이다怠ᄒᆞ야協다아니ᄒᆞ야닐오듸이日은언제喪ᄒᆞᆯ고너널로밋홈ᄭᅴ亡호리라ᄒᆞᄂᆞ니夏ㅅ德이이갓ᄒᆞᆫ디라이제朕이반다시往호리라

○遏絶也割剝割夏邑之割時是也湯又擧商衆言桀雖暴虐其如我何湯又應之曰夏王率爲重役以窮民力嚴刑以殘民生民厭夏德亦率皆怠於奉上不和於國疾視其君指日而曰是日何時而亡乎若亡則吾寧與之俱亡蓋苦桀之虐而欲其亡之甚也桀之惡德如此今我之所以必往也桀嘗自言吾有天下如天之有日日亡吾乃亡耳故民因

以日目之

爾尙輔予一人ᄒᆞ야致天之罰ᄒᆞ라 予其大賚汝호리라 爾無不信ᄒᆞ라朕不食言호리라 爾不從誓言ᄒᆞ면予則孥戮汝ᄒᆞ야罔有攸赦호리라

●너희거의나一人을輔ᄒᆞ야天의罰을致ᄒᆞ라ᄂᆡ그너희를키賚호리라너희信티아니티말라朕이言을食지아니호리라너희誓言을從티아니ᄒᆞ면ᄂᆡ너를孥조차戮ᄒᆞ야赦홀바를두디아니호리라

○賚與也食言言已出而反呑之也禹之征苗止曰爾尙一乃心力其克有勳至啓則曰用命賞于祖不用命戮于社予則孥戮汝此又益以朕不食言罔有攸赦亦可以觀世變也

仲虺之誥 虺許偉反說文作嚚又反蘬作嚚

仲虺臣名奚仲之後爲湯左相誥告也周禮士師以五戒先後刑罰一曰誓用之於軍旅二曰誥用之於會同以喩衆也此但告湯而亦謂之誥者唐孔氏謂仲虺亦必對衆而言蓋非特釋湯之慙而且以曉其臣民衆庶也古文有今文無

成湯이放桀于南巢ᄒᆞ시고惟有慙德ᄒᆞ샤曰予恐來世ㅣ以台로爲口實ᄒᆞ노라

●成湯이桀을南巢애放ᄒᆞ시고慙德을두샤ᄀᆞᆯᄋᆞ샤ᄃᆡ니來世ㅣ날노써口의實을삼을가저허ᄒᆞ노라

○武功成故曰成湯南巢地名廬江六縣有居巢城桀奔于此因以放之也湯之伐桀雖順天應人然承堯舜禹授受之後於心終有所不安故愧其德之不古若而又恐天下後世藉以爲口實也○陳氏曰堯舜以天下讓後世好名之士猶有不知而慕之者湯武征伐而得天下後世嗜利之人安得不爲口實哉此湯之所以恐也歟

仲虺ㅣ乃作誥曰嗚呼ㅣ라惟天이生民有欲ᄒᆞ니無主ㅣ면乃亂일서惟天이生聰明ᄒᆞ산돈時乂ㅣ시니有夏ㅣ昏德ᄒᆞ야民墜塗炭이어놀天乃錫王勇智ᄒᆞ샤表正萬邦ᄒᆞ샤纘禹舊服ᄒᆞ시니玆率厥典ᄒᆞ야奉若天命이니이다 纘作管反

●仲虺ㅣ誥ᄅᆞᆯ作ᄒᆞ야ᄀᆞᆯ오ᄃᆡ嗚呼ㅣ라天이生ᄒᆞ신民이欲이잇ᄂᆞ니主ㅣ업ᄉᆞ면亂ᄒᆞᆯ시天이聰明을生ᄒᆞ샤든이ᄒᆡ乂케ᄒᆞ시니夏ㅣ德에昏ᄒᆞ야民이塗炭애墜ᄒᆞ거ᄂᆞᆯ天이王ㅅ긔勇智ᄅᆞᆯ쥬샤萬邦애表正ᄒᆞ샤禹의舊服을纘케ᄒᆞ시니이그典를率ᄒᆞ야天命을奉若ᄒᆞ실디니이다

○仲虺恐湯憂愧不己乃作誥以解釋其意歎息言民生有耳目口鼻愛惡之欲無主則爭且亂矣天生聰明所以爲之主而治其爭亂者也墜陷也塗泥炭火也桀爲民主而反行昏亂陷民於塗炭旣失其所以爲主矣然民不可以無主也故天錫湯以勇智之德勇

足以有爲智足以有謀非勇智則不能成天下之大業也表正者表正於此而影直於彼也天錫湯以勇智者所以使其表正萬邦而繼禹舊所服行也此但率循其典常以奉順乎天而已天者典常之理所自出而典常者禹之所服行者也湯革夏而纘舊服武革商而政由舊孔子所謂百世可知者正以是也林氏曰齊宣王問孟子曰湯放桀武王伐紂有諸孟子曰賊仁者謂之賊賊義者謂之殘殘賊之人謂之一夫聞誅一夫紂矣未聞弑君也夫立之君者懼民之殘賊而無以主之爲之主而自殘賊焉則君之實喪矣非一夫而何孟子之言則仲虺之意也

夏王이有罪ᄒᆞ야矯誣上天ᄒᆞ야以布命于下ᄒᆞᆫᄃᆡ帝用不臧ᄒᆞ샤式商受命ᄒᆞ샤用爽厥師ᄒᆞ시니이다

●夏王이罪ㅣ이셔矯誣ᄒᆞᄃᆡ上天으로ᄒᆞ야써命을下애布ᄒᆞᆫᄃᆡ帝ㅣ써臧히아니너기샤商으로써命을受케ᄒᆞ샤써그師를爽케ᄒᆞ시니이다

○矯與矯制之矯同誣罔臧善式用爽明師衆也天以形體言帝以主宰言桀知民心不從矯詐誣罔託天以惑其衆天用不善其所爲用使有商受命用使昭明其衆庶也○王氏曰夏有昏德則衆從而昏商有明德則衆從而明○吳氏曰用爽厥師續下文簡賢附勢意不相貫疑有脫誤

簡賢附勢ㅣ寔繁有徒ᄒᆞ야肇我邦이于有夏애若苗之有莠ᄒᆞ며若

粟之有秕ᄒᆞ야 小大戰戰ᄒᆞ야 罔不懼于非辜ㅣ어늘사 矧予之德이 言足

聽聞잇ᄯᆞ니 秕畢履反

●賢을簡ᄒᆞ며勢에附ᄒᆞᄂᆞᆫ이이徒ㅣ繁ᄒᆞ야비로소우리邦이夏에苗에莠ㅣ이ᄉᆞᆷ갓
타며粟에秕ㅣ이ᄉᆞᆷ갓타야小ㅣ며大ㅣ戰戰ᄒᆞ야非辜를懼타아니리업거늘사ᄒᆞ믈
며우리德이言홈에聽聞이足홈이ᄯᆞ녀

○簡畧繁多肇始也戰戰恐懼貌言簡賢附勢之人同惡相濟寔多徒衆肇我邦於有夏
爲桀所惡欲見翦除如苗之有莠如粟之有秕鋤治簸揚有必不相容之勢商衆小大震
恐無不懼陷于非罪况湯之德言則足人之聽聞尤桀所忌疾者乎以苗粟喩桀以莠秕
喩湯特言其不容於桀而迹之危如此史記言桀囚湯於夏臺湯之危屢矣無道而惡有
道勢之必至也

惟王은 不邇聲色ᄒᆞ시며 不殖貨利ᄒᆞ시며 德懋懋官ᄒᆞ시며 功懋懋賞ᄒᆞ시며

用人惟己ᄒᆞ시며 改過不吝ᄒᆞ샤 克寬克仁ᄒᆞ샤 彰信兆民ᄒᆞ시니이다 懋與茂同 殖亟職反

●王은聲과色을갓가이아니ᄒᆞ시며貨利를殖디아니ᄒᆞ시며德에懋ᄒᆞ나니란懋호
ᄃᆡ官으로ᄒᆞ시며功애懋ᄒᆞ나니란懋호ᄃᆡ賞으로ᄒᆞ시며人을用ᄒᆞ샤ᄃᆡ己갓티ᄒᆞ시
며過를改ᄒᆞ샤ᄃᆡ吝티아니ᄒᆞ샤능히寬ᄒᆞ시며능히仁ᄒᆞ샤彰ᄒᆞ샤 兆民에信ᄒᆞ시니
이다

○邇近殖聚也不近聲色不聚貨利若未足以盡湯之德然此本原之地非純乎天德而無一毫人欲之私者不能也本原澄澈然後用人處己而莫不各得其當懋茂也繁多之意與時乃功懋哉之義同言人之懋於德者則懋之以官人之懋於功者則懋之以賞用人惟已而人之有善者無不容改過不吝而已之不善者無不改不忌能於人不吝過於己合併爲公私意不立非聖人其孰能之湯之用人處己者如此而於臨民之際是以能寬能仁謂之能者寬而不失於縱仁而不失於柔易曰寬以居之仁以行之君德也君德昭著而孚信於天下矣湯之德足人聽聞者如此

乃葛伯이仇餉이어늘初征自葛ᄒᆞ샤東征애西夷怨ᄒᆞ며南征애北狄怨ᄒᆞ야曰奚獨後予오ᄒᆞ며攸徂之民은室家ㅣ相慶ᄒᆞ야曰徯予后ᄒᆞ다소니后來ᄒᆞ시니其蘇ㅣ라ᄒᆞ니民之戴商이厥惟舊哉니이다

●葛伯이餉과로仇ᄒᆞ거늘처음征홈을葛로브터ᄒᆞ샤東으로征ᄒᆞ시민西夷ㅣ怨ᄒᆞ며南으로征ᄒᆞ시민北狄이怨ᄒᆞ야닐오ᄃᆡ엇디홀노우리를後에ᄒᆞᄂᆞ뇨ᄒᆞ며徂ᄒᆞ신밧民은室家ㅣ서로慶ᄒᆞ야닐오ᄃᆡ우리后를徯ᄒᆞ다소니后ㅣ來ᄒᆞ시니그蘇ᄒᆞ리라ᄒᆞ니民의商을戴홈이그오라니이다

○葛國名伯爵也餉饋也仇餉與餉者爲仇也葛伯不祀湯使問之曰無以供粢盛湯使亳衆往耕老弱饋餉葛伯殺其童子湯遂征之湯征自葛始也奚何徯待也蘇復生也西

夷北狄言遠者如此則近者可知也湯師之未加者則怨望其來曰何獨後予其所往伐者則妻孥相慶曰待我后久矣后來我其復生乎他國之民皆以湯爲我君而望其來者如此天下之愛戴歸往於商者非一日矣商業之興蓋不在於鳴條之役也○呂氏曰夏商之際君臣易位天下之大變然觀其征伐之時唐虞都俞揖遜氣象依然若存蓋堯舜禹湯以道相傳世雖降而道不降也

佑賢輔德ᄒᆞ시며 顯忠遂良ᄒᆞ시며 兼弱攻昧ᄒᆞ시며 取亂侮亡ᄒᆞ샤 推亡固存ᄒᆞ시샤 邦乃其昌ᄒᆞ리이다 推通回反

●賢을佑ᄒᆞ시고德을輔ᄒᆞ시며忠을顯ᄒᆞ시고良을遂ᄒᆞ시며弱을兼ᄒᆞ시고昧ᄅᆞᆯ攻ᄒᆞ시며亂을取ᄒᆞ시고亡을侮ᄒᆞ샤亾ᄒᆞᄂᆞ니란推ᄒᆞ시고存ᄒᆞᄂᆞ니란固ᄒᆞ시샤邦이그昌ᄒᆞ리이다

○前旣釋湯之慙此下因以勸勉之也諸侯之賢德者佑之輔之忠良者顯之遂之所以善善也侮說文曰傷也諸侯之弱者兼之昧者攻之亂者取之亡者傷之所以惡惡也言善則由大以及小言惡則由小以及大推亡者兼攻取侮也固存者佑輔顯遂也推彼之所以亡固我之所以存邦國乃其昌矣

德日新ᄒᆞ면 萬邦이 惟懷코 志自滿ᄒᆞ면 九族이 乃離ᄒᆞ리니 王은 懋昭大德ᄒᆞ샤 建中于民ᄒᆞ소셔 以義로 制事ᄒᆞ시며 以禮로 制心ᄒᆞ시샤 垂裕後昆ᄒᆞ리이다

予聞호니 曰能自得師者는 王이오 謂人莫己若者는 亡이라 好問則裕코 自用則小ㅣ니이다

●德이日로新ᄒᆞ면萬邦이懷ᄒᆞ고志ㅣ스스로滿ᄒᆞ면九族이離ᄒᆞ리니王은힘써大德을昭ᄒᆞ샤民에게中을建ᄒᆞ소셔義로써事를制ᄒᆞ시며禮로써心을制ᄒᆞ시샤後昆에垂홈이裕ᄒᆞ리이다내聞호니닐오ᄃᆡ能히스스로師를得ᄒᆞᆫ者ᄂᆞᆫ王ᄒᆞ고人을己ㅣ갓디못ᄒᆞ니라일으ᄂᆞᆫ者ᄂᆞᆫ亡ᄒᆞᄂᆞᆫ디라問을好ᄒᆞᆫ則裕ᄒᆞ고스스로用ᄒᆞᆫ則小ᄒᆞᄂᆞ니이라

○德日新者日新其德而不自己也志自滿者反是湯之盤銘曰苟日新日日新又日新其廣日新之義歟德日新則萬邦雖廣而無不懷志自滿則九族雖親而亦離萬邦擧遠以見近也九族擧親以見疎也王其勉明大德立中道於天下中者天下之所同有也然非君建之則民不能以自中而禮義者所以建中者也義者心之裁制禮者理之節文以義制事則事得其宜以禮制心則心得其正內外合德而中道立矣如此非特有以建中於民而垂諸後世者亦綽乎有餘裕矣然是道也必學焉而後至故又擧古人之言以爲隆師好問則德尊而業廣自賢自用者反是謂之自得師者眞知己之不足人之有餘委心聽順而無拂逆之謂也孟子曰湯之於伊尹學焉而後臣之故不勞而王其湯之所以自得者歟仲虺言懷諸侯之道推而至於修德撿身又推而至於能自得師夫自天子至

於庶人未有捨師而能成者雖生知之國亦必有師焉後世之不如古非特世道之降抑亦師道之不明也仲虺之論溯流而源要其極而歸諸能自得師之一語其可爲帝王之大法也歟

嗚呼ㅣ라 **愼厥終**홀든 **惟其始**ㅣ니 **殖有禮**ᄒᆞ시며 **覆昏暴**ᄒᆞ샤 **欽崇天道**ᄒᆞ샤샤 **永保天命**ᄒᆞ시리이다

●嗚呼ㅣ라 그終을愼홀든그始에홀디니禮ㅣ잇ᄂᆞ니를殖ᄒᆞ시며昏暴ᄒᆞᄂᆞ니를覆ᄒᆞ샤天道를欽崇ᄒᆞ샤샤기리天命을保ᄒᆞ시리이다

○上文旣勸勉之於是歎息言謹其終之道惟於其始圖之始之不謹而能謹終者未之有也伊尹亦言謹終于始事雖不同而理則一也欽崇者敬畏尊奉之意有禮者封殖之昏暴者覆亡之天之道也欽崇乎天道則永保其天命矣按仲虺之誥其大意有三先言天立君之意桀逆天命而天之命湯者不可辭次言湯德足以得民而民之歸湯者非一日未言爲君艱難之道人心離合之機天道福善禍淫之可畏以明今之受夏非以利己乃有無窮之恤以深慰湯而釋其慙仲虺之忠愛可謂至矣然湯之所慙恐來世以爲口實者仲虺終不敢謂無也君臣之分其可畏如此哉

湯誥

湯伐夏歸亳諸侯率職來朝湯作誥以與天下更始今文無古文有

王이 歸自克夏ᄒᆞ샤 至于亳ᄒᆞ샤 誕告萬方ᄒᆞ시다

●王이歸ᄒᆞ샤믈夏를이긔모로브터ᄒᆞ샤亳에至ᄒᆞ샤키萬方에告ᄒᆞ시다

○誕大也亳湯所都在宋州穀熟縣

王曰嗟爾萬方有衆아 明聽予一人誥ᄒᆞ라 惟皇上帝ㅣ 降衷于下民ᄒᆞ샤 若有恒性ᄒᆞ니 克綏厥猷ㅣ샤 惟后ㅣ니라

●王이ᄀᆞᆯᄋᆞ샤ᄃᆡ嗟홉다너희萬方엣衆아나一人의誥를明히聽ᄒᆞ라皇ᄒᆞ신上帝ㅣ衷을下民에降ᄒᆞ샤若ᄒᆞ야恒性을두시니능히그猷애綏케ᄒᆞ리샤后ㅣ니라

○皇大衷中若順也天之降命而具仁義禮智信之理無所偏倚所謂衷也人之稟命而得仁義禮智信之理與心俱生所謂性也猷道也由其理之自然而有仁義禮智信之行所謂道也以降衷而言則無有偏倚順其自然固有常性矣以稟受而言則不無淸濁純雜之異故必待君師之職而後能使之安於其道也故曰克綏厥猷惟后夫天生民有欲以情言也上帝降衷于下民以性言也仲虺卽情以言人之欲成湯原性以明人之善聖賢之論互相發明然其意則皆言君道之係於天下者如此之重也

夏王이 滅德作威ᄒᆞ야 以敷虐于爾萬方百姓ᄒᆞᆫ대 爾萬方百姓이 罹其凶害ᄒᆞ야 弗忍荼毒ᄒᆞ야 竝告無辜于上下神祇ᄒᆞ니 天道ᄂᆞᆫ 福

善禍淫이라降災于夏ᄒᆞ샤以彰厥罪ᄒᆞ시니라 罹憐知反 荼音徒

●夏王이德을滅ᄒᆞ고威를作ᄒᆞ야써곰虐을너萬方百姓에敷ᄒᆞᆫ듸너萬方百姓이그凶害를罹ᄒᆞ야荼와毒을참디못ᄒᆞ야辜ㅣ업슴을上下神祇人쎄다告ᄒᆞ니天의道는善을福ᄒᆞ사고淫을禍ᄒᆞ시논디라災를夏에降ᄒᆞ샤써그罪를彰ᄒᆞ시니라

○言桀無有仁愛但爲殺戮天下被其凶害如荼之苦如螫之毒不可堪忍稱寃於天地鬼神以冀其拯己屈原曰人窮則反本故勞苦倦極未嘗不呼天也天之道善者福之淫者禍之桀旣淫虐故天降災以明其罪意當時必有災異之事如周語所謂伊洛竭而夏亡之類

肆台小子ㅣ將天命明威ᄒᆞ야不敢赦ㅣ릴서敢用玄牡ᄒᆞ야敢昭告于上天神后ᄒᆞ야請罪有夏ᄒᆞ고聿求元聖ᄒᆞ야與之戮力ᄒᆞ야以與爾有衆으로請命호라 戮當作戮

●이러모로나小子ㅣ天이命ᄒᆞ산明ᄒᆞᆫ威를將ᄒᆞ야敢히赦티못ᄒᆞ릴시敢히玄ᄒᆞᆫ牡를써敢히上天과神后쎄昭히告ᄒᆞ야夏의罪를請ᄒᆞ고드듸여元聖을求ᄒᆞ야더부러力을戮ᄒᆞ야써곰너衆으로더브러命을請호라

○肆故也故我小子奉將天命明威不敢赦桀之罪也玄牡夏尚黑未變其禮也神后后土也聿遂也元聖伊尹也

上天이孚佑下民이라罪人이黜伏ᄒᆞ니天命弗僭이賁若草木이라兆民이允殖ᄒᆞ니라

●上天이진실노下民을佑ᄒᆞᄂᆞᆫ디라罪人이黜ᄒᆞ야伏ᄒᆞ니天命이僭티아니홈이賁히草木갓ᄐᆞᆫ디라兆民이진실로殖ᄒᆞ니라

○孚允皆信也僭差也賁文之著也殖生也上天信佑下民故夏桀竄亡而屈服天命無所僭差燦然若草木之敷榮兆民信乎其生殖矣

俾予一人으로輯寧爾邦家ᄒᆞ시니玆朕이未知獲戾于上下ᄒᆞ야慄慄危懼ᄒᆞ야若將隕于深淵ᄒᆞ노라

●나一人으로히여곰너희邦家를輯ᄒᆞ야寧케ᄒᆞ시니이예내戾를上下에獲ᄒᆞᆫ줄을아지몯ᄒᆞ야慄慄ᄒᆞ야危懼ᄒᆞ야장ᄎᆞᆺ深淵에隕ᄒᆞᆯ덧ᄒᆞ노라

○輯和戾罪隕墜也天使我輯寧爾邦家其付予之重恐不足以當之未知已得罪於天地與否驚恐憂畏若將墜於深淵蓋責愈重則憂愈大也

凡我造邦은無從匪彝ᄒᆞ며無卽慆淫ᄒᆞ야各守爾典ᄒᆞ야以承天休ᄒᆞ라

慆他刀反

●몰읫우리造ᄒᆞᆫ邦은彝ㅣ아닌거슬從티말며慆淫애卽디마라각각네典을守ᄒᆞ야

써天의休를承ᄒᆞ라

○夏命已黜湯命維新侯邦雖舊悉與更始故曰造邦彝法即就慆慢也匪彝指法度言慆淫指逸樂言典常也各守其典常之道以承天之休命也

爾有善이면朕弗敢蔽오罪當朕躬이면弗敢自赦ᄒᆞ니惟簡이在上帝之心이라ᄒᆞ니其爾萬方의有罪는在予一人이오予一人의有罪는無以爾萬方이니라

●너희善을두면朕이敢히蔽티못ᄒᆞᆯ거시오罪ㅣ내躬애當ᄒᆞ면敢히自赦티못ᄒᆞᆯ재시니簡ᄒᆞᆷ이上帝의心에잇ᄂᆞ니라그너희萬方의罪ㅣ이쇼믄나一人에게잇고나一人의罪ㅣ이쇼믄너희萬方으로써아닌ᄂᆞ니라

○簡閱也人有善不敢以不達已有罪不敢以自恕簡閱一聽於天然天以天下付之我則民之有罪實君所爲君之有罪非民所致非特望人厚於責已而薄於責人是乃理之所在君道當然也

嗚呼ㅣ라尙克時忱이라사乃亦有終ᄒᆞ리라 忱時壬反

●嗚呼ㅣ라거의능히이에忱ᄒᆞ야샤또ᄒᆞᆫ終이이시리라

○忱信也歎息言庶幾能於是而忱信焉乃亦有終也吳氏曰此兼人己而言

伊訓

訓導也太甲嗣位伊尹作書訓導之史錄爲篇今文無古文有

惟元祀十有二月乙丑애 伊尹이 祠于先王ᄒᆞ샤 奉嗣王ᄒᆞ야 祗見厥祖ᄒᆞ거ᄂᆞᆯ 侯甸群后ㅣ咸在ᄒᆞ며 百官이 總己ᄒᆞ야 以聽冢宰거ᄂᆞᆯ 伊尹이 乃明言烈祖之成德ᄒᆞ야 以訓于王ᄒᆞ니라 見形甸反

●元祀ㅅ十이오ᄯᅩ二月乙丑애伊尹이先王ㅅ긔祠ᄒᆞᆯᄉᆡ嗣王을奉ᄒᆞ야祗ᄒᆞ야그祖ㅅ긔見ᄒᆞ거ᄂᆞᆯ侯와甸의群后ㅣ다이시며百官이己ᄅᆞᆯ總ᄒᆞ야써冢宰에게聽ᄒᆞ거ᄂᆞᆯ伊尹이烈祖의成ᄒᆞᆫ德을明히言ᄒᆞ야써王ㅅ긔訓ᄒᆞ니라

○夏曰歲商曰祀周曰年一也元祀者太甲卽位之元年十二月者商以建丑爲正故以十二月爲正也乙丑日也不繫以朔者非朔日也三代雖正朔不同然皆以寅月起數蓋朝覲會同頒曆授時則以正朔行事至於紀月之數則皆以寅爲首也伊姓尹字也伊尹名摯祀者告祭於廟也先王湯也冢長也禮有冢子冢婦之名周人亦謂之冢宰古者王宅憂祠祭則冢宰攝而告廟又攝而臨羣臣太甲服仲壬之喪伊尹祠于先王奉太甲以卽位改元之事祗見厥祖則攝而告廟也侯服甸服之群后咸在百官總己之職以聽冢宰則攝而臨群臣也烈 功也 商頌 曰衎我烈祖太甲卽位改元伊尹於祠告先王之際明言湯之成德以訓太甲此史官敍事之始辭也或曰孔氏言湯崩踰月太甲卽位則十

二月者湯崩之年建子之月也豈改正朔而不改月數乎曰此孔氏惑於序書之文也太甲繼仲壬之後服仲壬之喪而孔氏曰湯崩奠殯而告固已誤矣至於改正朔而不改月數則於經史尤可考周建子矣而詩言四月維夏六月徂暑則寅月起數周未嘗改也秦建亥矣而史記始皇三十一年十二月更名臘曰嘉平夫臘必建丑月也秦以亥正則臘爲三月云十二月者則寅月起數秦未嘗改也至三十七年書十月癸丑始皇出遊十一月行至雲夢繼書七月丙寅始皇崩九月葬驪山先書十月十一月而繼書七月九月者知其以十月爲正朔而寅月起數未嘗改也且秦史制書謂改年始朝賀皆自十月朔夫秦繼周者也若改月數則周之十月爲建酉月矣安在其爲建亥乎漢初史氏所書舊例也漢仍秦正亦書曰元年冬十月則正朔改而月數不改亦已明矣且經曰元祀十有二月乙丑則以十二月爲正朔而改元何疑乎惟其以正朔行事也故後乎此者復政厥辟亦以十二月朔奉嗣王歸于亳蓋祠告復政皆重事也故皆以正朔行之孔氏不得其說而意湯崩踰月太甲即位奠殯而告是以崩年改元矣蘇氏曰崩年改元亂世事也不容在伊尹而有之不可以不辨又按孔氏以爲湯崩吳氏曰殯有朝夕之奠何爲而致祠主喪者不離於殯側何待於祇見蓋太甲之爲嗣王嗣仲壬而王也太甲太丁之子仲壬其叔父也嗣叔父而王而爲之服三年之喪爲之後者爲之子也太甲既卽位於仲壬之柩前方居憂於仲壬之殯側伊尹乃至商之祖廟徧祀商之先王而以立太甲告之不言太甲祀而言伊尹喪三年不祭也奉太甲徧見商之先王而獨言祇見厥祖者雖徧見先王

而尤致意於湯也亦猶周公金縢之冊雖徧告三王而獨眷眷於文王也湯旣己祔于廟
則是此書初不廢外丙仲壬之事但此書本爲伊尹稱湯以訓太甲故不及外丙仲壬之
事爾餘見書序

曰嗚呼ㅣ라 古有夏先后ㅣ 方懋厥德ᄒᆞ실셔 罔有天災ᄒᆞ며 山川鬼神
이 亦莫不寧ᄒᆞ며 曁鳥獸魚鼈이 咸若ᄒᆞ더니 于其子孫애 弗率ᄒᆞᆫ대 皇天
이 降災ᄒᆞ사 假手于我有命ᄒᆞ시니 造攻은 自鳴條ㅣ어늘 朕哉自亳ᄒᆞ시니이다

●닐오ᄃᆡ 嗚呼ㅣ라 녜 夏ㅅ先后ㅣ 보야흐로 그 德을 懋ᄒᆞ실셔 天의 災ㅣ 닛디 아니ᄒᆞ
며 山川ㅅ鬼神이 ᄯᅩ 寧티 아니 아니ᄒᆞ며 밋 鳥와 獸와 魚와 鼈이 다 若ᄒᆞ더니 그 子孫의
率티 아니ᄒᆞᆫ대 皇天이 災를 降ᄒᆞ샤 手를 우리 命 두ᄂᆞᆫ ᄃᆡ 假ᄒᆞ시니 攻을 造홈은 鳴條로
브터 ᄒᆞ거늘 朕이 哉홈을 亳으로브터 ᄒᆞ시니이다

○詩曰殷監不遠在夏后之世商之所宜監者莫近於夏故首以夏事告之也率循也假
借也有命有天命者言湯也桀不率循先王之道故天降災借手于我成湯以誅之夏之
先后方其懋德則天之眷命如此及其子孫弗率而覆亡之禍又如此太甲不知率循成
湯之德則夏桀覆亡之禍亦可監矣哉始也鳴條夏所宅也言造可攻之釁者由桀積惡
於鳴條而湯德之修則始於亳都也

惟我商王이 布昭聖武ᄒᆞ사 代虐以寬ᄒᆞ신ᄃᆡ 兆民이 允懷ᄒᆞ니이다

●우리商王이聖武를布昭ᄒᆞ샤虐을代ᄒᆞ샤ᄃᆡ寬으로써ᄒᆞ신ᄃᆡ兆民이允ᄒᆞ야懷ᄒᆞ니이다

○布昭敷著也聖武猶易所謂神武而不殺者湯之德威敷著于天下代桀之虐以吾之寬故天下之民信而懷之也

今王이嗣厥德ᄒᆞ살든罔不在初ᄒᆞ니立愛惟親ᄒᆞ시며立敬惟長ᄒᆞ사始于家邦ᄒᆞ사終于四海ᄒᆞ소서

●이제王이그德을嗣ᄒᆞ샬든初에잇지아닛아니ᄒᆞ니愛를立ᄒᆞ샤ᄃᆡ親으로ᄒᆞ시며敬을立ᄒᆞ샤ᄃᆡ長으로ᄒᆞ샤家와邦에始ᄒᆞ샤四海에終ᄒᆞ소서

○初即位之初言始不可以不謹也謹始之道孝悌而已孝悌者人心之所同非必人人教詔之立植也立愛敬於此而形愛敬於彼親吾親以及人之親長吾長以及人之長始于家達于國終而措之天下矣孔子曰立愛自親始教民睦也立敬自長始教民順也

嗚呼ㅣ라先王이肇修人紀ᄒᆞ사從諫弗咈ᄒᆞ시며先民을時若ᄒᆞ시며居上克明ᄒᆞ시며爲下克忠ᄒᆞ시며與人不求備ᄒᆞ시며檢身若不及ᄒᆞ사以至于有萬邦ᄒᆞ시니茲惟艱哉니이다

●嗚呼ㅣ라先王이비로소人紀를修ᄒᆞ샤諫를從ᄒᆞ샤咈티아니ᄒᆞ시며先民을이에

若ᄒᆞ시며上에居ᄒᆞ산능히明ᄒᆞ시며下ㅣ되여샤는능히忠ᄒᆞ시며人을與ᄒᆞ샤ᄃᆡ備를求티아니ᄒᆞ시며身을檢ᄒᆞ샤ᄃᆡ及디몯ᄒᆞᆯ다시ᄒᆞ샤써곰萬邦을두메니르시니이艱ᄒᆞ니이라

○人紀三綱五常孝敬之實也上文欲太甲立其愛敬故此言成湯之所修人紀者如下文所云也綱常之理未嘗泯沒桀廢棄之而湯始修復之也咈逆也先民猶前輩舊德也從諫不逆先民是順非誠於樂善者不能也居上克明言能盡臨下之道爲下克忠言能盡事上之心○呂氏曰湯之克忠最爲難看湯放桀以臣易君豈可爲忠不知湯之心最忠者也天命未去人心未離事桀之心曷嘗斯須替哉與人之善不求其備檢身之誠有若不及其處上下人己之間又如此是以德日以盛業日以廣天命歸之人心戴之由七十里而至于有萬邦也積累之勤玆亦難矣伊尹前旣言夏失天下之易此又言湯得天下之難太甲可不思所以繼之哉

敷求哲人ᄒᆞ샤俾輔于爾後嗣ᄒᆞ시니이다

●널비哲人을求ᄒᆞ샤ᄒᆞ여곰너後嗣를輔케ᄒᆞ시니이라

○敷廣也廣求賢哲使輔爾後嗣也

制官刑ᄒᆞ 儆于有位ᄒᆞ샤 曰敢有恒舞于宮ᄒᆞ며 酣歌于室ᄒᆞ면 時謂巫風이며 敢有殉于貨色ᄒᆞ며 恒于遊畋ᄒᆞ면 時謂淫風이며 敢有侮聖

言ᄒᆞ며逆忠直ᄒᆞ며遠耆德ᄒᆞ며比頑童ᄒᆞ면時謂亂風이니이惟玆三風十愆애卿士ㅣ有一于身ᄒᆞ면家必喪ᄒᆞ고邦君이有一于身ᄒᆞ면國必亡ᄒᆞᄂᆞ니臣下不匡ᄒᆞ면其刑이墨이라ᄒᆞ사具訓于蒙士ᄒᆞ시니이다 恒胡登反殉松潤反遠于願反耆渠伊反比毗至反喪去聲

●官엣刑을制ᄒᆞ샤位ㅣ두ᄂᆞᆫ이를儆ᄒᆞ샤敢히宮에셔恒舞ᄒᆞ며室에셔酣歌홈이이시면이닐온巫風이며敢히貨와色애殉ᄒᆞ며遊와畋에恒ᄒᆞ욤이이시면이닐온淫風이며敢히聖言을侮ᄒᆞ며忠直을逆ᄒᆞ며耆德을遠ᄒᆞ며頑童을比ᄒᆞ욤이이시면이닐온亂風이니이三風과十愆애卿士ㅣ一을身애두면家ㅣ반다시喪ᄒᆞ고邦君이一을身애두면國이반다시亡ᄒᆞᄂᆞ니臣下ㅣ匡티아니ᄒᆞ면그刑이墨이라ᄒᆞ샤具히蒙士를訓ᄒᆞ시니이다

○官刑官府之刑也巫風者常歌常舞若巫覡然也淫過也過而無度也比昵也倒置悖理曰亂好人之所惡惡人之所好也風風化也三風愆之綱也十愆風之目也卿士諸侯十有其一己喪其家亡其國矣墨墨刑也臣下而不能匡正其君則以墨刑加之具詳悉也童蒙始學之士則詳悉以是訓之欲其入官而知所以正諫也異時太甲欲敗度縱敗禮伊尹先見其微故拳拳及此劉侍講曰墨即叔向所謂夏書昏墨賊殺皐陶之刑貪以敗官爲墨

嗚呼ㅣ라嗣王은祗厥身ᄒᆞ사念哉ᄒᆞ소서聖謨ㅣ洋洋ᄒᆞ야嘉言이孔彰ᄒᆞ시니

惟上帝ᄂᆞᆫ不常ᄒᆞ샤作善이어든降之百祥ᄒᆞ시고作不善이어든降之百殃ᄒᆞ시ᄂᆞ니爾惟德이어든罔小ㅣ어다萬邦의惟慶이니이다爾惟不德이어든罔大어다墜厥宗ᄒᆞ리이다

●嗚呼ㅣ라嗣王은그身애祗ᄒᆞ샤念ᄒᆞ쇼셔聖謨ㅣ洋洋ᄒᆞ야嘉ᄒᆞᆫ言이孔히彰ᄒᆞ시니上帝ᄂᆞᆫ常티아니ᄒᆞ샤善을作ᄒᆞ거든百祥을降ᄒᆞ시고不善을作ᄒᆞ거든百殃을降ᄒᆞ시ᄂᆞ니네德이어든小타ᄒᆞ지마롤지어다萬邦의慶이니이다네德이아니어든大타마롤지어다그宗을墜ᄒᆞ리이다

○歎息言太甲當以三風十愆之訓敬之於身念而勿忘也謨謂其謀言謂其訓洋大孔甚也言其謀訓大明不可忽也不常者去就無定也爲善則降之百祥爲惡則降之百殃各以類應也勿以小善而不爲萬邦之慶積於小勿以小惡而爲之厥宗之墜不在大蓋善必積而後成惡雖小而可懼此總結上文而又以天命人事禍福申戒之也

太甲上

商史錄伊尹告戒節次及太甲往復之辭故三篇相屬成文其間或附史臣之語以貫篇意若史家紀傳之所載也唐孔氏曰伊訓肆命徂后太甲咸有一德皆是告戒太甲不可皆名伊訓故隨事立稱也林氏曰此篇亦訓體今文無古文有

惟嗣王이不惠于阿衡ᄒᆞ신대

●嗣ᄒᆞᆫ王이阿衡애惠티아니ᄒᆞ신ᄃᆡ

○惠順也阿倚衡平也阿衡商之官名言天下之所倚平也亦曰保衡或曰伊尹之號史臣錄伊尹之書先此以發之

伊尹이作書ᄒᆞ야曰先王이顧諟天之明命ᄒᆞ샤以承上下神祇ᄒᆞ시며社稷宗廟를罔不祇肅ᄒᆞ신ᄃᆡ天監厥德ᄒᆞ샤用集大命ᄒᆞ샤撫綏萬方이어시놀惟尹이躬克左右厥辟ᄒᆞ야宅師ᄒᆞ니肆嗣王이丕承基緒ᄒᆞ시니이다 監音鑑左音佐

●伊尹이書를作ᄒᆞ야ᄀᆞᆯ오ᄃᆡ先王이이天의明ᄒᆞᆫ命을顧ᄒᆞ샤써곰上下ㅅ神祇를承ᄒᆞ시며社稷과宗廟를祇肅디아닏아니ᄒᆞ신ᄃᆡ天이그德을監ᄒᆞ샤써그大命을集ᄒᆞ샤萬方을撫綏케ᄒᆞ거시놀尹이몸쇼능히그辟을左右ᄒᆞ야師를宅호니이러모로嗣王이키基緒를承ᄒᆞ시니이다

○顧常目在之也諟古是字明命者上天顯然之理而命之我者在天爲明命在人爲明德伊尹言成湯常目在是天之明命以奉天地神祇社稷宗廟無不敬肅故天視其德用集大命以有天下撫安萬邦我又身能左右成湯以居民衆故嗣王得以大承其基業也

惟尹이躬先見于西邑夏ᄒᆞ니自周有終ᄒᆞᄃᆡ相亦惟終이러니其後嗣王이罔克有終ᄒᆞᄃᆡ相亦罔終ᄒᆞ니嗣王은戒哉ᄒᆞ사祗爾의厥辟ᄒᆞ소서辟不辟이면忝厥祖ᄒᆞ리이다 先見如字相去聲下同

●尹이몸소믄져西邑夏를보니周로自ᄒᆞ야終을둔ᄃᆡ相이ᄯᅩᄒᆞᆫ終ᄒᆞ더니그後人嗣王이능히終을두지못ᄒᆞᆫᄃᆡ相이ᄯᅩᄒᆞᆫ終티아니ᄒᆞ니嗣王은戒ᄒᆞ샤너의그辟을祗ᄒᆞ소서辟이辟지못ᄒᆞ면그祖를忝ᄒᆞ리이다

○夏都安邑在亳之西故曰西邑夏周忠信也國語曰忠信爲周○施氏曰作僞心勞日拙則缺露而不周忠信則無僞故能周而無缺夏之先王以忠信有終故其輔相者亦能有終其後夏桀不能有終故其輔相者亦不能有終嗣王其以夏桀爲戒哉當敬爾所以爲君之道君而不君則忝辱成湯矣太甲之意必謂伊尹足以任天下之重我雖縱欲未必遽至危亡故伊尹以相亦罔終之言深折其私而破其所恃也

王이惟庸ᄒᆞ사罔念聞ᄒᆞ신ᄃᆡ

●王이庸ᄒᆞ샤念聞치아니ᄒᆞ신ᄃᆡ

○庸常也太甲惟若尋常於伊尹之言無所念聽此史氏之言

伊尹이乃言曰先王이昧爽에丕顯ᄒᆞ사坐以待旦ᄒᆞ시며旁求俊彦ᄒᆞ사

啓迪後人ᄒᆞ시니 **無越厥命**ᄒᆞ사 **以自覆**ᄒᆞ소서

●伊尹이言ᄒᆞ야닐오ᄃᆡ先王이昧爽에ᄏᆡ顯ᄒᆞ샤坐ᄒᆞ야써旦를待ᄒᆞ시며旁으로俊彦을求ᄒᆞ샤後人을啓迪ᄒᆞ시니그命을越ᄒᆞ샤써스스로覆지마ᄅᆞ소서

○昧晦爽明也昧爽云者欲明未明之時也丕大也顯亦明也先王於昧爽之時洗濯澡雪大明其德坐以待旦而行之也旁求者求之非一方也彦美士也言湯孜孜爲善不遑寧處如此而又旁求俊彦之士以開導子孫太甲毋顚越其命以自耳覆亡也

愼乃儉德ᄒᆞ사 **惟懷永圖**ᄒᆞ소서

●儉ᄒᆞᆫ德을愼ᄒᆞ샤永ᄒᆞᆫ圖를懷ᄒᆞ쇼서

○太甲欲敗度縱敗禮蓋奢侈失之而無長遠之慮者伊尹言當謹其儉約之德惟懷永久之謀以約失之者鮮矣太甲受病之處故伊尹特言之

若虞ㅣ機張이어든 **往省括于度則釋**이니 **欽厥止**ᄒᆞ사 **率乃祖攸行**ᄒᆞ시면 **惟朕**이 **以懌**ㅣ며 **萬世**에 **有辭**ᄒᆞ시리이다

●虞ㅣ機를張ᄒᆞ얏거든往ᄒᆞ야括을省ᄒᆞ야度ᄒᆞ거든釋홈이갓타니그止를欽ᄒᆞ샤네祖의行ᄒᆞ던바를率ᄒᆞ시면朕이써懌ᄒᆞ며萬世에辭ㅣ이시리이다

○虞虞人也機弩牙也括矢括也度法度射者之所準望者也釋發也言若虞人之射弩

機旣張必往察其括之合於法度然後發之則發無不中矣欽者肅恭收歛止見虞書率循也欽厥止者所以立本率乃祖者所以致用所謂省括于度則釋也王能如是則動無過擧近可以慰悅尹心遠可以有譽於後世矣安汝止者聖君之事生而知者也欽厥止者賢君之事學而知者也

王이未克變ᄒᆞ신ᄃᆡ

●王이능히變티못ᄒᆞ신ᄃᆡ

○不能變其舊習也此亦史氏之言

伊尹曰玆乃不義ᄂᆞᆫ習與性成이로소니予ᄂᆞᆫ弗狎于弗順케호리니營于桐宮ᄒᆞ야密邇先王其訓ᄒᆞ야無俾世迷케호리라

●伊尹이닐오ᄃᆡ이不義ᄂᆞᆫ習ᄒᆞ야性으로다못成ᄒᆞ도소니나ᄂᆞᆫ弗順애狎지아니케호리니桐애宮을營ᄒᆞ야先王ㅅᄭᅴ密邇케ᄒᆞ야그訓ᄒᆞ야ᄒᆞ야곰世에迷티아니케호리라

○狎習也弗順者不順義理之人也桐成湯墓陵之地伊尹指太甲所爲乃不義之事習惡而性成者也我不可使其狎習不順義理之人於是營宮于桐使親近成湯之墓朝夕哀思興起其善以是訓之無使終身迷惑而不悟也

王이徂桐宮居憂ᄒᆞ사克終允德ᄒᆞ시다

●王이桐宮애가憂애居ᄒᆞ샤능히終애德을允ᄒᆞ시다

○徂往也允信也有諸已之謂信實有其德於身也凡人之不善必有從臾以導其爲非者太甲桐宮之居伊尹欲使其密邇先王陵墓與發其善心又絶其比昵之黨而革其汚染此其所以克終允德也次篇伊尹言嗣王克終厥德又曰允德協于下故史氏言克終允德結此篇以發次篇之義

太甲中

惟三祀十有二月朔애伊尹이以冕服으로奉嗣王ᄒᆞ야歸于亳ᄒᆞ다

●三祀ㅅ十이오또二月朔애伊尹이冕服으로써嗣王을奉ᄒᆞ야亳애歸ᄒᆞ다

○太甲終喪明年之正朔也冕冠也唐孔氏曰周禮天子六冕備物盡文惟袞冕耳此蓋袞冕之服義或然也奉迎也喪既除以袞冕吉服奉迎以歸也

作書曰民非后ㅣ면罔克胥匡以生이며后非民이면罔以辟四方ᄒᆞ리니皇天이眷佑有商ᄒᆞ샤俾嗣王으로克終厥德ᄒᆞ시니實萬世無疆之休ㅣ샷다

辟必益反

●書를作ᄒᆞ야ᄀᆞᆯ오ᄃᆡ民이后ㅣ아니면능히서로匡ᄒᆞ야써生티못ᄒᆞ며后ㅣ民이아니면써四方애辟ᄒᆞ지못ᄒᆞ리니皇天이商을眷佑ᄒᆞ샤嗣王으로ᄒᆞ야곰능히그德을

終케ᄒᆞ시니진실로萬世에가이업슨休ㅣ샷다
○民非君則不能相正以生君非民則誰與爲君者言民固不可無君而君尤不可失民也太甲改過之初伊尹首發此義其喜懼之意深矣夫太甲不義有若性成一朝翻然改悟是豈人力所至蓋天命眷商陰誘其衷故嗣王能終其德也向也湯緒幾墜今其自是有永豈不爲萬世無疆之休乎

王ㅣ拜手稽首曰予小子ᄂᆞᆫ不明于德ᄒᆞ야自底不類ᄒᆞ야欲敗度ᄒᆞ며縱敗禮ᄒᆞ야以速戾于厥躬ᄒᆞ니天作孼은猶可違어니와自作孼은不可逭이니既往애背師保之訓ᄒᆞ야弗克于厥初ᄒᆞ나尙賴匡救之德ᄒᆞ야圖惟厥終ᄒᆞ노이다

諺王이手애拜ᄒᆞ고首를稽ᄒᆞ야ᄀᆞᆯᄋᆞ사ᄃᆡ나小子ᄂᆞᆫ德애明티몯ᄒᆞ야ᄉᆞᄉᆞ로不類애底ᄒᆞ야欲으로度를敗ᄒᆞ며縱으로禮를敗ᄒᆞ야써戾을그躬애速호니天이作ᄒᆞᆫ孼은오히려可히違ᄒᆞ려니와ᄉᆞᄉᆞ로作ᄒᆞᆫ孼은可히逭치몯ᄒᆞᄂᆞ니既往애師保의訓을背ᄒᆞ야그初애능티몯호나거의匡救ᄒᆞᆫ德을賴ᄒᆞ야그終을圖ᄒᆞ노이다
○拜手首至手也稽首首至地也太甲致敬於師保其禮如此不類猶不肖也多欲則興作而亂法度縱肆則放蕩而隳禮儀度就事言之也禮就身言之也速召之急也戾罪孼災逭逃也既往已往也巳往既不信伊尹之言不能謹之於始庶幾正救之力以圖惟其

終也當太甲不惠阿衡之時伊尹之言惟恐太甲不聽及太甲改過之後太甲之心惟恐伊尹不言夫太甲固困而知之者然昔之迷今之復昔之晦今之明如日月昏蝕一復其舊而光采炫耀萬景俱新湯武不可及已豈居成王之下乎

伊尹이拜手稽首曰修厥身ᄒᆞ며允德이協于下ᄂᆞᆫ惟明后이니이다

●伊尹이手애拜ᄒᆞ고首를稽ᄒᆞ야ᄀᆞᆯ오ᄃᆡ그身을修ᄒᆞ며允ᄒᆞᆫ德이下애協ᄒᆞ니ᄂᆞᆫ明ᄒᆞᆫ后ㅣ니이다

○伊尹致敬以復太甲也修身則無敗度敗禮之事允德則有誠身誠意之實德誠于上協和于下惟明后然也

先王이子惠困窮ᄒᆞ신ᄃᆡ民服厥命ᄒᆞ야罔有不悅ᄒᆞ야並其有邦ᄒᆞᆫ厥鄰이乃曰徯我后ᄒᆞ노소니后來ᄒᆞ시면無罰아 我一作予

●先王이困窮을子惠ᄒᆞ신ᄃᆡ民이그命을服ᄒᆞ야悅티아니ᄒᆞ리잇디아니ᄒᆞ야並ᄒᆞ야그邦을두ᄂᆞᆫ그鄰이닐오ᄃᆡ우리后를徯ᄒᆞ노소니后ㅣ來ᄒᆞ시면罰이업ᄉᆞ리라

○此言湯德所以協下者困窮之民若已子而惠愛之惠之若子則心之愛者誠矣未有誠而不動者也故民服其命無有不得其歡心當時諸侯並湯而有國者其鄰國之民乃以湯爲我君曰待我君我君來其無罰乎言除其邪虐湯之得民心也如此即仲虺后來其蘇之事

王懋乃德ᄒᆞ사視乃烈祖ᄒᆞ사無時豫怠ᄒᆞ소서

●王이너의德을懋ᄒᆞ샤너의烈祖를視ᄒᆞ샤時도豫怠티마라쇼셔

○湯之盤銘曰苟日新日日新又日新湯之所以懋其德者如此太甲亦當勉於其德視烈祖之所爲不可頃刻而逸豫怠惰也

奉先思孝ᄒᆞ시며 接下思恭ᄒᆞ시며 視遠惟明ᄒᆞ시며 聽德惟聰ᄒᆞ시면 朕承王之休ᄒᆞ야無斁ᄒᆞ리이다 斁音亦

●先을奉ᄒᆞ샤ᄃᆡ孝를思ᄒᆞ시며下를接ᄒᆞ샤ᄃᆡ恭을思ᄒᆞ시며遠을視ᄒᆞ샤ᄃᆡ明을惟ᄒᆞ시며德을聽ᄒᆞ사ᄃᆡ聰을惟ᄒᆞ시면朕이王의休를承ᄒᆞ야斁디아니호리이다

○思孝則不敢違其祖思恭則不敢忽其臣惟亦思也思明則所視者遠而不蔽於淺近思聰則所聽者德而不惑於憸邪此懋德之所從事者太甲能是則我承王之美而無所厭斁也

太甲下

伊尹이申誥于王曰嗚呼ㅣ라惟天은無親ᄒᆞ샤克敬을惟親ᄒᆞ시며民罔常懷ᄒᆞ야懷于有仁ᄒᆞ며鬼神은無常享ᄒᆞ야享于克誠ᄒᆞᄂᆞ니天位ㅣ艱哉

니이다

● 伊尹이다시王ᄭᅴ誥ᄒᆞ야ᄀᆞᆯ오ᄃᆡ嗚呼ㅣ라天은親홈이업ᄉᆞ샤능히敬ᄒᆞᄂᆞ니를親ᄒᆞ시며民은덧덧이懷홈이업셔仁두ᄂᆞᆫᄃᆡ懷ᄒᆞ며鬼神은덧덧이享홈이업셔능히誠ᄒᆞᄂᆞᆫᄃᆡ享ᄒᆞᄂᆞ니天位ㅣ艱ᄒᆞ니이다

○申誥重誥也天之所親民之所懷鬼神之所享皆不常也惟克敬有仁克誠而後天親之民懷之鬼神享之也曰敬曰仁曰誠者各因所主而言天謂之敬者天者理之所在動靜語默不可有一毫之慢民謂之仁者民非元后何戴鰥寡孤獨皆人君所當恤鬼神謂之誠者不誠無物誠立於此而後神格於彼三者所當盡如此人君居天之位其可易而爲之哉分而言之則三合而言之一德而已太甲遷善未幾而伊尹以是告之其才固有大過人者歟

德이면惟治ᄒᆞ고否德이면亂이라與治로同道ᄒᆞ면罔不興ᄒᆞ고與亂으로同事ᄒᆞ면罔不亡ᄒᆞᄂᆞ니終始애愼厥與ᄂᆞᆫ惟明明后ㅣ니이다 治去聲否俯久反

● 德이면治ᄒᆞ고德이아니면亂ᄒᆞᄂᆞᆫ지라治와다못道ㅣ同ᄒᆞ면興티아닛아니ᄒᆞ고亂과다못事ㅣ同ᄒᆞ면亡티아닛아니ᄒᆞᄂᆞ니終과始에그與를愼ᄒᆞᄂᆞᆫ明을明ᄒᆞ신后ㅣ니이라

○德者合敬仁誠之稱也有是德則治無是德則亂治固古人有行之者矣亂亦古人有

行之者也與古之治者同道則無不與與古之亂者同事則無不亡治而謂之道者蓋治因時制宜或損或益事未必同而道則同也亂而謂之事者亡國喪家不過貨色遊畋作威殺戮等事事同道無不同也治亂之分顧所與如何耳始而與治固可以與終而與亂則亡亦至矣謹其所與終始如一惟明明之君爲然也上篇言惟明后此篇言惟明明后蓋明其所已明而進乎前者矣

先王이惟時로懋敬厥德ᄒᆞ샤克配上帝ᄒᆞ시니今王이嗣有令緖ᄒᆞ시니尙監玆哉ᆫ뎌

●先王이時로힘써그德을敬ᄒᆞ샤능히上帝를配ᄒᆞ시니이제王이令ᄒᆞᆫ緖를嗣ᄒᆞ샤두시니거의이를보실진뎌

○敬即克敬惟親之敬擧其一以包其二也成湯勉敬其德德與天合故克配上帝今王嗣有令緖庶幾其監視此也

若升高ᄒᆞ리必自下ᄒᆞ며若陟遐ᄒᆞ리必自邇ᄒᆞ니이다

●高애升ᄒᆞ리반다시下로브터ᄒᆞᆷ갓타며遐애陟ᄒᆞ리반다시邇로브터ᄒᆞᆷ갓타니이다

○此告以進德之序也中庸論君子之道亦謂譬如行遠必自邇譬如登高必自卑進德修業之喩未有如此之切者呂氏曰自此乃伊尹書一以告太甲也

無輕民事ᄒᆞ샤惟難ᄒᆞ시며 無安厥位ᄒᆞ샤惟危ᄒᆞ쇼서

●民의事를輕히너기디마ᄅᆞ샤難을惟ᄒᆞ시며그位를安히너기디마ᄅᆞ샤危를惟ᄒᆞ
쇼서

○無毋通毋輕民事而思其難毋安君位而思其危

愼終于始ᄒᆞ쇼서

●終을愼호ᄃᆡ始예ᄒᆞ쇼서

○人情孰不欲善終者特安於縱欲以爲今日始若是而他日固改之也然始而不善而
能善其終者寡矣桐宮之事往已今其卽政臨民亦事之一初也

有言이逆于汝心이어든必求諸道ᄒᆞ시며 有言이遜于汝志어든必求諸
非道ᄒᆞ쇼서

●言이네心애逆홈이잇거든반다시道애求ᄒᆞ시며言이네志애遜홈이잇거든반다
시非道애求ᄒᆞ쇼서

○鯁直之言人所難受巽順之言人所易從於其所難受者必求諸道不可遽以逆于心
而拒之於其所易從者必求諸非道不可遽以遜于志而聽之以上五事蓋欲太甲矯乎
情之偏也

嗚呼ㅣ라 弗慮ㅣ면 胡獲ㅣ며 弗爲ㅣ면 胡成이리오 一人이 元良ᄒᆞ면 萬邦이 以貞ᄒᆞ리이다

●嗚呼ㅣ라 慮티 아니ᄒᆞ면 엇디 獲ᄒᆞ며 爲티 아니ᄒᆞ면 엇디 成ᄒᆞ리오 人이 키 良ᄒᆞ면 萬邦이 써 貞ᄒᆞ리이다

○胡何也弗慮何得欲其謹思之也弗爲何成欲其篤行之也元大良善貞正也一人者萬邦之儀表一人元良則萬邦以正矣

君罔以辯言으로 亂舊政ᄒᆞ며 臣罔以寵利로 居成功ᄒᆞ야 邦其永孚于休ᄒᆞ리이다

●君이 辯言으로써 舊政을 亂티 말며 臣이 寵利로써 成功애 居티 마라사 邦이 그기리 친실로 休ᄒᆞ리이다

○弗思弗爲安於縱弛先王之法廢矣能思能爲作其聰明先王之法亂矣亂之爲害甚於廢也成功非寵利之所可居者至是太甲德已進伊尹有退休之志矣此咸有一德之所以繼作也君臣各盡其道邦國永信其休美也○吳氏曰上篇稱嗣王不惠于阿衡必其言有與伊尹背違者辯言亂政或太甲所失在此罔以寵利居成功已之所自處者已素定矣下語既非泛論則上語必有爲而發也

咸有一德

伊尹致仕而去恐太甲德不純一及任用非人故作此篇亦訓體也史氏取其篇中咸有一德四字以爲篇目今文無古文有

伊尹이 旣復政厥辟ᄒᆞ고 將告歸ᄒᆞᆯᄉᆡ 乃陳戒于德ᄒᆞ니라

●伊尹이 임의 政을 그 辟ㅅ긔 復ᄒᆞ고 장찻 告ᄒᆞ야 歸ᄒᆞᆯᄉᆡ 德으로 陳ᄒᆞ야 戒ᄒᆞ니라

○伊尹已還政太甲將告老而歸私邑以一德陳戒其君此史氏本序

曰嗚呼ㅣ라 天難諶命은 靡常이니 常厥德ᄒᆞ면 保厥位ᄒᆞ고 厥德이 靡常ᄒᆞ면 九有ㅣ以亡ᄒᆞ리이다 諶時壬反

●닐오ᄃᆡ 嗚呼ㅣ라 天이 諶홈이 難홈은 命이 常치 아닐ᄉᆡ니 그 德이 常ᄒᆞ면 그 位를 保ᄒᆞ고 그 德이 常티 아니ᄒᆞ면 九有ㅣ 써 亡ᄒᆞ리이다

○諶信也天之難信以其命之不常也然天命雖不常而常於有德者君德有常則天命亦常而保厥位矣君德不常則天命亦不常而九有以亡矣九有九州也

夏王이 弗克庸德ᄒᆞ야 慢神虐民ᄒᆞᆫᄃᆡ 皇天이 弗保ᄒᆞ시고 監于萬方ᄒᆞ샤 啓迪有命ᄒᆞ샤 眷求一德ᄒᆞ샤 俾作神主ㅣ어시ᄂᆞᆯ 惟尹이 躬曁湯오로 咸有一德ᄒᆞ야 克享天心ᄒᆞ야 受天明命ᄒᆞ야 以有九有之師ᄒᆞ야 爰革夏正ᄒᆞ소이다

●夏王이능히德을庸히아니ᄒᆞ야神을慢ᄒᆞ며民을虐ᄒᆞᆫ딕皇天이保티아니ᄒᆞ시고萬方애監ᄒᆞ샤命두ᄂᆞᆫ니를啓迪ᄒᆞ샤一德을眷求ᄒᆞ샤ᄒᆞ야곰神의主를作ᄒᆞ거시ᄂᆞᆯ尹이몸소밋湯으로다一德을두어능히天心애享ᄒᆞ야天人明ᄒᆞᆫ命을受ᄒᆞ야써九有앳師를두어이예夏人正을革ᄒᆞ소이다

○上文言天命無常惟有德則可常於是引桀之所以失天命湯之所以得天命者證之一德純一之德不雜不息之義卽上文所謂常德也神主百神之主享當也湯之君臣皆有一德故能上當天心受天明命而有天下於是改夏建寅之正而爲建丑正也

非天이私我有商이라惟天이佑于一德이며非商이求于下民이라惟民이歸于一德이니이라

●天이우리商을私ᄒᆞ신주리아니라天이一德을佑ᄒᆞ시며商이下民애求ᄒᆞ신쥬리아니라民이一德애歸ᄒᆞ니이다

○上言一德故得天得民此言天佑民歸皆以一德之故蓋反復言之

德惟一이면動罔不吉ᄒᆞ고德二三이면動罔不凶ᄒᆞ리니惟吉凶이不僭在人은惟天이降災祥이在德이니이다

●德이一ᄒᆞ면動ᄒᆞᆫ딕마다吉티아닌이아니ᄒᆞ고德이二三이면動ᄒᆞᆫ딕마다凶티아닌이아니ᄒᆞ리니吉과凶이僭티아니ᄒᆞ야人애在홈은天이災와祥을降ᄒᆞ삼이德애이실

시니이다
○二三則雜矣德之純則無往而不吉德之雜則無往而不凶僭差也惟吉凶不差在人者惟天之降災祥在德故也

今嗣王이新服厥命ᄒᆞ시란ᄃᆡ惟新厥德이니이終始惟一이時乃日新이니이다

●이제嗣ᄒᆞ신王이ᄉᆡ로그命을服ᄒᆞ시란ᄃᆡ그德을ᄉᆡ롭게ᄒᆞ실디니終과始애一케ᄒᆞᆷ이이日로新ᄒᆞᆷ이니이다

○太甲新服天子之命德亦當新然新德之要在於有常而已終始有常而無間斷是乃所以日新也

任官호ᄃᆡ惟賢材ᄒᆞ시며左右를惟其人ᄒᆞ소셔臣은爲上爲德ᄒᆞ고爲下爲民ᄒᆞᄂᆞ니其難其愼ᄒᆞ시며惟和惟一ᄒᆞ쇼셔 任如鴆反爲並去聲

●官을任호ᄃᆡ賢과材로ᄒᆞ시며左右를그人으로ᄒᆞ소셔臣은上을爲ᄒᆞ야ᄂᆞᆫ德을爲ᄒᆞ고下를爲ᄒᆞ야ᄂᆞᆫ民을爲ᄒᆞᄂᆞ니그難ᄒᆞ시며그愼ᄒᆞ시며和ᄒᆞ시며一ᄒᆞ소셔

○賢者有德之稱材者能也左右者輔弼大臣非賢德之稱可盡故曰惟其人夫人臣之職爲上爲德左右厥辟也爲下爲民所以宅師也不曰君而曰德者兼君道而言也臣職所係其重如此是必其難其愼難者難於任用愼者愼於聽察所以防小人也惟和惟一和者可否相濟一者終始如一所以任君子也

德無常師ᄒᆞ야 主善이 爲師ㅣ며 善無常主ᄒᆞ야 協于克一이니이다

●德은덧덧ᄒᆞᆫ師ㅣ업서善애主ᄒᆞᆷ이師ㅣ되며善은덧덧ᄒᆞᆫ主ㅣ업서능히一ᄒᆞᆷ애協ᄒᆞᆷ이니이다

○上文言用人因推取人爲善之要無常者不可執一之謂師法協合也德者善之總稱善者德之實行一者其本原統會者也德兼衆善不主於善則無以得一本萬殊之理善原於一不協於一則無以達萬殊一本之妙謂之克一者能一之謂也博而求之於不一之善約而會之於至一之理此聖學始終條理之序與夫子所謂一貫者幾矣太甲至是而得與聞焉亦異乎常人之改過者歟張氏曰虞書精一數語之外惟此爲精密

俾萬姓으로 咸曰大哉라 王言이어케ᄒᆞ시며 又曰一哉라 王心이어케ᄒᆞ샤 克綏先王之祿ᄒᆞ샤 永底烝民之生ᄒᆞ소셔

●萬姓으로ᄒᆞ야곰다닐오ᄃᆡ大ᄒᆞ다王의言이여케ᄒᆞ사며또닐오ᄃᆡ一ᄒᆞ다王의心이어케ᄒᆞ샤능히先王의祿을綏ᄒᆞ샤기리烝民의生을닐위소셔

○人君惟其心之一故其發諸言也大萬姓見其言之大故能知其心之一感應之理自然而然以見人心之不可欺而誠之不可掩也祿者先王所守之天祿也烝衆也天祿安民生厚一德之效驗也

嗚呼ㅣ라 七世之廟애 可以觀德이며 萬夫之長애 可以觀政이니이다 長上聲

●嗚呼ㅣ라七世ㅅ廟애可히써德을觀ᄒᆞ며萬夫ㅅ長애可히써政을觀ᄒᆞ리이다

○天子七廟三昭三穆與太祖之廟七七廟親盡則遷必有德之主則不祧毁故曰七世之廟可以觀德天子居萬民之上必致敎有以深服乎人而後萬民悅服故曰萬夫之長可以觀政伊尹歎息言德政修否見於後世服乎當時有不可掩者如此

后非民이면罔使ㅣ오民非后ㅣ면罔事ㅣ니無自廣以狹人ᄒᆞ쇼셔匹夫匹婦ㅣ不獲自盡ᄒᆞ면民主ㅣ罔與成厥功ᄒᆞ리이다 盡子忍在忍二反

●后ㅣ民이아니면使티못ᄒᆞ며民이后ㅣ아니면事티못ᄒᆞ리니스스로廣호라ᄒᆞ야써곰人을狹히너기디마라쇼셔匹夫와匹婦ㅣ스스로盡홈을獲디못ᄒᆞ면民의主ㅣ다려그功을成티못ᄒᆞ리이다

○罔使罔事卽上篇民非后罔克胥匡以生后非民罔以辟四方之意申言君臣之相須者如此欲太甲不敢忽也無毋同伊尹又言君民之使事雖有貴賤不同至於取人爲善則初無貴賤之間蓋天以一理賦之於人散爲萬善人君合天下之萬善而後理之一者可全也苟自大而狹人匹夫匹婦有一不得自盡於上則一善不備而民主亦無與成厥功矣伊尹於篇終致其警戒之意而言外之旨則又推廣其所謂一者如此蓋道體之純全聖功之極致也嘗因是言之以爲精粹無雜者一也終始無間者一也該括萬善者一也一者通古今達上下萬化之原萬事之幹語其理則無二語其運則無息語其體則幷

包而無所遺也咸有一德之書而三者之義悉備前乎伏羲堯舜禹湯後乎文武周公孔子同一揆也

盤庚上

盤庚陽甲之弟自祖乙都耿圮於河水盤庚欲遷于殷而大家世族安土重遷胥動浮言小民雖蕩析離居亦惑於利害不適有居盤庚喩以遷都之利不遷之害上中二篇未遷時言下篇旣遷後言王氏曰上篇告羣臣中篇告庶民下篇告百官族姓左傳謂盤庚之誥實語體也三篇今文古文皆有但今文三篇合爲一

盤庚이遷于殷ᄒᆞᆯ서民不適有居ㅣ어늘率籲衆慼ᄒᆞ사出矢言ᄒᆞ시다 籲音喩

●盤庚이殷애遷ᄒᆞᆯ식民이有居애適디아니ᄒᆞ거늘衆慼을다블으샤矢言을出ᄒᆞ시다

○殷在河南偃師適往籲呼矢誓也史臣言盤庚欲遷于殷民不肯往適有居盤庚率呼衆憂之人出誓言以喩之如下文所云也○周氏曰商人稱殷自盤庚始自此以前惟稱商自盤庚遷都之後於是殷商兼稱或只稱殷也

曰我王이來ᄒᆞ사旣爰宅于玆ᄒᆞ산든重我民이라無盡劉ㅣ어신마ᄂᆞᆫ不能胥匡以生일서卜稽ᄒᆞ니曰其如台ᄒᆞ라ᄂᆞ다 盡子忽反

●닐ᄋᆞ샤ᄃᆡ우리王이來ᄒᆞ샤임에이에宅ᄒᆞ샨든우리民을重히ᄒᆞ신지라다劉코저ᄒᆞ신ᄂᆞᆫ주리아니언마ᄂᆞᆫ능히서로匡ᄒᆞ야써生티못ᄒᆞᆯᄉᆡ卜애稽호니닐오ᄃᆡ그ᄂᆡ계엇더뇨ᄒᆞᄂᆞ다

○曰盤庚之言也劉殺也盤庚言我先王祖乙來都于耿圮重我民之生非欲盡致之死也民適不幸蕩析離居不能相救以生稽之於卜亦曰此地無若我何言耿不可居決當遷也

先王이有服이어시든恪謹天命ᄒᆞ샤ᄃᆡ 茲猶不常寧ᄒᆞ사不常厥邑이于今五邦이시니今不承于古ᄒᆞ면罔知天之斷命이온劓曰其克從先王之烈아

●先王이服이잇거시든天命을恪謹ᄒᆞ샤ᄃᆡ이에오히려덧덧이寧치못ᄒᆞ샤그邑을덧덧이아니ᄒᆞ삼이이제다ᄉᆞᆺ邦이시니이제古을承티아니ᄒᆞ면天의命을斷홈을아디못ᄒᆞ곤ᄒᆞ말며그능히先王의烈을從ᄒᆞᄂᆞ다닐ᄅᆞ라

○服事也先王有事恪謹天命不敢違越先王猶不敢常安不常其邑于今五遷厥邦矣今不承先王而遷且不知上天之斷絕我命況謂其能從先王之大烈乎詳此言則先王遷徙亦必有稽卜之事仲丁河亶甲篇逸不可考矣五邦漢孔氏謂湯遷亳仲丁遷囂河亶甲居相祖乙居耿幷盤 庚遷殷 爲五 邦然 以下文今不承于古文勢考之則盤庚之

前當自有五遷史記言祖乙遷邢或祖乙兩遷也

若顚木之有由蘖이라 天其永我命于玆新邑ᄒᆞ샤 紹復先王之大業ᄒᆞ야 底綏四方이시니라 蘖牙葛反 又魚列反

●顚ᄒᆞᆫ木이由蘖이잇슴갓탄디라天이그우리命을이新邑애永ᄒᆞ게ᄒᆞ샤先王의큰業을紹復ᄒᆞ야四方이綏케ᄒᆞ욤을니위시니라

○顚仆也由古文作粤木生條也顚木譬耿由蘖譬殷也言今自耿遷殷若已仆之木而復生也天其將永我國家之命於殷以繼復先王之大業而致安四方乎

盤庚이 斆于民ᄒᆞ샤ᄃᆡ 由乃在位ᄒᆞ샤 以常舊服으로 正法度ᄒᆞ샤 曰無或敢伏小人之攸箴ᄒᆞ라ᄒᆞ샤 王이 命衆ᄒᆞ신ᄃᆡ 悉至于庭ᄒᆞ니라 斆胡效反

●盤庚이民을斆ᄒᆞ샤ᄃᆡ位에잇ᄂᆞᆫ니로브터ᄒᆞ샤덧덧ᄒᆞᆫ녯服으로써法度를正ᄒᆞ샤닐ᄋᆞ샤ᄃᆡ或敢히小人의箴ᄒᆞᄂᆞᆫ바를伏디말라ᄒᆞ샤王이衆을命ᄒᆞ신ᄃᆡ다庭애至ᄒᆞ니라

○斆敎服事箴規也耿地潟鹵墊隘而有沃饒之利故小民苦於蕩析離居而巨室則總于貨寶惟不利於小民而利於巨室故巨室不悅而胥動浮言小民眩於利害亦相與咨怨間有能審利害之實而欲遷者則又往往爲在位者之所排擊阻難不能自達於上盤

庚知其然故其敎民必自在位始而其所以教在位者亦非作爲一切之法以整齊之惟擧先王舊常遷都之事以正其法度而已然所以正法度者亦非有他焉惟曰使在位之臣無或敢伏小人之所箴規焉耳蓋小民患潟鹵墊隘有欲遷而以言箴規其上者汝毋得遏絶이使不得自達也衆者臣民咸在也史氏將述下文盤庚之訓語故先發此

王若曰格汝衆아 予告汝訓ᄒᆞ노니 汝猷黜乃心ᄒᆞ야 無傲從康ᄒᆞ라

●王이이러타사ᄀᆞᆯᄋᆞ샤ᄃᆡ格ᄒᆞ라너희衆아내너희다려訓을告ᄒᆞ노니너희네心을黜홈을猷ᄒᆞ야傲ᄒᆞ고康을從티말라

○若曰者非盡當時之言大意若此也汝猷黜乃心者謀去汝之私心也無與毋同毋得傲上之命從己之安蓋傲上則不肯遷從康則不能遷二者所當黜之私心也此雖盤庚對衆之辭實爲羣臣而發以斅民由在位故也

古我先王이 亦惟圖任舊人ᄒᆞ샤 共政ᄒᆞ시니 王이 播告之修커시든 不匿厥指ᄒᆞᆫ들로 王用不欽ᄒᆞ시며 罔有逸言ᄒᆞᆫ들로 民用不變ᄒᆞ더니 今汝ㅣ 聒聒ᄒᆞ야 起信이 險膚ᄒᆞ니 予不知乃의 所訟이로다

●녯우리先生이ᄯᅩᄒᆞᆫ舊人을圖ᄒᆞ야任ᄒᆞ샤政을ᄒᆞᆫ가지로ᄒᆞ사니王이脩를播ᄒᆞ야告커시든그指를匿디아니ᄒᆞᆫ들로王이써키欽ᄒᆞ시며逸言을두지아니ᄒᆞᆫ들로民이써키變ᄒᆞ더니이제너희聒聒ᄒᆞ야信을起홈이險ᄒᆞ며膚ᄒᆞ니내너희訟ᄒᆞ논바를아

지몯ᄒᆞ리로다

○逸過也盤庚言先王亦惟謀任舊人共政王播告之修則奉承于內而能不隱匿其指意故王用大敬之宣化于外又無過言以惑衆聽故民用大變今爾在內則伏小人之攸箴在外則不和吉言于百姓譊譊多言凡起信於民者皆險陂膚淺之說我不曉汝所言果何謂也詳此所謂舊人者世臣舊家之人非謂老成人也葢沮遷都者皆世臣舊家之人下文人惟求舊一章可見

非予ㅣ自荒玆德이라 惟汝ㅣ含德ᄒᆞ야 不惕予一人ᄒᆞᄂᆞ니 予若觀火ㅣ언마ᄂᆞᆫ 予亦拙謀ㅣ라 作乃逸이니라

●내스스로이德을荒ᄒᆞᄂᆞᆫ주리아니라너희德을含ᄒᆞ야나一人을惕티아니ᄒᆞᄂᆞ니내火를觀ᄐᆞᆺᄒᆞ건마ᄂᆞᆫ내ᄯᅩᄒᆞᆫ謀ㅣ拙ᄒᆞᆫ지라너희逸을作ᄒᆞ논디니라

○荒廢也逸過失也盤庚言非我輕易遷從自荒廢此德惟汝不宣布德意不畏懼於我我視汝情明若觀火我亦拙謀不能制命而成汝過失也

若網이在綱이라사 有條而不紊ᄒᆞ며 若農이服田力穡이라사 乃亦有秋ㅣ니라

●網이綱이이셔샤條ㅣ이셔紊티아니ᄒᆞᆷᄀᆞᆺ타며農이田애服ᄒᆞ야힘ᄡᅥ穡ᄒᆞ야샤ᄯᅩ

ᄒᆞᆫ秋ㅣ이슴갓ᄐᆞ니라

○紊亂也綱擧則目張喩下從上小從大申前無傲之戒勤於田畝則有秋成之望喩今雖遷徙勞苦而有永建乃家申利之前從康之戒

汝ㅣ克黜乃心ᄒᆞ야 施實德于民호ᄃᆡ 至于婚友오샤 丕乃敢大言汝有積德이라ᄒᆞ라

●너희능히네心을黜ᄒᆞ야實ᄒᆞᆫ德을民애施호ᄃᆡ婚과友애至ᄒᆞ고사키敢히大言호ᄃᆡ네積德을두노라ᄒᆞ라

○蘇氏曰商之世家大族造言以害遷者欲以苟悅小民爲德也故告之曰是何德之有汝曷不去汝私心施實德于民與汝婚姻僚友乎勞而有功此實德也汝能勞而有功則汝乃敢大言曰我有積德曰積德云者亦指世家大族而申前汝猷黜乃心之戒

乃不畏戎毒于遠邇ᄒᆞᄂᆞ니 惰農이 自安ᄒᆞ야 不昬作勞ᄒᆞ야 不服田畝ᄒᆞ면 越其罔有黍稷ᄒᆞ리라

●네戎ᄒᆞᆫ毒을遠邇애畏티아니ᄒᆞᄂᆞ니惰ᄒᆞᆫ農이스스로安ᄒᆞ야昬ᄒᆞ야勞을作디아니ᄒᆞ야田畝애服디아니ᄒᆞ면그黍稷을두디못ᄒᆞ리라

○戎大昬強也汝不畏沈溺大害於遠近而憚勞不遷如怠惰之農不强力爲勞苦之事不事田畝安有黍稷之可望乎此章再以農喩申言從康之害

汝不和吉을言于百姓ᄒᆞᄂᆞ니惟汝ㅣ自生毒이로다乃敗禍姦宄로以自災于厥身ᄒᆞ야乃旣先惡于民이오乃奉其恫ᄒᆞ야샤汝ㅣ悔身인ᄃᆞᆯ何及이리오相時憸民ᄒᆞᆫᄃᆡ猶胥顧于箴言ᄒᆞ논ᄃᆞᆫ其發에有逸口ㅣ니矧予ㅣ制乃短長之命이ᄯᆞ녀汝ᄂᆞᆫ曷弗告朕ᄒᆞ고而胥動以浮言ᄒᆞ야恐沈于衆고若火之燎于原ᄒᆞ야不可嚮邇나其猶可撲滅이니則惟爾衆이自作不靖이라非予ㅣ有咎ㅣ니라 恫盧皎反 撲隙普反

●너희和吉을百姓에게닐으디아니ᄒᆞᄂᆞ니너희스ᄉᆞ로毒을生케ᄒᆞᆷ이로다敗ᄒᆞ며禍ᄒᆞ며姦ᄒᆞ며究로써스ᄉᆞ로그몸에災ᄒᆞ야임의民으로몬져惡ᄒᆞ고그恫을奉ᄒᆞ야사너희身을悔ᄒᆞᆫᄃᆞᆯ엇디及ᄒᆞ리오이憸民을본ᄃᆡ오히려서로箴言을顧ᄒᆞ논ᄃᆞᆫ그發애逸口ㅣ이슬가ᄒᆞᄂᆞ니ᄒᆞ말며내너의短長ᄉ命을制ᄒᆞᆷ이ᄯᆞ녀너희ᄂᆞᆫ엇디朕다려告티아니ᄒᆞ고서로動ᄒᆞ욤을浮言으로써ᄒᆞ야衆을恐ᄒᆞ며沈ᄒᆞ나뇨火ㅣ原애燎ᄒᆞ야可히嚮ᄒᆞ야邇티못ᄒᆞ나可히撲ᄒᆞ야滅ᄒᆞᆷ갓타니너희衆이스ᄉᆞ로弗靖을作ᄒᆞ논다라내咎ㅣ잇ᄂᆞᆫ주리아이니라

○吉好也先惡爲惡之先也奉承恫痛相視也憸民小民也逸口過言也逸口尙可畏況我制爾生殺之命可不畏乎惡謂恐動之以禍患沈謂沈陷之於罪惡不可嚮邇其猶可

撲滅者其勢焰雖盛而殄滅之不難也靖安咎過也則惟爾衆自爲不安非我有過也此章反復辯論申言傲上之害

遲任이有言曰호ᄃᆡ人惟求舊ㅣ요器非求舊ㅣ라惟新이라ᄒᆞ도다 任如林反

●遲任이言을두어닐오ᄃᆡ人은舊를求ᄒᆞ고器는舊를求티아닌는디라新을홀디라ᄒᆞ도다

○遲任古之賢人蘇氏曰人舊則習器舊則敝當常使舊人用新器也今按盤庚所引其意在人惟求舊一句而所謂求舊者非謂老人但謂求人於世臣舊家云耳詳下文意可見若以舊人爲老人又何侮老成人之有

古我先王이曁乃祖乃父로胥及逸勤ᄒᆞ시니予敢動用非罰아 世選爾勞ᄒᆞ니予不掩爾善호리라 玆予ㅣ大享于先王홀ᄉᆡ爾祖ㅣ 其從與享之ᄒᆞ야作福作災ᄒᆞᄂᆞ니予亦不敢動用非德호리라 選須絹反 與去聲

●녜우리先王이밋너의祖와너희父로서로밋逸ᄒᆞ며勤ᄒᆞ시니내敢히非ᄒᆞᆫ罰을動ᄒᆞ야用ᄒᆞ랴世로너희勞를選ᄒᆞᄂᆞ니내너희善을掩티아니호리라이내先王ㅅ긔大享홀ᄉᆡ너희祖ㅣ그조차與ᄒᆞ야享ᄒᆞ야福을作ᄒᆞ며災를作ᄒᆞᄂᆞ니내또ᄒᆞᆫ德아닌거ᄉᆞᆯ敢히動用치아니호리라

○胥相也敢不敢也非罰非所當罰也世非一世也勞勞于王家也掩蔽也言先王及乃

祖乃父相與同其勞逸我豈敢動用非罰以加汝乎世簡爾勞不蔽爾善茲我大享于先王爾祖亦以功而配食於廟先王與爾祖父臨之在上質之在旁作福作災皆簡在先王與爾祖父之心亦豈敢動用非德以加汝乎

予ㅣ告汝于難ᄒᆞ노니 若射之有志ᄒᆞ니 汝ㅣ無侮老成人ᄒᆞ며 無弱孤有幼ᄒᆞ고 各長于厥居ᄒᆞ야 勉出乃力ᄒᆞ야 聽予一人之作猷ᄒᆞ라

●내너희다려難을告ᄒᆞ노니射ㅣ志ㅣ이슴갓트니너희老成人을侮티말며孤ᄒᆞᆫ幼를弱히너기지말고각각그居를長ᄒᆞ야힘써네力을出ᄒᆞ야나一人의作ᄒᆞᆫ猷를聽ᄒᆞ라

○難言謀遷徙之難也蓋遷都固非易事而又當時臣民傲上從康不肯遷徙然我志決遷若射者之必於中有不容自己者弱少之也意當時老成孤幼皆有言當遷者故戒其老成者不可侮孤幼者不可少之也爾臣各謀長遠其居勉出汝力以聽我一人遷徙之謀也

無有遠邇히 用罪란 伐厥死ᄒᆞ고 用德으란 彰厥善호리니 邦之臧은 惟汝衆이오 邦之不臧은 惟予一人이 有佚罰이니라

●遠邇업시罪쓰는이란그死로伐ᄒᆞ고德쓰는이란그善을彰호리니邦의臧ᄒᆞᆷ은너

희衆이오邦의臧티못ᄒᆞᆷ온나一人이罰을佚ᄒᆞᆯ시니라

○用罪猶言爲惡用德猶言爲善也伐猶誅也言無有遠近親踈凡伐死彰善惟視汝爲惡爲善如何爾邦之善惟汝衆用德之故邦之不善惟我一人失罰其所當罰也

凡爾衆은其惟致告ᄒᆞ야自今으로至于後日히各恭爾事ᄒᆞ야齊乃位ᄒᆞ며度乃口ᄒᆞ라罰及爾身ᄒᆞ면弗可悔리라

●무릇너희衆은그告를致ᄒᆞ야이제로브터後日애닐으히각각네事를恭ᄒᆞ야네位를齊ᄒᆞ며네口를度ᄒᆞ라罰이네身에及ᄒᆞ면可히悔티못ᄒᆞ리라

○致告者使各相告戒也自今以往各敬汝事整齊汝位法度汝言不然罰及汝身不可悔也

盤庚中

盤庚이作ᄒᆞ샤惟涉河ᄒᆞ야以民遷ᄒᆞ실ᄉᆡ乃話民之弗率ᄒᆞ샤誕告ㅣ用亶이어시늘其有衆이咸造ᄒᆞ야勿褻在王庭이러니盤庚이乃登進厥民ᄒᆞ시다 亶當早反造七到反

●盤庚이作ᄒᆞ샤河를涉ᄒᆞ야民으로써遷ᄒᆞᆯ시民이率티아니ᄒᆞᄂᆞ니를話로ᄒᆞ샤게告ᄒᆞᆷ이亶을쓰시거늘그衆이다造ᄒᆞ야褻티마자ᄒᆞ야王庭에잇더니盤庚이그民을

登ᄒᆞ야進ᄒᆞ라ᄒᆞ시다

○作起而將遷之辭殷在河南故涉河誕大亶誠也咸造皆至也勿褻戒其毋得褻慢也此史氏之言蘇氏曰民之不率不以政令齊之而以話言曉之盤庚之仁也

曰明聽朕言ᄒᆞ야無荒失朕命ᄒᆞ라

ᄀᆞᆯᄋᆞ샤ᄃᆡ明히朕의言을聽ᄒᆞ야朕의命을荒失티말라

○荒廢也

嗚呼ㅣ라古我前后ㅣ罔不惟民之承ᄒᆞ신디 保后胥慼ᄒᆞᆫ들로 鮮以不浮于天時ᄒᆞ니라

●嗚呼ㅣ라녯우리前后ㅣ民을承티아니아니ᄒᆞ신디后를保ᄒᆞ야서로慼ᄒᆞᆫ들로써곰天時를浮티몯홈이적더니라

○承敬也蘇氏曰古謂過爲浮浮之言勝也后旣無不惟民之敬故民亦保后相與憂其憂雖有天時之災鮮不以人力勝之也林氏曰憂民之憂者民亦憂其憂罔不惟民之承憂民之憂也保后胥慼民亦憂其憂也

殷降大虐이어늘 先王이不懷ᄒᆞ샤 厥攸作은 視民利ᄒᆞ야 用遷이시니 汝ᄂᆞᆫ曷弗念我의古后之聞고 承汝俾汝ᄂᆞᆫ 惟喜康共이니 非汝ㅣ有咎ㅣ라

比于罰이니라 (比毗至反)

●殷의키虐을降ᄒᆞ야ᄂᆞᆯ先王이懷티못ᄒᆞ샤그作ᄒᆞ신바ᄂᆞᆫ民의利를視ᄒᆞ야써遷ᄒᆞ시니너ᄂᆞᆫ엇지우리의古后의聞홈을念티아니ᄒᆞᄂᆞᆫ고너를承ᄒᆞ며너를俾홈은康을共홈을喜ᄒᆞ야니네咎ㅣ잇ᄂᆞᆫ디라罰애比ᄒᆞᄂᆞᆫ주리아니니라

○先王以天降大虐不敢安居其所興作視民利當遷而己爾民何不念我以所聞先王之事凡我所以敬汝使汝者惟喜與汝同安爾非爲汝有罪比于罰而謫遷汝也

予若籲懷茲新邑은亦惟汝故ㅣ니以丕從厥志니라

●내이러타시이新邑애籲ᄒᆞ야懷홈은또ᄒᆞᆫ너희故ㅣ니써그志를키從ᄒᆞᄂᆞᆫ디니라

○我所以招呼懷來于此新邑者亦惟以爾民蕩析離居之故欲承汝俾汝康共以大從爾志也或曰盤庚遷都民咨胥怨而此以爲丕從厥志何也蘇氏曰古之所謂從衆者非從其口之所不樂而從其心之所不言而同然者夫趨利而避害捨危而就安民心同然也殷亳之遷實斯民所利特其一時爲浮言搖動怨咨不樂使其卽安危利害之實而反求其心則固其所大欲者矣

今予ㅣ將試以汝遷ᄒᆞ야安定厥邦이어ᄂᆞᆯ汝ㅣ不憂朕心之攸困이오乃咸大不宣乃心ᄒᆞ야欽念以忱ᄒᆞ야動予一人ᄒᆞᄂᆞ니爾惟自鞠自

苦ㅣ로다 若乘舟ᄒᆞ니 汝弗濟ᄒᆞ면 臭厥載ᄒᆞ리라 爾忱이 不屬ᄒᆞ니 惟胥以沈이로다 不其或稽어니 自怒ㄴ들 曷瘳ㅣ리오 忱時任反乘平聲瘳丑鳩反

●이졔ᄂᆡ쟝찻널로써遷ᄒᆞ야그邦을安定ᄒᆞ거늘네朕心의困ᄒᆞᆫ바를憂티아니ᄒᆞ고다키네心을宣ᄒᆞ야欽ᄒᆞ야念홈을忱으로써ᄒᆞ야나一人을動티아니ᄒᆞᄂᆞ니네스ᄉᆞ로鞫ᄒᆞ며스ᄉᆞ로苦홈이로다舟를乘ᄒᆞ욤갓타니네濟티아니ᄒᆞ면그載를臭ᄒᆞ리라네忱이屬디아니ᄒᆞ니셔로써沈ᄒᆞ리로다그或稽티아니ᄒᆞ거니스ᄉᆞ로怒ᄒᆞᆫ달엇지瘳ᄒᆞ리오

○上文言先王惟民之承而民亦保后胥慼今我亦惟汝故安定厥邦而汝乃不憂我心之所困乃皆不宣布腹心欽念以誠感動於我爾徒爲此紛紛自取窮苦譬乘舟不以時濟必敗壞其所賫今汝從上之誠間斷不屬安能有濟惟相與以及沈溺而巳詩曰其何能淑載胥及溺正此意也 利害若此 爾民而罔或稽察 焉是雖怨疾忿 怒何損於困苦乎

汝ㅣ不謀長ᄒᆞ야 以思乃災ᄒᆞᄂᆞ니 汝誕勸憂ㅣ로다 今其有今이나 罔後ᄒᆞ리니 汝何生이 在上이리오

●네長을謀ᄒᆞ야써災를思티아니ᄒᆞᄂᆞ니네키憂로勸홈이로다이제그今이이스나

後ㅣ업스리니네언늬生이上애이스리오

○汝不爲長久之謀以思其不遷之災是汝大以憂而自勸也孟子曰安其危而利其災樂其所以亡勸憂之謂也有今猶言有今日也罔後猶言無後日也上天也今其有今罔後是天斷棄汝命汝有何生理於天乎下文言迓續乃命于天蓋相首尾之辭

今予ㅣ命汝ᄒᆞ노니 一ᄒᆞ야 無起穢以自臭ᄒᆞ라 恐人이 倚乃身ᄒᆞ야 迂乃心ᄒᆞ노라 迂雪居反

●이제너너를命ᄒᆞ노니一ᄒᆞ야穢를起ᄒᆞ야ᄡᅥᄉᆞᄉᆞ로臭티말라人이너의身을비겨셔네心을迂케홀가저허ᄒᆞ노라

○爾民當一心以聽上無起穢惡以自臭敗恐浮言之人倚汝之身迂汝之心使汝邪僻而無中正之見也

予ㅣ迓續乃命于天ᄒᆞ노니 予豈汝威리오 用奉畜汝衆이니라 畜許六反

●ᄂᆡ네命을天의迓ᄒᆞ야續ᄒᆞ노니내엇지너를威ᄒᆞ리오ᄡᅥ너희衆을奉畜홈이니라

○我之所以遷都者正以迓續汝命于天予豈以威脅汝哉用以奉養汝衆而已

予ㅣ念我先神后之勞爾先ᄒᆞ노니 予ㅣ不克羞爾ᄂᆞᆫ 用懷爾然이니라

●내우리先神后의너희先을勞ᄒᆞ심을念ᄒᆞ노니내키능히너희를羞홈은ᄡᅥ너희를

懷ᄒᆞ야니다
○神后先王也羞養也即上文畜養之意言我思念我先神后之勞爾先人我大克羞養爾者用懷念爾故也
失于政ᄒᆞ야陳于玆ᄒᆞ면高后ㅣ丕乃崇降罪疾ᄒᆞ샤曰曷虐朕民고ᄒᆞ시리라
●政을失ᄒᆞ야이에陳ᄒᆞ면高后ㅣ키罪疾을崇降ᄒᆞ샤닐오ᄃᆡ엇디내民을虐ᄒᆞ는고ᄒᆞ시리라
○陳久崇大也耿圮而不遷以病我民是失政而久于此也高后湯也湯必大降罪疾於我曰何爲而虐害我民蓋人君不能爲民圖安是亦虐之也
汝萬民이乃不生生ᄒᆞ야暨予一人猷로同心ᄒᆞ면先后丕降與汝罪疾ᄒᆞ샤曰曷不暨朕幼孫으로有比오ᄒᆞ시리니故有爽德이라自上으로其罰汝ᄒᆞ시리니汝罔能迪ᄒᆞ리라 比毗至反
●너희萬民이生을生ᄒᆞ야나一人猷로밋心을同타아니ᄒᆞ면先后ㅣ키너희게罪疾을나리와주사닐오ᄃᆡ엇디내幼ᄒᆞᆫ孫으로밋比치아니ᄒᆞ는뇨ᄒᆞ시리니故로爽ᄒᆞᆫ德이인ᄂᆞᆫ디라上으로부터그너를罰ᄒᆞ시리니너능히迪이업ᄉᆞ리라
○樂生興事則其生也厚是謂生生先后泛言商之先王也幼孫盤庚自稱之辭比同事也爽失也言汝民不能樂生興事與我同心以遷我先后大降罪疾於汝曰汝何不與朕

幼小之孫同遷乎故汝有失德自上其罰汝汝無道以自免也

古我先后ㅣ既勞乃祖乃父라ㅣ汝共作我畜民이니汝有戕이則在乃心ᄒᆞ면我先后ㅣ綏乃祖乃父ᄒᆞ야시든乃祖乃父ㅣ乃斷棄汝ᄒᆞ야不救乃死ᄒᆞ리라 戕慈良反 斷都管反

●녯우리先后ㅣ임의네祖와네父를勞ᄒᆞ신지라네다나의畜ᄒᆞ논民이되얏ᄂᆞ니네戕이네心애이시면우리先后ㅣ네祖와네父를綏ᄒᆞ야시든네祖와네父ㅣ너를斷棄ᄒᆞ야네死를救티아니ᄒᆞ리라

○既勞乃祖乃父者申言勞爾先也汝共作我畜民者汝皆爲我所畜之民也戕害也綏懷來之意謂汝有戕害在汝之心我先后固已知之懷來汝祖汝父汝祖汝父亦斷棄汝不救汝死也

茲予有亂政同位ㅣ具乃貝玉ᄒᆞ면乃祖乃父ㅣ丕乃告我高后ᄒᆞ야曰作丕刑于朕孫이라ᄒᆞ야迪高后ᄒᆞ야丕乃崇降弗祥ᄒᆞ리라

●이나의政을亂ᄒᆞ야位를同ᄒᆞ니도히貝와玉을具ᄒᆞ면네祖와네父ㅣ키우리高后씌告ᄒᆞ야닐오ᄃᆡ우리孫에게丕刑을作ᄒᆞᆯ거시라ᄒᆞ야高后씌迪ᄒᆞ야키弗祥을崇降ᄒᆞ리라

○亂治也具多取而兼有之謂言若我治政之臣所與共天位者不以民生爲念而務富具玉者其祖父亦告我成湯作丕刑于其子孫啓成湯丕乃崇降弗祥而不赦也此章先儒皆以爲責臣之辭然詳其文勢曰玆予有亂政同位則亦對民庶責臣之辭非直爲群臣言也按上四章言君有罪民有罪臣有罪我高后與爾民臣祖父一以義斷之無所赦也王氏曰先王設敎因俗之善而導之反俗之惡而禁之方盤庚時商俗衰士大夫棄義卽利故盤庚以具貝玉爲戒此反其俗之惡而禁之者也自成周以上莫不事死如事生事亡如事存故其俗皆嚴鬼神以經考之商俗爲甚故盤庚特稱先后與臣民之祖父崇降罪疾爲告此因其俗之善而導之者也

嗚呼ㅣ라今予ㅣ告汝不易ᄒᆞ노니永敬大恤ᄒᆞ야無胥絶遠ᄒᆞ야汝分猷念以相從ᄒᆞ야各設中于乃心ᄒᆞ라

●嗚呼ㅣ라이제ᄂᆡ너다려易티아니ᄒᆞ욤을告ᄒᆞ노니키恤홈을기리敬ᄒᆞ야서로絶遠티말아네猷와念을分ᄒᆞ야써서로從ᄒᆞ야각각中을네心에設ᄒᆞ라

○告汝不易卽上篇告汝于難之意大恤大憂也今我告汝以遷都之難汝當永敬我之所大憂念者君民一心然後可以有濟苟相絶遠而誠不屬則殆矣分猷者分君之所圖而共圖之分念者分君之所念而共念之相從相與也中者極至之理各以極至之理存于心則知遷徙之議爲不可易而不爲浮言橫議之所動搖也

乃有不吉不迪이顚越不恭과暫遇ㅣ姦宄어든我乃劓殄滅之ᄒᆞ야無遺育ᄒᆞ야無俾易種于玆新邑ᄒᆞ리라 易夷益反 種之勇反

●吉치아니ᄒᆞ며迪디아니ᄒᆞ미顚ᄒᆞ며越ᄒᆞ야恭티아니ᄒᆞᄂᆞ니와잠싼遇홈애姦ᄒᆞ며宄ᄒᆞ리잇거든내劓ᄒᆞ며殄滅ᄒᆞ야遺ᄒᆞ야育디아니ᄒᆞ야ᄒᆞ야곰種을이新邑애易게마로리라

○乃有不善不道之人顚隕踰越不恭上命者及暫時所遇爲姦爲宄刼掠行道者我小則加以劓大則殄滅之無有遺育毋使移其種于此新邑也遷徙道路艱關恐姦人乘隙生變故嚴明號令以告勅之

往哉生生ᄒᆞ라今予ᄂᆞᆫ將試以汝遷ᄒᆞ야永建乃家ㅣ니라

●往ᄒᆞ야生을生ᄒᆞ라이제나ᄂᆞᆫ장찻써너희를遷ᄒᆞ야기리너의家를建홈이니라

○往哉往新邑也方遷徙之時人懷舊土之念而未見新居之樂故再以生生勉之振起其怠惰而作其趨事也試用也今我將用汝遷永立乃家爲子孫無窮之業也

盤庚下

盤庚이旣遷ᄒᆞ샤奠厥攸居ᄒᆞ시고乃正厥位ᄒᆞ샤綏爰有衆ᄒᆞ시다

●盤庚이임의遷ᄒᆞ샤그居ᄒᆞᆯ바를奠ᄒᆞ시고그位를正ᄒᆞ샤이에有衆을綏ᄒᆞ시다

○盤庚旣遷新邑定其所居正君臣上下之位慰勞臣民遷徙之勞以安有衆之情也此史氏之言

曰無戲怠ᄒᆞ야懋建大命ᄒᆞ라

●ᄀᆞᆯᄋᆞ샤ᄃᆡ戲ᄒᆞ며怠티말아힘써큰命을建ᄒᆞ라

○曰盤庚之言也大命非常之命也遷國之初臣民上下正當勤勞盡瘁趨事赴功以爲國家無窮之計故盤庚以無戲怠戒之以建大命勉之

今予ㅣ其敷心腹腎腸ᄒᆞ야歷告爾百姓于朕志ᄒᆞ니罔罪爾衆이니爾無共怒ᄒᆞ야協比讒言予一人ᄒᆞ라 腎是忍反 比毗至反

●이제내그心과腹과腎과腸을敷ᄒᆞ야너희百姓에게내志를다告ᄒᆞ니너희衆을罪티아닐거시니네다怒ᄒᆞ야나一人을讒言애協比티말라

○歷盡也百姓畿內民庶百官族姓亦在其中

古我先王이將多于前功ᄒᆞ리라適于山ᄒᆞ샤用降我凶德ᄒᆞ샤嘉績于朕邦ᄒᆞ시니라

●녯우리先生이장찻前功애多호리라山애適ᄒᆞ샤써우리凶德을降ᄒᆞ샤우리邦애嘉績ᄒᆞ시니라

○古我先王湯也適于山往于亳也契始居亳其後屢遷成湯欲多于前人之功故復往居亳按立政三亳鄭氏曰東成皐南轘轅西降谷以亳依山故曰適于山也降下也依山地高水下而無河圮之患故曰用下我凶德嘉績美功也

今我民이 用蕩析離居ᄒ야 罔有定極이어늘 爾謂朕ᄒ되 曷震動萬民ᄒ야 以遷고ᄒᄂ다

●이제우리民이써蕩析ᄒ야居를離ᄒ야定極을두디못ᄒ거늘너희나를닐오디엇디萬民을震動ᄒ야써遷ᄒ는고ᄒᄂ다

○今耿爲河水圮壞沉溺墊隘民用蕩析離居無有定止將陷於凶德而莫之救爾謂我何故震動萬民以遷也

肆上帝ㅣ 將復我高祖之德ᄒ샤 亂越我家ㅣ어시늘 朕及篤敬으로 恭承民命ᄒ야 用永地于新邑ᄒ라

●이러모로上帝ㅣ장ᄎ우리高祖의德을復ᄒ샤亂이우리家애越케ᄒ거시늘朕이밋篤敬으로民命을恭承ᄒ야써기리新邑애地케호라

○乃上天將復我成湯之德而治及我國家我與一二篤敬之臣敬承民命用長居于此新邑也

肆予冲人이 非廢厥謀ㅣ라 弔由靈이며 各非敢違卜이라 用宏玆賁이니라

●이러모로나冲人이그謀를廢ᄒᆞ는주리아니라靈을由홈에吊ᄒᆞ며각각敢히卜을違ᄒᆞ는주리아니라써이賁을宏호려ᄒᆞ미니라

○冲童弔至由用靈善也宏賁皆大也言我非廢爾衆謀乃至用爾衆謀之善者指當時臣民有審利害之實以爲當遷者言也爾衆亦非敢固違我卜亦惟欲宏大此大業爾言爾衆亦非有他意也蓋盤庚於既遷之後申彼此之情釋疑懼之意明吾前日之用謀略彼既往之傲惰委曲忠厚之意藹然於言辭之表大事以定大業以興成湯之澤於是而益永盤庚其賢矣哉

嗚呼ㅣ라 邦伯師長百執事之人은 尙皆隱哉어다

●嗚呼라邦伯과師長과百執事ㅅ人은거의다隱ᄒᆞᆯ디어다

○隱痛也盤庚復歎息言爾諸侯公卿百執事之人庶幾皆有所隱痛於心哉

予其懋簡相爾ᄂᆞᆫ 念敬我衆이니라

●내그힘써簡ᄒᆞ야너를相홈은우리衆을念ᄒᆞ야敬ᄒᆞ논디니라

○相爾雅曰導也我懋勉簡擇導汝以念敬我之民衆也

朕은不肩好貨ᄒᆞ야敢恭生生ᄒᆞ야鞠人謀人之保居를敍欽ᄒᆞ노라

●나ᄂᆞᆫ貨를好ᄒᆞᄂᆞ니를肩티아니ᄒᆞ고恭에敢ᄒᆞ야生生ᄒᆞ야人을鞠ᄒᆞ며人의居를保홈을謀ᄒᆞᄂᆞ니를敘ᄒᆞ며欽ᄒᆞ노라

○肩任敢勇也鞠養也我不任好賄之人惟勇於敬民以其生生爲念使鞠人謀人之保居者吾則叙而用之欽而禮之也

今我ㅣ既羞告爾于朕志ᄒᆞ니若否를罔有弗欽ᄒᆞ라 否俯九反

●이제내임의너희게朕志를羞ᄒᆞ야告호니若ᄒᆞ며否홈을欽티아님이아니ᄒᆞ라

○羞進也若者如我之意即敢恭生生之謂否者非我之意即不肩好貨之謂二者爾當深念無有不敬我所言也

無總于貨寶ᄒᆞ고生生으로自庸ᄒᆞ라

●貨寶를総티말고生生으로스스로庸을ᄒᆞ라

○無毋同総聚也庸民功也此則直戒其所不可爲勉其所當爲也

式敷民德ᄒᆞ야永肩一心ᄒᆞ라

●式ᄒᆞ야民德을敷ᄒᆞ야기리一心을肩ᄒᆞ라

○式敬也敬布爲民之德永任一心欲其久而不替也盤庚篇終戒勉之意一節嚴於一節而終以無竆期之盤庚其賢矣哉蘇氏曰民不悅而猶爲之先王未之有也祖乙圮於

耿盤庚不得不遷然使先王處之則動民而民不懼勞民而民不怨盤庚德之衰也其所以信於民者未至故紛紛如此然民怨誹逆命而盤庚終不怒引咎自責益開衆言反復告諭以口舌代斧鉞忠厚之至此殷之所以不亡而復興也後之君子厲民以自用者皆以盤庚藉口予不可以不論

說命上

說命記高宗命傳說之言命之曰以下是也猶蔡仲之命微子之命後世命官制詞其原蓋出於此上篇記得說命相之辭中篇記說爲相進戒之辭下篇記說論學之辭總謂之命者高宗命說實三篇之綱領故總稱之今文無古文有

王이宅憂亮陰三祀ᄒᆞ샤既免喪ᄒᆞ시고其惟弗言이어시늘群臣이咸諫于王曰嗚呼ㅣ라知之曰明哲이니明哲이實作則ᄒᆞᄂᆞ니天子ㅣ惟君萬邦이어시든百官이承式ᄒᆞ야王言을惟作命ᄒᆞᄂᆞ니不言ᄒᆞ시면臣下ㅣ罔攸稟令ᄒᆞ리이다 亮龍張反 陰烏含反

●王이亮ᄒᆞᆫ陰에憂를宅ᄒᆞ심를三祀를ᄒᆞ샤임의喪을免ᄒᆞ시고그言티아니ᄒᆞ거시늘群臣이다王ᄭᅴ諫ᄒᆞ야ᄀᆞᆯ오ᄃᆡ嗚呼ㅣ라知를닐온明哲이니明哲이진실노則이되ᄂᆞ니天子ㅣ萬邦에君ᄒᆞ야계시거든百官이式을承ᄒᆞ야王言을命을삼ᄂᆞ니言티아

니ᄒᆞ시면臣下ㅣ令을稟ᄒᆞᆯ비업스리이라

○亮亦作諒陰古作闇按喪服四制高宗諒陰三年鄭氏註云諒古作梁楣謂之梁闇讀如鶉鵪之鵪闇謂廬也即倚廬之廬儀禮翦屛柱楣鄭氏謂柱楣所謂梁闇是也宅憂亮陰言宅憂於梁闇也先儒以亮陰爲信默不言則於諒陰三年不言爲語復而不可解矣君薨百官総已聽於冢宰居憂亮陰不言禮之常也高宗喪父小乙惟既免喪而猶弗言群臣以其過於禮也故咸諫之歎息言有先知之德者謂之明哲明哲實爲法於天下今天子君臨萬邦百官皆奉承法令王言則爲命不言則臣下無所稟令矣

王庸作書以誥曰以台로正于四方이실서台恐德의弗類ᄒᆞ야茲故로弗言ᄒᆞ야恭默思道ᄒᆞ다니夢애帝賚予良弼ᄒᆞ시니其代予言이리라

●王이써書를作ᄒᆞ야써誥ᄒᆞ야ᄀᆞᆯ오샤ᄃᆡ날로써四方을正케ᄒᆞ실ᄉᆡ내德의類티못ᄒᆞᆯ가저허ᄒᆞ야이런故로言치아니ᄒᆞ야恭ᄒᆞ야默ᄒᆞ야道를思ᄒᆞ다니夢에帝ㅣ나를良弼을주시니그나의言을代ᄒᆞ리라

○庸用也高宗用作書告喩羣臣以不言之意言以我表正四方任大責重恐德不類于前人故不敢輕易發言而恭敬淵默以思治道夢帝與我賢輔其將代我言矣蓋高宗恭默思道之心純一不二與天無間故夢寐之間帝賚良弼其念慮所孚精神所格非偶然而得者也

乃審厥象하샤 俾以形으로 旁求于天下하시니 說이 築傅巖之野하더니 惟肖하더라

●審하야 그象하샤 하야곰形으로써旁으로天下애求하시니說이傅巖人野애築하더니肖하더라

○審詳也詳所夢之人繪其形象旁求于天下旁求者求之非一方也築居也今言所居猶謂之卜築傅巖在虞虢之間肖似也與所夢之形相似

爰立作相하샤 王이 置諸其左右하시다

●이예立하야相을作하샤王이그左右애置하시다

○於是立以爲相按史記高宗得說與之語果聖人乃擧以爲相書不言省文也未接語而遽命相亦無此理置諸左右蓋以冢宰兼師保也荀卿曰學莫便乎近其人置諸左右者近其人以學也史臣將記高宗命說之辭先敘事始如此

命之曰朝夕애 納誨하야 以輔台德하라

●命하야골으샤되朝夕애誨를納하야써나에德을輔하라

○此下命說之辭朝夕納誨者無時不進善言也孟子曰人不足與適也政不足與間也惟大人爲能格君心之非高宗旣相說處之以師傅之職而又命之朝夕納誨以輔台德可謂知所本矣呂氏曰高宗見道明故知頃刻不可無賢人之言

若金이어든用汝ᄒᆞ야作礪ᄒᆞ며若濟巨川이어든用汝ᄒᆞ야作舟楫ᄒᆞ며若歲大旱이어든用汝ᄒᆞ야作霖雨호리라

●金갓거든너를써礪를作ᄒᆞ며巨川을濟흠갓거든너를써舟楫을作ᄒᆞ며歲ㅣ大旱갓거든너를써霖雨를作호리라

○三日雨爲霖高宗托物以喩望說納誨之切三語雖若一意然一節深一節也

啓乃心ᄒᆞ야沃朕心ᄒᆞ라

●너의心을啓ᄒᆞ야나의心을沃ᄒᆞ라

○啓開也沃灌漑也啓乃心者開其心而無隱沃朕心者漑我心而厭飫也

若藥이弗瞑眩ᄒᆞ면厥疾이弗瘳ᄒᆞ며若跣이弗視地ᄒᆞ면厥足이用傷ᄒᆞ리라

瞑眠見反眩熒絹反跣蘇典反

●藥이瞑眩티아니ᄒᆞ면그疾이瘳티아니흠갓ᄐᆞ며跣이地를視티아니ᄒᆞ면그足이傷흠갓다리라

○方言曰飲藥而毒海岱之間謂之瞑眩瘳愈也弗瞑眩喩臣之言不苦口也弗視地喩我之行無所見也

惟暨乃僚로罔不同心ᄒᆞ야以匡乃辟ᄒᆞ야俾率先王ᄒᆞ야迪我高后ᄒᆞ야

以康兆民ᄒᆞ라 辟必益反

●밋네僚로同心티아잇아니ᄒᆞ야써네辟을匡ᄒᆞ야ᄒᆞ야곰先王을率ᄒᆞ야우리高后를迪ᄒᆞ야써兆民을康케ᄒᆞ라

○匡正率循也先王商先哲王也說旣作相總百官則卿士而下皆其僚屬高宗欲傳說曁其僚屬同心正救使循先王之道蹈成湯之迹以安天下之民也

嗚呼ㅣ라欽予時命ᄒᆞ야其惟有終ᄒᆞ라

●嗚呼ㅣ라내이命을欽ᄒᆞ야그終둠을惟ᄒᆞ라

○敬我是命其思有終也是命上文所命者

說이復于王曰惟木이從繩則正ᄒᆞ고后從諫則聖ᄒᆞᄂᆞ니后克聖이시면臣不命其承이온疇敢不祗若王之休命ᄒᆞ리잇고

●說이王ᄭᅴ復ᄒᆞ야ᄀᆞᆯ오ᄃᆡ木이繩을從ᄒᆞ면正ᄒᆞ고后ㅣ諫을從ᄒᆞ면聖ᄒᆞᄂᆞ니后ㅣ능히聖ᄒᆞ시면臣이命티아니ᄒᆞ야도그承ᄒᆞ곤뉘敢히祗ᄒᆞ야王의休ᄒᆞ신命을若디아니ᄒᆞ리잇고

○答欽予時命之誥木從繩喩后從諫明諫之決不可不受也然高宗當求受言於己不必責進言於臣君果從諫臣雖不命猶且承之況命之如此誰敢不敬順其美命乎

說命中

惟說이命으로總百官ᄒᆞ니라

●說이命으로百官을総ᄒᆞ니라

○說受命総百官冢宰之職也

乃進于王曰嗚呼ㅣ라明王이奉若天道ᄒᆞ샤建邦設都ᄒᆞ샤樹后王君公ᄒᆞ시고承以大夫師長ᄒᆞ산든不惟逸豫라惟以亂民이니이다

●王씌進ᄒᆞ야ᄀᆞᆯ오ᄃᆡ嗚呼ㅣ라明ᄒᆞ신王이天道를奉若ᄒᆞ샤邦을建ᄒᆞ며都를設ᄒᆞ샤后王과君公을樹ᄒᆞ시고大夫와師와長과로써承케ᄒᆞ산든逸豫케ᄒᆞᆷ이아니라써民을亂케ᄒᆞ니이다

○后王天子也君公諸侯也治亂曰亂明王奉順天道建邦設都立天子諸侯承以大夫師長制爲君臣上下之禮以尊臨卑以下奉上非爲一人逸豫之計而已也惟欲以治民焉耳

惟天이聰明ᄒᆞ시니惟聖이時憲ᄒᆞ시면惟臣이欽若ᄒᆞ며惟民이從乂ᄒᆞ리이다

●天이聰ᄒᆞ며明ᄒᆞ시니聖이이를憲ᄒᆞ시면臣이欽ᄒᆞ야若ᄒᆞ며民이從ᄒᆞ야乂ᄒᆞ리이다

○天之聰明無所不聞無所不見無他公而已矣人君法天之聰明一出於公則臣敬順而民亦從治矣

惟口는起羞ᄒᆞ며惟甲冑는起戎ᄒᆞᄂᆞ니惟衣裳을在笥ᄒᆞ시며惟干戈를省厥躬ᄒᆞ샤王惟戒玆ᄒᆞ샤允玆克明ᄒᆞ시면乃罔不休ᄒᆞ리이다 冑直又反

●口ᄂᆞᆫ羞를起ᄒᆞ며甲과冑ᄂᆞᆫ戎을起ᄒᆞᄂᆞ니이다衣와裳을笥에이신제ᄒᆞ시며干과戈를그躬애省ᄒᆞ샤王이이를戒ᄒᆞ샤이를允ᄒᆞ야능히明ᄒᆞ시면休티아니미업ᄉᆞ리이다

○言語所以文身也輕出則有起羞之患甲冑所以衛身也輕動則有起戎之憂二者所以爲己當慮其患於人也衣裳所以命有德必謹於在笥者戒其有所輕予干戈所以討有罪必嚴於省省者戒其有所輕動二者所以加人當審其用於已也王惟戒此四者信此而能明焉則政治無不休美矣

惟治亂이在庶官ᄒᆞ니官不及私昵ᄒᆞ샤惟其能ᄒᆞ시며爵罔及惡德ᄒᆞ샤惟其賢ᄒᆞ쇼서 昵尼亦反

●治ᄒᆞ며亂홈이庶官애인ᄂᆞ니官을私昵애及디마라샤그能으로ᄒᆞ시며爵을惡德애及디마라샤그賢으로ᄒᆞ쇼서

○庶官治亂之原也庶官得其人則治不得其人則亂王制曰論定而後官之任官而後爵之六卿百執事所謂官也公卿大夫士所謂爵也官以任事故曰能爵以命德故曰賢惟賢惟能所以治也私昵惡德所以亂也○按古者公侯伯子男爵之於侯國公卿大夫士爵之於朝廷此言庶官則爵爲公卿大夫士也○吳氏曰惡德猶凶德也人君當用吉士凶德之人雖有過人之才爵亦不可及

慮善以動ᄒᆞ사ᄃᆡ 動惟厥時ᄒᆞ소셔

●慮ㅣ善커든ᄡᅥ動ᄒᆞ샤ᄃᆡ動홈을그時로ᄒᆞ쇼셔

○善當乎理也時時措之宜也慮固欲其當乎理然動非其時猶無益也聖人酬酢斯世亦其時而已

有其善ᄒᆞ면 喪厥善ᄒᆞ고 矜其能ᄒᆞ면 喪厥功ᄒᆞ리이다

●그善을둔노라ᄒᆞ면그善을喪ᄒᆞ고그能을矜ᄒᆞ면그功을喪ᄒᆞ리이다

○自有其善則己不加勉而德虧矣自矜其能則人不効力而功墮矣

惟事事ㅣ 乃其有備니 有備ᄒᆞ샤 無患ᄒᆞ리니다

●事를事홈이그備ㅣ인ᄂᆞ니備ㅣ이셔사患이업스리이다

○惟事其事乃其有備有備故無患也張氏曰修車馬備器械事乎兵事則兵有其備故外侮不能爲之憂簡稼器修稼政事乎農事則農有其備故水旱不能爲之害所謂事事

有備無患者如此

無啓寵ᄒᆞ샤納侮ᄒᆞ시며 無恥過ᄒᆞ샤作非ᄒᆞ소서

●寵을啓ᄒᆞ샤侮를納디마라시며過를恥ᄒᆞ샤非를作디마라소서

○毋開寵幸而納人之侮毋恥過誤而遂己之非過誤出於偶然作非出於有意

惟厥攸居ㅣ라샤 政事惟醇ᄒᆞ리이다

●그居ᄒᆞᆯ바애ᄒᆞ야샤政事ㅣ醇ᄒᆞ리이다

○居止而安之義安於義理之所止也義理出於勉强則猶二也義理安於自然則一矣一故政事醇而不雜也

黷于祭祀ㅣ時謂弗欽이니禮煩則亂이라事神則難ᄒᆞ니이다 黷徒谷反

●祭祀애黷홈이이닐온欽티아니홈이니禮ㅣ煩ᄒᆞ면亂ᄒᆞᆫ디라神을事홈이곳難ᄒᆞ니이다

○祭不欲黷黷則不敬禮不欲煩煩則擾亂皆非所以交鬼神之道也商俗尙鬼高宗或未能脫於流俗事神之禮必有過焉祖已戒其祀無豐昵傅說蓋因其失而正之也

王曰旨哉라說아乃言이惟服이로다 乃不良于言ᄒᆞ든 予罔聞于行이랏다

●王이ᄀᆞᆯᄋᆞ샤ᄃᆡ旨ᄒᆞ다說아네말삼이服ᄒᆞ얌즉ᄒᆞ도다네言애良티아니ᄒᆞ던들내聞ᄒᆞ야行티몯ᄒᆞ리랏다

○旨美也古人於飮食之美者必以旨言之蓋有味其言也服行也高宗贊美說之所言謂可服行使汝不善於言則我無所聞而行之也蘇氏曰說之言譬如藥石雖散而不一然一言一藥皆足以治天下之公患所謂古之立言者

說이拜稽首曰非知之艱이라行之惟艱ᄒᆞ니王忱不艱ᄒᆞ시면允協于先王成德ᄒᆞ시리니惟說이不言ᄒᆞ면有厥咎ᄒᆞ리이다

●說이拜ᄒᆞ고首를稽ᄒᆞ야ᄀᆞᆯ오ᄃᆡ知홈이艱티아니혼디라行홈이艱ᄒᆞ니王이忱ᄒᆞ야艱티아니ᄒᆞ시면진실로先王ㅅ成德에協ᄒᆞ시리니說이言티아니ᄒᆞ면그咎ㅣ이시리이다

○高宗方味說之所言而說以爲得於耳者非難行於身者爲難王忱信之亦不爲難信可合成湯之成德說於是而猶有所不言則有其罪矣上篇言后克聖臣不命其承所以廣其從諫之量而將告以爲治之要也此篇言允協先王成德惟說不言有厥咎所以責其躬行之實將進其爲學之說也皆引而不發之義

說命下

王曰來汝說아 台小子ㅣ舊學于甘盤ᄒᆞ니며 既乃遯于荒野ᄒᆞ며 入宅于河ᄒᆞ며 自河徂亳ᄒᆞ야 暨厥終ᄒᆞ야 罔顯호라

●王이ᄀᆞᆯᄋᆞ샤ᄃᆡ來ᄒᆞ라너說아나小子ㅣ녜甘盤에게學ᄒᆞ더니임의荒野애遯ᄒᆞ며河애入宅ᄒᆞ며河로부터亳애가그終에밋처顯디못호라

○甘盤臣名君奭言在武丁時則有若甘盤遯退也高宗言我小子舊學于甘盤已而退于荒野後又入居于河自河徂亳遷徙不常歷敘其廢學之因而歎其學終無所顯明也無逸言高宗舊勞于外爰暨小人與此相應國語亦謂武丁入于河自河徂亳唐孔氏曰高宗爲王子時其父小乙欲其知民之艱苦故使居民間也蘇氏謂甘盤遯于荒野以台小子語脉推之非是

爾惟訓于朕志ᄒᆞ야 若作酒醴어든 爾惟麴糱이며 若作和羹이어든 爾惟鹽梅라 爾交修予ᄒᆞ야 罔予棄ᄒᆞ라 予惟克邁乃訓호리라

●네朕의志ᄅᆞᆯ訓ᄒᆞ야酒醴ᄅᆞᆯ作홈갓거든네麴과糱이며和ᄒᆞᆫ羹을作홈갓거든네鹽과梅라네나을交修ᄒᆞ야나ᄅᆞᆯ棄티말라내능히네訓을邁호리라

○心之所之謂之志邁行也范氏曰酒非麴糱不成羹非鹽梅不和人君雖有美質必得賢人輔導乃能成德作酒者麴多則太苦糱多則太甘麴糱得中然後成酒作羹者鹽過

則醎梅過則酸鹽梅得中然後成羹臣之於君當以柔濟剛可濟否左右規正以成其德故曰爾交修予爾無我棄我能行爾之言也孔氏曰交者非一之義

說曰王아人을求多聞은時惟建事ㅣ니學于古訓ᄒᆞ야샤乃有獲ᄒᆞ리니事不師古ᄒᆞ고以克永世ᄂᆞᆫ匪說의攸聞이로소이다

● 說이ᄀᆞᆯ오ᄃᆡ王아人을聞을多ᄒᆞ니ᄅᆞᆯ求홈은이事ᄅᆞᆯ建ᄒᆞ려홈이니녯訓을學ᄒᆞ야샤獲홈이이스리니事ᄅᆞᆯ古ᄅᆞᆯ師티아니ᄒᆞ고ᄡᅥ능히世ᄅᆞᆯ永ᄒᆞ리ᄂᆞᆫ說의聞ᄒᆞᆫ배아니로쇼이다

○求多聞者資之人學古訓者反之已古訓者古先聖王之訓載修身治天下之道二典三謨之類是也說稱王而告之曰人求多聞者是惟立事然必學古訓深識義理然後有得不師古訓而能長治久安者非說所聞甚言無此理也○林氏曰傅說稱王而告之與禹稱舜曰帝光天之下文勢正同

惟學은遜志ㅣ니務時敏ᄒᆞ면厥修ㅣ乃來ᄒᆞ리니允懷于茲ᄒᆞ면道積于厥躬ᄒᆞ리이다

● 學은志ᄅᆞᆯ遜홀디니務ᄒᆞ야時로敏ᄒᆞ면그修ㅣ來ᄒᆞ리니允ᄒᆞ야이ᄅᆞᆯ懷ᄒᆞ면道ㅣ그躬애積ᄒᆞ리이라

○遜謙抑也務專力也時敏者無時而不敏也遜其志如有所不能敏於學如有所不及虛以受人勤以勵己則其所修如泉始達源源乎其來矣玆此也篤信而深念乎此則道積於身不可以一二計矣夫修之來來之積其學之得於己者如此

惟斆ᄂᆞᆫ學半이니念終始를典于學ᄒᆞ면厥德脩를罔覺ᄒᆞ리이다 斆故效反

●斆ᄂᆞᆫ學의半이니念의終始를學애典ᄒᆞ면그德이修ᄒᆞᆷ을覺디몯ᄒᆞ리니다

○斆敎也言敎人居學之半蓋道積厥躬者體之立斆學于人者用之行兼體用合內外而後聖學可全也始之自學學也終之敎人亦學也一念終始常在於學無少間斷則德之所修有不知其然而然者矣或曰受敎亦曰斆斆於爲學之道半之半須自得此說極爲新巧但古人論學語皆平正的實此章句數非一不應中間一語獨爾巧險此蓋後世釋敎機權而誤以論聖賢之學也

監于先王成憲ᄒᆞ샤其永無愆ᄒᆞ소서

●先王의成ᄒᆞ신憲을監ᄒᆞ샤 그기리愆이업스쇼셔

○憲法愆過也言德雖造於罔覺而法必監于先王先王成法者子孫之所當守者也孟子言遒先王之法而過者未之有也亦此意

惟說이式克欽承ᄒᆞ야旁招俊乂ᄒᆞ야列于庶位ᄒᆞ리이다

●說이써능히欽承ᄒᆞ야旁으로俊乂를招ᄒᆞ야庶位애列ᄒᆞ리이다

○式用也言高宗之德苟至于無愆則說用能敬承其意廣求俊乂列于衆職蓋進賢雖大臣之責然高宗之德未至則雖欲進賢有不可得者

王曰嗚呼ㅣ라 說아 四海之內ㅣ 咸仰朕德은 時乃風이니라

●王이ᄀᆞᆯᄋᆞ샤ᄃᆡ嗚呼ㅣ라說아四海內ㅣ다내德을仰홈은이너의風이니라

○風敎也天下皆仰我德是汝之敎也

股肱이라샤 惟人이며 良臣이라샤 惟聖이니라

●股ㅣ며肱이라샤人이며良ᄒᆞᆫ臣이라샤聖ᄒᆞ리이라

○手足備而成人良臣輔而君聖高宗初以舟楫霖雨爲喩繼以麴糱鹽梅爲喩至此又以股肱惟人爲喩其所造益深所望益切矣

昔先正保衡이 作我先王ᄒᆞ야 乃曰予弗克俾厥后ㅣ 惟堯舜이면 其心愧耻ㅣ 若撻于市ᄒᆞ며 一夫ㅣ나 不獲이어든 則曰時予之辜ㅣ라ᄒᆞ야 佑我烈祖ᄒᆞ야 格于皇天ᄒᆞ니 爾尙明保予ᄒᆞ야 罔俾阿衡으로 專美有商ᄒᆞ라

●녜先正保衡이우리先王을作호리라ᄒᆞ야닐오ᄃᆡ내능히그后로ᄒᆞ야곰堯舜이아니케ᄒᆞ면그心愧耻홈이市애撻ᄒᆞᆫᄃᆞᆺᄒᆞ며一夫ㅣ나獲디몯ᄒᆞ거든닐오ᄃᆡ이나의辜ㅣ라ᄒᆞ야우리烈祖를佑ᄒᆞ야皇天씌格ᄒᆞ니네거의明히나를保ᄒᆞ야阿衡으로ᄒᆞ여

곰商애美를專케말라
○先正先世長官之臣保安也保衡猶阿衡作興起也撻于市恥之甚也不獲不得其所也高宗與伊尹之言謂其自任如此故能輔我成湯功格于皇天爾庶幾明以輔我無使伊尹專美於我商家也傳說以成湯望高宗故曰協于先王成德監于先王成憲高宗以伊尹望傳說故曰罔俾阿衡專美有商

惟后ㅣ非賢이면不乂ᄒᆞ고惟賢이非后ㅣ면不食ᄒᆞᄂᆞ니其爾ㅣ克紹乃辟于先王ᄒᆞ야永綏民ᄒᆞ라說이拜稽首曰敢對揚天子之休命ᄒᆞ리이다

●后ㅣ賢곳아니면乂티몯ᄒᆞ고賢이后곳아니면食티몯ᄒᆞᄂᆞ니그네능히네辟을先王ᄭᅴ紹ᄒᆞ야기리民을綏케ᄒᆞ라說이拜ᄒᆞ고首를稽ᄒᆞ야닐오ᄃᆡ敢히天子ㅅ休ᄒᆞ신命을對ᄒᆞ야揚ᄒᆞ리이다
○君非賢臣不能共治賢非其君不與共食言君臣相遇之難如此克者責望必能之辭敢者自信無慊之辭對者對以己揚者揚於衆休命上文高宗所命也至是高宗以成湯自期傳說以伊尹自任君臣相勉勵如此異時高宗爲商令王傳說爲商賢佐果無愧於成湯伊尹也宜哉

高宗肜日

高宗肜祭有雊雉之異祖己訓王史氏以爲篇亦訓體也不言訓者以旣有高宗之

訓故只以篇首四字爲題今文古文皆有

高宗肜日애越有雊雉어ᄂᆞᆯ 肜音融雊居候反

●高宗이肜ᄒᆞ신日애雊ᄒᆞᄂᆞᆫ雉ㅣ잇거ᄂᆞᆯ

○肜祭明日又祭之名殷曰肜周曰繹雊鳴也於肜日有雊雉之異蓋祭禰廟也序言湯廟者非是

祖己曰惟先格王코사正厥事호리라

●祖己ㅣᄀᆞᆯ오ᄃᆡ몬져王을格ᄒᆞ고샤그事을正호리라

○格正也猶格其非心之格詳下文高宗祀豐于昵昵者禰廟也豐於昵失禮之正故有雊雉之異祖己自言當先格王之非心然後正其所失之事惟天監民以下格王之言王司敬民以下正事之言也

乃訓于王曰惟天이監下民ᄒᆞ사ᄃᆡ典厥義니降年이有永有不永은非天이天民이라民이中絶命이니이다 監音鑑天於兆反

●王ᄭᅴ訓ᄒᆞ야닐오ᄃᆡ天이下民을監ᄒᆞ샤ᄃᆡ그義를典ᄒᆞᄂᆞ니年을降ᄒᆞ삼이永ᄒᆞᆷ이이스며永티아니ᄒᆞᆷ이잇ᄉᆞ믄天이民을天ᄒᆞ신쥬리아니라民이中애命을絶ᄒᆞᆷ이니이다

○典主也義者理之當然行而宜之之謂言天監視下民其禍福予奪惟主義如何爾降年有永有不永者義則永不義則不永非天夭折其民民自以非義而中絕其命也意高宗之祀必有祈年請命之事如漢武帝五時祀之類祖己言永年之道不在禱祠在於所行義與不義而已禱祠非永年之道也言民而不言君者不敢斥也

民有不若德ᄒᆞ며 不聽罪ᄒᆞᆯ서 天既孚命으로 正厥德이어시늘 乃曰其如台아

●民이德애若디아니ᄒᆞ며罪를聽티아니리이슬서天이임의孚命으로그德을正ᄒᆞ거시늘ᄀᆞᆯ오ᄃᆡ그내게엇디료ᄒᆞᄂᆞ냐

○不若德不順於德不聽罪不服其罪謂不改過也孚命者以妖孼爲符信而譴告之也言民不順德不服罪天既以妖孼爲符信而譴告之欲其恐懼修省以正德民乃曰孼祥其如我何則天必誅絕之矣祖己意謂高宗當因雊雉以自省不可謂適然而自恕夫數祭豊昵徼福於神不若德也瀆於祭祀傳說嘗以進戒意或沓改不聽罪也雊雉之異是天既孚命正厥德矣其可謂妖孼其如我何邪

嗚呼ㅣ王司敬民ᄒᆞ시니 罔非天胤이시니 典祀를 無豊于昵ᄒᆞ쇼서

●嗚呼ㅣ라王은民을敬홈을司ᄒᆞ야계시니天의胤이아닌아니시니祀를典홈을昵에만豊히마르소서

○司主胤嗣也王之職主於敬民而已徼福於神非王之事也況祖宗莫非天之嗣主祀其可獨豐於昵廟乎

西伯戡黎 戡韵堪

西伯文王也名昌姓姬氏戡勝也黎國名在上黨壺關之地按史記文王脫羑里之囚獻洛西之地紂賜弓矢鈇鉞使得專征伐爲西伯文王既受命黎爲不道於是擧兵伐而勝之祖伊知周德日盛既已戡黎紂惡不悛勢必及殷故恐懼奔告于王庶幾王之改之也史錄其言以爲此篇誥體也今文古文皆有○或曰西伯武王也史記嘗載紂使膠鬲觀兵膠鬲問之曰西伯曷爲而來則武王亦繼文王爲西伯矣

西伯이 既戡黎ㅣ어늘 祖伊ㅣ 恐ᄒᆞ야 奔告于王ᄒᆞ니라

●西伯이임의黎를戡ᄒᆞ야늘祖伊ㅣ恐ᄒᆞ야王ᄭᅴ奔ᄒᆞ야告ᄒᆞ니라

○下文無及戡黎之事史氏特標此篇首以見祖伊告王之因也祖姓伊名祖己後也奔告自其邑奔走來告紂也

曰天子아 天既訖我殷命이라 格人元龜ㅣ 罔敢知吉이로소니 非先王이 不相我後人이라 惟王이 淫戲ᄒᆞ야 用自絶이니이다

●닐오ᄃᆡ天子하天이임의우리殷命을訖ᄒᆞ시논지라格人과元龜ㅣ敢히吉을아지

못ᄒᆞ노소니先王이우리後人을相티아니ᄒᆞ시논쥬리아니라王이淫ᄒᆞ며戲ᄒᆞ야써
ᄉᆞᄉᆞ로絶홈이니이다

○祖伊將言天訖殷命故特呼天子以感動之訖絶也格人猶言至人也格人元龜皆能先知吉凶者言天旣已絶我殷命格人元龜皆無敢知其吉者甚言凶禍之必至也非先王在天之靈不佑我後人我後人淫戲用自絶於天耳

故天이棄我ᄒᆞ샤不有康食ᄒᆞ며不虞天性ᄒᆞ며不迪率典ᄒᆞᄂᆞ다

●故로天이우리를棄ᄒᆞ샤康食을두디아니케ᄒᆞ며天性을虞티아니ᄒᆞ며率ᄒᆞᆯ典을迪디아니케ᄒᆞᄂᆞ다

○康安虞度也典常法也紂自絶於天故天棄殷不有康食饑饉荐臻也不虞天性民失常心也不迪率典廢壞常法也

今我民이罔弗欲喪曰天은曷不降威며大命은不摯오今王은其如台라ᄒᆞᄂᆞ이다

●이제우리民이喪콰뎌아닛아니ᄒᆞ야ᄀᆞᆯ오ᄃᆡ天은엇지威를降티아니ᄒᆞ시며大命은摯티아니ᄒᆞᄂᆞ뇨이제王은그내게엇지료ᄒᆞᄂᆞ이다

○大命非常之命摯至也史記云大命胡不至民苦紂虐無不欲殷之亡曰天何不降威於殷而受天命者何不至乎今王其無如我何言紂不復能君長我也上章言天棄殷此

章言民棄殷祖伊之言可謂痛切明著矣

王曰嗚呼ㅣ라我生은不有命이在天가

●王이ᄀᆞᆯᄋᆞ샤ᄃᆡ嗚呼ㅣ라내生은命이天애잇지아니ᄒᆞ냐

○紂嘆息謂民雖欲亡我我之生獨不有命在天乎

祖伊反曰嗚呼ㅣ라乃罪ㅣ多參在上이어늘乃能責命于天가 參倉含反

●祖伊ㅣ反ᄒᆞ야ᄀᆞᆯ오ᄃᆡ嗚呼ㅣ라네罪ㅣ多ᄒᆞ야參ᄒᆞ야上애잇거늘能히命을天애責ᄒᆞᄂᆞ냐

○紂既無改過之意祖伊退而言曰爾罪衆多參列在上乃能責其命於天邪呂氏曰責命於天惟與天同德者方可

殷之卽喪이로소니指乃功혼ᄃᆡ不無戮于爾邦이로다

●殷이곳喪ᄒᆞ리로소니네功을指ᄒᆞᄃᆡ戮이네邦애업디아니ᄒᆞ리로다

○功事也言殷卽喪亡矣指汝所爲之事其能免戮於商邦乎蘇氏曰祖伊之諫盡言不諱漢唐中主所不能容者紂雖不改而終不怒祖伊得全則後世人主有不如紂者多矣愚讀是篇而知周德之至也祖伊以西伯戡黎不利於殷故奔告於紂意必及西伯戡黎不利於殷之語而入以告后出以語人未嘗有一毫及周者是知周家初無利天下之心其戡黎也義之所當伐也使紂遷善改過則周將終守臣節矣祖伊殷之賢臣也知周之

之與必不利於殷又知殷之亡初無與於周故因戡黎告紂反覆乎天命民情之可畏而略無及周者文武公天下之心於是可見

微子

微國名子爵也微子名啓帝乙長子紂之庶母兄也微子痛殷之將亡謀於箕子比干史錄其問答之語亦誥體也以篇首有微子二字因以名篇今文古文皆有

微子ㅣ若曰父師少師아 殷其弗或亂正四方이로소니 我祖底遂陳于上이어시늘 我用沈酗于酒ᄒᆞ야 用亂敗厥德于下ᄒᆞᄂᆞ다 酗吁句反

●微子ㅣ이러ᄐᆞ시닐오ᄃᆡ父師와少師아殷이그或두四方을亂正티못ᄒᆞ리로소니우리祖ㅣ底ᄒᆞ야드듸여上애陳ᄒᆞ야계시거늘우리써酒애沈酗ᄒᆞ야써그德을下에셔亂敗ᄒᆞᄂᆞ다

○父師太師三公箕子也少師孤卿比干也弗或者不能或如此也亂治也言紂無道無望其能治正天下也底致陳列也我祖成湯致功陳列于上而子孫沈酗于酒敗亂其德於下沈酗言我而不言紂者過則歸己猶不忍斥言之也

殷이罔不小大히好草竊姦宄어늘 卿士ㅣ師師非度ᄒᆞ야 凡有辜罪ㅣ乃罔恒獲ᄒᆞᆫ디 小民이方興ᄒᆞ야 相爲敵讎ᄒᆞᄂᆞ니 今殷其淪喪이若涉

大水애 其無津涯ᄒᆞ니 殷遂喪이 越至于今이어니라

●殷이 小大ㅣ 아니 업시 草竊ᄒᆞ며 姦ᄒᆞ며 宄홈을 好ᄒᆞ거ᄂᆞᆯ 卿士ㅣ 非度를 師ᄒᆞ며 師ᄒᆞ야 무릇 辜罪둔ᄂᆞᆫ 이 덧덧이 獲디 아니ᄒᆞᆫ디 小民바야흐로 興ᄒᆞ야 서로 敵ᄒᆞ야 讐ᄒᆞᄂᆞ니 이제 殷이 그 淪喪홈이 大水를 涉홈애 그 津涯ㅣ 업슴 갓타니 殷이 드듸여 喪홈이 이제 니르거니라

○殷之人民無小無大皆好草竊姦宄上而卿士亦皆相師非法上下容隱凡有冒法之人無有得其罪者小民無所畏懼强淩弱衆暴寡方起讎怨爭鬭侵奪綱紀蕩然淪喪之形沽無畔岸若涉大水無有津涯殷之喪亡乃至於今日乎微子上陳祖烈下述喪亂哀怨痛切言有盡而意無窮數千載之下猶使人傷感悲憤後世人主觀此亦可深監矣

曰父師少師아 我其發出狂홀서 吾家耄ㅣ 遜于荒이어늘 今爾無指告予顚隮ᄒᆞᄂᆞ니 若之何其오 出尺類反 隮牋西反

●닐오ᄃᆡ 父師와 少師아 우리 그 狂을 發出홀서 우리 家앳 耄ㅣ 荒애 遜ᄒᆞ거ᄂᆞᆯ 이제 네 날ᄃᆞ려 顚隮로 指ᄒᆞ야 告디 아니ᄒᆞᄂᆞ니 엇디려료

○曰者微子更端之辭也何其語辭言紂發出顚狂暴虐無道我家老成之人皆逃遁于荒野危亡之勢如此今爾無所指示告我以顚隕隮墜之事將若之何哉蓋微子憂危之甚特更端以問救亂之策言我而不言紂者亦上章我用沈酗之義

父師ㅣ若曰王子하天毒降災ᄒᆞ샤荒殷邦이어시ᄂᆞᆯ方興ᄒᆞ야沈酗于酒ᄒᆞᄂᆞ다

●父師ㅣ이러타시날오ᄃᆡ王子하天이毒히災를降ᄒᆞ샤殷邦을荒ᄒᆞ거시ᄂᆞᆯ바야흐로興ᄒᆞ야酒애沈酗ᄒᆞᄂᆞ다

○此下箕子之答也王子微子也自紂言之則紂無道故天降災自天下言之則紂之無道亦天之數箕子歸之天者以見其忠厚敬君之意與小旻詩言旻天疾威敷于下土意同方興者言其方興而未艾也此答微子沈酗于酒之語而有甚之之意下同

乃罔畏畏ᄒᆞ야咈其耉長舊有位人ᄒᆞᄂᆞ다

●畏ᄒᆞᆯ거슬畏티아니ᄒᆞ야그耉長이녯位둔ᄂᆞᆫ사ᄅᆞᆷ을咈ᄒᆞᄂᆞ다

○乃罔畏畏者不畏其所當畏也孔子曰君子有三畏畏天命畏大人畏聖人之言咈逆也耉長老成之人也紂惟不畏其所當畏故老成舊有位者紂皆咈逆而棄逐之卽武王所謂播棄黎老者此答微子發狂耄遜之語以上文特發問端故此先答之

今殷民이乃攘竊神祇之犧牷牲이어ᄂᆞᆯ用以容ᄒᆞ야將食無災ᄒᆞᄂᆞ다 攘如羊反牷音全

●이제殷人民이神祇의犧ᄒᆞ고牷ᄒᆞᆫ牲을攘竊ᄒᆞ거ᄂᆞᆯᄡᅥ容ᄒᆞ야將ᄒᆞ야食호ᄃᆡ災ㅣ

업ᄂᆞ다

○色純曰犧體完曰牷牛羊豕曰牲犧牷牲祭祀天地之物禮之最重者猶爲商民攘竊而去有司用相容隱將而食之且無災禍豈特草竊姦宄而已哉此答微子草竊姦宄之語

降監殷民ᄒᆞ니 用乂讐斂이로쇼니 召敵讐不怠ᄒᆞ야 罪合于一ᄒᆞ니 多瘠이라도 罔詔ㅣ로다

●殷人民을降ᄒᆞ야監호니써乂홈이讎ᄒᆞ야斂ᄒᆞ노소니敵ᄒᆞ야讐홈을召호ᄃᆡ怠리아니ᄒᆞ야罪ㅣ合ᄒᆞ야一ᄒᆞ니瘠이ᄒᆞ도詔홀ᄃᆡ업도다

○讎斂若仇敵掊斂之也不怠力行而不息也詔告也下視殷民凡上所用以治之者無非讎斂之事夫上以讎而斂下則下必爲敵以讎上下之敵讎實上之讎斂以召之而紂方且召敵讎不怠君臣上下同惡相濟合而爲一故民多饑殍而無所告也此答微子小民相爲敵讎之語

商이今其有災ᄒᆞ리니 我ᄂᆞᆫ 興受其敗ᄒᆞ리라 商其淪喪이라도 我罔爲臣僕ᄒᆞ리라 詔王子出迪ᄒᆞ노니 我舊云이 刻子ㅣ랏다 王子ㅣ 弗出ᄒᆞ면 我乃顚隮ᄒᆞ리라

●商이이제그災ㅣ이스리니나ᄂᆞᆫ興ᄒᆞ야그敗를受호리라商이그淪喪ᄒᆞ야도내臣僕이되디아니호리라王子다려出홈이迪인줄를詔ᄒᆞ노니나의녯날옴이子를刻홈이랏다王子ㅣ出티아니ᄒᆞ면우리顚隮ᄒᆞ리라

○商今其有災我出當其禍敗商若淪喪我斷無臣僕他人之理詔告也告微子以去爲道蓋商祀不可無人微子去則可以存商祀也刻害也箕子舊以微子長且賢勸帝乙立之帝乙不從卒立紂紂必忌之是我前日所言適以害子子若不去則禍必不免我商家宗祀始隕墜而無所托矣箕子自言其義決不可去而微子之義決不可不去也此答微子論喪顚隮之語

自靖ᄒᆞ야人自獻于先王이니我ᄂᆞᆫ不顧行遯호리라

●스스로靖ᄒᆞ야人마다스스로先王ᄭᅴ獻홀디니나ᄂᆞᆫ行ᄒᆞ야遯홈을顧티아니호리라

○上文旣答微子所言至此則告以彼此去就之義靖安也各安其義之所當盡以自達其志於先王使無愧於神明而已如我則不復顧行遯也按此篇微子謀於箕子比干箕子答如上文而比干獨無所言者得非比干安於義之當死而無復言歟孔子曰殷有三仁焉三仁之行雖不同而皆出乎天理之正各得其心之所安故孔子皆許之以仁而所謂自靖者卽此也○又按左傳楚克許許男面縛銜璧衰絰輿櫬以見楚子楚子問諸逢伯逢伯曰昔武王克商微子啓如是武王親釋其縛受其璧而祓之焚其櫬禮而命之然

則微子適周乃在克商之後而此所謂去者特去其位而逃遯於外耳論微子之去者當詳於是

正本

集註書傳卷之四

蔡沈集傳

周書

周文王國號後武王因以爲有天下之號書凡三十二篇

泰誓上

泰大同國語作大武王伐殷史錄其誓師之言以其大會孟津編書者因以泰誓名之上篇未渡河作後二篇旣渡河作今文無古文有○按伏生二十八篇本無泰誓武帝時僞泰誓出與伏生今文書合爲二十九篇孔壁書雖出而未傳於世故漢儒所引皆用僞泰誓如曰白魚入于王舟有火復于王屋流爲烏太史公記周本紀亦載其語然僞泰誓雖知剽竊經傳所引而古書亦不能盡見故後漢馬融得疑其僞謂泰誓按其文若淺露吾又見書傳多矣所引泰誓而不在泰誓者甚多至晉孔壁古文書行而僞泰誓始廢○吳氏曰湯武皆以兵受命然湯之辭裕武王之辭迫湯之數桀也恭武之數紂也傲學者不能無憾疑其書之晩出或非盡當時之本文也

惟十有三年春애大會于孟津ᄒᆞ시다

●十이오또三年ㅅ春애키孟津애會ᄒᆞ시다

○十三年者武王卽位之十三年也春者孟春建寅之月也孟津見禹貢○按漢孔氏言

虞芮質成爲文王受命改元之年凡九年而文王崩武王立二年而觀兵三年而伐紂合爲十有三年此皆惑於僞書泰誓之文而誤解九年大統未集與夫觀政于商之語也古者人君即位則稱元年以計其在位之久近常事也自秦惠文始改十四年爲後元年漢文帝亦改十七年爲後元年自後說春秋因以改元爲重歐陽氏曰果重事歟西伯即位已改元年中間不宜改元而又改元至武王即位宜改元而反不改元乃上冒先君之元年幷其居喪稱十一年及其滅商而得天下其事大於聽訟遠矣而又不改元由是言之謂文王受命改元武王冒文王之元年者皆妄也歐陽氏之辨極爲明著但其曰十一年者亦惑於書序十一年之誤也詳見序篇又按漢孔氏以春爲建子之月蓋謂三代改正朔必改月數改月數必以其正爲四時之首序言一月戊午既以一月爲建子之月而經又係之以春故遂以建子之月爲春夫改正朔不改月數於太甲辨之詳矣而四時改易尤爲無藝冬不可以爲春寒不可以爲暖固不待辨而明也或曰鄭氏箋詩維暮之春亦言周之季春於夏爲孟春曰此漢儒承襲之誤耳且臣工詩言維暮之春亦又何求如何新畬於皇來牟將受厥明蓋言暮春則當治其新畬矣今如何哉然牟麥將熟可以受上帝之明賜夫牟麥將熟則建辰之月夏正季春審矣鄭氏於詩且不得其義則其考之固不審也不然則商以季冬爲春周以仲冬爲春四時反逆皆不得其正豈三代聖人奉天之政乎

王曰嗟我友邦冢君과越我御事庶士아明聽誓ᄒᆞ라

●王이ᄀᆞᆯᄋᆞ샤ᄃᆡ嗟홉다우리友邦애人冢君과밋우리御事와庶士아明히誓를聽ᄒᆞ라

○王曰者史臣追稱之也友邦親之也冢君尊之也越及也御事治事者庶士衆士也告以伐商之意且欲其聽之審也

惟天地ᄂᆞᆫ萬物父母ㅣ오惟人은萬物之靈이니亶聰明이作元后ㅣ오元后ㅣ作民父母ㅣ니라

●天地ᄂᆞᆫ萬物에父母ㅣ오人은萬物의靈ᄒᆞ니亶ᄒᆞᆫ聰明이元后ㅣ되고元后ㅣ民의父母되ᄂᆞ니라

○亶誠實無妄之謂言聰明出於天性然也大哉乾元萬物資始至哉坤元萬物資生天地者萬物之父母也萬物之生惟人得其秀而靈具四端備萬善知覺獨異於物而聖人又得其最秀而最靈者天性聰明無待勉强其知先知其覺先覺首出庶物故能爲大君於天下而天下之疲癃殘疾得其生鰥寡孤獨得其養擧萬民之衆無一而不得其所焉則元后者又所以爲民之父母也夫天地生物而厚於人天地生人而厚於聖人其所以厚於聖人者亦惟欲其君長乎民而推天地父母斯民之心而已天之爲民如此則任元后之責者可不知所以作民父母之義乎商紂失君民之道故武王發此是雖一時誓師之言而實萬世人君之所當體念也

今商王受ㅣ弗敬上天ᄒᆞ며降災下民ᄒᆞᄂᆞ다

⊙이제商人王受ㅣ上天을敬티아니ᄒᆞ며下民애災를降ᄒᆞᄂᆞ다

○受紂名也言紂慢天虐民不知所以作民父母也慢天虐民之實即下文所云也

沈湎冒色ᄒᆞ야敢行暴虐ᄒᆞ야罪人以族ᄒᆞ고官人以世ᄒᆞ며惟宮室臺榭陂池侈服으로以殘害于爾萬姓ᄒᆞ며焚炙忠良ᄒᆞ며刳剔孕婦ᄒᆞᆫ대皇天이震怒ᄒᆞ샤命我文考ᄒᆞ샤肅將天威ᄒᆞ시니大勳을未集ᄒᆞ시니라 湎彌兗反陂班麋反炙之石反刳空胡反剔它歷反

⊙沈湎ᄒᆞ며色을冒ᄒᆞ야敢히暴虐을行ᄒᆞ야人을罪호ᄃᆡ族으로ᄡᅥᄒᆞ고人을官호ᄃᆡ世로ᄡᅥᄒᆞ며宮室과臺榭와陂池와服侈홈으로ᄡᅥ너희萬姓을殘ᄒᆞ야害ᄒᆞ며忠良을焚炙ᄒᆞ며孕ᄒᆞᆫ婦를刳剔ᄒᆞᆫ대皇天이震怒ᄒᆞ야우리文考를命ᄒᆞ샤天ㅅ威를肅ᄒᆞ야將케ᄒᆞ시니大勳을集디몯ᄒᆞ시니라

○沈湎溺於酒也冒色冒亂女色也族親族也一人有罪刑及親族也世子弟也官使不擇賢才惟因父兄而寵任子弟也土高曰臺有木曰榭澤障曰陂停水曰池侈奢也焚炙炮烙刑之類刳剔割剝也皇甫謐云紂剖比干妻以視其胎未知何據紂虐害無道如此故皇天震怒命我文王敬將天威以除邪虐大功未集而文王崩愚謂大勳在文王時未

嘗有意至紂惡貫盈武王伐之敍文王之辭不得不爾學者當言外得之

肆予小子發이 以爾友邦冢君으로 觀政于商호니 惟受ㅣ 罔有悛心ᄒᆞ야 乃夷居ᄒᆞ야 弗事上帝神祇ᄒᆞ며 遺厥先宗廟ᄒᆞ야 弗祀ᄒᆞ야 犧牲粢盛이 既于凶盜ㅣ어늘 乃曰吾有民有命호라ᄒᆞ야 罔懲其侮ᄒᆞᄂᆞ니다

悛且緣反粢音咨盛時征反黍稷曰粢在器曰盛

●이러모로나小子發이너희友邦冢君으로써商애政을觀호니受ㅣ悛ᄒᆞᆯ心을두지아니ᄒᆞ야夷ᄒᆞ야居ᄒᆞ야上帝神祇를섬기디아니ᄒᆞ며그先宗廟를遺ᄒᆞ야祀티아니ᄒᆞ야犧牲과粢盛이凶盜애既ᄒᆞ거늘날오ᄃᆡ내民을두엇시며命을둔노라ᄒᆞ야그侮를懲지아니ᄒᆞᄂᆞ다

○肆故也觀政猶伊尹所謂萬夫之長可以觀政八百諸侯背商歸周則商政可知先儒以觀政爲觀兵誤矣悛改也夷蹲踞也武王言故我小子以爾諸侯之向背觀政之失得於商今諸侯背叛既己如此而紂無有悔悟改過之心夷踞而居廢上帝百神宗廟之祀犧牲粢盛以爲祭祀之備者皆盡于凶惡盜賊之人即箕子所謂攘竊神祇之犧牷牲者也受之慢神如此乃謂我有民社我有天命而無有懲戒其侮慢之意

天佑下民ᄒᆞ샤 作之君作之師ᄒᆞ샤ᄂᆞᆫ 惟其克相上帝ᄒᆞ야 寵綏四方이시

니有罪無罪애予ㅣ曷敢有越厥志ᄒᆞ리오

●天이下民을佑ᄒᆞ샤君을作ᄒᆞ시며師를作ᄒᆞ샤ᄃᆞᆫ그능히上帝를相ᄒᆞ야四方을寵綏케ᄒᆞ시니罪ㅣ이시며罪ㅣ업숨애나ᄂᆞᆫ엇지敢히그志를越홈이이시리오

○佑助寵愛也天助下民爲之君以長之爲之師以教之君師者惟其能左右上帝以寵安天下則夫有罪之當討無罪之當赦我何敢有過用其心乎言一聽於天而已

同力커든度德ᄒᆞ고同德커든度義ᄒᆞ리니受有臣億萬ᄒᆞ나惟億萬心이어니와予有臣三千ᄒᆞ니惟一心이니라 度達各反

●力이同커든德을度ᄒᆞ고德이同커든義를度ᄒᆞ리니受ㅣ臣을億萬을두나心이億萬이어니와나ᄂᆞᆫ臣을三千을두니心이一ᄒᆞ니라

○度量度也德得也行道有得於身也義宜也制事達時之宜也同力度德同德度義意古者兵志之詞武王舉以明伐商之必克也林氏曰左傳襄三十一年魯穆叔曰年鈞擇賢義鈞以卜昭二十六年王子朝曰年鈞以德德鈞以卜蓋亦舉古人之語文勢正與此同百萬曰億紂雖有億萬臣而有億萬心衆叛親離寡助之至力且不同況德與義乎

商罪ㅣ貫盈이라天命誅之ᄒᆞ시ᄂᆞ니予弗順天ᄒᆞ면厥罪惟鈞ᄒᆞ리라

●商의罪ㅣ貫ᄒᆞ야盈ᄒᆞᆫ지라天이命ᄒᆞ야誅ᄒᆞ시ᄂᆞ니내天을順치아니ᄒᆞ면그罪ㅣ鈞ᄒᆞ리라

○貫通盈滿也言紂積惡如此天命誅之今不誅紂是長惡也其罪豈不與紂鈞乎如律故縱者與同罪也

予小子ᄂᆞᆫ夙夜祗懼ᄒᆞ야受命文考ᄒᆞ야 類于上帝ᄒᆞ며宜于冢土ᄒᆞ야以爾有衆으로底天之罰ᄒᆞ노라

●나小子ᄂᆞᆫ夙夜애祗懼ᄒᆞ야文考ᄭᅴ命을受ᄒᆞ야上帝ᄭᅴ類ᄒᆞ며冢土애宜ᄒᆞ야너희衆으로ᄡᅥ天ㅅ罰을底ᄒᆞ노라

○底致也冢土大社也祭社曰宜上文言縱紂不誅則罪與紂鈞故此言予小子畏天之威早夜敬懼不敢自寧受命于文王之廟告于天神地祇以爾有衆致天之罰於商也王制曰天子將出類于上帝宜乎社造乎禰受命文考卽造乎禰也王制以神尊卑爲序此先言受命文考者以伐紂之擧天本命之文王武王特稟文王之命以卒其伐功而已

天矜于民이라民之所欲을天必從之ᄒᆞ시ᄂᆞ니 爾尙弼予一人ᄒᆞ야永淸四海ᄒᆞ라時哉라弗可失이니라

●天이民을矜ᄒᆞ시ᄂᆞᆫ디라民의欲ᄒᆞᄂᆞᆫ바를天이반다시從ᄒᆞ시ᄂᆞ니너희거의나一人을弼ᄒᆞ야기리四海를淸케ᄒᆞ라時라可히失티몯ᄒᆞ리라

○天矜憐于民民有所欲天必從之今民欲亡紂如此則天意可知爾庶幾輔我一人除其邪穢永淸四海是乃天人合應之時不可失也

泰誓中

惟戊午애王이次于河朔ᄒᆞ커시群后ㅣ以師로畢會ᄒᆞᄃᆡ王이乃徇師而誓ᄒᆞ시다 戊音茂

●戊午애王이河朔애次ᄒᆞ거시를群后ㅣ師로써다會ᄒᆞᄃᆡ王이師를徇ᄒᆞ야誓ᄒᆞ시다

○次止徇循也河朔河北也戊午以武成考之是一月二十八日

曰嗚呼ㅣ라西土有衆아咸聽朕言ᄒᆞ라

●ᄀᆞᆯᄋᆞ샤ᄃᆡ嗚呼ㅣ라西土ㅅ衆아다朕의言을聽ᄒᆞ라

○周都豊鎬其地在西從武王渡河者皆西方諸侯故曰西土有衆

我聞吉人은爲善ᄒᆞᄃᆡ惟日不足이어든凶人은爲不善ᄒᆞᄃᆡ亦惟日不足이라ᄒᆞ니今商王受ㅣ力行無度ᄒᆞ야播棄犁老ᄒᆞ고昵比罪人ᄒᆞ며淫酗肆虐ᄒᆞᄃᆡ臣下ㅣ化之ᄒᆞ야朋家作仇ᄒᆞ야脅權相滅ᄒᆞᄃᆡ無辜ㅣ籲天ᄒᆞ야穢德이彰聞ᄒᆞ니라

●나ᄂᆞᆫ들오니吉ᄒᆞᆫ人은善을ᄒᆞᄃᆡ日로不足ᄒᆞ야ᄒᆞ거든凶ᄒᆞᆫ人은不善을ᄒᆞᄃᆡ또ᄒᆞᆫ

日로不足ᄒᆞ야ᄒᆞᆫ다ᄒᆞ노니이제 商人王受ㅣ힘ᄡᅥ無度를行ᄒᆞ야 犂老를播棄ᄒᆞ고罪人을昵比ᄒᆞ며淫ᄒᆞ며酗ᄒᆞ야虐을肆ᄒᆞᆫ대臣下ㅣ化ᄒᆞ야家애셔朋ᄒᆞ야仇를作ᄒᆞ야權으로脅ᄒᆞ야서르滅ᄒᆞᆫ대無辜ㅣ天의籲ᄒᆞ야穢ᄒᆞᆫ德이彰ᄒᆞ야聞ᄒᆞ니라

○惟日不足者言終日爲之而猶爲不足也將言紂力行無度故以古人語發之無度者無法度之事播放也犂黧通黑而黃也微子所謂耄遜于荒是也老成之臣所當親近者紂乃放棄之罪惡之人所當斥逐者紂乃親比之酗醉怒也肆縱也臣下亦化紂惡各立朋黨相爲仇讎脅上權命以相誅滅流毒天下無辜之人呼天告寃腥穢之德顯聞于上

呂氏曰善至極則至治香馨爲惡至極則穢德彰聞

惟天이惠民이어시든惟辟은奉天ᄒᆞᄂᆞ니 有夏桀이 弗克若天ᄒᆞ야 流毒下國ᄒᆞᆫ대天乃佑命成湯ᄒᆞ사降黜夏命ᄒᆞ시니라

●天이民을惠ᄒᆞ시거든辟은天을奉ᄒᆞᄂᆞ니夏人桀이능히天을若디아니ᄒᆞ야下國에毒을流ᄒᆞᆫ대天이成湯을佑命ᄒᆞ샤夏人命을降ᄒᆞ야黜케ᄒᆞ시니라

○言天惠愛斯民君當奉承天意昔桀不能順天流毒下國故天命成湯降黜夏命

惟受는罪浮于桀ᄒᆞ니 剝喪元良ᄒᆞ며 賊虐諫輔ᄒᆞ며 謂己有天命이라ᄒᆞ며謂敬不足行이라ᄒᆞ며謂祭無益이라ᄒᆞ며謂暴無傷이라ᄒᆞᄂᆞ니 厥鑒이 惟不遠ᄒᆞ야

在彼夏王ᄒᆞ니라 天其以予로乂民이라 朕夢協朕卜ᄒᆞ야 襲于休祥ᄒᆞ니

戎商必克호리라 (喪去聲鑒孔傳本作鑒當從)

●受ᄂᆞᆫ罪ㅣ桀에浮ᄒᆞ니元良을剝喪ᄒᆞ며諫輔를賊虐ᄒᆞ며己ㅣ天命을둔노라닐르며敬을足히行티아닐거시라닐르며祭를益홈이업다닐으며暴를傷홈이업다닐르ᄂᆞ니그鑒이遠티아니ᄒᆞ야뎌夏ㅅ王애잇ᄂᆞ니라天이그날노써民을乂케ᄒᆞ사ᄂᆞᆫ디라朕의夢이朕의卜애協ᄒᆞ야休ᄒᆞᆫ祥이襲ᄒᆞ니商을戎ᄒᆞ야반다시克호리라

○浮過剝落喪去也古者去國爲喪元良微子也諫輔比干也謂己有天命如答祖伊我生不有命在天之類下三句亦紂所嘗言者鑒視也其所鑒視初不在遠有夏多罪天既命湯黜其命矣今紂多罪天其以我乂民乎襲重也言我之夢協我之卜重有休祥之應知伐商而必勝之也此言天意有必克之理

受有億兆夷人이나離心離德커니와 予有亂臣十人호니 同心同德ᄒᆞ니

雖有周親ᄒᆞ나不如仁人ᄒᆞ니라

●受ㅣ億兆夷人을두엇시나心이離ᄒᆞ며德이離커니와나ᄂᆞᆫ亂ᄒᆞᆫ臣十人을두니心이同ᄒᆞ며德이同ᄒᆞ니비록周ᄒᆞᆫ親을두니仁ᄒᆞᆫ人만갓디못ᄒᆞ니라

○夷平也夷人言其智識不相上下也治亂曰亂十人周公旦召公奭太公望畢公榮公

太顚閎夭散宜生南宮括其一文母孔子曰有婦人焉九人而已劉侍讀以爲子無臣母之義蓋邑姜也九臣治外邑姜治內言紂雖有夷人之多不如周治臣之少而盡忠也周至也紂雖有至親之臣不如周仁人之賢而可恃也此言人事有必克之理

天視ㅣ自我民視ᄒᆞ시며 天聽이 自我民聽ᄒᆞ시ᄂᆞ니 百姓有過ㅣ在予一人ᄒᆞ니 今朕은 必往호리라

●天의視ᄒᆞ샴이우리民의視로부터ᄒᆞ시며天의聽ᄒᆞ샴이우리民의聽으로부터ᄒᆞ시ᄂᆞ니百姓의過ㅣ이숌이나一人에게이시니이제나ᄂᆞᆫ반다시往호리라

○過廣韻責也武王言天之視聽皆自乎民今民皆有責於我謂我不正商罪以民心而察天意則我之伐商斷必往矣蓋百姓畏紂之虐望周之深而責武王不卽拯已於水火也如湯東面而征西夷怨南面而征北狄怨之意

我武를 惟揚ᄒᆞ야 侵于之疆ᄒᆞ야 取彼凶殘ᄒᆞ야 我伐이 用張ᄒᆞ면 于湯애 有光ᄒᆞ리라

●우리武를揚ᄒᆞ야疆애侵ᄒᆞ야뎌凶殘을取ᄒᆞ야우리伐이써張ᄒᆞ면湯ᄯᅢ光이이시리라

○楊擧侵入也凶殘紂也猶孟子謂之殘賊武王弔民伐罪於湯之心爲益明白於天下也自世俗觀之武王伐湯之子孫覆湯之宗社謂之湯讎可也然湯放桀武王伐紂皆公

天下爲心非有私於己者武之事質之湯而無愧湯之心驗之武而益顯是則伐商之擧豈不於湯爲有光也哉

勗哉夫子는 罔或無畏ᄒᆞ야 寧執非敵이라ᄒᆞ라 百姓이 懍懍ᄒᆞ야 若崩厥角ᄒᆞᄂᆞ니 嗚呼ㅣ라 乃一德一心ᄒᆞ야 立定厥功ᄒᆞ야 惟克永世ᄒᆞ라

●勗홀디어다夫子는或두畏홈이업다마라찰하리執호듸敵디못ᄒᆞ리라ᄒᆞ라百姓이懍懍ᄒᆞ야그角이崩홀닷ᄒᆞᄂᆞ니嗚呼ㅣ라너희德을一ᄒᆞ며心을一ᄒᆞ야그功을立定ᄒᆞ야능히世를永케ᄒᆞ라

○勗勉也夫子將士也勉哉將士無或以紂爲不足畏寧執心以爲非我所敵也商民畏紂之虐懍懍若崩摧其頭角然言人心危懼如此汝當一德一心立定厥功以克永世也

泰誓下

時厥明에 王이 乃大巡六師ᄒᆞ야 明誓衆士ᄒᆞ시니다

●時ㅣ그明애王이카六師애巡ᄒᆞ샤明히衆士를誓ᄒᆞ시다

○厥明戊午之明日也古者天子六軍大國三軍是時武王未備六軍牧誓叙三卿可見此曰六師者史臣之詞也

王曰嗚呼ㅣ라 我西土君子이 天有顯道ᄒᆞ야 厥類惟彰ᄒᆞ니 今商王

受ㅣ狎侮五常ᄒᆞ며荒怠弗敬ᄒᆞ야自絕于天ᄒᆞ며結怨于民ᄒᆞᄂᆞ다

●王이ᄀᆞᆯᄋᆞ샤ᄃᆡ嗚呼ㅣ라우리西土ㅅ君子아天이顯ᄒᆞᆫ道ㅣ이셔그類ㅣ彰ᄒᆞ니이제商人王受ㅣ五常을狎ᄒᆞ야侮ᄒᆞ며荒ᄒᆞ며怠ᄒᆞ야敬티아니ᄒᆞ야ᄉᆞᄉᆞ로天애絕ᄒᆞ며야民怨을結ᄒᆞᄂᆞ다

○天有至顯之理其義類甚明至顯之理即典常之理也紂於君臣父子兄弟夫婦典常之道褻狎侮慢荒棄怠惰無所敬畏上自絕于天下結怨于民結怨者非一之謂下文自絕結怨之實也

斮朝涉之脛ᄒᆞ며剖賢人之心ᄒᆞ며作威殺戮으로毒痡四海ᄒᆞ며崇信姦回코放黜師保ᄒᆞ며屛棄典刑코囚奴正士ᄒᆞ며郊社를不修ᄒᆞ며宗廟를不享코作奇技淫巧ᄒᆞ야以悅婦人ᄒᆞᆫᄃᆡ上帝弗順ᄒᆞ샤祝降時喪ᄒᆞ시ᄂᆞ니爾其孜孜ᄒᆞ야奉予一人ᄒᆞ야恭行天罰ᄒᆞ라 痡側略反 痡音鋪

●朝애涉ᄒᆞᄂᆞᆫ脛을斮ᄒᆞ며賢人의心을剖ᄒᆞ며威을作ᄒᆞ야殺戮으로四海을毒痡ᄒᆞ며姦回을崇信코師保을放黜ᄒᆞ며典刑을屛棄코正士을囚奴ᄒᆞ며郊社를修티아니ᄒᆞ며宗廟를享티아니코奇ᄒᆞᆫ技와淫ᄒᆞᆫ巧를作ᄒᆞ야써婦人을悅ᄒᆞᆫᄃᆡ上帝順티아니ᄒᆞ샤祝히이喪을降ᄒᆞ시ᄂᆞ니너의그孜孜ᄒᆞ야나一人을奉ᄒᆞ야恭ᄒᆞ야天ㅅ罰을行

ᄒᆞ라
○斮斫也孔氏曰冬月見朝涉水者謂其脛耐寒斫而視之史記云比干强諫紂怒曰吾聞聖人心有七竅遂剖比干觀其心痛病也作刑威以殺戮爲事毒病四海之人言其禍之所及者遠也回邪也正士箕子也郊所以祭天社所以祭地奇技謂奇異技能淫巧爲過度之巧列女傳紂膏銅柱下加炭令有罪者行輒墮炭中妲己乃笑夫欲妲己之笑至爲炮烙之刑則其奇技淫巧以悅之者宜無所不至矣祝斷也言紂於姦邪則尊信之師保則放逐之屛棄先王之法囚奴中正之士輕廢奉祀之禮專意汚褻之行悖亂天常故天弗順而斷然降是喪亡也爾衆士其勉力不怠奉我一人而敬行天罰乎

古人이有言曰撫我則后ㅣ오虐我則讎ㅣ라ᄒᆞ니獨夫受ㅣ洪惟作威ᄒᆞᄂᆞ니乃汝世讎ㅣ니라樹德호ᄃᆡ務滋ㅣ오除惡호ᄃᆡ務本이니肆予小子ㅣ誕以爾衆士로殄殲乃讎ᄒᆞ노니爾衆士ㅣ其尙迪果毅ᄒᆞ야以登乃辟이어다功多ᄒᆞ면有厚賞코不迪ᄒᆞ면有顯戮ᄒᆞ리라

●古人이言을두어닐오ᄃᆡ나를撫ᄒᆞ면后ㅣ오나를虐ᄒᆞ면讎ㅣ라ᄒᆞ니獨夫受ㅣ카威를作ᄒᆞᄂᆞ니너희世애讎ㅣ니라德을樹호ᄃᆡ滋를務ᄒᆞ고惡를除호ᄃᆡ本을務ᄒᆞᆯ디니이러무로나小子ㅣ카너희衆士로써너희讎를殄殲하노니너희衆士ㅣ그거의果毅를迪ᄒᆞ야써네辟을登ᄒᆞᆯ디어다功이多ᄒᆞ면厚ᄒᆞᆫ賞이잇고迪치아니ᄒᆞ면顯ᄒᆞᆫ戮

이이시리라
○洪大也獨夫言天命已絶人心已去但一獨夫耳孟子曰殘賊之人謂之一夫武王引古人之言謂撫我則我之君也虐我則我之讎也今獨夫受大作威虐以殘害于爾百姓是乃爾之世讎也務專力也植德則務其滋長去惡則務絶根本兩句意亦古語喩紂爲衆惡之本在所當去故我小子大以爾衆士而殄絶殲滅汝之世讎也迪蹈登成也殺敵爲果致果爲毅爾衆士其庶幾蹈行果毅以成汝君若功多則有厚賞非特一爵一級而已不迪果毅則有顯戮謂之顯戮則必肆諸市朝以示衆庶

嗚呼ㅣ라惟我文考ㅣ若日月之照臨ᄒᆞ샤光于四方ᄒᆞ시며顯于西土ᄒᆞ시니惟我有周ᄂᆞᆫ誕受多方이리라

●嗚呼ㅣ라우리文考ㅣ日月의照臨ᄒᆞᆷ이갓타샤四方애光ᄒᆞ시며西土애顯ᄒᆞ시니우리周ᄂᆞᆫ카多方을受ᄒᆞ리라

○若日月照臨言其德之輝光也光于四方言其德之遠被也顯于西土言其德尤著於所發之地也文王之地止於百里文王之德達于天下多方之受非周其誰受之文王之德實天命人心之所歸故武王於誓師之末歎息而言之

予克受ㅣ라도非予武ㅣ라惟朕文考ㅣ無罪ㅣ시며受克予ㅣ라도非朕文考ㅣ有罪ㅣ라惟予小子ㅣ無良이니라

●내受를克ᄒᆞ야도내武ㅣ아니라朕의文考ㅣ罪업ㅣ스시며受ㅣ나를克ᄒᆞ야도朕의文考ㅣ罪ㅣ이스미아니라나小子ㅣ良이업스미니라

○無罪猶言無過也無良猶言無善也商周之不敵久矣武王猶有勝負之慮恐爲文王羞者聖人臨事而懼也如此

牧誓

牧地名在朝歌南即今衛州治之南也武王軍於牧野臨戰誓衆前既有泰誓三篇因以地名別之今文古文皆有

時甲子昧爽에王이朝至于商郊牧野ᄒᆞ샤乃誓ᄒᆞ시니王이左杖黃鉞ᄒᆞ시고右秉白旄ᄒᆞ샤以麾曰逖矣라西土之人아

●時甲子ㅅ昧爽애王이朝애商ㅅ郊牧野애至ᄒᆞ샤誓ᄒᆞ시니王이左로黃鉞을杖ᄒᆞ시고右로白旄를秉ᄒᆞ샤써麾ᄒᆞ야ᄀᆞᆯ으샤ᄃᆡ逖ᄒᆞ다西土ㅅ人아

○甲子二月四日也昧冥爽明也昧爽將明未明之時也鉞斧也以黃金爲飾王無自用鉞之理左杖以爲儀耳旄軍中指麾白則見遠麾非右手不能故右秉白旄也按武成言癸亥陳于商郊則癸亥之日周師已陳牧野矣甲子昧爽武王始至而誓師焉曰者武王之言也逖遠也以其行役之遠而慰勞之也

王曰嗟我友邦冢君과御事인ㅣ司徒와司馬와司空과亞旅와師

氏와千夫長과百夫長과

●王이ᄀᆞᆯᄋᆞ샤ᄃᆡ嗟홉다우리友邦人冢君과御事ㅣ언司徒와司馬와司空과亞와旅와師氏와千夫엣長과百夫엣長과

○司徒司馬司空三卿也武王是時尙爲諸侯故未備六卿唐孔氏曰司徒主民治徒庶之政令司馬主兵治軍旅之誓戒司空主土治壘壁以營軍亞次旅衆也大國三卿下大夫五人士二十七人亞者卿之貳大夫是也旅者卿之屬士是也師氏以兵守門者猶周禮師氏王擧則從者也千夫長統千人之帥百夫長統百人之帥也

及庸蜀羌髳微盧彭濮人아 羌驅羊反 髳莫侯反

●밋庸과蜀과羌과髳와微와盧와彭과濮엣人아

○左傳庸與百濮伐楚庸濮在江漢之南羌在西蜀髳微在巴蜀盧彭在西北武王伐紂不期會者八百國今誓師獨稱八國者蓋八國近周西都素所服役乃受約束以戰者若上文所言友邦冢君則泛指諸侯而誓者也

稱爾戈ᄒᆞ며比爾干ᄒᆞ며立爾矛ᄒᆞ라予其誓호리라

●네戈를稱ᄒᆞ며네干을比ᄒᆞ며네矛를立ᄒᆞ라내그誓호리라

○稱擧戈戟干楯矛亦戟之屬長二丈唐孔氏曰戈短人執以擧之故言稱楯則並以扞敵故言比矛長立之於地故言立器械嚴整則士氣精明然後能誓命

王曰古人有言曰호되牝雞는無晨이니牝雞之晨은惟家之索이라ᄒᆞ도라

●王이ᄀᆞᆯ으샤ᄃᆡ古人이言을두어닐오ᄃᆡ牝雞ᄂᆞᆫ晨이업ᄉᆞ니牝雞의晨홈은家의索이라ᄒᆞ도다

○索蕭索也牝雞而晨則陰陽反常是爲妖孽而家道索矣將言紂惟婦言是用故先發此

今商王受ㅣ惟婦言을是用ᄒᆞ야昏棄厥肆祀ᄒᆞ야弗答ᄒᆞ며昏棄厥遺王父母弟ᄒᆞ야不迪ᄒᆞ고乃惟四方之多罪逋逃를是崇是長ᄒᆞ며是信是使ᄒᆞ야是以爲大夫卿士ᄒᆞ야俾暴虐于百姓ᄒᆞ며以姦宄于商邑ᄒᆞᄂᆞ다

●이제商王受ㅣ婦의言을이히써昏으로그肆ᄒᆞᆯ祀를棄ᄒᆞ야答디아니ᄒᆞ며昏으로그遺ᄒᆞ신王父母의弟를棄ᄒᆞ야迪으로아니ᄒᆞ고四方앳罪ㅣ多ᄒᆞ야逋逃ᄒᆞ니를이에崇ᄒᆞ며이애長ᄒᆞ며이에信ᄒᆞ며이에使ᄒᆞ야일로써大夫와卿士를삼아ᄒᆞ야곰百姓을暴虐ᄒᆞ며써商ㅅ邑에姦ᄒᆞ며宄케ᄒᆞᄂᆞ다

○肆陳荅報也婦妲己也列女傳云紂好酒淫樂不離妲己妲己所擧者貴之所憎者誅之惟妲己之言是用故顚倒昏亂祭所以報本也紂以昏亂棄其所當陳之祭祀而不報

昆弟先王之胤也紂以昏亂棄其王父母弟而不以道遇之廢宗廟之禮無宗族之義乃惟四方多罪逃亡之人尊崇而信使之以爲大夫卿士使暴虐于百姓姦宄于商邑蓋紂惑於妲己之嬖背常亂理遂至流毒如此也

今予發은惟恭行天之罰하노니 今日之事는不愆于六步七步하야乃止齊焉하리니 夫子는勗哉하라

●이제나發은恭하야天ㅅ罰을行하노니今日ㅅ事는六步와七步를愆티아니하야止하야齊호리니夫子는勗하라

○愆過勗勉也步進趨也齊齊整也今日之戰不過六步七步乃止而齊此告之以坐作進退之法所以戒其輕進也

不愆于四伐五伐六伐七伐하야乃止齊焉하리니勗哉하라夫子아

●四伐과五伐과六伐과七伐을愆티아니하야止하야齊호리니勗하라夫子아

○伐擊刺也少不下四五多不過六七而齊此告之以攻殺擊刺之法所以戒其貪殺也

上言夫子勗哉此言勗哉夫子者反覆成文以致其丁寧勸勉之意下倣此

尙桓桓如虎如貔하며如熊如羆于商郊하야弗迓克奔하야以役西土하라勗哉하라夫子아 桓胡官反 貔頻脂反

●거의桓桓ᄒᆞ야虎갓타며貔갓타며熊갓타며羆갓티商郊애ᄒᆞ야능히奔ᄒᆞᄂᆞ니를迓ᄒᆞ야써西土를役디말라勗ᄒᆞ라夫子아

○桓桓威武貌貔執夷也虎屬欲將士如四獸之猛而奮擊于商郊也迓迎也能奔來降者勿迎擊之以勞役我西土之人此勉其武勇而戒其殺降也

爾所弗勗이면其于爾躬에有戮ᄒᆞ리라

●네勗다아니홀배면그네躬애戮이이시리라

○弗勗謂不勉於前三者愚謂此篇嚴肅而溫厚與湯誓誥相表裏眞聖人之言也泰誓武成一篇之中似非盡出於一人之口豈獨此爲全書乎讀者其味之

武成

史氏記武王往伐歸獸祀群神告群后與其政事共爲一書篇中有武成二字遂以名篇今文無古文有

惟一月壬辰旁死魄越翼日癸巳애王이朝步自周ᄒᆞ샤于征伐商ᄒᆞ시다

●一月ㅅ壬辰곗死ᄒᆞᆫ魄건넌翼日癸巳애王이朝애步를周로브터ᄒᆞ샤征ᄒᆞ야商을伐ᄒᆞ시다

○一月建寅之月不曰正而曰一者商建丑以十二月爲正朔故曰一月也詳見太甲泰誓篇壬辰以泰誓戊午推之當是一月二日死魄朔也二日故曰旁死魄翼明也先記壬辰旁死魄然後言癸巳伐商者猶後世言某日必先言某朔也周鎬京也在京兆鄠縣上林即今長安縣昆明池北鎬陂是也

厥四月哉生明애王이來自商ᄒᆞ샤至于豐ᄒᆞ샤乃偃武修文ᄒᆞ야歸馬于華山之陽ᄒᆞ시며放牛于桃林之野ᄒᆞ샤示天下弗服ᄒᆞ시다

●그四月비로소明이生ᄒᆞ욤애王이來ᄒᆞ욤을商으로브터ᄒᆞ샤豐애니르샤武란偃ᄒᆞ시고文으란修ᄒᆞ샤馬를華山ㅅ陽애歸ᄒᆞ시며牛를桃林ㅅ野애放ᄒᆞ샤天下에服디아니ᄒᆞ욤을뵈시다

○哉始也始生明月三日也豐文王舊都也在京兆鄠縣即今長安縣西北靈臺豐水之上周先王廟在焉山南曰陽桃林今華陰縣潼關也樂記曰武王勝商渡河而西馬散之華山之陽而弗復乘牛放之桃林之野而弗復服車甲衅而藏之府庫倒載干戈包以虎皮天下知武王之不復用兵也○此當在萬姓悅服之下

丁未애祀于周廟ᄒᆞ실시邦甸侯衛ㅣ駿奔走ᄒᆞ야執豆籩ᄒᆞ더니越三日庚戌애柴望ᄒᆞ샤大告武成ᄒᆞ시다

●丁未애周人廟애祀ᄒᆞ실ᄉᆡ邦甸과侯衛ㅣ駿히奔走ᄒᆞ야豆籩을執ᄒᆞ더니건넌三日庚戌애柴ᄒᆞ시며望ᄒᆞ샤키武成을告ᄒᆞ시다

○駿爾雅曰速也周廟周祖廟也武王以克商之事祭告祖廟近而邦甸遠而侯衛皆駿奔走執事以助祭祀豆木豆籩竹豆祭器也旣告祖廟燔柴祭天望祀山川以告武功之成由近而遠由親而尊也○此當在百工受命于周之下

旣生魄애庶邦冢君과曁百工이受命于周ᄒᆞ니라

●임의魄이生ᄒᆞᆷ애庶邦冢君과밋百工이命을周애受ᄒᆞ니라

○生魄望後也四方諸侯及百官皆於周受命蓋武王新卽位諸侯百官皆朝見新君所以正始也○此當在示天下不服之下

王若曰嗚呼群后아惟先王이建邦啓土ᄒᆞ야시늘公劉ㅣ克篤前烈이어시늘至于大王ᄒᆞ야肇基王迹ᄒᆞ야시늘王季ㅣ其勤王家ㅣ어시늘我文考文王이克成厥勳ᄒᆞ샤誕膺天命ᄒᆞ샤以撫方夏ᄒᆞ신ᄃᆡ大邦은畏其力ᄒᆞ고小邦은懷其德이언惟九年이러니大統을未集이어시늘予小子ㅣ其承厥志호라

●王이이러타시ᄀᆞᆯ으샤ᄃᆡ嗚呼ㅣ라群后아先王이邦을建ᄒᆞ야土를啓ᄒᆞ야시늘公劉ㅣ능히前烈을篤거시늘太王애至ᄒᆞ야비로소王迹을基ᄒᆞ야시늘王季ㅣ그王家

애勤거시ᄂᆞᆯ우리文考文王이능히그勳을成ᄒᆞ샤ᄏᆡ天命을膺ᄒᆞ샤써方夏를撫ᄒᆞ신ᄃᆡ大ᄒᆞᆫ邦은그力을畏ᄒᆞ고小ᄒᆞᆫ邦은그德을懷ᄒᆞᆫ건九年이러니大統을集디못ᄒᆞ야시ᄂᆞᆫ나小子ㅣ그志를承호라

○群后諸侯也先王后稷武王追尊之也后稷始封於邰故曰建邦啓土公劉后稷之曾孫史記云能修后稷之業太王古公亶父也避狄去邠居岐邠人仁之從之者如歸市詩曰居岐之陽實始翦商太王雖未始有翦商之志然太王始得民心王業之成實基於此王季能勤以繼其業至於文王克成厥功大受天命以撫安方夏大邦畏其威而不敢肆小邦懷其德而得自立自爲西伯專征而威德益著於天下凡九年崩大統未集者非文王之德不足以受天下是時紂之惡未至於亡天下也文王以安天下爲心故予小子亦以安天下爲心○此當在大告武成之下

底商之罪ᄒᆞ샤告于皇天后土와所過名山大川ᄒᆞ샤 曰惟有道曾孫周王發은將有大正于商ᄒᆞ노니今商王受ㅣ無道ᄒᆞ야暴殄天物ᄒᆞ며害虐烝民ᄒᆞ며爲天下앳 逋逃主ㅣ라萃淵藪ㅣ어늘 予小子ㅣ旣獲仁人ᄒᆞ야敢祗承上帝ᄒᆞ야以遏亂略호니華夏蠻貊이罔不率俾ᄒᆞᄂᆞ다

●商人罪를底ᄒᆞ샤皇天과后土와過ᄒᆞ논밧名山과大川애告ᄒᆞ샤ᄀᆞᆯ으샤ᄃᆡ有道의

曾孫周人王發은장찻商애키正홈을두노니이졔商王受ㅣ道ㅣ업서天物을暴殄ᄒᆞ며烝民을害虐ᄒᆞ며天下앳逋逃主ㅣ되엿ᄂᆞᆫ디라淵과藪에萃ᄃᆞᆺᄒᆞ거늘나小子ㅣ임의仁人을獲ᄒᆞ야敢히祗ᄒᆞ야上帝를承ᄒᆞ야써亂畧을遏호니華夏와蠻貊이率俾티아닛아니ᄒᆞᄂᆞ다

○底至也后土社也句龍爲后土周禮大祝云王過大山川則用事焉孔氏曰名山謂華大川謂河蓋自豊鎬往朝歌必道華涉河也曰者擧武王告神之語有道指其父祖而言周王二字史臣追增之也正卽湯誓不敢不正之正萃聚也紂殄物害民爲天下逋逃罪人之主如魚之聚淵如獸之聚藪也仁人孔氏曰太公周召之徒畧謀畧也俾廣韻曰從也仁人旣得則可以敬承上帝而遏絶亂謀內而華夏外而蠻貊無不率從矣或曰太公歸周在文王之世周召周之懿親不可謂之獲此蓋仁人自商而來者愚謂獲者得之云爾卽泰誓之所謂仁人非必自外來也不然經傳豈無傳乎○此當在于征伐商之下

恭天成命ᄒᆞ야肆予東征ᄒᆞ야綏厥士女ᄒᆞ니惟其士女ㅣ篚厥玄黃ᄒᆞ야昭我周王은天休震動이라用附我大邑周ㅣ니라

●天의成命을恭ᄒᆞ야이러모로내東으로征ᄒᆞ야그士女를綏호니그士女ㅣ그玄黃을篚애ᄒᆞ야우리周王을昭홈은天休ㅣ震動혼디라써우리大邑周애附ᄒᆞ니라

○成命黜商之定命也篚竹器玄黃色幣也敬奉天之定命故我東征安其士女士女喜

周之來筐篚盛其玄黃之幣明我周王之德者是蓋天休之所震動故民用歸附我大邑
周也或曰玄黃天地之色筐厥玄黃者明我周王有天地之德也○此當在其承厥志之
下

惟爾有神은 尙克相予ᄒᆞ야 以濟兆民ᄒᆞ야 無作神羞ᄒᆞ라 旣戊午애 師渡孟津ᄒᆞ야 癸亥애 陳于商郊ᄒᆞ야 俟天休命ᄒᆞ더시니 甲子昧爽애 受ㅣ 率其旅호ᄃᆡ 若林ᄒᆞ야 會于牧野ᄒᆞ니 罔有敵于我師ㅣ오 前徒ㅣ 倒戈ᄒᆞ야 攻于後以北ᄒᆞ야 血流漂杵ᄒᆞ야 一戎衣의 天下ㅣ 大定이어늘 乃反商政ᄒᆞ야 政由舊ᄒᆞ시고 釋箕子囚ᄒᆞ시며 封比干墓ᄒᆞ시며 式商容閭ᄒᆞ시며 散鹿臺之財ᄒᆞ시며 發鉅橋之粟ᄒᆞ샤 大賚于四海ᄒᆞ신ᄃᆡ 而萬姓이 悅服ᄒᆞ니라 散先旰反

◉너희有神은거의능히나를相ᄒᆞ야써兆民을濟ᄒᆞ야神의羞ㅣ作게말라임의戊午애師ㅣ孟津애渡ᄒᆞ야癸亥애商郊의陳ᄒᆞ야天ㅅ休命을俟ᄒᆞ더시니甲子昧爽애受ㅣ그旅를率호ᄃᆡ林갓티ᄒᆞ야牧野애會ᄒᆞ니우리師를敵ᄒᆞ리잇디아니ᄒᆞ고前徒ㅣ戈를倒ᄒᆞ야後를攻ᄒᆞ야써北ᄒᆞ야血이流ᄒᆞ야杵ㅣ漂ᄒᆞ야한번戎衣홈애天下ㅣ키定커늘이에商ㅅ政을反ᄒᆞ야政를舊를由ᄒᆞ시고箕子ㅅ囚를釋ᄒᆞ시며比干의墓를封ᄒᆞ시며商容의閭를式ᄒᆞ시며鹿臺ㅅ財를散ᄒᆞ시며鉅橋ㅅ粟을發ᄒᆞ샤키四海를

賚ᄒᆞ신ᄃᆡ萬姓이悅ᄒᆞ야服ᄒᆞ니라
○休命勝商之命也武王頓兵商郊雍容不迫以待紂師之至而克之史臣謂之侯天休命可謂善形容者矣若林即詩所謂其會如林者紂衆雖有如林之盛然皆無有肯敵我師之志紂之前徒倒戈反攻其在後之衆以走自相屠戮遂至血流漂杵史臣指其實而言之蓋紂衆離心離德特劫於勢而未敢動耳一旦因武王弔伐之師始乘機投隙奮其怨怒反戈相戮其酷烈遂至如此亦足以見紂積怨於民若是其甚而武王之兵則蓋不待血刃也此所以一被兵甲而天下遂大定乎乃者繼事之辭反紂之虐政由商先王之舊政也式車前橫木有所敬則俯而憑之商容商之賢人閭族居里門也賚予也武王除殘去暴顯忠遂良賑窮賙乏澤及天下天下之人皆心悅而誠服之帝王世紀云殷民言王之於仁人也死者猶封其墓況生者乎王之於賢人也亡者猶表其閭況存者乎王之於財也聚者猶散之況其復籍之乎唐孔氏曰是爲悅服之事○此當在罔不率俾之下

列爵惟五애分土惟三이며建官惟賢ᄒᆞ시고位事惟能ᄒᆞ시며重民五教ᄒᆞ샤ᄃᆡ惟食喪祭ᄒᆞ시며惇信明義ᄒᆞ시며崇德報功ᄒᆞ시니垂拱而天下治ᄒᆞ니라

●爵을列호ᄃᆡ五를홈에土分홈을三이며官을建ᄒᆞ샤ᄃᆡ賢으로ᄒᆞ시고事를位ᄒᆞ샤ᄃᆡ能으로ᄒᆞ시며民의五教를重히ᄒᆞ샤ᄃᆡ食과喪과祭를ᄒᆞ시며信을惇ᄒᆞ시며義를

明ᄒᆞ시며德을崇ᄒᆞ시며功을報ᄒᆞ시니垂ᄒᆞ시며拱ᄒᆞ야셔天下ㅣ治ᄒᆞ니라
○列爵惟五公侯伯子男也分土惟三公侯百里伯七十里子男五十里之三等也建官惟賢不肖者不得進位事惟能不才者不得任五教君臣父子夫婦兄弟長幼五典之教也食以養生喪以送死祭以追遠五教三事所以立人紀而厚風俗聖人之所甚重焉者惇厚也厚其信明其義信義立而天下無不勵之俗有德者尊之以官有功者報之以賞官賞行而天下無不勸之善夫分封有法官使有要五教修而三事擧信義立而官賞行武王於此復何爲哉垂衣拱手而天下自治矣史臣述武王政治之本末言約而事博也如此哉○此當在大邑周之下而上猶有缺文此篇編簡錯亂先後失序今考正其文于後

今考定武成

惟一月壬辰旁死魄越翼日癸巳王朝步自周于征伐商底商之罪告于皇天后土所過名山大川曰惟有道曾孫周王發將有大正于商今商王受無道暴殄天物害虐烝民爲天下逋逃主萃淵藪予小子旣獲仁人敢祗承上帝以遏亂略華夏蠻貊罔不率俾惟爾有神尙克相予以濟

兆民無作神羞旣戊午師渡孟津癸亥陳于商郊俟天休
命甲子昧爽受率其旅若林會于牧野罔有敵于我師前
徒倒戈攻于後以北血流漂杵一戎衣天下大定乃反商
政政由舊釋箕子囚封比干墓式商容閭散鹿臺之財發
鉅橋之粟大賚于四海而萬姓悅服厥四月哉生明王來
自商至于豐乃偃武修文歸馬于華山之陽放牛于桃林
之野示天下弗服旣生魄庶邦冢君曁百工受命于周丁
未祀于周廟邦甸侯衛駿奔走執豆籩越三日庚戌柴望
大告武成王若曰嗚呼群后惟先王建邦啓土公劉克篤
前烈至于太王肇基王迹王季其勤王家我文考文王克
成厥勳誕膺天命以撫方夏大邦畏其力小邦懷其德惟
九年大統未集予小子其承厥志恭天成命肆予東征綏

厥士女惟其士女篚厥玄黃昭我周王天休震動用附我大邑周列爵惟五分土惟三建官惟賢位事惟能重民五教惟食喪祭惇信明義崇德報功垂拱而天下

洪範

漢志曰禹治洪水錫洛書法而陳之洪範是也史記武王克殷訪問箕子以天道箕子以洪範陳之按篇內曰而曰汝者箕子告武王之辭意洪範發之於禹箕子推衍增益以成篇歟今文古文皆有

惟十有三祀애王이訪于箕子ᄒᆞ시다

●十이오또三祀에王이箕子씌訪ᄒᆞ시다

○商曰祀周曰年此曰祀者因箕子之辭也箕子嘗言商其淪喪我罔爲臣僕史記亦載箕子陳洪範之後武王封于朝鮮而不臣也蓋箕子不可臣武王亦遂其志而不臣之也訪就而問之也箕國名子爵也○蘇氏曰箕子之不臣周也而曷爲爲武王陳洪範也天以是道畀之禹傳至於我不可使自我而絕以武王而不傳則天下無可傳者矣故爲箕子之道者傳道則可仕則不可

王이乃言曰嗚呼ㅣ라箕子아惟天陰騭下民ᄒᆞ야相協厥居ᄒᆞ시나我ᄂᆞᆫ

不知其彝倫의攸叙ᄒᆞ노라 騭職日反 相去聲

●王이乃言ᄒᆞ야ᄀᆞᆯᄋᆞ샤ᄃᆡ嗚呼ㅣ라箕子아天이그윽키下民을騭ᄒᆞ샤그居를相ᄒᆞ야協ᄒᆞ시니我는그彝倫의叙ᄒᆞᆯ바를아디못ᄒᆞ노라

○乃言者難辭重其問也箕子稱舊邑爵者方歸自商未新封爵也騭定協合彝常倫理也所謂秉彝人倫也武王之問蓋曰天於冥冥之中默有以安定其民輔相保合其居止而我不知其彝倫之所以叙者如何也

箕子ㅣ乃言曰我聞ᄒᆞ니在昔鯀이陻洪水ᄒᆞ야汨陳其五行ᄒᆞᆫᄃᆡ帝乃震怒ᄒᆞ샤不畀洪範九疇ᄒᆞ시니彝倫의攸斁ㅣ니라鯀則殛死ㅣ어늘禹乃嗣興ᄒᆞ신ᄃᆡ天乃錫禹洪範九疇ᄒᆞ시니彝倫의攸叙ㅣ니라 鄄音因汨音骨斁都故反

●箕子ㅣ乃言ᄒᆞ야ᄀᆞᆯ오ᄃᆡ나ᄂᆞᆫ드로니녜이셔鯀이洪水를陻ᄒᆞ야그五行을汨陳ᄒᆞᆫᄃᆡ帝ㅣ이에震怒ᄒᆞ샤洪九範疇를畀티아니ᄒᆞ시니彝倫의斁ᄒᆞᆫ배니라鯀이殛ᄒᆞ야死커ᄂᆞᆯ禹ㅣ嗣ᄒᆞ야興ᄒᆞ신ᄃᆡ天이禹ᄭᅴ洪範九疇를錫ᄒᆞ시니彝倫의叙ᄒᆞᆫ배니라

○乃言者重其答也陻塞汨亂陳列畀與洪大範法疇類斁敗錫賜也帝以主宰言天以理言也洪範九疇治天下之大法其類有九卽下文初一至次九者箕子之答蓋曰洪範九疇原出於天鯀逆水性汨陳五行故帝震怒不以與之此彝倫之所以敗也禹順水之性地平天成故天出書于洛禹別之以爲洪範九疇此彝倫之所以敍也彝倫之敍卽九

疇之所敘者也○按孔氏曰天與禹神龜負文而出列於背有數至九禹遂因而第之以成九類易言河出圖洛出書聖人則之蓋治水功成洛龜呈瑞如簫韶奏而鳳儀春秋作而麟至亦其理也世傳戴九履一左三右七二四爲肩六八爲足卽洛書之數也

初一은曰五行이오次二는曰敬用五事ㅣ오次三은曰農用八政이오次四는曰協用五紀ㅣ오次五는曰建用皇極이오次六은曰乂用三德이오次七은曰明用稽疑ㅣ오次八은曰念用庶徵이오次九는曰嚮用五福이오威用六極이니라

●初一은ᄀᆞᆯ온五行이오次二는ᄀᆞᆯ온敬ᄒᆞ되五事로써ᄒᆞᆷ이오次三은ᄀᆞᆯ온農의八政으로써ᄒᆞᆷ이오次四는ᄀᆞᆯ온協ᄒᆞᆷ을五紀로써ᄒᆞᆷ이오次五는ᄀᆞᆯ온建ᄒᆞᆷ을皇極으로써ᄒᆞᆷ이오次六은ᄀᆞᆯ온乂ᄒᆞᆷ을三德으로써ᄒᆞᆷ이오次七은ᄀᆞᆯ온明ᄒᆞᆷ을稽疑로써ᄒᆞᆷ이오次八은ᄀᆞᆯ온念ᄒᆞᆷ을庶徵으로써ᄒᆞᆷ이오次九는ᄀᆞᆯ온嚮ᄒᆞᆷ을五福으로써ᄒᆞᆷ이오威ᄒᆞᆷ을六極으로써ᄒᆞᆷ이니라

○此九疇之綱也在天惟五行在人惟五事以五事參五行天人合矣八政者人之所以因乎天五紀者天之所以示乎人皇極者君之所以建極也三德者治之所以應變也稽疑者以人而聽於天也庶徵者推天而徵之人也福極者人感而天應也五事曰敬所以誠身也八政曰農所以厚生也五紀曰協所以合天也皇極曰建所以立極也三德曰乂

所以治民也稽疑曰明所以辨惑也庶徵曰念所以省驗也五福曰嚮所以勸也六極曰威所以懲也五行不言用無適而非用也皇極不言數非可以數明也本之以五行敬之以五事厚之以八政協之以五紀皇極之所以建也乂之以三德明之以稽疑驗之以庶徵勸懲之以福極皇極之所以行也人君治天下之法是孰有加於此哉

一五行은 一曰水ㅣ오 二曰火ㅣ오 三曰木이오 四曰金이오 五曰土ㅣ니라 水曰潤下ㅣ오 火曰炎上이오 木曰曲直이오 金曰從革이오 土爰稼穡이니라 潤下는 作鹹ᄒᆞ고 炎上은 作苦ᄒᆞ고 曲直은 作酸ᄒᆞ고 從革은 作辛ᄒᆞ고 稼穡은 作甘이니라

●一五行은一은골온水ㅣ오二은골온火ㅣ오三은골온木이오四은골온金이오五는골온土ㅣ니라水는골온潤ᄒᆞ며下ᄒᆞ고火는골온炎ᄒᆞ며上ᄒᆞ고木은골온曲ᄒᆞ며直ᄒᆞ고金은골온從ᄒᆞ며革ᄒᆞ고土는이에稼ᄒᆞ며穡ᄒᆞᄂᆞ니라潤下는鹹을作ᄒᆞ고炎上은苦를作ᄒᆞ고曲直은酸을作ᄒᆞ고從革은辛을作ᄒᆞ고稼穡은甘을作ᄒᆞᄂᆞ니라
○此下九疇之目也水火木金土者五行之生序也天一生水地二生火天三生木地四生金天五生土唐孔氏曰萬物成形以微著爲漸五行先後亦以微著爲次五行之體水最微爲一火漸著爲二木形實爲三金體固爲四土質大爲五潤下炎上曲直從革以性

言也稼穡以德言也潤下者潤而又下也炎上者炎而又上也曲直者曲而又直也從革者從而又革也稼穡者稼而又穡也稼穡獨以德言者土兼五行無正位無成性而其生之德莫盛於稼穡故以稼穡言也稼穡不可以爲性也故不曰曰而曰爰爰於也於是稼穡而已非所以名也作爲也鹹苦酸辛甘者五行之味也五行有聲色氣味而獨言味者以其切於民用也

二五事는 一曰貌ㅣ오二曰言이오三曰視ㅣ오四曰聽이오五曰思ㅣ니라 貌曰恭이오言曰從이오視曰明이오聽曰聰이오思曰睿니라 恭은作肅ᄒᆞ며 從은作乂ᄒᆞ며明은作哲ᄒᆞ며聰은作謀ᄒᆞ며睿는作聖이니라 睿兪芮反

●二五事ᄂᆞᆫ 一은ᄀᆞᆯ온貌ㅣ오二ᄂᆞᆫᄀᆞᆯ온言이오三은ᄀᆞᆯ온視오四ᄂᆞᆫᄀᆞᆯ온聽이오五ᄂᆞᆫᄀᆞᆯ온思ㅣ니라貌ᄂᆞᆫᄀᆞᆯ온恭이오言은ᄀᆞᆯ온從이오視ᄂᆞᆫᄀᆞᆯ온明이오聽은ᄀᆞᆯ온聰이오思ᄂᆞᆫᄀᆞᆯ온睿니라恭은肅을作ᄒᆞ며從은乂ᄅᆞᆯ作ᄒᆞ며明은哲을作ᄒᆞ며聰은謀ᄅᆞᆯ作ᄒᆞ며睿ᄂᆞᆫ聖을作ᄒᆞᄂᆞ니라

○貌言視聽思者五事之叙也貌澤水也言揚火也視散木也聽收金也思通土也亦人事發見先後之叙人始生則形色具矣既生則聲音發矣既又而後能視而後能聽而後能思也恭從明聰睿者五事之德也恭者敬也從者順也明者無不見也聰者無不聞也睿者通乎微也肅乂哲謀聖者五德之用也肅者嚴整也乂者條理也哲者智也謀者度

也聖者無不通也

三八政은 一曰食이오 二曰貨ㅣ오 三曰祀ㅣ오 四曰司空이오 五曰司徒ㅣ오 六曰司寇ㅣ오 七曰賓이오 八曰師ㅣ니라

●三八政은 一은ᄀᆞᆯ온食이오 二는ᄀᆞᆯ온貨ㅣ오 三은ᄀᆞᆯ온祀ㅣ오 四은ᄀᆞᆯ온司空이오 五는ᄀᆞᆯ온司徒ㅣ오 六은ᄀᆞᆯ온司寇ㅣ오 七은ᄀᆞᆯ온賓이오 八은ᄀᆞᆯ온師ㅣ니라

○食者民之所急貨者民之所資故食爲首而貨次之食貨所以養生也祭祀所以報本也司空掌土所以安其居也司徒掌教所以成其性也司寇掌禁所以治其姦也賓者禮諸侯遠人所以往來交際也師者除殘禁暴也兵非聖人之得已故居末也

四五紀는 一曰歲오 二曰月이오 三曰日이오 四曰星辰이오 五曰曆數ㅣ니라

●四五紀는 一은ᄀᆞᆯ온歲오 二는ᄀᆞᆯ온月이오 三은ᄀᆞᆯ온日이오 四은ᄀᆞᆯ온星辰이오 五는ᄀᆞᆯ온曆數ㅣ니라

○歲者序四時也月者定晦朔也日者正躔度也星經星緯星也辰日月所會十二次也曆數者占步之法所以紀歲月日星辰也

五皇極은 皇이 建其有極이니 歛時五福ᄒᆞ야 用敷錫厥庶民ᄒᆞ면 惟時

厥庶民이于汝極애錫汝保極ᄒᆞ리라

●五皇極은皇이그極을建ᄒᆞ삼이니이五福을斂ᄒᆞ야써敷ᄒᆞ야그庶民을錫ᄒᆞ면이애그庶民이네極애네거긔極을保홈을錫ᄒᆞ리라

○皇君建立也極猶北極之極至極之義標準之名中立而四方之所取正焉者也言人君當盡人倫之至語父子則極其親而天下之爲父子者於此取則焉語夫婦則極其別而天下之爲夫婦者於此取則焉語兄弟則極其愛而天下之爲兄弟者於此取則焉以至一事一物之接一言一動之發無不極其義理之當然而無一毫過不及之差則極建矣極者福之本福者極之效極之所建福之所集也人君集福於上非厚其身而已用敷其福以與庶民使人人觀感而化所謂敷錫也當時之民亦皆於君之極與之保守不敢失墜所謂錫保也言皇極君民所以相與者如此也

凡厥庶民이無有淫朋ᄒᆞ며人無有比德은惟皇이作極일ᄉᆡ니라

●무릇그庶民이淫朋을두디아니ᄒᆞ며人이比德을두디아니홈은皇이極을作ᄒᆞ실ᄉᆡ니라

○淫朋邪黨也人有位之人比德私相比附也言庶民與有位之人而無淫朋比德者惟君爲之極而使之有所取正耳重言君不可以不建極也

凡厥庶民이有猷有爲有守를汝則念之ᄒᆞ며不協于極이라도不罹

于咎ㅣ어든 皇則受之ᄒᆞ라 而康而色ᄒᆞ야 曰予攸好德이라커든 汝則錫之福ᄒᆞ면 時人이 斯其惟皇之極ᄒᆞ리라

●무릇그庶民이猷를두며爲를두며守를두는이를네念ᄒᆞ며極애協디못ᄒᆞ야도咎애罹디아니ᄒᆞ거든皇은受ᄒᆞ라色을康ᄒᆞ야ᄀᆞᆯ오ᄃᆡ나의好ᄒᆞ는배德이라커든네福을錫ᄒᆞ면이사ᄅᆞᆷ이이에그皇의極을ᄒᆞ리라

○此言庶民也有猷有謀慮者有爲有施設者有守有操守者是三者君之所當念也念之者不忘之也帝念哉之念不協于極未合於善也不罹于咎不陷於惡也未合於善不陷於惡所謂中人也進之則可與爲善棄之則流於惡君之所當受也受之者不拒之也歸斯受之之受念之受之隨其才而輕重以成就之也見於外而有安和之色發於中而有好德之言汝於是則錫之以福而是人斯其惟皇之極矣福者爵祿之謂或曰錫福即上文斂福錫民之福非自外來也曰祿亦福也上文指福之全體而言此則爲福之一端而發苟謂非祿之福則於下文于其無好德汝雖錫之福其作汝用咎爲不通矣

無虐煢獨ᄒᆞ고而畏高明ᄒᆞ라

●煢獨을虐ᄒᆞ고高明을畏티말라

○煢獨庶民之至微者也高明有位之尊顯者也各指其甚者而言庶民之至微者有善則當勸勉之有位之尊顯者有不善則當懲戒之此結上章而起下章之義

人之有能有爲를 使羞其行ᄒᆞ면 而邦이 其昌ᄒᆞ리라 凡厥正人은 旣富샤ㅣ오 方穀이니 汝弗能使有好于而家ᄒᆞ면 時人이 斯其辜ㅣ리라 于其無好德애 汝雖錫之福이라도 其作汝用咎ㅣ리라

●人이能을두며爲를두ᄂᆞᆫ니를ᄒᆞ야곰그行을羞케ᄒᆞ면네邦이그昌ᄒᆞ리라무릇그正人은임의富케ᄒᆞ고사바야흐로穀ᄒᆞᆯ디니네能히ᄒᆞ야곰네家애好케ᄒᆞᆷ을두디못ᄒᆞ면이사ᄅᆞᆷ이이히그辜ᄒᆞ리라그德을好티아니ᄒᆞᄂᆞᆫ이애네비록福을錫ᄒᆞᆯ지라도그네씀씀이되리라

○此言有位者也有能有才智者羞進也使進其行則官使者皆賢才而邦國昌盛矣正人者在官之人如康誥所謂惟厥正人者富祿之也穀善也在官之人有祿可仰然後可責其爲善廩祿不繼衣食不給不能使其和好于而家則是人將陷於罪戾矣於其不好德之人而與之以祿則爲汝用咎惡之人也此言祿以與賢不可及惡德也必富之而後責其善者聖人之設敎欲中人以上皆可能也

無偏無陂ᄒᆞ야 遵王之義ᄒᆞ며 無有作好ᄒᆞ야 遵王之道ᄒᆞ며 無有作惡ᄒᆞ야 遵王之路ᄒᆞ라 無偏無黨ᄒᆞ면 王道ㅣ 蕩蕩ᄒᆞ며 無黨無偏ᄒᆞ면 王道ㅣ 平平ᄒᆞ며 無反無側ᄒᆞ면 王道ㅣ 正直ᄒᆞ리니 會其有極ᄒᆞ야 歸其有極ᄒᆞ리라

●偏흠이업스며陂흠이업시ᄒᆞ야王의義를遵ᄒᆞ며好를作디아니ᄒᆞ야王의道를遵ᄒᆞ며惡을作디아니ᄒᆞ야王의路를遵ᄒᆞ라偏흠이업스며黨흠이업스면王의道ㅣ蕩蕩ᄒᆞ며黨흠이업스며偏흠이업스면王의道ㅣ平平ᄒᆞ며反흠이업스며側흠이업스면王의道ㅣ正直ᄒᆞ리니그極애會ᄒᆞ야그極애歸ᄒᆞ리라

○偏不中也陂不平也作好作惡好惡加之意也黨不公也反倍常也側不正也偏陂好惡己私之生於心也偏黨反側己私之見於事也王之義王之道王之路皇極之所由行也蕩蕩廣遠也平平平易也正直不偏邪也皇極正大之體也遵義遵道遵路會其極也蕩蕩平平正直歸其極也會者合而來也歸者來而至也此章蓋詩之體所以使人吟咏而得其情性者也夫歌詠以協其音反復以致其意戒之以私而懲創其邪思訓之以極而感發其善性諷詠之間恍然而悟悠然而得忘其傾斜狹小之念達乎公平廣大之理人欲消熄天理流行會極歸極有不知其所以然而然者其功用深切與周禮大師敎以六詩者同一機而尤要者也後世此意不傳皇極之道其不明於天下也宜哉

曰皇極之敷言이**是彝是訓**이니**于帝其訓**이시니라

●골오ᄃᆡ皇이極으로敷ᄒᆞᆫ言이이彝며이訓이니帝ㅣ그訓이시니라

○曰起語辭敷言上文敷衍之言也言人君以極之理而反復推衍爲言者是天下之常理是天下之大訓非君之訓也天之訓也蓋理出乎天言純乎天則天之言矣此贊敷言之妙如此

凡厥庶民이 極之敷言을 是訓是行ᄒᆞ면 以近天子之光ᄒᆞ야 曰天子ㅣ 作民父母ᄒᆞ샤 以爲天下王이라ᄒᆞ리라

●무릇그庶民이極의敷ᄒᆞᆫ言을이ᄒᆡ訓ᄒᆞ야이ᄒᆡ行ᄒᆞ면써天子ㅅ光애近ᄒᆞ야닐오ᄃᆡ天子ㅣ民의父母ㅣ되샤써天下앳王이되야게시다ᄒᆞ리라

○光者道德之光華也天子之於庶民性一而已庶民於極之敷言是訓是行則可以近天子道德之光華也曰者民之辭也謂之父母者指其恩育而言親之之意謂之王者指其君長而言尊之之意言天子恩育君長乎我者如此其至也言民而不言人者擧小以見大也

六三德은 一曰正直이오 二曰剛克이오 三曰柔克이니 平康은 正直이오 彊弗友란 剛克ᄒᆞ고 燮友란 柔克ᄒᆞ며 沈潛으란 剛克ᄒᆞ고 高明으란 柔克이니라

●六三德은一은ᄀᆞᆯ온正直이오二ᄂᆞᆫᄀᆞᆯ온剛으로克홈이오三은ᄀᆞᆯ온柔로克홈이니平康은正直이오彊ᄒᆞ야友티아니니란剛으로克ᄒᆞ고燮ᄒᆞ야友ᄒᆞ니란柔로克ᄒᆞ며沈ᄒᆞ며潛ᄒᆞ니란剛으로克ᄒᆞ고高ᄒᆞ며明ᄒᆞ니란柔로克ᄒᆞᄂᆞ니라

○克治友順燮和也正直剛柔三德也正者無邪直者無曲剛克柔克者威福予奪抑揚進退之用也彊弗友者彊梗弗順者也燮友者和柔委順者也沈潛者沈深潛退不及中

者也高明者高亢明爽過乎中者也蓋習俗之偏氣稟之過者也故平康正直無所事乎矯拂無爲而治是也彊弗友剛克以剛克剛也燮友柔克以柔克柔也沈潛剛克以剛克柔也高明柔克以柔克剛也正直之用一而剛柔之用四也聖人撫世酬物因時制宜三德乂用陽以舒之陰以斂之執其兩端用其中于民所以納天下民俗於皇極者蓋如此

惟辟이샤作福ᄒᆞ며惟辟이샤作威ᄒᆞ며惟辟이샤玉食ᄒᆞᄂᆞ니、臣無有作福作威玉食이니라

●오직辟이사福을作ᄒᆞ며오직辟이사威를作ᄒᆞ며오직辟이사玉食ᄒᆞᄂᆞ니臣은福을作ᄒᆞ며威를作ᄒᆞ며玉食홈이잇지아니ᄒᆞᄂᆞ니라

○福威者上所以御下玉食者下之所以奉上也曰惟辟者戒其權不可下移曰無有者戒其臣不可上僭也

臣之有作福作威玉食ᄒᆞ면其害于而家ᄒᆞ며凶于而國ᄒᆞ야人用側頗僻ᄒᆞ며民用僭忒ᄒᆞ리라 忒暢德反

●臣이福을作ᄒᆞ며威를作ᄒᆞ며玉食홈이이스면그네家애害ᄒᆞ며네國에凶ᄒᆞ야人이써側ᄒᆞ며頗ᄒᆞ며僻ᄒᆞ며民이써僭ᄒᆞ며忒ᄒᆞ리라

○頗不平也僻不公也僭踰忒過也臣而僭上之權則大夫必害于而家諸侯必凶于而國有位者固側頗僻而不安其分小民者亦僭忒而踰越其常甚言人臣僭上之患如此

七稽疑ᄂᆞᆫ擇建立卜筮人ᄒᆞ고사乃命卜筮ᄒᆞ니라

●七稽疑ᄂᆞᆫ卜筮ᄒᆞᄂᆞᆫ人을擇ᄒᆞ야建立ᄒᆞ고사命ᄒᆞ야卜筮를ᄒᆞᄂᆞ니라

○稽考也有所疑則卜筮以考之龜曰卜蓍曰筮蓍龜者至公無私故能紹天之明卜筮者亦必至公無私而後能傳蓍龜之意必擇是人而建立之然後使之卜筮也

曰雨와曰霽와曰蒙과曰驛과曰克이며

●날온雨와날온霽와날온蒙과날온驛과날온克이며

○此卜兆也雨者如雨其兆爲水霽者開霽其兆爲火蒙者蒙昧其兆爲木驛者絡驛不屬其兆爲金克者交錯有相勝之意其兆爲土

曰貞과曰悔니라

●날온貞과날온悔왜니라

○此占卦也內卦爲貞外卦爲悔左傳蠱之貞風其悔山是也又有以遇卦爲貞之卦爲悔國語貞屯悔豫皆八是也

凡七은卜五ㅣ오占用二ㅣ니衍忒ᄒᆞᄂᆞ니라

●무릇七은卜애ᄂᆞᆫ五ㅣ오占애ᄂᆞᆫ二를用ᄒᆞᄂᆞ니忒을衍ᄒᆞᄂᆞ니라

○凡七雨霽蒙驛克貞悔也卜五雨霽蒙驛克也占二貞悔也衍推忒過也所以推人事之過差也

立時人ᄒᆞ야作卜筮ᄒᆞ되三人이占이어든則從二人之言이니라

●이人을立ᄒᆞ야卜筮를作호ᄃᆡ三人이占ᄒᆞ야든二人의言을從ᄒᆞᆯ디니라

○凡卜筮必立三人以相參考舊說卜有玉兆瓦兆原兆筮有連山歸藏周易者非是謂之三人非三卜筮也

汝則有大疑어든謀及乃心ᄒᆞ며謀及卿士ᄒᆞ며謀及庶人ᄒᆞ며謀及卜筮ᄒᆞ라汝則從ᄒᆞ며龜從ᄒᆞ며筮從ᄒᆞ며卿士從ᄒᆞ며庶民從이면是之謂大同이니身其康彊ᄒᆞ며子孫이其逢吉ᄒᆞ리라汝則從ᄒᆞ며龜從ᄒᆞ며筮從이오卿士ㅣ逆ᄒᆞ며庶民이逆ᄒᆞ야도吉ᄒᆞ리라卿士ㅣ從ᄒᆞ며龜從ᄒᆞ며筮從이오汝則逆ᄒᆞ며庶民이逆ᄒᆞ야도吉ᄒᆞ리라庶民이從ᄒᆞ며龜從ᄒᆞ며筮從이오汝則逆ᄒᆞ며卿士ㅣ逆ᄒᆞ야도吉ᄒᆞ리라汝則從ᄒᆞ며龜從이오筮逆ᄒᆞ며卿士ㅣ逆ᄒᆞ며庶民이逆ᄒᆞ면作內ᄂᆞᆫ吉ᄒᆞ고作外ᄂᆞᆫ凶ᄒᆞ리라龜筮ㅣ共違于人ᄒᆞ면用靜은吉ᄒᆞ고用作은凶ᄒᆞ리라

●네키疑홈이잇거든謀를네마음에밋ᄎᆞ며謀를卿士애밋ᄎᆞ며謀를庶人애미ᄎᆞ며謀를卜筮애밋ᄎᆞ라네從ᄒᆞ며龜ㅣ從ᄒᆞ며筮ㅣ從ᄒᆞ며卿士ㅣ從ᄒᆞ며庶民이從ᄒᆞ면이닐온大同이니身이그康疆ᄒᆞ며子孫이그吉을逢ᄒᆞ리라네從ᄒᆞ며龜ㅣ從ᄒᆞ며筮

ㅣ從ᄒᆞ고卿士ㅣ逆ᄒᆞ며庶民이逆ᄒᆞ야도吉ᄒᆞ리라卿士ㅣ從ᄒᆞ며龜ㅣ從ᄒᆞ며筮ㅣ從ᄒᆞ고네逆ᄒᆞ며庶民이逆ᄒᆞ야도吉ᄒᆞ리라庶民이從ᄒᆞ며龜ㅣ從ᄒᆞ며筮ㅣ從ᄒᆞ고네逆ᄒᆞ며卿士ㅣ逆ᄒᆞ야도吉ᄒᆞ리라네從ᄒᆞ며龜ㅣ從ᄒᆞ고筮ㅣ逆ᄒᆞ며卿士ㅣ逆ᄒᆞ며庶民이逆ᄒᆞ면內를作홈은吉ᄒᆞ고外를作홈은凶ᄒᆞ리라龜와筮ㅣ다人애違ᄒᆞ면靜애씀은吉ᄒᆞ고作애씀은凶ᄒᆞ리라

○稽疑以龜筮爲重人與龜筮皆從是之謂大同固吉也人一從而龜筮不違者亦吉龜從筮逆則可作內不可作外內謂祭祀等事外謂征伐等事龜筮共違則可靜不可作靜謂守常作謂動作也然有龜從筮逆而無筮從龜逆者龜尤聖人所重也故禮記大事卜小事筮傳謂筮短龜長是也自夫子贊易極著蓍卦之德蓍重而龜書不傳云

八庶徵은曰雨와曰暘과曰燠과曰寒과曰風과曰時니五者ㅣ來備ᄒᆞ되各以其敘ᄒᆞ면庶草도蕃廡ᄒᆞ리라

●八庶徵은닐온雨와닐온暘과닐온燠과닐온寒과닐온風과닐온時ㅣ니五者ㅣ와셔備ᄒᆞ되각각써그敘ᄒᆞ면庶草도蕃廡ᄒᆞ리라

○徵驗也廡豐茂所驗者非一故謂之庶徵雨暘燠寒風各以時至故曰時也備者無缺少也敘者應節候也五者備而不失其敘庶草且蕃廡矣則其他可知也雨屬水暘屬火燠屬木寒屬金風屬土吳仁傑曰易以坎爲水北方之卦也又曰雨以潤之則雨爲水矣

離爲火南方之卦也又曰日以烜之則暘爲火矣小明之詩首章云我征徂西二月初吉三章云昔我往矣日月方燠夫以二月爲燠則燠之爲春爲木明矣漢志引狐突金寒之言顏師古謂金行在西故謂之寒則寒之爲秋爲金明矣又按稽疑以雨屬水以霽屬火霽暘也則庶徵雨之爲水暘之爲火類倒仰又甚明蓋五行乃生數自然之叙五事則本於五行庶徵則本於五事其條理次第相爲貫通有秩然而不可紊亂者也

一이極備ᄒᆞ야도凶ᄒᆞ며一이極無ᄒᆞ야도凶ᄒᆞ니다

● 一이極히備ᄒᆞ야도凶ᄒᆞ며一이極히無ᄒᆞ야도凶ᄒᆞ니라

○極備過多也極無過少也唐孔氏曰雨多則澇雨少則旱是極備亦凶極無亦凶餘準是

曰休徵은曰肅애時雨ㅣ若ᄒᆞ며曰乂애時暘이若ᄒᆞ며曰哲애時燠이若ᄒᆞ며曰謀이時寒이若ᄒᆞ며曰聖이時風이若이니라曰咎徵은曰狂애恒雨ㅣ若ᄒᆞ며曰僭애恒暘이若ᄒᆞ며曰豫애恒燠이若ᄒᆞ며曰急애恒寒이若ᄒᆞ며曰蒙애恒風이若이니라

● 날온休ᄒᆞᆫ徵은날온肅애時雨ㅣ若ᄒᆞ며날온乂애時暘이若ᄒᆞ며일온哲애時燠이若ᄒᆞ며날온謀애時寒이若ᄒᆞ며날온聖애時風이若ᄒᆞᄂᆞ니라날온咎ᄒᆞᆫ徵은날온狂

애恒雨ㅣ若ᄒᆞ며曰僭애恒暘이若ᄒᆞ며曰豫애恒燠이若ᄒᆞ며曰急애恒寒이若ᄒᆞ며曰蒙애恒風이若ᄒᆞᄂᆞ니라

○狂妄僭差豫怠急迫蒙昧也在天爲五行在人爲五事五事修則休徵各以類應之五事失則咎徵各以類應之自然之理也然必曰某事得則某休徵應某事失則某咎徵應則亦膠固不通而不足與語造化之妙矣天人之際未易言也失得之機應感之微非知道者孰能識之哉

曰王省은**惟歲**ㅣ오**卿士**ᄂᆞᆫ**惟月**이오**師尹**은**惟日**이니라

●날오ᄃᆡ王의省은歲오卿士ᄂᆞᆫ月이오師尹은日이니라

○歲月日以尊卑爲徵也王者之失得其徵以歲卿士之失得其徵以月師尹之失得其徵以日蓋雨暘燠寒風五者之休咎有係一歲之利害有係一月之利害有係一日之利害各以其大小言也

歲月日에**時無易**ᄒᆞ면**百穀用成**ᄒᆞ며**乂用明**ᄒᆞ며**俊民**이**用章**ᄒᆞ며**家用平康**ᄒᆞ리라

●歲와月과日에時ㅣ易홈이업스면百穀이써成ᄒᆞ며乂ㅣ써明ᄒᆞ며俊民이써章ᄒᆞ며家ㅣ써平康ᄒᆞ리라

○歲月日三者雨暘燠寒風不失其時則其效如此休徵所感也

日月歲애時旣易ᄒᆞ면百穀用不成ᄒᆞ며乂用昏不明ᄒᆞ며俊民이用微ᄒᆞ며家用不寧ᄒᆞ리라

●日과月과歲애時ㅣ임의易ᄒᆞ면百穀이써成티아니ᄒᆞ며乂ㅣ써昏ᄒᆞ야明티아니ᄒᆞ며俊民이써微ᄒᆞ며家ㅣ써寧티못ᄒᆞ리라

○日月歲三者雨暘燠寒風旣失其時則其害如此咎徵所致也休徵言歲月日者總於大也咎徵言日月歲者著其小也

庶民은惟星이니星有好風ᄒᆞ며星有好雨ㅣ니라日月之行은則有冬有夏ᄒᆞ니月之從星으로則以風雨ㅣ니라

●庶民은星이니星이風을好ᄒᆞᆷ이이스며星이雨를好ᄒᆞᆷ이잇ᄂᆞ니라日月의行ᄒᆞᆷ은冬이이스며夏ㅣ잇ᄂᆞ니月이星을從ᄒᆞᆷ으로써風ᄒᆞ며雨ᄒᆞᄂᆞ니라

○民之麗乎土猶星之麗乎天也好風者箕星好雨者畢星漢志言軫星亦好雨意者星宿皆有所好也日有中道月有九行中道者黃道也北至東井去極近南至牽牛去極遠東至角西至婁去極中是也九行者黑道二出黃道北赤道二出黃道南白道二出黃道西靑道二出黃道東幷黃道爲九行也日極南至于牽牛則爲冬至極北至於東井則爲夏至南北中東至角西至婁則爲春秋分月立春春分從靑道立秋秋分從白道立冬冬至從黑道立夏夏至從赤道所謂日月之行則有冬有夏也月行東北入于箕則多風

月行西南入于畢則多雨所謂月之從星則以風雨也民不言省者庶民之休咎係乎上人之得失故但以月之從星以見所以從民之欲者如何爾夫民生之衆寒者欲衣飢者欲食鰥寡孤獨者之欲得其所此王政之所先而卿士師尹近民者之責也然星雖有好風好雨之異而日月之行則有冬有夏之常以月之常行而從星之異好以卿士師尹之常職而從民之異欲則其從民者非所以徇民矣言日月而不言歲者有冬有夏所以成歲功也言月而不言日者從星惟月爲可見耳

九五福은 一曰壽ㅣ오 二曰富ㅣ오 三曰康寧이오 四曰攸好德이오 五曰考終命이니라

●九五福은 一은 닐온壽ㅣ오 二은 닐온富ㅣ오 三은 닐온康寧홈이오 四은 닐온德을好ᄒᆞ는배오 五는 닐온終命을考홈이니라

○人有壽而後能享諸福故壽先之富者有廩祿也康寧者無患難也攸好德者樂其道也考終命者順受其正也以福之急緩爲先後

六極은 一曰凶短折이오 二曰疾이오 三曰憂ㅣ오 四曰貧이오 五曰惡이오 六曰弱이니라

●六極은 一은 닐온凶ᄒᆞ며短折이오 二는 닐온疾이오 三은 닐온憂ㅣ오 四은 닐온貧이오 五는 닐온惡이오 六은 닐온弱이니라

○凶者不得其死也短折者橫夭也禍莫大於凶短折故先言之疾者身不安也憂者心不寧也貧者用不足也惡者剛之過也弱者柔之過也以極之重輕爲先後五福六極在君則係於極之建不建在民人則由於訓之行不行感應之理微矣

旅獒

西旅貢獒召公以爲非所當受作書以戒武王亦訓體也因以旅獒名篇今文無古文有

惟克商ᄒᆞ시니 遂通道于九夷八蠻이어늘 西旅ㅣ底貢厥獒ᄒᆞᆫᄃᆡ 太保ㅣ乃作旅獒ᄒᆞ야 用訓于王ᄒᆞ니라 獒牛刀反

●商을克ᄒᆞ시니九夷와八蠻애道ㅣ通ᄒᆞ거늘西旅ㅣ貢애그獒를底ᄒᆞᄃᆡ太保ㅣ旅獒를作ᄒᆞ야써王ᄭᅴ訓ᄒᆞ니라

○九夷八蠻多之稱也職方言四夷八蠻爾雅言九夷八蠻但言其非一而已武王克商之後威德廣被九州之外蠻夷戎狄莫不梯山航海而至曰通道云者蓋蠻夷來王則道路自通非武王有意於開四夷而斥大境土也西旅西方蠻夷國名犬高四尺曰獒按說文曰犬知人心可使者公羊傳曰晉靈公欲殺趙盾盾躇階而走靈公呼獒而屬之獒亦躇階而從之則獒能曉解人意猛而善搏人者異於常犬非特以其高大也太保召公奭也史記云與周同姓姬氏此旅獒之本序

曰嗚呼ㅣ라 明王이 愼德이어시든 四夷咸賓ᄒᆞ야 無有遠邇ㅣ 畢獻方物ᄒᆞᄂᆞ니 惟服食器用이니이라

●ᄀᆞᆯ오ᄃᆡ嗚呼ㅣ라明ᄒᆞ신王이德을愼ᄒᆞ시거든四夷ㅣ다賓ᄒᆞ야遠이며邇ㅣ업시다方物을獻ᄒᆞᄂᆞ니오직服과食과器와用이니이다

○謹德蓋一篇之綱領也方物方土所生之物明王謹德四夷咸賓其所貢獻惟服食器用而已言無異物也

王이 乃昭德之致于異姓之邦ᄒᆞ샤 無替厥服ᄒᆞ시며 分寶玉于伯叔之國ᄒᆞ샤 時庸展親ᄒᆞ시면 人不易物ᄒᆞ야 惟德其物ᄒᆞ리이다

●王이德으로致ᄒᆞᆫ거슬異姓人邦애昭ᄒᆞ샤그服을替티아니케ᄒᆞ시며寶玉을伯叔人國애分ᄒᆞ샤이히써親을展케ᄒᆞ시면人이物을易디아니ᄒᆞ야德으로그物을ᄒᆞ리이다

○昭示也德之致謂上文所貢方物也昭示方物于異姓之諸侯使之無廢其職分寶玉于同姓之諸侯使之益厚其親如分陳以肅愼氏之矢分魯以夏后氏之璜之類王者以其德所致方物分賜諸侯故諸侯亦不敢輕易其物而以德視其物也

德盛은 不狎侮ᄒᆞᄂᆞ니 狎侮君子ᄒᆞ면 罔以盡人心ᄒᆞ고 狎侮小人ᄒᆞ면 罔

以盡其力ᄒᆞ리이다

●德이盛ᄒᆞ니ᄂᆞᆫ狎侮ᄒᆞ디아니ᄒᆞᄂᆞ니君子ᄅᆞᆯ狎侮ᄒᆞ면써人의心을盡케못ᄒᆞ고小人을狎侮ᄒᆞ면써그力을盡케못ᄒᆞ리이다

○德盛則動容周旋皆中禮然後能無狎侮之心言謹德不可不極其至也德而未至則未免有狎侮之心狎侮君子則色斯擧矣彼必高蹈遠引望望然而去安能盡其心狎侮小人雖其微賤畏威易役然至愚而神亦安能盡其力哉

不役耳目ᄒᆞ샤百度를惟貞ᄒᆞ소서

●耳目애役ᄒᆞ이디마ᄅᆞ샤百度를貞으로ᄒᆞ쇼셔

○貞正也不役於耳目之所好百爲之度惟其正而已

玩人ᄒᆞ면喪德ᄒᆞ고玩物ᄒᆞ면喪志ᄒᆞ리이다

●人을玩ᄒᆞ면德을喪ᄒᆞ고物을玩ᄒᆞ면志를喪ᄒᆞ리이다

○玩人卽上文狎侮君子之事玩物卽上文不役耳目之事德者巳之所得志者心之所之

志以道寧ᄒᆞ시며言以道接ᄒᆞ소서

●志ᄅᆞᆯ道로써寧ᄒᆞ시며言을을道로써接ᄒᆞ쇼셔

○道者所當由之理也己之志以道而寧則不至於妄發人之言以道而接則不至於妄受存乎中者所以應乎外制乎外者所以養其中古昔聖賢相授心法也

不作無益ᄒᆞ야害有益ᄒᆞ면功乃成ᄒᆞ며不貴異物ᄒᆞ고賤用物ᄒᆞ면民乃足ᄒᆞ며犬馬를非其土性이어든不畜ᄒᆞ시며珍禽奇獸를不育于國ᄒᆞ쇼셔不寶遠物ᄒᆞ면則遠人이格ᄒᆞ고所寶ㅣ惟賢이면則邇人이安ᄒᆞ리이다

●無益을作ᄒᆞ야有益을害티아니ᄒᆞ면功이成ᄒᆞ며異物을貴ᄒᆞ고用物을賤티아니ᄒᆞ면民이足ᄒᆞ며犬이며馬를그土性이아니어든畜디마라시며珍禽과奇獸를國애育디마라쇼셔遠物을寶ᄒᆞ디아니ᄒᆞ면遠人이格ᄒᆞ고寶ᄒᆞ논배賢이면邇人이安ᄒᆞ리이다

○孔子曰遊觀爲無益奇巧爲異物蘇氏曰周穆王得白狼白鹿而荒服因以不至此章凡三節至所寶惟賢則益切至矣

嗚呼ㅣ라夙夜에罔或不勤ᄒᆞ쇼셔不矜細行ᄒᆞ시면終累大德ᄒᆞ야爲山九仞애功虧一簣ᄒᆞ리이다 行胡孟反累力僞反簣求位反

●嗚呼ㅣ라夙夜애或도勤티아니치마라쇼셔細行을矜티아니ᄒᆞ시면마참ᄂᆡ大德을累ᄒᆞ야山을九仞을홈애功이一簣애虧ᄒᆞ리이다

○或猶言萬一也呂氏曰此卽謹德工夫或之一字最有意味一暫止息則非謹德矣矜
矜持之矜八尺曰仞細行一簣指受獒而言也

允迪玆ᄒ시면生民이保厥居ᄒ야惟乃世王ᄒ시리이다

●진실로이를迪ᄒ시면生民이그居를保ᄒ야世로王ᄒ시리이다

○信能行此則生民保其居而王業可永也蓋人生一身實萬化之原苟於理有毫髮之
不盡卽遺生民無窮之害而非創業垂統可繼之道矣以武王之聖召公所以警戒之者
如此後之人君可不深思而加念之哉

金縢 縢從登反

武王有疾周公以王室未安殷民未服根本易搖故請命三王欲以身代武王之死
史錄其冊祝之文幷敍其事之始末合爲一篇以其藏於金縢之匱編書者因以金
縢名篇今文古文皆有○唐孔氏曰發首至王季文王史敍將告神之事也史乃冊
祝至屛璧與珪記告神之辭也自乃卜至乃瘳記卜吉及王病瘳之事也自武王既
喪已下記周公流言居東及成王迎歸之事也

既克商二年애王이有疾ᄒ샤弗豫ᄒ시다

●임의商을克ᄒ신二年애王이疾이계샤豫티못ᄒ시다

○記年見其克商之未久也弗豫不悅豫也

二公曰我其爲王ᄒᆞ야穆卜ᄒᆞ리라

●二公이ᄀᆞᆯ오ᄃᆡ우리그王을爲ᄒᆞ야穆卜ᄒᆞ리라

○二公太公召公也李氏曰穆者敬而有和意穆卜猶言共卜也愚謂古者國有大事卜則公卿百執事皆在誠一而和同以聽卜筮故名其卜曰穆卜下文成王因風雷之變王與大夫盡弁啓金縢之書以卜者是也先儒專以穆爲敬而於所謂其勿穆卜則義不通矣

周公曰未可以戚我先王이라ᄒᆞ시고

●周公이ᄀᆞᆯᄋᆞ샤ᄃᆡ可히써우리先王을戚게못ᄒᆞᆯ거시라ᄒᆞ시고

○戚憂惱之意未可以武王之疾而憂惱我先王也蓋卻二公之卜

公이乃自以爲功ᄒᆞ샤爲三壇ᄒᆞ되同墠ᄒᆞ고爲壇於南方ᄒᆞ되北面ᄒᆞ고周公立焉ᄒᆞ샤植璧秉珪ᄒᆞ샤乃告太王王季文王ᄒᆞ시다 墠上演時戰二反

●公이ᄉᆞᄉᆞ로써功을삼으샤三壇을ᄒᆞ되墠을同케ᄒᆞ고壇을南方에ᄒᆞ되北으로面ᄒᆞ고周公이立ᄒᆞ샤璧을植ᄒᆞ고珪를秉ᄒᆞ샤太王과王季와文王ᄭᅴ告ᄒᆞ시다

○功事也築土曰壇除地曰墠三壇三王之位皆南向三壇之南別爲一壇北向周公所立之地也植置也珪璧所以禮神詩言圭璧旣卒周禮祼圭以祀先王周公卻二公之卜而乃自以爲功者蓋二公不過卜武王之安否爾而周公愛兄之切爲國之至忠誠懇懇

於祖父之前如下文所云者有不得盡焉此其所以自以爲功也又二公穆卜則必禱於宗廟用朝廷卜筮之禮如此則上下喧騰而人心搖動故周公不於宗廟而特爲壇墠以自禱也

史乃册祝曰惟爾元孫某ㅣ 遘厲虐疾ᄒᆞ니 若爾三王은 是有丕子之責于天ᄒᆞ시니 以旦으로 代某之身ᄒᆞ쇼셔 遘居候反

● 史ㅣ 冊祝ᄒᆞ야 골오ᄃᆡ 너의 元孫某ㅣ 厲虐ᄒᆞᆫ 疾을 遘ᄒᆞ니 너 三王은 이 丕子ㅅ 責을 天애 두어 겨시니 旦로써 某의 身을 代ᄒᆞ쇼셔

○史太史也冊祝如今祝版之類元孫某武王也遘遇厲惡虐暴也丕子元子也旦周公名也言武王遇惡暴之疾若爾三王是有元子之責于天蓋武王爲天元子三王當任其保護之責于天不可令其死也如欲其死則請以旦代武王之身于天之下疑有缺文舊說謂天責取武王者非是詳下文予仁若考能事鬼神等語皆主祖父人鬼爲言至於乃命帝庭無墜天之降寶命則言天命武王如此之大而三王不可墜天之寶命文意可見又按死生有命周公乃欲以身代武王之死或者疑之蓋方是時天下未安王業未固使武王死則宗社傾危生民塗炭變故有不可勝言者周公忠誠切至欲代其死以紓危急其精神感動故卒得命於三王今世之匹夫匹婦一念誠孝猶足以感格鬼神顯有應驗而況於周公之元聖乎是固不可謂無此理也

予仁若考ㅣ라 能多材多藝ᄒᆞ야 能事鬼神니와 乃元孫은 不若旦의

多材多藝ᄒᆞ야不能事鬼神ᄒᆞ리이다

●내考에仁若ᄒᆞᆫ디라能히材ㅣ하며藝ㅣ하ᄒᆞ야能히鬼神을事ᄒᆞ려니와元孫은旦의材ㅣ하ᄒᆞ며藝ㅣ하함만갓디못ᄒᆞ야能히鬼神을事티못ᄒᆞ리이다

○周公言我仁順祖考多材榦多藝能可任役使能事鬼神武王不如旦多材多藝不任役使不能事鬼神材藝但指服事役使而言

乃命于帝庭ᄒᆞ샤敷佑四方ᄒᆞ샤用能定爾子孫于下地ᄒᆞ신디四方之民이罔不祗畏ᄒᆞᄂᆞ니嗚呼ㅣ라無墜天之降寶命ᄒᆞ시샤我先王도亦永有依歸ᄒᆞ시리이다

●帝ㅅ庭애命ᄒᆞ샤敷ᄒᆞ샤四方을佑ᄒᆞ샤써能히네子孫을下地에定ᄒᆞ신디四方ㅅ民이祗畏티아니아니ᄒᆞᄂᆞ니嗚呼ㅣ라天의降ᄒᆞ신寶命을墜케마라시사우리先王도또ᄒᆞᆫ기리依歸ᄒᆞ심이이스리이다

○言武王乃受命於上帝之庭布文德以佑助四方用能定爾子孫于下地使四方之民無不敬畏其任大其責重未可以死故又歎息申言三王不可墜失天降之寶命庶先王之祀亦永有所賴以存也寶命即帝庭之命也謂之寶者重其事也

今我ㅣ卽命于元龜ᄒᆞ리니爾之許我ᄒᆞᆫ딘我其以璧與珪로歸俟爾

命호리이니와 爾不許我ㅣ단댄 我乃屛璧與珪호리라

●이제내元龜에即ᄒᆞ야命호리니네나를許ᄒᆞᆯ단댄내그璧과다못珪로써歸ᄒᆞ야네命을俟호려니와네나를許티아니ᄒᆞᆯ단댄내그璧과다못珪를屛호리라

○即就也歸俟爾命俟武王之安也屛藏也屛璧與珪言不得事神也盖武王喪則周之基業必墜雖欲事神不可得也其稱爾稱我無異人子之在膝下以語其親者此亦終身慕父母與不死其親之意以見公之達孝也

乃卜三龜ᄒᆞ니 一習吉이어ᄂᆞᆯ 啓籥見書ᄒᆞ니 乃幷是吉ᄒᆞ더라

●三龜를卜ᄒᆞ니ᄒᆞᆫ결갓티習히吉ᄒᆞ거ᄂᆞᆯ籥을啓ᄒᆞ야書를見ᄒᆞ니다이히吉ᄒᆞ더라

○卜筮必立三人以相參考三龜者三人所卜之龜也習重也謂三龜之兆一同開籥見卜兆之書乃幷是吉

公曰體ᄂᆞᆫ 王其罔害로소니 予小子ㅣ 新命于三王이란ᄃᆡ 惟永終을 是圖호리니 玆攸俟ㅣ니 能念予一人이샷다

●公이ᄀᆞᆯᄋᆞ샤ᄃᆡ體ᄂᆞᆫ王이그害홈이업스리로쇼니나小子ㅣ새로三王ᄭᅴ命ᄒᆞ란ᄃᆡ기리終홈을이히圖호리니이俟ᄒᆞ던배니能히나一人을念ᄒᆞ샷다

○體兆之體也言視其卜兆之吉王疾其無所害我新受三王之命而永終是圖矣玆攸

俟者即上文所謂歸俟也一人武王也言三王能念我武王使之安也詳此言新命于三王不言新命于天以見果非謂天責取武王也

公이歸ᄒᆞ샤乃納册于金縢之匱中ᄒᆞ시니王이翼日애乃瘳ᄒᆞ시다

●公이歸ᄒᆞ샤册을金으로縢ᄒᆞᆫ匱ㅅ中에納ᄒᆞ시니王이翼日애瘳ᄒᆞ시다

○册祝册也匱藏卜書之匱金縢以金緘之也翼日公歸之明日也瘳愈也按金縢之匱乃周家藏卜筮書之物每卜則以告神之辭書於册旣卜則納册於匱而藏之前後卜皆如此故前周公乃卜三龜一習吉啓籥見書者啓此匱也後成王遇風雷之變欲卜啓金縢者亦啓此匱也蓋卜筮之物先王不敢褻故金縢其匱而藏之非周公始爲此匱藏此册祝爲後來自解計也

武王이既喪이어시늘管叔이及其群弟로乃流言於國曰公將不利於孺子ᄒᆞ리라

●武王이임의喪커시늘管叔이밋그群弟로國에流言ᄒᆞ야골오ᄃᆡ公이장찻孺子에게利티아니ᄒᆞ리라

○管叔名鮮武王弟周公兄也羣弟蔡叔度霍叔處也流言無根之言如水之流自彼而至此也孺子成王也商人兄死弟立者多武王崩成王幼周公攝政商人固已疑之又管叔於周公爲兄尤所覬覦故武庚管蔡流言於國以危懼成王而動搖周公也史氏言管

叔及其羣弟而不及武庚者所以深著三叔之罪也

周公이乃告二公曰我之弗辟ㅣ면我無以告我先王이라ᄒᆞ시고

●周公이二公다려告ᄒᆞ야ᄀᆞᆯ으샤ᄃᆡ내辟디아니ᄒᆞ면내써우리先王ᄭᅴ告치못ᄒᆞ리라ᄒᆞ시고

○辟讀爲避鄭氏詩傳言周公以管蔡流言辟居東都是也漢孔氏以爲致辟於管叔之辟謂誅殺之也夫三叔流言以公將不利於成王周公豈容遽興兵以誅之耶且是時王方疑公公將請王而誅之邪將自誅之也請之固未必從不請自誅之亦非所以爲周公矣我之弗辟我無以告我先王言我不辟則於義有所不盡無以告先王於地下也公豈自爲身計哉亦盡其忠誠而已矣

周公이居東二年애則罪人을斯得ᄒᆞ시다

●周公이東에居ᄒᆞ신二年에곳罪人을이제야得ᄒᆞ시다

○居東居國之東也鄭氏謂避居東都未知何據孔氏以居東爲東征非也方流言之起成王未知罪人爲誰二年之後王始知流言之爲管蔡斯得者遲之之辭也

于後에公이乃爲詩ᄒᆞ야以貽王ᄒᆞ시고名之曰鴟鴞ㅣ라ᄒᆞ시니王亦未敢誚公ᄒᆞ시다

●後에公이詩를爲ᄒᆞ야써王ᄭᅴ貽ᄒᆞ시고名ᄒᆞ야ᄀᆞᆯᄋᆞ샤ᄃᆡ鴟鴞ㅣ라ᄒᆞ시니王이ᄯᅩᄒᆞᆫ敢히公을誚티못ᄒᆞ시다

○鴟鴞惡鳥也以其破巢取卵比武庚之敗管蔡及王室也誚讓也上文言罪人斯得則是時成王之疑十己去其四五矣

秋ㅣ大熟ᄒᆞ야未穫이어늘天이大雷電以風ᄒᆞ니禾盡偃ᄒᆞ며大木이斯拔이어늘邦人이大恐ᄒᆞ더니王이與大夫로盡弁ᄒᆞ샤以啓金縢之書ᄒᆞ샤乃得周公所自以爲功ᄒᆞ야代武王之說ᄒᆞ시다 穫胡郭反 弁皮變反

●秋ㅣ키熟ᄒᆞ야穫디못ᄒᆞ얏거늘天이키雷電ᄒᆞ고써風ᄒᆞ니禾ㅣ다偃ᄒᆞ며大木이이애拔ᄒᆞ거늘邦人이키恐ᄒᆞ더니王이大夫로다못다弁ᄒᆞ샤써金縢에書를啓ᄒᆞ샤周公의ᄉᆞᄉᆞ로써功을삼아武王을代ᄒᆞ시던밧說을得ᄒᆞ시다

○王與大夫盡弁以發金縢之書將卜天變而偶得周公冊祝請命之說也孔氏謂二公倡王啓之者非是按秋大熟係于二年之後則成王迎周公之歸蓋二年秋也東山之詩言自我不見于今三年則居東之非東征明矣蓋周公居東二年成王因風雷之變旣親迎以歸三叔懷流言之罪遂脅武庚以叛成王命周公征之其東征往反首尾又自三年也

二公及王이乃問諸史與百執事ᄒᆞ신ᄃᆡ 對曰信ᄒᆞ니이다 噫라 公命이어시ᄂᆞᆯ我勿敢言이라소이다

● 二公과밋王이이에諸史와다못百執事다려問ᄒᆞ신ᄃᆡ對ᄒᆞ야ᄀᆞᆯ오ᄃᆡ信ᄒᆞ니이다噫ㅣ라公의命이어시ᄂᆞᆯ우리敢히言티몯ᄒᆞ얏다소이다

○周公卜武王之疾二公未必不知之周公冊祝之文二公蓋不知也諸史百執事蓋卜筮執事之人成王使卜天變者卽前日周公使卜武王疾之人也二公及成王得周公自以爲功之說因以問之故皆謂信有此事已而歎息言此實周公之命而我勿敢言爾孔氏謂周公使之勿道者非是

王이執書以泣曰其勿穆卜이로다 昔에公이勤勞王家ㅣ어시ᄂᆞᆯ惟予冲人이弗及知니라今天이動威ᄒᆞ샤以彰周公之德ᄒᆞ시니 惟朕小子ㅣ其新逆호미我國家禮예 亦宜之ᄒᆞ라시고

● 王이書ᄅᆞᆯ執ᄒᆞ샤써泣ᄒᆞ야니ᄅᆞ샤ᄃᆡ 그穆卜디말거시로다昔애公이王家애勤勞ᄒᆞ야시ᄂᆞᆯ나冲ᄒᆞᆫ人이밋처아디몯ᄒᆞ엿다니이제天이威ᄅᆞᆯ動ᄒᆞ샤써周公의德을彰ᄒᆞ시니나小子ㅣ그친히逆홈이우리國家ㅅ禮애ᄯᅩᄒᆞᆫ宜ᄒᆞ니라ᄒᆞ시고

○新當作親成王啓金縢之書欲卜天變旣得公冊祝之文遂感悟執書以泣言不必更

卜昔周公勤勞王室我幼不及知今天動威以明周公之德我小子其親迎公以歸於國家禮亦宜也按鄭氏詩傳成王既得金滕之書親迎周公鄭氏學出於伏生而此篇則伏生所傳當以親爲正親誤作新正猶大學新誤作親也

王이出郊ᄒᆞ신대天乃雨ᄒᆞ야反風ᄒᆞ니禾則盡起어늘二公이命邦人ᄒᆞ야凡木所偃을盡起而築之ᄒᆞ니歲則大熟ᄒᆞ니라

●王이郊애出ᄒᆞ신ᄃᆡ天이이에雨ᄒᆞ야風을反ᄒᆞ니禾ㅣ곳다起ᄒᆞ거늘二公이邦人을命ᄒᆞ야무릇大木의偃ᄒᆞᆫ바ᄅᆞᆯ다起ᄒᆞ야築ᄒᆞ니歲곳키熟ᄒᆞ니라

○國外曰郊王出郊者成王自往迎公即上文所謂親逆者也天乃反風感應如此之速洪範庶徵孰謂其不可信哉又按武王疾瘳四年而崩羣叔流言周公居東二年罪人既得成王迎周公以歸凡六年事也編書者附于金縢之末以見請命事之首末金縢書之顯晦也

大誥

武王克殷以殷餘民封受子武庚命三叔監殷武王崩成王立周公相之三叔流言公將不利於孺子周公避位居東後成王悟迎周公歸三叔懼遂與武庚叛成王命周公東征以討之大誥天下書言武庚而不言管叔者爲親者諱也篇首有大誥二字編書者因以名篇今文古文皆有○按此篇誥語多主卜言如曰寧主遺我大寶

龜曰朕卜并吉曰予得吉卜曰王害不違卜曰寧王惟卜用曰矧亦惟卜用曰予曷其極卜曰矧今卜并吉至於篇終又曰卜陳惟若玆意邦君御事有曰艱大不可征欲王違卜故周公以討叛卜吉之義與天命人事之不可違者反復誥諭之也

王若曰猷ㅣ라 大誥爾多邦과 越爾御事ᄒᆞ노라 弗弔ㅣ라 天이 降割于我家ᄒᆞ샤 不少延이어시늘 洪惟我幼冲人이 嗣無疆大歷服ᄒᆞ야 弗造哲ᄒᆞ야 迪民康이온 矧曰其有能格知天命가

●王이 이러타시 골ᄋᆞ샤ᄃᆡ 猷ㅣ라 ᄏᆡ 너희 多邦과 밋 너희 御事다려 誥ᄒᆞ노라 弔히 이디 못ᄒᆞᆫ디라 天이 割를 우리 家애 降ᄒᆞ샤 죠고미도 延티 아니ᄒᆞ야시늘 ᄏᆡ 惟컨ᄃᆡ 나 幼冲ᄒᆞᆫ 人이 疆이 업ᄉᆞᆫ 큰 歷服을 嗣ᄒᆞ야 哲애 造ᄒᆞ야 民을 康애 迪티 못ᄒᆞ곤 하물며 그 能히 天命을 格ᄒᆞ야 知ᄒᆞᆷ이 잇다 닐ᄅᆞ라

○猷發語辭也猶虞書咨嗟之例按爾雅猷訓最多曰謀曰言曰已曰圖未知此何訓也弔恤也猶詩言不弔昊天之弔言我不爲天所恤降害於我周家我王遂喪而不少待也冲人成王也歷歷數也服五服也哲明哲也格格物之格言大思我幼冲之君嗣守無疆之大業弗能造明哲以導民於安康是人事且有所未至而况言其能格知天命乎

已아 予惟小子ㅣ 若涉淵水ᄒᆞ니 予惟往은 求朕攸濟ㅣ니라 敷賁ᄒᆞ며 敷

前人受命은 玆不忘大功이니 予不敢閉于天降威用이니라

●말리아나 小子ㅣ 淵水를 涉듯ᄒᆞ니 내 往홈은 朕의 濟홀바를 求홈이니라 敷ᄒᆞ야 賁ᄒᆞ며 前人의 受ᄒᆞ신 命을 敷홈은 이는 大功을 닛디 못ᄒᆞ야 홈이니 내 敢히 天의 降ᄒᆞ신 威用을 閉티 못홀거시니라

○已承上語詞已而有不能已之意若涉淵水者喩其心之憂懼求朕攸濟者冀其事之必成敷布賁飾也敷賁者修明其典章法度敷前人受命者增益開大前王之基業若此者所以不忘武王安天下之大功也今武庚不靖天固誅之予豈敢閉抑天之威用而不行討乎

寧王이 遺我大寶龜ᄒᆞ산돈 紹天明이시니 卽命혼듸 曰有大艱于西土ㅣ라 西土人이 亦不靜이라ᄒᆞ더니 越玆蠢이로다

●寧王이 우리를 大寶龜를 遺ᄒᆞ산든 天人明을 紹케ᄒᆞ사니 命에 卽혼듸 닐오듸 大艱이 西土애 잇슬디라 西土人人이 또ᄒᆞᆫ 靜티 못ᄒᆞ리라 ᄒᆞ더니 이에 밋처 蠢ᄒᆞ놋다

○寧王武王也下文又曰寧考蘇氏曰當時謂武王爲寧王以其克殷而安天下也蠢動而無知之貌寧王遺我大寶龜者以其可以紹介天命以定吉凶曩嘗卽龜所命而其兆謂將有大艱難之事于西土西土之人亦不安靜是武庚未叛之時而龜之兆蓋已預告矣及此果蠢蠢然而動其卜可驗如此將言下文伐殷卜吉之事故先發此以見卜之不

可違也

殷小腆이 誕敢紀其敍ᄒᆞ야 天降威나 知我國에 有疵ᄒᆞ야 民不康ᄒᆞ고

曰予復ᄒᆞ야 反鄙我周邦이라ᄒᆞᄂᆞ다 腆他典反 疵才支反

●殷人小腆이 키敢히 그 叙를紀ᄒᆞ야天이威를降ᄒᆞ시나우리國애疵ㅣ잇셔民이康티못홈을알고닐오ᄃᆡ내復ᄒᆞ야도로혀우리周邦을鄙호리라ᄒᆞᄂᆞ다

○腆厚誕大叙緖疵病也言武庚以小厚之國乃敢大紀其旣亡之緖是雖天降威于殷然亦武庚知我國有三叔疵隙民心不安故敢言我將復殷業而欲反鄙邑我周邦也

今蠢이어늘 今翼日애 民獻有十夫ㅣ 予翼以于ᄒᆞ야 敉寧武圖功ᄒᆞᄂᆞ니

我有大事休ᄒᆞᆯ든 朕卜이 幷吉이니라 敉音弭

●이제蠢ᄒᆞ거늘이제翼日애民의獻ᄒᆞᆫ十夫ㅣ잇셔나를翼ᄒᆞ야써가셔敉ᄒᆞ며寧ᄒᆞ야圖ᄒᆞ신功을武ᄒᆞᄂᆞ니우리大事를休홈이이솔든朕卜이이다吉ᄒᆞ니라

○于往敉撫武繼也謂今武庚蠢動今之明日民之賢者十夫輔我以往撫定商邦而繼嗣武王所圖之功也大事戎事左傳云國之大事在祀與戎休美也言知我有戎事休美者以朕卜三龜而幷吉也按上文卽命曰有大艱于西土蓋卜於武王方崩之時此云朕卜幷吉乃卜於將伐武庚之日先儒合以爲一誤矣

肆予ㅣ告我友邦君과越尹氏와庶士와御事ᄒᆞ야曰予得吉卜이라
予惟以爾庶邦으로于伐殷엣逋播臣ᄒᆞ노라

●이러모로내우리友邦애君과밋尹氏와庶士와御事다려告ᄒᆞ야닐오ᄃᆡ내吉卜을得ᄒᆞᆫ디라내너희庶邦의로써殷人逋播ᄒᆞᆫ臣을가셔伐ᄒᆞ노라

○此擧嘗以卜吉之故告邦君御事往伐武庚之詞也肆故也尹氏庶官之正也殷逋播臣者謂武庚及其群臣本逋亡播遷之臣也

爾庶邦君과越庶士御事ㅣ罔不反ᄒᆞ야曰艱大ᄒᆞ며民不靜이亦惟在王宮과邦君室이라ᄒᆞ며越予小子考翼도不可征이라ᄒᆞ야王은害不違卜고ᄒᆞᄂᆞ다

●너희庶邦애君과밋庶士와御事ㅣ反티아니아니ᄒᆞ야닐오ᄃᆡ艱ᄒᆞ고大타ᄒᆞ며民의靜티아니홈이ᄯᅩᄒᆞᆫ王宮과邦君室애잇ᄂᆞ니라ᄒᆞ며밋내小子와考ㅣ翼ᄒᆞᄂᆞ니도征ᄒᆞ옴이可티아니ᄒᆞ니라ᄒᆞ야王은엇디卜를違티아니ᄒᆞᄂᆞᆫ고ᄒᆞᄂᆞ다

○此擧邦君御事不欲征欲王違卜之言也邦君御事無不反曰艱難重大不可輕擧且民不靜雖由武庚然亦在於王之宮邦君之室謂三叔不睦之故實兆釁端不可不自反害曷也越我小子與父老敬事者皆謂不可征王曷不違卜而勿往乎

肆予冲人이永思艱ᄒᆞ니曰嗚呼ㅣ라允蠢이면鰥寡ㅣ哀哉ㅣ니予造는天役이라遺大投艱于朕身이시니越予冲人은不卬自恤이니라義엔爾邦君과越爾多士와尹氏와御事ㅣ綏予ᄒᆞ야曰無毖于恤이어다不可不成乃寧考의圖功이니라 卬五剛反 毖音祕

●이러모로나冲ᄒᆞᆫ人이기리艱을思ᄒᆞ니닐온嗚呼ㅣ라진실로蠢ᄒᆞ면鰥寡ㅣ哀ᄒᆞ오나나의造는天의役이라나의身애大를遺ᄒᆞ시며艱을投ᄒᆞ시니밋나冲ᄒᆞᆫ人은내ᄉᆞᄉᆞ로恤티몯ᄒᆞᆯ거시니라義엔너희邦君과밋너의多士와尹氏와御事ㅣ나를綏ᄒᆞ야닐오ᄃᆡ恤애毖티말롤디어다네寧考의圖ᄒᆞ신功을可히成티아니티몯ᄒᆞᆯᄌᆡ시라ᄒᆞᆯ디니다

○造爲卬我也故我冲人亦永思其事之艱大歎息言信四國蠢動害及鰥寡深可哀也然我之所爲皆天之所役使今日之事天實以其甚大者遺於我之身以其甚艱者投於我之身於我冲人固不暇自恤矣然以義言之於爾邦君於爾多士及官政治事之臣當安我曰無勞於憂誠不可不成武王所圖之功相與戮力致討可也此章深責邦君御事之避事

已아予惟小子ㅣ不敢替上帝命이로니天休于寧王ᄒᆞ샤興我小邦

周ᄒᆞ실ᄉᆡ 寧王이 惟卜을 用ᄒᆞ샤 克綏受玆命ᄒᆞ시며 今天이 其相民ᄒᆞ샨ᄃᆡ도 矧亦惟卜을 用잇ᄯᆞ녀 嗚呼ㅣ라 天明畏는 弼我丕丕基시니라

●말리아나小子ㅣ敢히上帝의命을替티못ᄒᆞ노니天이寧王을休ᄒᆞ샤우리小邦周를興ᄒᆞ실ᄉᆡ寧王이卜을用ᄒᆞ샤능히이命을綏受ᄒᆞ시며이제天이그民을相ᄒᆞ샨ᄃᆡ도ᄒᆞ믈며ᄯᅩᄒᆞᆫ卜을씀잇ᄯᆞ녀嗚呼ㅣ라天明이畏ᄒᆞ욤은우리丕丕ᄒᆞᆫ基를弼ᄒᆞ심이니라

○卜伐武庚而吉是上帝命伐之也上帝之命其敢廢乎昔天眷武王由百里而有天下亦惟卜用所謂朕夢協朕卜襲于休祥是也今天相佑斯民避凶趨吉況亦惟卜是用是上而先王下而小民莫不用卜而我獨可廢卜乎故又歎息言天之明命可畏如此是蓋輔成我丕丕基業其可違也天明卽上文所謂紹天明者

王曰爾惟舊人이라 爾丕克遠省ᄒᆞᄂᆞ니 爾知寧王若勤哉어니ᄯᆞᆫ 天閟毖는 我成功所ㅣ니 予不敢不極卒寧王圖事ㅣ니라 肆予ㅣ大化誘我友邦君ᄒᆞ노니 天棐忱辭는 其考我民이니 予는 曷其不于前寧人圖功에 攸終호리오 天亦惟用勤毖我民이라 若有疾ᄒᆞ시ᄂᆞ니 予는 曷敢不

于前寧人攸受休에畢ᄒᆞ리오 閟音祕

●王이ᄀᆞᆯᄋᆞ샤ᄃᆡ너희舊人이라너희카능히멀니省ᄒᆞᄂᆞ니네寧王의이러타시勤ᄒᆞ시던줄을알어니ᄯᅡᆫ天이閟ᄒᆞ야毖케ᄒᆞ욤은나의功일올배니나ᄂᆞᆫ敢히寧王의圖ᄒᆞ시던事를極卒티아니티못ᄒᆞᆯ거시니라이러모로내커우리友邦君을化ᄒᆞ며誘ᄒᆞ노니天이棐호ᄃᆡ忱으로ᄒᆞ시ᄂᆞᆫ辭ᄂᆞᆫ그우리民의考ᄒᆞᆯ디니나ᄂᆞᆫ엇디그前寧人의圖ᄒᆞᆫ功애終ᄒᆞᆯ바를아니호리오天이ᄯᅩᄒᆞᆫ써우리民을勤毖ᄒᆞᄂᆞᆫ디라疾이잇슴갓티ᄒᆞ시ᄂᆞ니나ᄂᆞᆫ엇디敢히前寧人의受ᄒᆞᆫ밧休애畢티아니ᄒᆞ리오

○當時邦君御事有武王之舊臣者亦憚征役上文考翼不可征是也故周公專呼舊臣而告之曰爾惟武王之舊人爾大能遠省前日之事爾豈不知武王若此之勤勞哉閟者否閉而不通毖者艱難而不易言天之所以否閉艱難國家多難者乃我成功之所在我不敢不極卒武王所圖之事也化者化其固滯誘者誘其順從棐輔也寧人武王之大臣當時謂武王爲寧王因謂武王之大臣爲寧人也民獻十夫以爲可伐是天輔以誠信之辭考之民而可見矣我曷其不於前寧人而圖功所終乎勤毖我民若有疾者四國勤毖我民如人有疾必速攻治之我曷其不於前寧人所受休美而畢之乎按此三節謂不可不卒終畢寧王寧人事功休美之意言寧人則舊人之不欲征者亦可愧矣

王曰若昔애朕其逝ᄒᆞᆯ시朕言艱ᄒᆞ야日思ᄒᆞ니若考ㅣ作室ᄒᆞ야既底法이어

든厥子ㅣ乃弗肯堂이온 矧肯構아 厥父ㅣ菑ㅣ어든 厥子ㅣ乃弗肯播ㅣ온 矧肯穫가 厥考翼은 其肯曰予有後호니 弗棄基아 肆予는 曷敢不越卬ᄒᆞ야 敉寧王大命호리오

●王이ᄀᆞᆯᄋᆞ샤ᄃᆡ若昔애朕이 그逝홀시朕도言호ᄃᆡ艱타ᄒᆞ야日로思호니마치考ㅣ室을作ᄒᆞ야임의法애底ᄒᆞ얏거든그子ㅣ肯히堂을아니ᄒᆞ곤ᄒᆞ물며肯히構ᄒᆞ랴그父ㅣ菑ᄒᆞ야든그子ㅣ肯히播티아니ᄒᆞ곤ᄒᆞ물며肯히穫ᄒᆞ랴그考ㅣ翼ᄒᆞ니ᄂᆞᆫ그肯히닐오ᄃᆡ내後를두노니基를棄티아니ᄒᆞ리라ᄒᆞ랴이러모로나ᄂᆞᆫ엇지敢히ᄂᆡ게밋쳐寧王의大命이敉티아니호리오

○昔前日也猶孟子昔者之昔若昔我之欲往我亦謂其事之難而日思之矣非輕擧也以作室喩之父旣底定廣狹高下其子不肯爲之堂基況肯爲之造屋乎以耕田喩之父旣反土而菑矣其子乃不肯爲之播種況肯俟其成而刈穫之乎考翼父敬事者也爲其子者如此則考翼其肯曰我有後嗣弗棄我之基業乎蓋武王定天下立經陳紀如作室之底法如治田之旣菑今三監叛亂不能討平以終武王之業則是不肯堂不肯播況望其肯構肯穫而延綿國祚於無窮乎武王在天之靈亦必不肯自謂其有後嗣而不棄墜其基業矣故我何敢不及我身之存以撫存武王之大命乎按此三節申喩不可不終武功之意

若兄考의 乃有友ㅣ伐厥子ㅣ어든 民養은 其勸코 弗救아

●만일에兄考의두ᄂᆞᆫ友ㅣ그子를伐ᄒᆞ거든民養은그勸코救티아니ᄒᆞ랴
○民養未詳蘇氏曰養厮養也謂人之臣僕大意言苦父兄有友攻伐其子爲之臣僕者其可勸其攻伐而不救乎父兄以諭武王友以喩四國子以喩百姓民養以喩邦君御事今王之四國毒害百姓而邦君臣僕乃憚於征役是長其患而不救其可哉此言民被四國之害不可不救援之意

王曰嗚呼ㅣ라肆哉ㅣ어다爾庶邦君과越爾御事아爽邦은由哲이며亦惟十人이迪知上帝命ᄒᆞ며越天이棐忱ᄒᆞ시니爾時애罔敢易法ᄒᆞ니矧今애天이降戾于周邦ᄒᆞ샤惟大艱人이誕鄰ᄒᆞ야胥伐于厥室이ᄯᆞ녀爾亦不知天命不易이로다

●王이ᄀᆞᆯ으샤ᄃᆡ嗚呼ㅣ라肆ᄒᆞᆯ디어다너庶邦人君과밋너御事아邦애爽ᄒᆞᆫ삼을哲로말미아므며ᄯᅩᄒᆞᆫ十人이上帝의命을迪知ᄒᆞ며밋天이忱을棐ᄒᆞ시미니네時예敢히法을易디몯ᄒᆞ니ᄒᆞ믈며이제天이周邦의戾를降ᄒᆞ샤大艱ᄒᆞᆫ人이ᄏᆞ鄰ᄒᆞ야서로그室에서伐홈이ᄯᆞ녀네ᄯᅩᄒᆞᆫ天命이易디몯홈을아디몯ᄒᆞ놋다
○肆放也欲其舒放而不畏縮也爽明也爽厥師之爽桀昏德湯伐之故言爽師受昏德武王伐之故言爽邦言昔武王之明大命於邦皆由明智之士亦惟亂臣十人蹈知天命及天輔武王之誠以克商受爾於是不敢違越武王法制憚於征役矧今武王死天降禍

於周首大難之四國大近相攻於其室事危勢迫如此爾乃以爲不可征爾亦不知天命之不可違越矣此以今昔互言責邦君御事之不知天命按先儒皆以十人爲十夫然十夫民之賢者爾恐未可以爲迪知帝命未可以爲越天棐忱所謂迪知者蹈行眞知之詞也越天棐忱天命已歸之詞也非亂臣昭武王以受天命者不足以當之況君奭之書周公歷擧虢叔閎夭之徒亦曰迪知天威於受殷命亦曰若天棐忱詳周公前後所言則十人之爲亂臣又何疑哉

予ㅣ永念ᄒᆞ야曰天惟喪殷이若穡夫ㅣ시니予는曷敢不終朕畝ᄒᆞ리오天亦惟休于前寧人이시니라

●내기리念ᄒᆞ야ᄀᆞᆯ오ᄃᆡ天이殷을喪ᄒᆞ심이穡夫ᄀᆞᆺ타시니나ᄂᆞᆫ엇디敢히朕의畝를終티아니ᄒᆞ리오天이ᄯᅩᄒᆞᆫ前寧人의셔休케ᄒᆞ려ᄒᆞ시ᄂᆞ니라

○天之喪殷若農夫之去草必絕其根本我何敢不終我之田畝乎我之所以終畝者是天亦惟欲休美於前寧人也

予는曷其極卜이며敢弗于從ᄒᆞ리오率寧人ᄒᆞᆫ딘有指疆土ㅣ어ᄂᆞᆯ사矧今애卜并吉잇ᄯᅥ녀肆朕이誕以爾로東征ᄒᆞ노니天命이不僭이라卜陳이惟若茲ᄒᆞ니라

●나ᄂᆞᆫ엇디그卜을極ᄒᆞ며敢히從티아니ᄒᆞ리오寧人을率ᄒᆞᆫ된疆土를指홈이잇거늘사ᄒᆞ믈며이제卜이다吉홈이ᄯᆞ녀이러모로朕이키녀희로써東으로征ᄒᆞ노니天命이僭티아니ᄒᆞᆫ디라卜의陳홈이이갓ᄒᆞ니라

○我何敢盡欲用卜敢不從爾勿征蓋率循寧人之功當有指定先王疆土之理卜而不吉固將伐之況今卜而幷吉乎故我大以爾東征天命斷不僭差卜之所陳蓋如此按此篇專主卜言然其上原天命下述得人往推寧王寧人不可不成之功近指成王邦君御事不可不終之責諄諄乎民生之休戚家國之興喪懇惻切至不能自己而反復終始乎卜之一說以通天下之志以斷天下之疑以定天下之業非聰明睿知神武而不殺者孰能與於此哉

微子之命

微國名子爵也成王旣殺武庚封微子於宋以奉湯祀史錄其誥命以爲此篇今文無古文有

王若曰猷ㅣ라殷王元子아惟稽古ᄒᆞ야崇德ᄒᆞ며象賢ᄒᆞᆯ시統承先王ᄒᆞ야修其禮物ᄒᆞ야作賓于王家ᄒᆞ노니與國咸休ᄒᆞ야永世無窮ᄒᆞ라

●王이이러타시ᄀᆞᆯᄋᆞ샤ᄃᆡ猷ㅣ라殷王ㅅ元子아古ᄅᆞᆯ稽ᄒᆞ야德을崇ᄒᆞ며象ᄒᆞᄂᆞ니賢일ᄉᆡ先王을統承ᄒᆞ야그禮物을修ᄒᆞ야王家애賓을作ᄒᆞ노니國으로더브러다休

호야世애永호야窮홈이업게호라
○元子長子也微子帝乙之長子紂之庶兄也崇德謂先聖王之有德者則尊崇而奉祀之也象賢謂其後嗣子孫有象先聖王之賢者則命之以主祀也言考古制尊崇成湯之德以微子象賢而奉其祀也禮典禮物文物也修其典禮文物不使廢壞以備一王之法也孔子曰夏禮吾能言之杞不足徵也殷禮吾能言之宋不足徵也文獻不足故也殷之典禮微子修之至孔子時已不足徵矣故夫子惜之賓以客禮遇之也振鷺言我客戾止左氏謂宋先代之後天子有事膰焉有喪拜焉者也呂氏曰先王之心公平廣大非若後世滅人之國惟恐苗裔之存爲子孫害成王命微子方且撫助愛養欲其與國咸休永世無窮公平廣大氣象於此可見

嗚呼ㅣ라乃祖成湯이克齊聖廣淵호신딕皇天이眷佑ㅣ어시늘誕受厥命호샤撫民以寬호시며除其邪虐호시니功加于時호시며德垂後裔호시니라

●嗚呼ㅣ라네祖成湯이능히齊호며聖호며廣호며淵호신딕皇天이眷佑호여시늘키그命을受호샤民을撫호딕寬으로써호시며그邪虐을除호시니功이時애加호시며德이後裔애垂호시니라

○齊肅也齊則無不敬聖則無不通廣言其大淵言其深也誕大也皇天眷佑誕受厥命卽伊尹所謂天監厥德用集大命者撫民以寬除其邪虐卽伊尹所謂代虐以寬兆民允

懷者功加于時言其所及者衆德垂後裔言其所傳者遠也後裔即微子也此宗德之意

爾惟踐修厥猷ᄒᆞ야舊有令聞ᄒᆞ니恪愼克孝ᄒᆞ며肅恭神人일서予嘉乃德ᄒᆞ야曰篤不忘ᄒᆞ노라上帝時歆ᄒᆞ시며下民祗協ᄒᆞᆯ서庸建爾于上公ᄒᆞ야尹茲東夏ᄒᆞ노라

●네그猷ᄅᆞᆯ踐ᄒᆞ며修ᄒᆞ야네로令ᄒᆞᆫ聞이잇ᄂᆞ니恪愼ᄒᆞ야능히孝ᄒᆞ며神과人을肅恭ᄒᆞᆯ식내네德을嘉ᄒᆞ야篤ᄒᆞ야忘티못ᄒᆞ노라上帝ㅣ이예歆ᄒᆞ시며下民이祗ᄒᆞ야協ᄒᆞᆯ식너ᄅᆞᆯ써上公에建ᄒᆞ야이東夏ᄅᆞᆯ尹케ᄒᆞ노라

○猷道令善聞譽也微子踐履修擧成湯之道舊有善譽非一日也恪敬也恪謹克孝肅恭神人指微子實德而言抱祭器歸周亦其一也篤厚也我善汝德曰厚而不忘也歆饗庸用也王之後稱公故曰上公尹治也宋亳在東故曰東夏此象賢之意

欽哉ᄒᆞ야往敷乃訓ᄒᆞ야愼乃服命ᄒᆞ야率由典常ᄒᆞ야以蕃王室ᄒᆞ며弘乃烈祖ᄒᆞ며律乃有民ᄒᆞ야永綏厥位ᄒᆞ야毗予一人ᄒᆞ야世世享德ᄒᆞ야萬邦作式ᄒᆞ야俾我有周로無斁케ᄒᆞ라 斁音亦

●欽ᄒᆞ야往ᄒᆞ야네訓을敷ᄒᆞ야네服과命을愼ᄒᆞ야典常을率由ᄒᆞ야써王室애蕃ᄒᆞ며네烈祖ᄅᆞᆯ弘ᄒᆞ며네有民을律ᄒᆞ야그位ᄅᆞᆯ기리綏ᄒᆞ야나一人을毗ᄒᆞ야世世로德

을享ᄒᆞ야萬邦애式이되야우리有周로ᄒᆞ야곰斁홈이업게ᄒᆞ라
○此因戒勉之也服命上公服命也宋王者之後成湯之廟當有天子禮樂慮有僭擬之失故曰謹其服命率由典常以戒之也弘大律範毗輔式法斁厭也即詩言在此無斁之意○林氏曰偪生於僭僭生於疑非疑無僭非僭無偪謹其服命遵守典常安有偪僭之過哉魯實侯爵乃以天子禮樂祀周公亦旣不謹矣其後遂用於羣公之廟甚至季氏僭八佾三家僭雍徹其原一開末流無所不至成王於宋謹愼如此必無賜周公以天子禮樂之事豈周室旣衰魯竊僭用託爲成王之賜伯禽之受乎

嗚呼ㅣ라往哉惟休ᄒᆞ야無替朕命ᄒᆞ라

●(諺)嗚呼ㅣ라往ᄒᆞ야休ᄒᆞ야朕의命을替티말라
○歎息言汝往之國當休美其政而無廢棄我所命汝之言也

康誥

康叔文王之子武王之弟武王誥命爲衛侯今文古文皆有○按書序以康誥爲成王之書今詳本篇康叔於成王爲叔父成王不應以弟稱之說者謂周公以成王命誥故曰弟然旣謂之王若曰則爲成王之言周公何遽自以弟稱之也且康誥酒誥梓材三篇言文王者非一而略無一語以及武王何耶說者又謂寡兄朂爲稱武王尤爲非義寡兄云者自謙之辭寡德之稱苟語他人猶之可也武王康叔之兄家人

相語周公安得以武王爲寡兄而告其弟乎或又謂康叔在武王時尙幼故不得封然康叔武王同母弟武王分封之時年已九十安有九十之兄同母弟尙幼不可封乎且康叔文王之子叔虞成王之弟周公東征叔虞已封於唐豈有康叔得封反在叔虞之後必無是理也又按汲冢周書克殷篇言王卽位於社南羣臣畢從毛叔鄭奉明水衛叔封傳禮召公奭贊釆師尙父牽牲史記亦言衛康叔封布玆與汲書大同小異康叔在武王時非幼亦明矣特序書者不知康誥篇首四十八字爲洛誥脫簡遂因誤爲成王之書是知書序果非孔子所作也康誥酒誥梓材篇次當在金縢之前

惟三月哉生魄에周公이初基ᄒᆞ샤作新大邑于東國洛ᄒᆞ시니四方民이大和會어늘侯甸男邦采衛百工이播民和ᄒᆞ야見士于周ᄒᆞ더니周公이咸勤ᄒᆞ샤乃洪大誥治ᄒᆞ시다

●三月비로소魄이生ᄒᆞᆷ애周公이처음基ᄒᆞ샤新大邑을東國洛에作ᄒᆞ시니四方人民이키和會ᄒᆞ거늘侯와甸과男邦과采와衛와百工이民의和을播ᄒᆞ야見ᄒᆞ야周의士ᄒᆞ더니周公이다勤타ᄒᆞ샤이에키治를誥ᄒᆞ시다

○三月周公攝政七年之三月也始生魄十六日也百工百官也士說文曰事也詩曰勿士行枚呂氏曰斧斤版築之事亦甚勞矣而民大和會悉來赴役卽文王作靈臺庶民子

來之意蘇氏曰此洛誥之文當在周公拜手稽首之上

王若曰孟侯朕其弟小子封아

●王이이러타시ᄀᆞᆯᄋᆞ샤ᄃᆡ孟侯ㅣ언朕의그弟小子封아

○王武王也孟長也言爲諸侯之長也封康叔名舊說周公以成王命誥康叔者非是

惟乃丕顯考文王이克明德愼罰ᄒᆞ시니라

●네키顯ᄒᆞ신考文王이능히德을밝키시며罰을愼ᄒᆞ시니라

○左氏曰明德謹罰文王所以造周也明德務崇之之謂明德謹罰務去之之謂謹罰一篇之綱領不敢侮鰥寡以下文王明德謹罰也汝念哉以下欲康叔明德也敬明乃罰以下欲康叔謹罰也爽惟民以下欲其以德行罰也封敬哉以下欲其不用罰而用德也終則以天命殷民結之

不敢侮鰥寡ᄒᆞ시며庸庸ᄒᆞ시며祗祗ᄒᆞ시며威威ᄒᆞ샤顯民ᄒᆞ샤用肇造我區夏ㅣ어시ᄂᆞᆯ越我一二邦이以修ᄒᆞ며我西土ㅣ惟時怙冒ᄒᆞ야聞于上帝ᄒᆞ신ᄃᆡ帝休ᄒᆞ샤天乃大命文王ᄒᆞ샤殪戎殷이어시ᄂᆞᆯ誕受厥命ᄒᆞ시니越厥邦厥民이惟時敍ㅣ어ᄂᆞᆯ乃寡兄이勗ᄒᆞ나肆汝小子封이在玆東土ᄒᆞ니라 殪壹計反

●敢히鰥寡를侮티아니ᄒᆞ시며庸을庸ᄒᆞ시며祗를祗ᄒᆞ시며威을威ᄒᆞ샤民애顯ᄒᆞ

샤써비로소우리區夏를造ᄒᆞ거시늘밋우리一二邦이써修ᄒᆞ며우리西土ㅣ이예怙ᄒᆞ며冐ᄒᆞ야上帝ᄭᅴ聞ᄒᆞ신ᄃᆡ帝ㅣ休ᄒᆞ샤天이이예ᄏᆡ文王을命ᄒᆞ샤殷을殪戎케ᄒᆞ야시늘ᄏᆡ그命를受ᄒᆞ시니밋그邦에그民이이애敍ᄒᆞ거늘네寡ᄒᆞᆫ兄이勗ᄒᆞ니이러모로너小子封이이東土애잇ᄂᆞ니라

○鰥寡人所易忽也於人易忽者而不忽焉以見聖人無所不敬畏也卽堯不虐無告之意論文王之德而首發此非聖人不能也庸用也用其所當用敬其所當敬威其所當威言文王用能敬賢討罪一聽於理而已無與焉故德著於民用始造我區夏及我一二友邦漸以修治至磬西土之人怙之如父冐之如天明德昭升聞于上帝帝用休美乃大命文王殪滅大殷大受其命萬邦萬民各得其理莫不時敍汝寡德兄亦勉力不怠故爾小子封得以在此東土也吳氏曰殪戎殷武王之事也此稱文王者武王不敢以爲己之功也○又按東土云武王克商分紂城朝歌以北爲邶南爲鄘東爲衛邶鄘爲武庚之封而衛卽康叔也漢書言周公善康叔不從管蔡之亂似地相比近之辭然不可考矣

王曰嗚呼ㅣ라封아汝念哉어다今民은將在祗遹乃文考ㅣ니紹聞ᄒᆞ며衣德言ᄒᆞ라往敷求于殷先哲王ᄒᆞ야用保乂民ᄒᆞ며汝丕遠惟商耇成人ᄒᆞ야宅心知訓ᄒᆞ며別求聞由古先哲王ᄒᆞ야用康保民ᄒᆞ라弘于

天ᄒᆞ야若德이裕乃身이라샤不廢在王命ᄒᆞ리라 遹音聿 音述

●王이ᄀᆞᆯᄋᆞ샤ᄃᆡ嗚呼ㅣ라封아네念ᄒᆞᆯ디어다이졔民은쟝ᄎᆞᆺ네文考를祗ᄒᆞ야遹홈애잇ᄂᆞ니聞을紹ᄒᆞ며德言을衣ᄒᆞ라往ᄒᆞ야殷人先哲王을敷求ᄒᆞ야써民을保乂ᄒᆞ며네기멀니商耉成人을惟ᄒᆞ야心을宅ᄒᆞ며訓을知ᄒᆞ며別히네先哲王을求ᄒᆞ야聞ᄒᆞ야由ᄒᆞ야써民을康保ᄒᆞ라天을弘ᄒᆞ야네德이네身애裕ᄒᆞ야사王애잇ᄂᆞᆫ命을廢티아니ᄒᆞ리라

○此下明德也遹述衣服也今治民將在敬述文考之事繼其所聞而服行文王之德言也往之國也宅心處心也安汝止之意知訓知所以訓民也由行也曰保乂曰知訓曰康保經緯以成文爾武王旣欲康叔祗遹文考又欲敷求商先哲王又丕遠惟商耉成人又別聞由古先哲王近述諸今遠稽諸古不一而足以見義理之無盡易曰君子多識前言往行以畜其德弘者廓而大之也天者理之所從出也康叔博學以聚之集義以生之眞積力久衆理該通此心之天理之所從出者始恢廓而有餘用矣若是則心廣體胖動無違禮斯能不廢在王之命也○呂氏曰康叔歷求聖賢問學至於弘于天德裕身可謂盛矣止能不廢王命才可免過而已此見人臣職分之難盡若欲爲子必須如舜與曾閔方能不廢父命若欲爲臣必須如舜與周公方能不廢君命

王曰嗚呼ㅣ라小子封아恫瘝乃身ᄒᆞ야敬哉어다天畏나棐忱이어니와民情

은大可見이나小人은難保ㅣ니往盡乃心ᄒᆞ야無康好逸豫사라乃其乂民이니我聞호니曰怨은不在大ᄒᆞ며亦不在小ㅣ라惠不惠ᄒᆞ며懋不懋ㅣ니라

恫音通叶姑還反

●王이ᄀᆞᆯᄋᆞ샤ᄃᆡ嗚呼ㅣ라小子封아네몸애瘝이恫ᄐᆞᆺᄒᆞ야敬홀디어다天은畏ᄒᆞ오나忱ᄒᆞ면棐ᄒᆞ려니와民情은키可히見홀거시나小人은保홈이難ᄒᆞ니往ᄒᆞ야네마ᄋᆞᆷ을盡ᄒᆞ야康ᄒᆞ야逸豫를好티마라사이예그民을乂ᄒᆞ리니我ᄂᆞᆫ聞호니ᄀᆞᆯ오ᄃᆡ怨은大애잇디아니ᄒᆞ며또ᄒᆞᆫ小애잇디아니ᄒᆞᆫ디라惠ᄒᆞ며惠티아니ᄒᆞ며懋ᄒᆞ며懋티아니홈이니라

○恫痛瘝病也視民之不安如疾痛之在乃身不可不敬之也天命不常雖甚可畏然誠則輔之民情好惡雖大可見而小民至爲難保汝往之國所以治之者非他惟盡汝心無自安而好逸豫乃其所以治民也古人言怨不在大亦不在小惟在順不順勉不勉耳順者順於理勉者勉於行即上文所謂往盡乃心無康好逸豫者也

已아汝惟小子아乃服은惟弘王ᄒᆞ야應保殷民ᄒᆞ며亦惟助王ᄒᆞ야宅天命ᄒᆞ며作新民이니라

●말리아너小子아네服은王을弘ᄒᆞ야殷ㅅ民을應保ᄒᆞ며또ᄒᆞᆫ王을助ᄒᆞ야天命을

宅ᄒᆞ며民을作ᄒᆞ야新홀디니라

○服事應和也汝之事惟在廣上德意和保殷民使之不失其所以助王安定天命而作新斯民也此言明德之終也大學言明德亦舉新民終之

王曰嗚呼ㅣ라封아敬明乃罰ᄒᆞ라人有小罪ㅣ라도非眚이면乃惟終이라自作不典ᄒᆞ야式爾니有厥罪小ㅣ나乃不可不殺이니라乃有大罪ㅣ라도非終이면乃惟眚災라適爾니既道極厥辜ㅣ어든時乃不可殺이니라

●王이ᄀᆞᆯᄋᆞ샤ᄃᆡ嗚呼ㅣ라封아네罰을敬ᄒᆞ야明ᄒᆞ라人이小ᄒᆞᆫ罪를둘디라도眚이아니면終이라스스로不典을作ᄒᆞ야써이럿탓홈이니그罪小홀디나可히殺티아니티못홀거시니라大罪를둘디라도終이아니면眚이며災라適ᄒᆞ야홈이니임의그辜를道ᄒᆞ야極ᄒᆞ야든이히可히殺티말롤디니라

○此下謹罰也式用適偶也人有小罪非過誤乃其固爲亂常之事用意如此其罪雖小乃不可不殺即舜典所謂刑故無小也人有大罪非是故犯乃其造誤出於不幸偶爾如此既自稱道盡輸其情不敢隱匿罪雖大時乃不可殺即舜典所謂宥過無大也諸葛孔明治蜀服罪輸情者雖重必釋其既道極厥辜時乃不可殺之意歟

王曰嗚呼ㅣ라封아有敍ㅣ라사時乃大明服ᄒᆞ야惟民이其勑懋和ᄒᆞ리라若

有疾ᄒᆞ면惟民이其畢棄咎ᄒᆞ며若保赤子ᄒᆞ면惟民이其康乂ᄒᆞ리라

●王이ᄀᆞᆯᄋᆞ샤ᄃᆡ嗚呼ㅣ라封아叙ㅣ잇셔사이예키明ᄒᆞ야服ᄒᆞ야民이그勑ᄒᆞ야和애懋ᄒᆞ리라疾이잇ᄃᆞᆺᄒᆞ면民이그다咎를棄ᄒᆞ며赤子를保ᄃᆞᆺᄒᆞ면民이그康ᄒᆞ야乂ᄒᆞ리라

○有敘者刑罰有次序也明者明其罰服者服其民也左氏曰乃大明服己則不明而殺人以逞不亦難乎勅戒勅也民其戒勅而勉於和順也若有疾者以去疾之心去惡也故民皆棄咎若保赤子者以保子之心保者也故民其安治

非汝封이刑人殺人이니無或刑人殺人ᄒᆞ라又曰非汝封이劓刵이니無或劓刵人ᄒᆞ라 無與毋通劓牛例反刵而志反

●네封이人을刑ᄒᆞ며人을殺ᄒᆞᆯ거시아니니或도人을刑ᄒᆞ며人을殺티말라또ᄀᆞᆯᄋᆞ샤ᄃᆡ네封이人을劓刵ᄒᆞᆯ거시아니니或도人을劓刵티말라

○刑殺者天之所以討有罪非汝封得以刑之殺之也汝無或以己而刑殺之刵截耳也刑殺刑之大者劓刵刑之小者兼擧小大以申戒之也又曰當在無或刑人殺人之下又按刵周官五刑所無呂刑以爲苗民所制

王曰外事애汝陳時臬ᄒᆞ야司ㅣ師玆殷罰有倫ᄒᆞ게ᄒᆞ라

●王이ᄀᆞᆯᄋᆞ샤ᄃᆡ外事애네이臬을陳ᄒᆞ야司ㅣ이殷人罰이倫이잇ᄂᆞ니를師케ᄒᆞ라

○外事未詳陳氏曰外事有司之事也臬法也爲準限之義言汝於外事但陳列是法使有司師此殷罰之有倫者用之爾○呂氏曰外事衛國事也史記言康叔爲周司寇司寇王朝之官職任內事故以衛國對言爲外事今按篇中言往敷求往盡乃心篇終曰往哉封皆令其之國之辭而未見其留王朝之意但詳此篇康叔蓋深於法者異時成王或擧以任司寇之職而此則未必然也

又曰要囚를服念五六日ᄒᆞ며至於旬時ᄒᆞ야사丕蔽要囚ᄒᆞ라

●또ᄀᆞᆯᄋᆞ샤ᄃᆡ要ᄒᆞᆫ囚를五六日을服ᄒᆞ야念ᄒᆞ며旬이며時애至ᄒᆞ야사키要ᄒᆞᆫ囚를蔽ᄒᆞ라

○要囚獄詞之要者也服念服膺而念之旬十日時三月爲囚求生道也蔽斷也

王曰汝陳時臬事ᄒᆞ야罰蔽殷彝호ᄃᆡ用其義刑義殺이오勿庸以次汝封ᄒᆞ라乃汝ㅣ盡遜ᄒᆞ야曰時敍ㅣ라도惟曰未有遜事ㅣ라ᄒᆞ라

●王이ᄀᆞᆯᄋᆞ샤ᄃᆡ네이臬과事를陳ᄒᆞ야罰을殷彝로蔽호ᄃᆡ그義ᄒᆞᆫ刑과義ᄒᆞᆫ殺로써ᄒᆞ고너封애써次티말라네다遜ᄒᆞ야닐오ᄃᆡ이예敍타ᄒᆞ야도닐오ᄃᆡ遜ᄒᆞᆫ일이잇다아니타ᄒᆞ라

○義宜也次次舍之次遜順也申言敷陳是法與事罰斷以殷之常法矣又慮其泥古而不通又謂其刑其殺必察其宜於時者而後用之旣又慮其趨時而徇己又謂刑殺不可以就汝封之意旣又慮其刑殺雖已當罪而矜喜之心乘之又謂使汝刑殺盡順於義雖

曰是有次敍汝當惟謂未有順義之事蓋矜喜之心生乃怠惰之心起刑殺之所由不中也可不戒哉

已아 汝惟小子ㅣ나 未其有若汝封之心ᄒᆞ니 朕心朕德은 惟乃知니라

●말리아 네小子ㅣ나 너封의心갓타니잇지아니ᄒᆞ니朕心과朕德은네아ᄂᆞ니라

○已者語辭之不能已也小子幼小之稱言年雖少而心獨善也爾心之善固朕知之朕心朕德亦惟爾知之將言用罰之事故先發其良心焉

凡民이 自得罪ᄒᆞ야 寇攘姦宄ᄒᆞ며 殺越人于貨ᄒᆞ야 暋不畏死를 罔弗憝ㅣ니라 暋音敏憝徒對反

●무릇民이스ᄉᆞ로罪를得ᄒᆞ야寇攘ᄒᆞ며姦宄ᄒᆞ며人을貨애殺ᄒᆞ며越ᄒᆞ야暋ᄒᆞ야死를畏티아니ᄒᆞᄂᆞ니를憝티아니아니ᄒᆞᄂᆞ니라

○越顚越也盤庚云顚越不恭暋强憝惡也自得罪非爲人誘陷以得罪也凡民自犯罪爲盜賊姦宄殺人顚越人以取財貨强狠亡命者人無不憎惡之也用罰而加是人則人無不服以其出乎人之同惡而非即乎吾之私心也特擧此以明用罰之當罪

王曰封아 元惡은 大憝니 矧惟不孝不友ㅣ녀 子弗祗服厥父事ᄒᆞ야 大傷厥考心ᄒᆞ면 于父ㅣ 不能字厥子ᄒᆞ야 乃疾厥子ᄒᆞ리이며 于弟ㅣ 弗念天顯ᄒᆞ야 乃弗克恭厥兄ᄒᆞ면 兄亦不念鞠子哀ᄒᆞ야 大不友于弟

ᄒᆞ리니 惟弔茲ㅣ오 不于我政人애 得罪ᄒᆞ면 天惟與我民彝ㅣ 大泯亂ᄒᆞ리니 曰乃其速由文王作罰ᄒᆞ야 刑茲無赦ᄒᆞ라 弔音的

●王이 ᄀᆞᆯᄋᆞ샤ᄃᆡ 封아 元惡은 키 憝ᄒᆞᄂᆞ니 ᄒᆞ믈며 孝티 아니ᄒᆞ며 友티 아니ᄒᆞᄂᆞ니ᄯᆞ녀 子ㅣ 그 父의 事를 祗ᄒᆞ야 服디 아니ᄒᆞ야 키 그 考의 心을 傷ᄒᆞ면 父ㅣ 能히 그 子를 字티 아니ᄒᆞ야 그 子를 疾ᄒᆞ리어며 弟ㅣ 天人顯을 念티 아니ᄒᆞ야 能히 그 兄을 恭티 아니ᄒᆞ면 兄이 ᄯᅩ ᄒᆞᆫ 子를 鞠ᄒᆞ던 哀를 念티 아니ᄒᆞ야 키 弟를 友티 아니ᄒᆞ리니 이에 弔ᄒᆞ고 우리 政ᄒᆞᄂᆞᆫ 人애 罪를 得디 아니ᄒᆞ면 天이 우리 民을 與ᄒᆞ신 彝ㅣ 키 泯亂ᄒᆞ리니 닐온 네 그 ᄲᆞᆯ리 文王의 作ᄒᆞ신 罰을 由ᄒᆞ야 이를 刑ᄒᆞ야 赦티 말라

〇大憝即上文之罔弗憝言寇攘姦宄固爲大惡而大可惡矣況不孝不友之人而尤爲可惡者當商之季禮義不明人紀廢壞子不敬事其父大傷父心父不能愛子乃疾惡其子是父子相夷也天顯猶孝經所謂天明尊卑顯然之序也弟不念尊卑之序而不能敬其兄兄亦不念父母鞠養之勞而大不友其弟是兄弟相賊也父母兄弟至於如此苟不於我爲政之人以得罪焉則天之與我民彝必大泯滅而紊亂矣曰者言如此則汝其速由文王作罰刑此無赦而懲戒之不可緩也

不率은 大戛이니 矧惟外庶子訓人과 惟厥正人과 越小臣諸節이 乃別播敷ᄒᆞ야 造民大譽ᄒᆞ야 弗念弗庸ᄒᆞ야 瘝厥君잇ᄯᆞ녀 時乃引惡이라

惟朕의憝ㅣ니已아汝乃其速由玆義ᄒᆞ야率殺ᄒᆞ라 戛訖點反

●諺 率티아니ᄒᆞᄂᆞ니ᄂᆞᆫ커戛ᄒᆞᆯ디니ᄒᆞ물며外ㅣ庶子ㅣ人을訓ᄒᆞᄂᆞ니와그正人과밋小臣諸節이각별이播敷ᄒᆞ야民의大譽를造ᄒᆞ야念티아니ᄒᆞ며庸티아니ᄒᆞ야그君을瘝ᄒᆞᆷ잇ᄯᅩ녀이惡을引ᄒᆞᄂᆞᆫ디라朕의憝ᄒᆞᆷ이니말리아네그쌜니이義를由ᄒᆞ야다殺ᄒᆞ라

○戛法也言民之不率敎者固可大寘之法矣況外庶子以訓人爲職與庶官之長及小臣之有符節者乃別布條敎違道干譽弗念其君弗用其法以病君上是乃長惡於下我之所深惡也臣之不忠如此刑其可已乎汝其速由玆義而率以誅戮之可也○按上言民不孝不友則速由文王作罰刑玆無赦此言外庶子正人小臣背上立私則速由玆義率殺其曰刑曰殺若用法峻急者蓋殷之臣民化紂之惡父子兄弟之無其親君臣上下之無其義非繩之以法示之以威殷民孰知不孝不義之不可干哉周禮所謂刑亂國用重典者是也然曰速由文王曰速由玆義則其刑其罰亦仁厚而已矣

亦惟君惟長이不能厥家人과越厥小臣外正이오惟威惟虐으로大放王命ᄒᆞ면乃非德用乂라니

●또ᄒᆞᆫ君이며長이그家人과밋그小臣과外正을能히못ᄒᆞ고威와虐으로ᄡᅥ王命을放ᄒᆞ면德아닌거스로ᄡᅥ乂ᄒᆞᆷ이니라

○君長指康叔而言也康叔而不能齊其家不能訓其臣惟威惟虐大廢棄天子之命乃欲以非德用治是康叔且不能用上命矣亦何以責其臣之壞厥君也哉

汝亦罔不克敬典ᄒᆞ야 乃由裕民호ᄃᆡ 惟文王之敬忌로ᄒᆞ야 乃裕民이오 曰我惟有及이라ᄒᆞ면 則予一人이 以懌호리라

●네ᄯᅩᄒᆞᆫ능히典을敬티아니티아니ᄒᆞ야由ᄒᆞ야民을裕호ᄃᆡ文王의敬忌로ᄒᆞ야民을裕케ᄒᆞ고닐오ᄃᆡ내及홈이이소라ᄒᆞ면곳나一人이써懌호리라

○汝罔不能敬守國之常法由是而求裕民之道惟文王之敬忌敬則有所不忽忌則有所不敢期裕其民曰我惟有及於文王則予一人以悅懌矣此言謹罰之終也穆王訓刑亦曰敬忌云

王曰封아 爽惟民은 迪吉康이니 我는 時其惟殷先哲王德으로 用康乂民ᄒᆞ야 作求ㅣ니 矧今民이 罔迪不適잇ᄯᆞ녀 不迪ᄒᆞ면 則罔政이 在厥邦ᄒᆞ리라

●王이ᄀᆞᆯ으샤ᄃᆡ封아爽히惟켠ᄃᆡ民은吉康으로迪홀디니나는이그殷先哲王의德으로써民을康乂ᄒᆞ야求를作홀디니ᄒᆞ믈며이제民이迪ᄒᆞ면適디아니리라업슴잇ᄯᆞ녀迪디아니ᄒᆞ면곳政이그邦애在홈이업스리라

○此下欲其以德用罰也求等也詩曰世德作求言明思夫民當開導之以吉康我亦時

其惟殷先哲王之德用以安治其民惟等匹於商先王也迪卽迪吉康之迪況今民無導之而不從者苟不有以導之則爲無政於國矣迪言德而政言刑也前旣嚴之民又嚴之臣又嚴之康叔此則武王之自嚴畏也

王曰封아 予惟不可不監이라 告汝德之說于罰之行ᄒ노니 今惟民이 不靜ᄒ야 未戾厥心ᄒ야 迪屢未同ᄒ니 爽惟天이 其罰殛我ᄒ시리니 我其不怨ᄒ리라 惟厥罪는 無在大ᄒ며 亦無在多ᄒ니 矧曰其尙顯聞于天이ᄯᆞ녀

諺 王이ᄀᆞᆯᄋᆞ샤ᄃᆡ封아나ᄂᆞᆫ可히監치안이치못ᄒᆞᆯ거시라네게德의說로罰를行ᄒᆞᆷ을告ᄒᆞ노니이제民이靜티아니ᄒᆞ야그心을戾티아니ᄒᆞ야迪ᄒᆞᆷ이屢ᄒᆞ나同티아니ᄒᆞ니爽히惟컨ᄃᆡ天이그我를罰ᄒᆞ야殛ᄒᆞ시리니ᄂᆡ그怨치아니호리라그罪ᄂᆞᆫ大애잇디아니ᄒᆞ며ᄯᅩᄒᆞᆫ多애잇디아니ᄒᆞ니ᄒᆞ믈며닐오ᄃᆡ그오히려天의顯聞ᄒᆞᆷ이ᄯᆞ녀

○戾止也又言民不安靜未能止其心之狠疾迪之者雖屢而未能使之上同乎治明思天其罰殛我我何敢怨乎惟民之罪不在大亦不在多苟爲有罪卽在朕躬況曰今庶群腥穢之德其尙顯聞于天乎

王曰嗚呼ㅣ라 封아 敬哉ㅣ어다 無作怨ᄒ며 勿用非謀非彝ᄒ고 蔽時忱ᄒ야

不則敏德ᄒᆞ야用康乃心ᄒᆞ며顧乃德ᄒᆞ며 遠乃猷ᄒᆞ며裕乃以民寧ᄒᆞ면不汝瑕殄ᄒᆞ리라

●王이ᄀᆞᆯᄋᆞ샤ᄃᆡ嗚呼ㅣ라封아敬ᄒᆞᆯ디어다怨을作디말며非ᄒᆞᆫ謀와非ᄒᆞᆫ彝를쓰지말고蔽호ᄃᆡ이忱으로ᄒᆞ야기敏德ᄒᆞ니를則ᄒᆞ야ᄡᅥ네心을康ᄒᆞ며네德을顧ᄒᆞ며네猷를遠케ᄒᆞ며裕ᄒᆞ야ᄡᅥ民을寧케ᄒᆞ면너를瑕ᄒᆞ야殄티아니ᄒᆞ리라

○此欲其不用罰而用德也歎息言汝敬哉毋作可怨之事勿用非善之謀非常之法惟斷以是誠大法古人之敏德用以安汝之心省汝之德遠汝之謀寬裕不迫以待民之自安若是則不汝瑕疵而棄絶矣

王曰嗚呼ㅣ라肆汝小子封아惟命은不于常이니汝念哉ᄒᆞ야無我殄享ᄒᆞ야明乃服命ᄒᆞ며高乃聽ᄒᆞ야用康乂民ᄒᆞ라 無與毋通

●王이ᄀᆞᆯᄋᆞ샤ᄃᆡ嗚呼ㅣ라너小子封아命은常애아니ᄒᆞᄂᆞ니네念ᄒᆞ야我로享을殄케말아네服命을밝기며네聽을高ᄒᆞ야ᄡᅥ民을康히乂ᄒᆞ라

○肆未詳惟命不于常善則得之不善則失之汝其念哉毋我殄絶所享之國也明汝侯國服命高其聽不可卑忽我言用安治爾民也

王若曰往哉封아勿替敬典ᄒᆞ야聽朕의告汝ᄉᆞㅣ라 乃以殷民으로世

享ᄒᆞ리라

●王이이러타시ᄀᆞᆯᄋᆞ샤ᄃᆡ往ᄒᆞ는封아敬ᄒᆞᆯ典을替치말아내너다려告ᄒᆞᆫ거슬聽ᄒᆞ야사이에殷人民으로써世로享ᄒᆞ리라

○勿廢其所敬之常法聽我所命而服行之乃能以殷民而世享其國也世享對上文殄享而言

酒誥

商受酗酒天下化之妹土商之都邑其染惡尤甚武王以其地封康叔故作書誥敎之云今文古文皆有○按吳氏曰酒誥一書本是兩書以其皆爲酒而誥故誤合而爲一自王若曰明大命于妹邦以下武王告受故都之書也自王曰封我西土棐徂邦君以下武王告康叔之書也書之體爲一人而作則首稱其人爲衆人而作則首稱其衆爲一方而作則首稱一方爲天下而作則首稱天下君奭書首稱君奭君陳書首稱君陳爲一人而作也甘誓首稱六事之人湯誓首稱格汝衆此爲衆人而作也湯誥首稱萬方有衆大誥首稱大誥多邦此爲天下而作也多方書爲四國而作則首稱四國多士書爲多士而作則首稱多士今酒誥爲妹邦而作故首言明大命于妹邦其自爲一書無疑按吳氏分篇引證固爲明甚但旣謂專誥毖妹邦不應有乃穆考文王之語意酒誥專爲妹邦而作而妹邦在康叔封圻之內則明大命之責

康叔實任之故篇首專以妹邦爲稱至中篇始名康叔以致誥其曰尙克用文王敎者亦申言首章文王誥毖之意其事則主於妹邦其書則付之康叔雖若二篇而實爲一書雖若二事而實相首尾反復參究蓋自爲書之一體也

王若曰ᄒᆞ샤ᄃᆡ 明大命于妹邦ᄒᆞ노라

●王이 이러타시 ᄀᆞᆯ으샤ᄃᆡ 큰命을 妹邦애 ᄇᆞᆰ키노라

○妹邦卽詩所謂沬鄕篇首稱妹邦者誥命專爲妹邦發也

乃穆考文王이 肇國在西土ᄒᆞ실서 厥誥毖庶邦庶士와 越少正御事ᄒᆞ샤 朝夕애 曰祀玆酒ㅣ니 惟天이 降命ᄒᆞ샤 肇我民ᄒᆞ산든 惟元祀ㅣ니라

●네穆ᄒᆞ신考文王이國을肇ᄒᆞ샤西土애在ᄒᆞ실시그庶邦의庶士와밋少正과御事를誥ᄒᆞ야毖케ᄒᆞ샤朝夕애ᄀᆞᆯ으샤ᄃᆡ祀애만이酒를ᄡᅳᆯ디니天이命을降ᄒᆞ샤우리民애肇ᄒᆞ산든元ᄒᆞᆫ祀ㅣ니라

○穆敬也詩曰穆穆文王是也上篇言文王明德則曰顯考此篇言文王誥毖則曰穆考言各有當也或曰文王世次爲穆亦通毖戒謹也少正官之副貳也文王朝夕勅戒之曰惟祭祀則用此酒天始令民作酒者爲大祭祀而已西土庶邦遠去商邑文王誥毖亦諄諄以酒爲戒則商邑可知矣文王爲西伯故得誥毖庶邦云

天이 降威ᄒᆞ샤 我民이 用大亂喪德이 亦罔非酒의 惟行이며 越小大

邦이用喪이亦罔非酒의惟辜ㅣ니라

●天이威를降ᄒᆞ샤우리民이ᄡᅥ키亂ᄒᆞ야德을喪홈이ᄯᅩᄒᆞᆫ酒의行이아니아니며밋小大邦이ᄡᅥ喪홈이ᄯᅩᄒᆞᆫ酒의辜ㅣ아니아니니라

○酒之禍人也而以爲天降威者禍亂之成是亦天爾箕子言受酗酒亦曰天毒降災正此意也民之喪德君之喪邦皆由於酒喪德故言行喪邦故言辜

文王이誥教小子와有正有事ᄒᆞ샤ᄃᆡ無彝酒ᄒᆞ라越庶國이飮호ᄃᆡ惟祀ㅣ니德將無醉ᄒᆞ라

●文王이小子와正두ᄂᆞᆫ니와事두ᄂᆞᆫ이를誥ᄒᆞ야敎ᄒᆞ샤ᄃᆡ酒애彝티말라밋庶國이飮호ᄃᆡ祀에만홀디니德으로將ᄒᆞ고醉티말라

○小子少子之稱以其血氣未定尤易縱酒喪德故文王專誥敎之有正有官守者有事有職業者無毋同彝常也毋常於酒其飮惟於祭祀之時然亦必以德將之無至於醉也

惟曰我民이迪小子호ᄃᆡ惟土物愛ᄒᆞ면厥心이臧ᄒᆞ리니聰聽祖考之彝訓ᄒᆞ야越小大德애小子ㅣ惟一ᄒᆞ라

●ᄀᆞᆯᄋᆞ샤ᄃᆡ우리民이小子를迪호ᄃᆡ土物를愛케ᄒᆞ면그心이臧ᄒᆞ리니祖考의彝訓를聽히聽ᄒᆞ야밋小大德에小子ㅣ一ᄒᆞ라

○文王言我民亦常訓導其子孫惟土物之愛勤稼穡服田畝無外慕則心之所守者正而善日生爲子孫者亦當聽聽其祖父之常訓不可以謹酒爲小德小德大德小子惟一視之可也

妹土아 嗣爾股肱ᄒᆞ야 純其藝黍稷ᄒᆞ야 奔走事厥考厥長ᄒᆞ며 肇牽車牛ᄒᆞ야 遠服賈ᄒᆞ야 用孝養厥父母ᄒᆞ야 厥父母ㅣ慶이어샤 自洗腆ᄒᆞ야 致用酒ᄒᆞ라

●妹土아네股肱을嗣ᄒᆞ야키 그黍稷을藝ᄒᆞ야奔走ᄒᆞ야그考와그長을事ᄒᆞ며肇ᄒᆞ야車牛를牽ᄒᆞ야멀니賈를服ᄒᆞ야써그父母를孝養ᄒᆞ야그父母ㅣ慶ᄒᆞ거샤스스로洗ᄒᆞ며腆ᄒᆞ야酒를致ᄒᆞ야用ᄒᆞ라

○此武王教妹土之民也嗣續純大肇敏服事也言妹土民當嗣續汝四肢之力無有怠惰大修農功服勞田畝奔走以事其父兄或敏於貿易牽車牛遠事賈以孝養其父母父母喜慶然後可自洗腆致用酒洗以致其潔腆以致其厚也薛氏曰或大修農功或遠服商賈以養父母父母慶則汝可以用酒也

庶士有正과 越庶伯君子아 其爾는 典聽朕教ᄒᆞ라 爾大克羞耇惟君이오샤 爾乃飲食醉飽ᄒᆞ라 丕惟曰爾克永觀省ᄒᆞ야 作稽中德이어

샤 爾尙克羞饋祀ㅣ니 爾乃自介用逸이니라 玆乃允惟王正事之臣이며 玆亦惟天이 若元德ᄒᆞ사 永不忘이 在王家ᄒᆞ리라

●庶士와有正과밋庶伯君子아그너희ᄂᆞᆫ朕의敎ᄅᆞᆯ덧덧이드르라네키능히耇ᄅᆞᆯ羞ᄒᆞ고샤네이이의飮食을醉飽케ᄒᆞ라키니ᄅᆞ샤되네능히기리觀ᄒᆞ며省ᄒᆞ야作애中德을稽ᄒᆞ야사네거의능히饋祀홈을羞ᄒᆞ리니네스스로介ᄒᆞ야써逸홀다니라이러면진실로王의事ᄅᆞᆯ正ᄒᆞᄂᆞᆫ臣이며이러면또ᄒᆞᆫ天이元德을若ᄒᆞ샤기리닛디몯홈이王家에잇시리라

○此武王敎妹土之臣也伯長也曰君子者賢之也典常也羞養也言其大能養老也惟君未詳不惟曰者大言也介助也用逸者用以宴樂也言爾能常常反觀內省使念慮之發營爲之際悉稽乎中正之德而無過不及之差則德全於身而可以交於神明矣如是則庶幾能進饋祀爾亦可自副而用宴樂也如此則信爲王治事之臣如此亦惟天順元德而永不忘在王家矣按上文父母慶則可飮酒克羞耇則可飮酒羞饋祀則可飮酒本欲禁絕其飮今乃反開其端者不禁之禁也聖人之敎不迫而民從者此也孝養羞耇饋祀皆因其良心之發而利導之人果能盡此三者且爲成德之士矣而何憂其湎酒也哉

王曰封아 我西土棐徂邦君御事小子ㅣ 尙克用文王敎ᄒᆞ야 不腆于酒ᄒᆞᆫ들로 故我ㅣ 至于今ᄒᆞ야 克受殷之命이니라

●王이ᄀᆞᆯᄋᆞ샤ᄃᆡ封아우리西土人棐ᄒᆞ던徂애邦君과御事와小子ㅣ오히려능히文王의敎ᄅᆞᆯ써酒의腆티아니ᄒᆞᆫ들로故로我ㅣ今에至ᄒᆞ야殷命을受ᄒᆞ니라

○徂往也輔佐文王往日之邦君御事小子也言文王毖酒之敎其大如此

王曰封아 我聞ᄒᆞ니 惟曰在昔殷先哲王이 迪畏天顯小民ᄒᆞ샤 經德秉哲ᄒᆞ샤 自成湯으로 咸至于帝乙히 成王畏相이어시ᄂᆞᆯ 惟御事ㅣ 厥棐有恭ᄒᆞ야 不敢自暇自逸이온 矧曰其敢崇飮가

●王이ᄀᆞᆯᄋᆞ샤ᄃᆡ封아나ᄂᆞᆫ들으니니ᄅᆞ건ᄃᆡ녜이셔殷先哲王이天顯과小民을迪ᄒᆞ야畏ᄒᆞ샤德을經ᄒᆞ시며哲을秉ᄒᆞ샤成湯으로브터다帝乙에니ᄅᆞ히王을成ᄒᆞ며相을畏ᄒᆞ시거ᄂᆞᆯ御事ㅣ그棐ᄒᆞ야恭을두어敢히스스로暇ᄒᆞ며스스로逸티못ᄒᆞ곤ᄒᆞ믈며그敢히飮을崇ᄒᆞ다니ᄅᆞ랴

○以商君臣之不暇逸者告康叔也殷先哲王湯也迪畏者畏之而見於行也畏天之明命畏小民之難保經其德而不變所以處巳也秉其哲而不惑所以用人也湯之垂統如此故自湯至于帝乙賢聖之君六七作雖世代不同而皆能成就君德敬畏輔相故當時御事之臣亦皆盡忠輔翼而有責難之恭自暇自逸猶且不敢況曰其敢尙飮乎

越在外服ᄒᆞᆫ 侯甸男衛邦伯과 越在內服ᄒᆞᆫ 百僚庶尹과 惟亞

惟服과 宗工과 越百姓里居왜 罔敢湎于酒ᄒᆞ니 不惟不敢이라 亦不暇ㅣ오 惟助成王德顯ᄒᆞ며 越尹人祗辟ᄒᆞ니라

●밋外服애잇ᄂᆞᆫ侯와甸과男과衛와邦伯과밋內服애잇ᄂᆞᆫ百僚와庶尹과亞와服과宗工과밋百姓과里애居ᄒᆞᄂᆞ니왜敢히酒애湎티아니ᄒᆞ니敢히아니ᄒᆞᆯᄲᅮᆫ이아니라ᄯᅩᄒᆞᆫ暇치못ᄒᆞ고王의德을成ᄒᆞ야顯케ᄒᆞ며밋尹人의辟을祗케홈을助ᄒᆞ니라

○自御事而下在外服則有侯甸男衛諸侯與其長伯在內服則有百僚庶尹惟亞惟服宗工國中百姓與夫里居者亦皆不敢沈湎于酒不惟不敢亦不暇不敢者有所畏不暇者有所勉惟欲上以助成君德而使之昭著下以助尹人祗辟而使之益不怠耳成王顧上文成王而言祗辟顧上文有恭而言呂氏曰尹人者百官諸侯之長也指上文御事而言

我聞ᄒᆞ니 亦惟曰在今後嗣王ᄒᆞ야 酣身ᄒᆞ야 厥命이 罔顯于民이오 祗保ㅣ越怨이어늘 不易ᄒᆞ고 誕惟厥縱淫泆于非彝ᄒᆞ야 用燕喪威儀ᄒᆞᆫᄃᆡ 民이 罔不盡傷心이어늘 惟荒腆于酒ᄒᆞ야 不惟自息乃逸ᄒᆞ며 厥心疾很ᄒᆞ야 不克畏死ᄒᆞ며 辜在商邑ᄒᆞ야 越殷國滅無罹ᄒᆞ니 弗惟德馨香祀ㅣ 登聞于天이오 誕惟民怨庶羣自酒腥이 聞在上이라 故天降喪于

殷ᄒᆞ사 罔愛于殷은 惟逸이니 天非虐이라 惟民이 自速辜ㅣ니라 泆音溢盡迄力反狠下懇反罹鄰知反聞如字下同

●나ᄂᆞᆫ드르니또ᄒᆞᆫ닐으건ᄃᆡ이제後嗣王의잇셔身을酣ᄒᆞ야 그命이民에顯치아니ᄒᆞ고祗ᄒᆞ야保ᄒᆞᆷ이怨애밋거ᄂᆞᆯ易니아니ᄒᆞ고키그淫泆을非彝애縱ᄒᆞ야 써燕ᄒᆞ야威儀를喪ᄒᆞᆫᄃᆡ民이心을盡傷티아니티아니ᄒᆞ거ᄂᆞᆯ荒ᄒᆞ야酒애腆ᄒᆞ야스스로逸을息ᄒᆞᆷ을惟티아니ᄒᆞ며그心이疾狠ᄒᆞ야능히死를畏티아니ᄒᆞ며辜ㅣ商邑애잇셔밋殷國이滅호ᄃᆡ罹티아니ᄒᆞ니德으로馨香ᄒᆞᆫ祀ㅣ天애登ᄒᆞ야聞티아니ᄒᆞ고키民이怨ᄒᆞᄂᆞᆫ모단酒로브튼腥이上애聞ᄒᆞ야인ᄂᆞᆫ다라故로天이殷애喪을降ᄒᆞ샤殷을愛티아니ᄒᆞ삼은逸ᄒᆞ실ᄉᆡ니天이虐ᄒᆞ신줄리아니라民이스스로辜를速ᄒᆞ니라

○以商受荒腆于酒者告康叔也後嗣王受也受沈酣其身昏迷於政命令不著於民其所祗保者惟在於作怨之事不肯悛改大惟縱淫泆于非彝泰誓所謂奇技淫巧也燕安也用安逸而喪其威儀史記受爲酒池肉林使男女裸而相逐其威儀之喪如此此民所以無不痛傷其心悼國之將亡也而受力且荒怠益厚于酒不思自息其逸力行無度其心疾狠雖殺身而不畏也辜在商邑雖滅國而不憂也弗事上帝無馨香之德以格天大惟民怨惟羣酗腥穢之德以聞于上故上天降喪于殷無有睠愛之意者亦惟受縱逸故也天豈虐殷惟殷人酗酒自速其辜爾日民者猶曰先民君臣之通稱也

王曰封아 予不惟若玆多誥ㅣ라 古人이有言曰人은 無於水애監

이오當於民애監이니今惟殷이墜厥命ᄒᆞ니我其可不大監ᄒᆞ야撫于時아
●王이ᄀᆞᆯᄋᆞ샤ᄃᆡ封아내이갓티만이誥ᄒᆞᄂᆞᆫ쥬리아니라古人이말ᄉᆞᆷ을두어닐오ᄃᆡ
人은水애監치말고맛당히民애監ᄒᆞᆯ거시라ᄒᆞ니이제殷이그命을墜ᄒᆞ니나ᄂᆞᆫ그可
히ᄏᆡ監ᄒᆞ야時를撫티아니ᄒᆞ랴
○我不惟如此多言所以言湯言受如此其詳者古人謂人無於水監水能見人之姸醜
而已當於民監則其得失可知今殷民自速辜既墜厥命矣我其可不以殷民之失爲大
監戒以撫安斯時乎
予惟曰汝ㅣ劼毖殷獻臣과侯甸男衛니矧太史友와內史友와
越獻臣百宗工이ᄯᆞ녀矧惟爾事ㅣ服休服采ㅣᄯᆞ녀矧惟若疇ㅣ圻
父ㅣ薄違와農父ㅣ若保와宏父ㅣ定辟이ᄯᆞ녀矧汝ㅣ剛制于酒ㅣᄯᆞ녀劼丘
八反圻與畿同●내닐르건ᄃᆡ네殷ㅅ獻臣과侯와甸과男과衛를劼ᄒᆞ야毖ᄒᆞᆯ디니ᄒᆞ믈며太史友와
內史友와밋獻臣과百宗工이잇다녀ᄒᆞ믈며네섬기ᄂᆞᆫ休를服ᄒᆞ며采를服ᄒᆞᄂᆞ니ᄯᆞ녀
ᄒᆞ믈며네疇ㅣ圻父ㅣ違를薄ᄒᆞᄂᆞ니와農父ㅣ若保ᄒᆞᄂᆞ니와宏父ㅣ辟을定ᄒᆞᄂᆞ니
ᄯᆞ녀ᄒᆞ믈며네酒을剛制ᄒᆞ리ᄯᆞ녀

○劼用力也汝當用力戒謹殷之賢臣與隣國之侯甸男衛使之不湎于酒也㦲殷獻臣侯甸男衛與文王㦲庶邦庶士同義殷之賢臣諸侯固欲知所謹矣況太史掌六典八法八則內史掌八柄之法汝之所友者及其賢臣百僚大臣可不謹於酒乎大史內史獻臣百宗工固欲知所謹矣況爾之所事服休坐而論道之臣服采起而作事之臣可不謹於酒乎曰友曰事者國君有所友有所事也然盛德有不可友者故孟子曰古之人曰事之云乎豈曰友之云乎服休服采固欲知所謹矣況爾之疇匹而位三卿者若圻父迫逐違命者乎若農父之順保萬民者乎若宏父制其經界以定法者乎皆不可不謹于酒也圻父政官司馬也主封圻農父敎官司徒也主農宏父事官司空也主廓地居民謂之父者尊之也先言圻父者制殷人湎酒以政爲急也圻父農父宏父固欲知所謹矣況汝之身所以爲一國之視效者可不謹於酒乎故曰矧汝剛制于酒剛制亦劼㦲之意剛果用力以制之也此章自遠而近自卑而尊等而上之則欲其自康叔之身始以是爲治孰能禦之而況㦲於酒德也哉

厥或誥曰群飮이어든 **汝勿佚**ᄒᆞ야 **盡執拘**ᄒᆞ야 **以歸于周**ᄒᆞ라 **予其殺**이니라

●그或誥ᄒᆞ야ᄀᆞᆯ오ᄃᆡ群ᄒᆞ야飮한다커든네佚티마라다執ᄒᆞ야拘ᄒᆞ야써周애歸ᄒᆞ라내그殺커나호리라

○羣飮者商民羣聚而飮爲姦惡者也佚失也其者未定辭也蘇氏曰予其殺者未必殺

也猶今法曰當斬者皆具獄以待命不必死也然必立法者欲人畏而不敢犯也羣飮蓋亦當時之法有羣聚飮酒謀爲大姦者其詳不可得而聞矣如今之法有曰夜聚曉散者皆死罪蓋聚而爲妖逆者也使後世不知其詳而徒聞其名凡民夜相過者輒殺之可乎

又惟殷之迪諸臣惟工이 乃湎于酒ㅣ어든 勿庸殺之ᄒᆞ고 姑惟敎之ᄒᆞ라

●또殷애迪ᄒᆞᆫ諸臣과工이酒애湎ᄒᆞ거든써殺티말고아직敎ᄒᆞ라

○殷受導迪爲惡之諸臣百工雖湎于酒未能遽革而非羣聚爲姦惡者無庸殺之且惟敎之

有斯ㅣ면 明享이어니와 乃不用我敎辭ᄒᆞ면 惟我一人이 弗恤ᄒᆞ야 弗蠲乃事ᄒᆞ야 時同于殺호리라

●이를두면明히享ᄒᆞ려니와내에敎ᄒᆞᄂᆞᆫ辭를用디아니ᄒᆞ면나一人이恤티아니ᄒᆞ야네事를蠲티아니ᄒᆞ야이에殺에同호리라

○有者不忘之也斯此也指敎辭而言享上享下之享言殷諸臣百工不忘敎辭不湎于酒我則明享之其不用我敎辭惟我一人不恤於汝弗潔汝事時則同汝于羣飮誅殺之罪矣

王曰封아汝ㅣ典聽朕毖ᄒᆞ라勿辯乃司ᄒᆞ면民湎于酒ᄒᆞ리라

●王이ᄀᆞᆯᄋᆞ샤ᄃᆡ封아네朕의毖를덧덧이聽ᄒᆞ라乃司를辯티아니ᄒᆞ면民이酒애湎ᄒᆞ리라

○辯治也乃司有司也即上文諸臣百工之類言康叔不治其諸臣百工之湎酒則民之湎酒者不可禁矣

梓材

亦武王誥康叔之書諭以治國之理欲其通上下之情寬刑辟之用而篇中有梓材二字比稽田作室爲雅故以爲簡編之別非有他義也今文古文皆有○按此篇文多不類自今王惟曰以下若人臣進戒之辭以書例推之曰今王惟曰者猶洛誥之今王即命曰也肆王惟德用者猶召誥之肆惟王其疾敬德王其德之用也已若玆監者猶無逸嗣王其監于玆也惟王子子孫孫永保民者猶召誥惟王受命無疆惟休也反覆衆考與召公周公進戒之言若出一口意者此篇得於簡編斷爛之中文既不全而進戒爛簡有用明德之語編書者以與罔厲殺人等意合又武王之誥有曰王曰監云者而進戒之書亦有曰王曰監云者遂以爲文意相屬編次其後而不知前之所謂王者指先王而言非若今王之爲自稱也後之所謂監者乃監視之監而非啓監之監也其非命康叔之書亦明矣讀書者優游涵泳沈潛反覆繹其文義

審其語脉一篇之中前則尊諭卑之辭後則臣告君之語蓋有不可得而强合者矣

王曰封아以厥庶民과暨厥臣으로達大家ᄒᆞ며以厥臣으로達王은惟邦君이니라

●王이ᄀᆞᆯᄋᆞ샤ᄃᆡ封아그庶民과밋그臣으로ᄡᅥ大家애達ᄒᆞ며그臣으로ᄡᅥ王ᄭᅴ達ᄒᆞᄂᆞ니ᄂᆞᆫ邦君이니라

○大家巨室也孟子曰爲政不難不得罪於巨室孔氏曰卿大夫及都家也以厥庶民暨厥臣達大家則下之情無不通矣以厥臣達王則上之情無不通矣王言臣而不言民者率土之濱莫非王臣也邦君上有天子下有大家能通上下之情而使之無間者惟邦君也

汝若恒越ᄒᆞ야曰我有師師ᄂᆞᆫ司徒와司馬와司空과尹과旅애니曰予罔厲殺人이라ᄒᆞ라亦厥君이先敬勞ㅣ니肆徂厥敬勞ᄒᆞ라肆往姦宄殺人歷人을宥ᄒᆞ며肆亦見厥君事ᄒᆞ야戕敗人을宥ᄒᆞ리라

●네만일에덧덧이越ᄒᆞ야닐오ᄃᆡ내둔ᄂᆞᆫ師로師ᄒᆞᄂᆞ이ᄂᆞᆫ司徒와司馬와司空과尹과旅왜니닐오ᄃᆡ나ᄂᆞᆫ人을厲殺티아니ᄒᆞᆯ거시라ᄒᆞ라ᄯᅩᄒᆞᆫ그君이몬져敬ᄒᆞ야勞ᄒᆞᆯ지니ᄃᆞ듸여徂ᄒᆞ야그敬勞ᄒᆞ라ᄃᆞ듸여往ᄒᆞ야姦ᄒᆞ며宄ᄒᆞ며人을殺ᄒᆞ며人을歷ᄒᆞᆷ

을宥ᄒᆞ면드듸여또ᄒᆞᆫ그君의事를보아人을戕ᄒᆞ며敗ᄒᆞᄂᆞ니를宥ᄒᆞ리라

○恒常也師師以官師爲師也尹正官之長旅衆大夫也敬勞恭敬勞來也徂往也歷人者罪人所過律所謂知情藏匿資給也戕敗者毁傷四肢面目漢律所謂疻也此章文多未詳

王啓監ᄒᆞ샤든厥亂이爲民이니曰無胥戕ᄒᆞ며無胥虐ᄒᆞ야至于敬寡ᄒᆞ며至于屬婦ᄒᆞ야合由以容ᄒᆞ라王이其效邦君과越御事ᄂᆞᆫ厥命은曷以오引養引恬이니라自古로王이若玆ᄒᆞ니監은罔攸辟이니라

●王이監을啓ᄒᆞ샤든그亂이民을爲ᄒᆞ야니ᄀᆞᆯ온셔로戕티말며셔로虐티마라寡를敬홈애니르며婦를屬홈애니르러合ᄒᆞ야由ᄒᆞ야써容ᄒᆞ라王이그邦君과밋御事의게效ᄒᆞᄂᆞᆫ그命은엇디써ᄒᆞᆯ고養애引ᄒᆞ며恬애引캐콰뎌홈이니라녜로브터王이이갓타시니監은辟ᄒᆞᆯ배업ᄉᆞ니라

○監三監之監康叔所封亦受畿內之民當時亦謂之監故武王以先王啓監意而告之也言王者所以開置監國者其治本爲民而已其命監之辭蓋曰無相與戕殺其民無相與虐害其民人之寡弱者則哀敬之使不失其所婦之窮獨者則聯屬之使有所歸保合其民率由是而容畜之也且王所以責效邦君御事者其命何以哉亦惟欲其引掖斯民於生養安全之地而已自古王者之命監若此汝今爲監其無所用乎刑辟以戕虐人可也

惟曰若稽田애 旣勤敷菑ᄒᆞᆫ란디 惟其陳修ᄒᆞ야 爲厥疆畎ᄒᆞ며 若作室家애 旣勤垣墉ᄒᆞᆫ란디 惟其塗塈茨ᄒᆞ며 若作梓材애 旣勤樸斲ᄒᆞᆫ란디 惟其塗丹雘이니라 斲奇寄反 雘屋郭反

● 닐으건댄 田을 稽홈애 임의 敷菑를 勤히 ᄒᆞᆫ란디 그 陳ᄒᆞ며 修ᄒᆞ야 그 疆畎을 홈갓다며 室家을 作홈애 임의 垣墉를 勤히 ᄒᆞᆫ란디 그 塗塈ᄒᆞ면 茨홈갓다며 梓材을 作홈애 엄의 樸ᄒᆞ야 斲홈을 勤히 ᄒᆞᆫ란디 그 丹雘을 塗홈갓다 니라

○稽治也敷菑廣去草棘也疆畔也畎通水渠也塗塈泥飾也茨蓋也梓良材可爲器者雘采色之名敷菑以喩除惡垣墉以喩立國樸斲以喩制度武王之所已爲也疆畎塈茨丹雘則望康叔以成終云耳

今王이 惟曰先王이 旣勤用明德ᄒᆞ사 懷爲夾ᄒᆞ신디 庶邦享ᄒᆞ야 作兄弟方來ᄒᆞ야 亦旣用明德ᄒᆞ니 后式典集ᄒᆞ시면 庶邦이 丕享ᄒᆞ리이라 夾音協

● 今王이 닐으건댄 先王이 다 明德를 勤히 쓰샤 懷ᄒᆞ야 夾게 ᄒᆞ신디 庶邦이 享ᄒᆞ야 兄弟를 作ᄒᆞ야 方으로 來ᄒᆞ야 또ᄒᆞᆫ 다 明德을 쓰니 后ㅣ 典을 式ᄒᆞ야 集ᄒᆞ시면 庶邦이 키 享ᄒᆞ리이라

○先王文王武王也夾近也懷遠爲近也兄弟言友愛也泰誓曰友邦冢君方來者方方

而來也旣盡也先王盡勤用明德而懷來于上諸侯亦盡用明德而視效於下也后後王也式用也典舊典也集和輯也此章以後若臣下進戒之辭疑簡脫誤於此

皇天이旣付中國民과越厥疆土于先王ᄒᆞ시니

●皇天이임의中國民과밋그疆土를先王ᄭᅴ付ᄒᆞ시니

○越及也皇天旣付中國民及其疆土于先王也

肆王은惟德을用ᄒᆞ샤和懌先後迷民ᄒᆞ샤用懌先王受命ᄒᆞ소서 先先見反 後胡茂反

●이제王은德을用ᄒᆞ샤迷ᄒᆞᆫ民을和懌ᄒᆞ며先後ᄒᆞ샤써先王의바다신命을懌ᄒᆞ소셔

○肆今也德用用明德也和懌和悅之也先後勞來之也迷民迷惑染惡之民也命天命也用慰悅先王之克受天命者也

已若玆監ᄒᆞ소서惟曰欲至于萬年惟王ᄒᆞ샤子子孫孫이永保民ᄒᆞ노이다

●이러ᄐᆞ시監ᄒᆞ소서닐으건된萬年에닐으히王ᄒᆞ샤子子ㅣ며孫孫이기리民을保ᄒᆞ시과뎌ᄒᆞ노이다

○已語辭監視也此人臣祈君永命之辭也按梓材有自古王若玆監罔攸辟之言而編

書者誤以監爲句讀而爛簡適有已若玆監之語以爲語意相類合爲一篇而不知其句讀之本不同文義之本不類也孔氏依阿其說於篇意無所發明王氏謂成王自言必稱王者以覲禮考之天子以正遏諸侯則稱王亦强釋難通獨吳氏以爲誤簡者爲得之但謂王啓監以下即非武王之誥則未必然也

正本

集註書傳卷之四終

正本

集註書傳卷之五

蔡沈集傳

召誥

左傳曰武王克商遷九鼎于洛邑史記載武王言我南望三途北望嶽鄙顧詹有河粤詹洛伊毋遠天室營周居于洛邑而後去則宅洛者武王之志周公成王成之召公實先經理之洛邑既成成王始政召公因周公之歸作書致告達之於王其書拳拳於歷年之久近反覆乎夏商之廢興究其歸則以諴小民爲祈天命之本以疾敬德爲諴小民之本一篇之中屢致意焉古之大臣其爲國家長遠慮蓋如此以召公之書因以召誥名篇今文古文皆有

惟二月既望越六日乙未애王이朝步自周ᄒᆞ샤則至于豐ᄒᆞ시

●二月임의望건넌六日乙未애王이朝애步를周로브터ᄒᆞ샤豐애至ᄒᆞ시다

○日月相望謂之望既望十六日也乙未二十一日也周鎬京也去豐二十五里文武廟在焉成王至豐以宅洛之事告廟也

惟太保ㅣ先周公相宅ᄒᆞ야越若來三月惟丙午朏ㅅ越三日戊申애太保ㅣ朝至于洛ᄒᆞ야卜宅ᄒᆞ니厥既得卜ᄒᆞ야則經營ᄒᆞ니라 朏數尾二反戊音茂

●太保ㅣ周公으로몬져宅을相ᄒᆞ야越若來ㅅ三月丙午朏ㅅ건넌三日戊申애太保

ㅣ朝에洛에至ᄒᆞ야宅ᄒᆞᆯ디를卜ᄒᆞ니그임의卜을得ᄒᆞ야經營ᄒᆞ니라

○成王在豊使召公先周公行相視洛邑越若來古語辭言召公於豊迤邐而來也朏孟康曰月出也三日明生之名戊申三月五日也卜宅者用龜卜宅都之地旣得吉卜則經營規度其城郭宗廟郊社朝市之位

越三日庚戌애太保ㅣ乃以庶殷으로攻位于洛汭ᄒᆞ니越五日甲寅애位成ᄒᆞ니라

●건넌三日庚戌애太保ㅣ모든殷으로써位를洛汭에攻ᄒᆞ니건넌五日甲寅애位ㅣ成ᄒᆞ니라

○庶殷殷之衆庶也用庶殷者意是時殷民已遷于洛故就役之也位成者左祖右社前朝後市之位成也

若翼日乙卯애周公이朝至于洛ᄒᆞ샤則達觀于新邑營ᄒᆞ시다

●翼日乙卯애周公이朝에洛에至ᄒᆞ샤곳新邑營ᄒᆞᆯ디를達觀ᄒᆞ시다

○周公至則徧觀新邑所經營之位

越三日丁巳애用牲于郊ᄒᆞ시니牛二러라越翼日戊午애乃社于新邑ᄒᆞ시니牛一羊一豕一이러라

●건넌三日丁巳에牲을郊에쓰시니牛ㅣ二러라건넌翼日戊午에新邑에社ᄒᆞ사니牛ㅣ一이오羊이一이오家ㅣ一이러라

○郊祭天地也故用二牛社祭用太牢禮也皆告以營洛之事

越七日甲子애周公이乃朝用書ᄒᆞ샤命庶殷侯甸男邦伯ᄒᆞ시다

●건넌七日甲子애周公이朝애書를쓰샤모든殷과侯와甸과男邦앳伯을命ᄒᆞ시다

○書役書也春秋傳曰士彌牟營成周計丈數揣高低度厚薄仞溝洫物土方議遠邇量事期計徒庸慮材用書餱糧以令役于諸侯亦此意王氏曰邦伯者侯甸男服之邦伯也庶邦冢君咸在而獨命邦伯者公以書命邦伯而邦伯以公命命諸侯也

厥既命殷庶ᄒᆞ시니庶殷이丕作ᄒᆞ니라

●그임의殷庶를命ᄒᆞ시니庶殷이크게作ᄒᆞ니라

○丕作者言皆趨事赴功也殷之頑民若未易役使者然召公率以攻位而位成周公用以書命而不作殷民之難化者猶且如此則其悅以使民可知也

太保ㅣ乃以庶邦冢君으로出取幣ᄒᆞ야乃復入錫周公ᄒᆞ고曰拜手稽首ᄒᆞ야旅王若公ᄒᆞ노니誥告庶殷ᄒᆞ든越自乃御事ㅣ니이다

●太保ㅣ庶邦앳冢君으로써出ᄒᆞ야幣를取ᄒᆞ야도로드러周公ᄭᅴ錫ᄒᆞ고닐오ᄃᆡ手

애拜ᄒᆞ고首를稽ᄒᆞ야王과밋公의旅ᄒᆞ노니庶殷을誥告홀든밋네御事로브터니이다

○呂氏曰洛邑事畢周公將歸宗周召公因陳戒成王乃取諸侯贄見幣物以與周公且言其拜手稽首所以陳王及公之意蓋召公雖與周公言乃欲周公聯諸侯之幣與召公之誥併達之王謂洛邑已定欲誥告殷民其根本乃自爾御事不敢指言成王謂之御事猶今稱人爲執事也

嗚呼ㅣ라皇天上帝ㅣ改厥元子玆大國殷之命ᄒᆞ시니惟王受命이無疆惟休ㅣ시나亦無疆惟恤이시니嗚呼ㅣ曷其오奈何弗敬이리오

●嗚呼ㅣ라皇天上帝ㅣ그元子와이大國殷ㅅ命을改ᄒᆞ시니王이命受ᄒᆞ삼이가이업슨休ㅣ시나또ᄒᆞᆫ가이업슨恤이시니嗚呼ㅣ라엇디ᄒᆞ뇨엇디敬티아니ᄒᆞ리오

○此下皆告成王之辭託周公達之王也曷何也其語辭商受嗣天位爲元子矣元子不可改而天改之大國未易亡而天亡之皇天上帝其命之不可恃如此今王受命固有無窮之美然亦有無窮之憂於是歎息言王曷其奈何弗敬乎蓋深言不可以弗敬也又按此篇專主敬言敬則誠實無妄視聽言動一循乎理好惡用捨不違乎天與天同德固能受天明命也人君保有天命其有要於此哉伊尹亦言皇天無親克敬惟親敬則天與我一矣尙何踈之有

天既遐終大邦殷之命ᄒᆞ시며 茲殷多先哲王도 在天이어신마ᄂᆞᆫ 越厥後王後民이 茲服厥命ᄒᆞ야 厥終에 智藏瘝在어늘 夫ㅣ知保抱携持厥婦子ᄒᆞ야 以哀로 籲天ᄒᆞ야 徂厥亡出執ᄒᆞ니 嗚呼ㅣ라 天亦哀于四方民이라 其眷命用懋ᄒᆞ시니 王其疾敬德ᄒᆞ쇼셔

●天이임의大邦殷의命을遐終코져ᄒᆞ사며이殷의多ᄒᆞᆫ先哲王도天에在ᄒᆞ시건마ᄂᆞᆫ밋그後王後民이이에그命을服ᄒᆞ야그終애智ㅣ藏ᄒᆞ고瘝이잇거ᄂᆞᆯ夫ㅣ그婦子를保抱ᄒᆞ며携持ᄒᆞᆯ줄을아라哀로써天을籲ᄒᆞ야徂ᄒᆞ야그亡ᄒᆞ야出ᄒᆞ다가執ᄒᆞ이니嗚呼ㅣ라天이또ᄒᆞᆫ四方人民을哀ᄒᆞ시ᄂᆞᆫ지라그眷ᄒᆞ야命ᄒᆞ삼이懋애쓰시니王은그ᄲᆞᆯ리德을敬ᄒᆞ쇼셔

○後王後民指受也此章語多難解大意謂天既欲遠絶大邦殷之命矣而此殷先哲王其精爽在天宜若可恃者而商紂受命卒致賢智者退藏病民者在位民困虐政保抱携持其妻子哀號呼天往而逃亡出見拘執無地自容故天亦哀民而眷命用歸于勉德者天命不常如此今王其可不疾敬德乎

相古先民有夏ᄒᆞᆫ된 天迪ᄒᆞ시고 從子保ㅣ어시ᄂᆞᆯ 面稽天若ᄒᆞ시니 今時에 既墜厥命ᄒᆞ니이다 今相有殷ᄒᆞᆫ된 天迪ᄒᆞ시고 格保커시ᄂᆞᆯ 面稽天若ᄒᆞ시니 今時에

既墜厥命ᄒᆞ니이다

●녜ㅅ先民有夏를相ᄒᆞᆫ된天이迪ᄒᆞ시고子를됴차保커시늘天을面ᄒᆞ야稽ᄒᆞ야若ᄒᆞ시니今時애임의그命을墜ᄒᆞ니이다이제有殷을相ᄒᆞᆫ된天이迪ᄒᆞ시고格保커시늘天을面ᄒᆞ야稽ᄒᆞ야若ᄒᆞ시니今時애임의그命을墜ᄒᆞ니이다

○從子保者從其子而保之謂禹傳之子也面鄕也視古先民有夏天固啓迪之又從其子而保佑之禹亦面考天心敬順無違宜若可爲後世憑籍者今時已墜厥命矣今視有殷天固啓迪之又使其格正夏命而保佑之湯亦面考天心敬順無違宜亦可爲後世憑籍者今時已墜厥命矣以此知天命誠不可恃以爲安也

今沖子ㅣ嗣ᄒᆞ시니則無遺壽耇ᄒᆞ소서曰其稽我古人之德이어늘사矧曰其有能稽謀自天이쌰녀

●이제沖子ㅣ嗣ᄒᆞ시니곳壽耇를遺티말라소서닐으건된그우리古人의德을稽커늘사ᄒᆞ믈며닐으건된그能히稽ᄒᆞ야謀흠을天으로브터흠이쌰녀

○稽考矧況也幼沖之主於老成之臣尤易踈遠故召公言今王以童子嗣位不可遺棄老成言其能稽古人之德是固不可遺也況言其能稽謀自天是尤不可遺也稽古人之德則於事有所證稽謀自天則於理無所遺無遺壽耇蓋君天下者之要務故召公特首言之

嗚呼ㅣ라 有王은 雖小ᄒ시나 元子哉ㅣ시니 其丕能諴于小民ᄒ야 今休ᄒ쇼서 王不敢後ᄒ샤 用顧畏于民嵒ᄒ쇼서

●嗚呼ㅣ라 王은 비록 小ᄒ시나 元子ㅣ시니 그 키 能히 小民을 諴ᄒ야 이에 休케 ᄒ소셔 王이 敢히 後티 마라샤 써 民의 嵒을 顧ᄒ야 畏ᄒ쇼서

○召公歎息言王雖幼沖乃天之元子哉謂其年雖小其任則大也其者期之辭也諴和嵒險也王其大能諴和小民爲今之休美乎小民雖至微而至爲可畏王當不敢緩於敬德用顧畏于民之嵒險可也

王이 來紹上帝ᄒ샤 自服于土中ᄒ쇼서 旦도 曰其作大邑ᄒ야 其自時로 配皇天ᄒ며 毖祀于上下ᄒ며 其自時로 中乂ᄒ라ᄂ니 王이 厥有成命ᄒ시면 治民이 今休ᄒ리이다

●王이 來ᄒ야 上帝를 紹ᄒ샤 스ᄉ로 土中에 服ᄒ소서 旦도 닐오ᄃ 그 大邑을 作ᄒ야 그일로브터 皇天을 配ᄒ며 上下에 毖ᄒ야 祀ᄒ며 그일로브터 中ᄒ야 乂홀디라ᄒ노니 王이 그 成命을 두시면 民을 治홈이 이에 休ᄒ리이다

○洛邑天地之中故謂之土中王來洛邑繼天出治當自服行于土中是時洛邑告成成王始政故召公以自服土中爲言又舉周公嘗言作此大邑自是可以對越上天可以饗

答神祇自是可以宅中圖治成命者天之成命也成王而能紹上帝服土中則庶幾天有成命治民今即休美矣○王氏曰成王欲宅洛邑者以天事言則日東景夕多風日西景朝多陰日南景短多暑日北景長多寒洛天地之中風雨之所會陰陽之所和也以人事言則四方朝聘貢賦道里均焉故謂之土中

王이先服殷御事ᄒᆞ샤比介于我有周御事ᄒᆞ샤節性ᄒᆞ시면惟日其邁ᄒᆞ리니다

●王이먼져殷人御事을服ᄒᆞ샤우리周人御事에比介ᄒᆞ샤性을節케ᄒᆞ시면日로그邁ᄒᆞ리이다

○言治人當先服乎臣也王先服殷之御事以親近副貳我周之御事使其漸染陶成相觀爲善以節其驕淫之性則日進於善而不已矣

王敬作所ᅵ시니不可不敬德이니이다

●王이敬으로所를삼으실디니德을敬티아니홈이可티아니ᄒᆞ니이다

○言化臣必謹乎身也所處所也猶所其無逸之所王能以敬爲所則動靜語默出入起居無往而不居敬矣不可不敬德者甚言德之不可不敬也

我ᄂᆞᆫ不可不監于有夏ᅵ며亦不可不監于有殷이니我不敢知ᄒᆞ노니

曰有夏ㅣ服天命ᄒᆞ야惟有歷年가我不敢知ᄒᆞ노니曰不其延가惟不敬厥德ᄒᆞ야乃早墜厥命ᄒᆞ니이다我不敢知ᄒᆞ노니曰有殷이受天命ᄒᆞ야惟有歷年가我不敢知ᄒᆞ노니曰不其延가惟不敬厥德ᄒᆞ야乃早墜厥命ᄒᆞ니이다

●나ᄂᆞᆫ可히有夏를監티아니티못ᄒᆞᆯ새시며또ᄒᆞᆫ可히有殷을監티아니티못ᄒᆞᆯ새시니나ᄂᆞᆫ敢히아디못ᄒᆞ노니닐으건된有夏ㅣ天命을服ᄒᆞ야歷年을두냐내敢히아지못ᄒᆞ노니닐으건된그延티못ᄒᆞ냐그德을敬티아니ᄒᆞ야일그命을墜ᄒᆞ니이다나ᄂᆞᆫ敢히아디못ᄒᆞ노니닐으건된有殷이天命을受ᄒᆞ야歷年을두냐내敢히아디못ᄒᆞ노니닐으건된그延티못ᄒᆞ냐그德을敬티아니ᄒᆞ야일그命을墜ᄒᆞ니이다

○夏商歷年長短所不敢知我所知者惟不敬厥德即墜其命也與上章相古先民之意相爲出入但上章主言天眷之不足恃此則直言不敬德則墜厥命爾

今王이嗣受厥命ᄒᆞ시니我亦惟玆二國命애嗣若功이라ᄒᆞ노니王乃初服이쩌녀

●이졔王이니어그命을受ᄒᆞ시니나ᄂᆞᆫ또ᄒᆞᆫ이二國命에功을嗣ᄒᆞᆯ지라ᄒᆞ노니王이初에服홈이쩌녀

○今王繼受天命我謂亦惟此夏商之命當嗣其有功者謂繼其能敬德而歷年者也況王乃新邑初政服行敎化之始乎

嗚呼ㅣ라若生子ㅣ罔不在厥初生ᄒᆞ야自貽哲命ᄒᆞ니今天은其命哲가命吉凶가命歷年가知今我初服이니이다

●嗚呼ㅣ라生ᄒᆞᆫ子ㅣ그初生홈애이셔스스로哲命을貽티아니아니홈갓타니이졔天은그哲을命ᄒᆞ실가吉과凶을命ᄒᆞ실가歷年을命ᄒᆞ실가知홈우이졔우리初服이니이다

○歎息言王之初服若生子無不在於初生習爲善則善矣自貽其哲命爲政之道亦猶是也今天其命王以哲乎命以吉凶乎命以歷年乎皆不可知所可知者今我初服如何爾初服而敬德則亦自貽哲命而吉與歷年矣

宅新邑ᄒᆞ샤肆惟王이其疾敬德ᄒᆞ쇼셔王其德之用이祈天永命이니이다

●新邑에宅ᄒᆞ샤이에王이그쌜라德을敬ᄒᆞ소셔王이그德을用ᄒᆞ심이天씌永命을祈홈이니이다

○宅新邑所謂初服也王其疾敬德容可緩乎王其德之用而祈天以歷年也

其惟王은勿以小民의淫用非彝로亦敢殄戮用乂ᄒᆞ쇼셔民若ᄒᆞ야

有功ᄒᆞ리이다

●그王은小民의彛아닌거슬淫用홈으로써殄戮에敢ᄒᆞ야써乂티마르소셔民을若ᄒᆞ야야功이이시리이다

○刑者德之反疾於敬德則當緩於用刑勿以小民過用非法之故亦敢於殄戮用治之也惟順導民則可有功民猶水也水泛濫橫流失其性矣然壅而遏之則害愈甚惟順而導之則可以成功

其惟王位ㅣ在德元ᄒᆞ면小民이乃惟刑ᄒᆞ야用于天下ㅣ라越王애顯ᄒᆞ리이다

●그王의位ㅣ德元에이시면小民이刑ᄒᆞ야天下에用홀지라王씌顯ᄒᆞ리이다

○元首也居天下之上必有首天下之德王位在德元則小民皆儀刑用德于下於王之德益以顯矣

上下ㅣ勤恤ᄒᆞ야其曰호ᄃᆡ我受天命이不若有夏歷年ᄒᆞ며式勿替有殷歷年이마ᄒᆞᄂᆞ니欲王은以小民으로受天永命ᄒᆞ노이다

●上下ㅣ勤恤ᄒᆞ야그ᄒᆞ야닐오ᄃᆡ우리天命을受홈이키有夏ㅅ歷年갓타며써有殷ㅅ歷年을替티마롤디라ᄒᆞᄂᆞ니王은小民으로써天의永命을受코쟈ᄒᆞ노이다

○其亦期之辭也君臣勤勞期曰我受天命大如有夏歷年用勿替有殷歷年欲兼夏殷歷年之永也召公又繼以欲王以小民受天永命蓋以小民者勤恤之實受天永命者歷年之實也蘇氏曰君臣一心以勤恤民庶幾王受命歷年如夏商且以民心爲天命也

拜手稽首曰予小臣은 敢以王之讎民과 百君子와 越友民으로 保受王威命明德ᄒᆞ노니 王이 末有成命ᄒᆞ시면 王亦顯ᄒᆞ시리이다 我非敢勤이라 惟恭奉幣ᄒᆞ야 用供王의 能祈天永命ᄒᆞ노이다

●手애拜ᄒᆞ고首를稽ᄒᆞ야닐오ᄃᆡ나小臣은敢히王의讎ᄒᆞᆫ民과百君子와밋友民으로써王의威命과明德을保受케ᄒᆞ노니王이마ᄎᆞᆷᄂᆡ成命을두시면王이ᄯᅩᄒᆞᆫ顯ᄒᆞ시리이다내敢히勤ᄒᆞᄂᆞᆫ주리아니라幣를恭히奉ᄒᆞ야써王의能히天ᄭᅴ永命을祈ᄒᆞ삼에供ᄒᆞ노이다

○讎民殷之頑民與三監叛者百君子殷之御事庶士也友民周之友順民也保者保而不失受者受而無拒威命明德者德威德明也末終也召公於終篇致敬言予小臣敢以殷周臣民保受王威命明德王當終有天之成命以顯于後世我非敢以此爲勤惟恭奉幣帛用供王能祈天永命而已蓋奉幣之禮臣職之所當恭而祈天之實則在王之所自盡也又按恭奉幣意即上文取幣以錫周公而旅王者蓋當時成王將舉新邑之祀故召公奉以助祭云

洛誥

洛邑旣定周公遣使告卜史氏錄之以爲洛誥又幷記其君臣答問及成王命周公留治洛之事今文古文皆有○按周公拜手稽首以下周公授使者告卜之辭也王拜手稽首以下成王授使者復公之辭也王肇稱殷禮以下周公敎成王宅洛之事也公明保予沖子以下成王命公留後治洛之事也王命予來以下周公許成王留洛君臣各盡其責難之辭也伻來以下成王錫命命毖殷命寧之事也戊辰以下史又記其祭祀冊誥等事及周公居洛歲月久近以附之以見周公作洛之始終而成王肇祀發政之後卽歸于周而未嘗都洛也

周公이拜手稽首曰朕은復子明辟ᄒᆞ노이다

●周公이手애拜ᄒᆞ고首를稽ᄒᆞ야닐오ᄃᆡ子明辟씌復ᄒᆞ노이다

○此下周公授使者告卜之辭也拜手稽首者史記周公遣使之禮也復如逆復之復成王命周公往營成周周公得卜復命于王也謂成王爲子者親之也謂成王爲明辟者尊之也周公相成王尊則君親則兄之子也明辟者明君之謂先儒謂成王幼周公代王爲辟至是反政成王故曰復子明辟夫有失然後有復武王崩成王立未嘗一日不居君位何復之有哉蔡仲之命言周公位冢宰正百工則周公以冢宰總百工而已豈不彰彰明甚矣乎王莽居攝幾傾漢鼎皆儒者有以啓之是不可以不辨○蘇氏曰此上有脫簡在

康誥自惟三月哉生魄至洪大誥治四十八字

王이如弗敢及天의基命定命이실서 予乃胤保ᄒᆞ야大相東土ᄒᆞ니 其基作民明辟이로소이다

●王이敢히天의基命과定命을及디못ᄒᆞᄂᆞᆫ닷ᄒᆞ실시내保를胤ᄒᆞ야크東土를相호니그民의明辟이되요믈基ᄒᆞ리로소이다

○凡有造基之而後成成之而後定基命所以成始也定命所以成終也言成王幼沖退託如不敢及知天之基命定命予乃繼太保而往大相洛邑其庶幾爲王始作民明辟之地也洛邑在鎬京東故曰東土

予惟乙卯애朝至于洛師ᄒᆞ야我卜河朔黎水ᄒᆞ며我乃卜澗水東과瀍水西ᄒᆞ니惟洛을食ᄒᆞ며我又卜瀍水東ᄒᆞ니亦惟洛을食ᄒᆞ실서伻來ᄒᆞ야以圖及獻卜ᄒᆞ노이다 瀍音廛伻補耕反

●내乙卯애朝애洛師애至ᄒᆞ야내河朔과黎水애卜ᄒᆞ며내澗水東과瀍水西애卜호니洛을食ᄒᆞ며내또瀍水東을卜호니또洛을食ᄒᆞᆯ시伻ᄒᆞ야來ᄒᆞ야써圖과밋卜과로獻ᄒᆞ노이다

○乙卯即召誥之乙卯也洛師猶言京師也河朔黎水河北黎水交流之內也澗水東瀍

水西王城也朝會之地瀍水東下都也處商民之地王城在澗瀍之間下都在瀍水之外其地皆近洛水故兩云惟洛食也食者史先定墨而灼龜之兆正食其墨也伻使也圖洛之地圖也獻卜獻其卜之兆辭也

王이拜手稽首曰公이不敢不敬天之休ᄒᆞ사來相宅ᄒᆞ시니其作周애匹休ㅣ샷다公旣定宅ᄒᆞ시고伻來ᄒᆞ야來視予卜休恒吉ᄒᆞ시니我二人이共貞이로다公其以予로萬億年을敬天之休ᄒᆞ실서拜手稽首誨言ᄒᆞ노이다

●王이手애拜ᄒᆞ고首를稽ᄒᆞ야ᄀᆞᆯᄋᆞ샤ᄃᆡ公이敢히天의休를敬티아니아니ᄒᆞ샤와셔宅을相ᄒᆞ시니그周애匹ᄒᆞᆯ休를作ᄒᆞ샷다公이임의宅을定ᄒᆞ시고伻ᄒᆞ야來ᄒᆞ야와셔내게卜이休ᄒᆞ야恒吉홈을뵈이시니우리二人이ᄒᆞᆫ가지로貞ᄒᆞ리로다公이그나로써萬億年을天ㅅ休를敬케ᄒᆞ실서誨ᄒᆞ신言을手애拜ᄒᆞ고首를稽ᄒᆞ노이다

○此王授使者復公之辭也王拜手稽首者成王尊異周公而重其禮也匹配也公不敢不敬天之休命來相宅爲周匹休之地言卜洛以配周命於無窮也視示也示我以卜之休美而常吉者也二人成王周公也貞猶當也十萬曰億言周公宅洛規模宏遠以我萬億年敬天休命故又拜手稽首以謝周公告卜之誨言

周公曰王이肇稱殷禮ᄒᆞ사祀于新邑ᄒᆞ사ᄃᆡ咸秩無文ᄒᆞ소서

●周公이닐오ᄃᆡ王이비로소殷ᄒᆞᆫ禮를稱ᄒᆞ샤新邑애祀ᄒᆞ샤ᄃᆡ文에업ᄉᆞ니조차다秩ᄒᆞ소서

○此下周公告成王宅洛之事也殷盛也與五年再殷祭之殷同秩序也無文祀典不載也言王始擧盛禮祀于洛邑皆序其所當祭者雖祀典不載而義當祀者亦序而祭之也呂氏曰定都之初肇擧盛禮大饗羣祀雖祀典不載者咸秩序而祭之有告焉有報焉有祈焉始建新都昭假上下告成事也雨暘時若大役以成報神賜也自今以始永奠中土祈鴻休也後世不知祭祀之義鬼神之德觀周公首以祀于新邑爲言若闊於事情者抑不知人主臨鎭新都之始齊祓一心對越天地達此精明之德放諸四海無所不準而助祭諸侯下逮胞翟之賤亦皆有孚顒若收其放而合其離蓋格君心萃天下之道莫要於此宜周公以爲首務也

予齊百工ᄒᆞ야伻從王于周ᄒᆞ고予惟曰庶有事ㅣ라호이다

●내百工을齊ᄒᆞ야ᄒᆞ야곰王을周애從케ᄒᆞ고내닐오ᄃᆡ거의事ㅣ이시리라호이다

○周公言予整齊百官使從成王于周謂將適洛時也予惟謂之曰庶幾其有所事乎公但微示其意以待成王自教詔之也

今王이卽命曰記功宗ᄒᆞ야以功으로作元祀ᄒᆞ라ᄒᆞ시고惟命曰汝ㅣ受命

ᄒᆞ란ᄃᆡ篤弼ᄒᆞ라ᄒᆞ소서

●이제王이곳命ᄒᆞ야닐ᄋᆞ샤ᄃᆡ功의宗을記ᄒᆞ야功으로써元祀를作ᄒᆞ라ᄒᆞ시고命ᄒᆞ야ᄀᆞᆯᄋᆞ샤ᄃᆡ네命을受ᄒᆞ란ᄃᆡ篤히弼ᄒᆞ라ᄒᆞ소서

○功宗功之尊顯者祭法曰聖王之制祭祀也法施於民則祀之以死勤事則祀之以勞定國則祀之能禦大災則祀之能捍大患則祀之蓋功臣皆祭於大烝而勳勞之最尊顯者則謂之冠故爲之元祀周公敎成王卽命曰記功之尊顯者以功作元祀矣又惟命之曰汝功臣受此褒賞之命當益厚輔王室蓋作元祀既以慰答功臣而又勉其左右王室益圖久大之業也

丕視功載ㅣ니乃汝ㅣ其悉自敎工이니이다

●킈功의載를뵈일디니네그다ᄉᆞᄉᆞ로工을敎홈이니이다

○丕大視示也功載者記功之載籍也大視功載而無不公則百工效之亦皆公也大視功載而或出於私則百工效之亦皆私也其公其私悉自汝敎之所謂乃汝其悉自敎工也上章告以褒賞功臣故戒其大視功載者如此

孺子는其朋가孺子ㅣ其朋이면其往이無若火始燄燄이라厥攸灼이敍弗其絕아

●孺子는그朋홀건가孺子ㅣ그朋ᄒᆞ면그往이火ㅣ비로소燄燄ᄒᆞ논지라그灼ᄒᆞᄂᆞᆫ배叙ᄒᆞ야그絕티못홈갓디아니ᄒᆞ라

○孺子稚子也朋比也上文百工之視效如此則論功行賞孺子其可少徇比黨之私乎孺子其少徇比黨之私則自是而往有若火然始雖燄燄尙微而其灼爍將次第延爇不可得而撲滅矣言論功行賞徇私之害其初甚微其終至於不可遏絕所以嚴其辭而禁之於未然也

厥若彝及撫事를如予ᄒᆞ야惟以在周工으로往新邑ᄒᆞ야伻嚮卽有僚ᄒᆞ며明作有功ᄒᆞ며惇大成裕ᄒᆞ면汝永有辭ᄒᆞ리이다

●그彝를若홈과밋事를撫홈을나갓티ᄒᆞ야在ᄒᆞᆫ周工으로써新邑애往ᄒᆞ야ᄒᆞ야곰嚮ᄒᆞ야有僚애卽ᄒᆞ며明ᄒᆞ며作ᄒᆞ야功을두며敦ᄒᆞ며大ᄒᆞ야裕를成케ᄒᆞ면네기리辭ㅣ이시리이다

○其順常道及撫國事常如我爲政之時惟用見在周官勿參以私人往新邑使百工知上意嚮各就有僚明白奮揚而赴功惇厚博大以裕俗則王之休聞亦永有辭于後世矣

公曰已아汝惟沖子ㅣ惟終이어다

●公이닐오ᄃᆡ말라아너沖子ㅣ終홀디어다

○周之王業文武始之成王當終之也此上詳於記功敎工內治之事此下則統御諸侯

教養萬民之道也

汝其敬ᄒᆞ야사識百辟의享ᄒᆞ며亦識其有不享이니享은多儀ᄒᆞ니儀不及物ᄒᆞ면惟曰不享이니惟不役志于享ᄒᆞ면凡民이惟曰不享이라ᄒᆞ야惟事ㅣ其爽侮ᄒᆞ리이다

●네그敬ᄒᆞ야샤百辟의享을識ᄒᆞ며또ᄒᆞᆫ그享티아니홈을識ᄒᆞ리니享은儀ㅣᄒᆞ니儀ㅣ物애밋디못ᄒᆞ면닐온享티아니홈이니志를享애役디아니ᄒᆞ면무ᄅᆞᆺ民이닐오ᄃᆡ享티아닐거시라ᄒᆞ야事ㅣ그爽ᄒᆞ며侮ᄒᆞ리이다

○此即御諸侯之道也百辟諸侯也享朝享也儀禮物幣也諸侯享上有誠有僞惟人君克敬者能識之識其誠於享者亦識其不誠於享者享不在幣而在於禮幣有餘而禮不足亦所謂不享也諸侯惟不用志於享則國人化之亦皆謂上不必享矣舉國無享上之誠則政事安得不至於差爽僭侮墮王度而爲叛亂哉人君可不以敬存心辨之於早察之於微乎

乃惟孺子ㅣ頒朕의不暇ᄒᆞ야聽朕의教汝于棐民彝ㅣ어다汝乃是不蘉ᄒᆞ면乃時惟不永哉ㄴ뎌篤敘乃正父ᄒᆞ되罔不若予ᄒᆞ면不敢廢乃命ᄒᆞ리니汝往敬哉어다玆予ᄂᆞᆫ其明農哉리로니彼裕我民ᄒᆞ면無遠用

戻ᄒᆞ리이다

●孺子ㅣ朕의暇티못ᄒᆞᄂᆞᆫ거슬頒ᄒᆞ야朕의네게民의彝를棐홈으로敎홈을聽홀디어다네이에褻티아니ᄒᆞ면이에永티못ᄒᆞ린뎌네正父를篤ᄒᆞ며敍호ᄃᆡ날갓티아니아니ᄒᆞ면敢히네命을廢티아니ᄒᆞ리니네往ᄒᆞ야敬홀디어다이나ᄂᆞᆫ農을明호리니뎌의우리民을裕ᄒᆞ면먼ᄃᆡ업시써戻ᄒᆞ리이다

○此敎養萬民之道也頒朕不暇未詳或曰成王當頒布我汲汲不暇者聽我敎汝所以輔民常性之道汝於是而不勉焉則民彝泯亂而非所以長久之道矣正父武王也猶今稱先正云者篤者篤厚而不忘敍者先後之不紊言篤敍武王之道無不如我則人不敢廢汝之命矣呂氏曰武王沒周公如武王故天下不廢周公之命周公去成王如周公則天下不廢成王之命戻至也王往洛邑其敬之哉我其退休田野惟明農事蓋公有歸老之志矣彼謂洛邑也王於洛邑和裕其民則民將無遠而至焉

王若曰公이明保予冲子ᄒᆞ샤公稱丕顯德ᄒᆞ샤以予小子로揚文武烈ᄒᆞ며奉答天命ᄒᆞ며和恒四方民ᄒᆞ야居師ᄒᆞ시다

●王이이러타시굴으샤ᄃᆡ公이나冲子를明ᄒᆞ며保ᄒᆞ샤公이키顯ᄒᆞᆫ德을稱ᄒᆞ샤나小子로써文武의烈을揚ᄒᆞ며天命을奉答ᄒᆞ며四方애民을和ᄒᆞ며恒ᄒᆞ야師를居케ᄒᆞ시다

○此下成王答周公也大抵與上章參錯相應明顯明之也保保佑之也稱擧也和者使不乖也恒者使可久也居師者宅其衆也言周公明保成王擧大明德使其上之不忝於文武仰不愧天俯不怍人也

惇宗將禮ᄒᆞ야稱秩元祀호ᄃᆡ咸秩無文케ᄒᆞ시다

●宗의將ᄒᆞᆫ禮를惇ᄒᆞ야元祀를稱ᄒᆞ야秩호ᄃᆡ다文에업스니조ᄎᆞ秩케ᄒᆞ시다

○宗功宗之宗也下文宗禮同將大也

惟公德이明光于上下ᄒᆞ며勤施于四方ᄒᆞ야旁作穆穆迓衡ᄒᆞ야不迷文武勤教ᄒᆞ시니予冲子ᄂᆞᆫ夙夜애毖祀ㅣ로다

●公의德이上下의明光ᄒᆞ며四方의勤施ᄒᆞ야旁으로穆穆을作ᄒᆞ야衡을迓ᄒᆞ야文武의勤ᄒᆞ신敎를迷티아니ᄒᆞ시니나冲子ᄂᆞᆫ夙夜애祀애만毖홀디로다

○旁無方所也因上下四方爲言穆穆和敬也迓迎也言周公之德昭著於上下勤施于四方旁作穆穆以迎治平不迷失文武所勤之教於天下公之德教加於時者如此予冲子夫何爲哉惟早夜以謹祭祀而已蓋 成王知 周公有 退休之 志故示其所以留之之意也

王曰公功은棐迪이篤ᄒᆞ니罔不若時ㅣ어다

●王이골ᄋᆞ샤ᄃᆡ公의功은棐ᄒᆞ며迪홈이篤ᄒᆞ니이갓티아니아닐디어다
○言周公之功所以輔我啓我者厚矣當常如是未可以言去也

王曰公아予小子는其退ᄒᆞ야卽辟于周ᄒᆞ고命公後호리라

●王이골ᄋᆞ샤ᄃᆡ公아나小子는그退ᄒᆞ야곳周에辟ᄒᆞ고公을命ᄒᆞ야後호리라
○此下成王留周公治洛也成王言我退即居于周命公留後治洛蓋洛邑之作周公本欲成王遷都以宅天下之中而成王之意則未欲捨鎬京而廢祖宗之舊故於洛邑擧祀發政之後卽欲歸居于周而留周公治洛謂之後者先成王之辭猶後世留守留後之義先儒謂封伯禽以爲魯後者非是考之費書東郊不開乃在周公東征之時則伯禽就國蓋已久矣下文惟告周公其後其字之義益可見其爲周公不爲伯禽也

四方이迪亂커늘未定于宗禮라亦未克敉公功이로다

●四方이迪ᄒᆞ야亂커늘宗禮를定티못ᄒᆞ얏논디라또ᄒᆞᆫ능히公의功을敉티못ᄒᆞ얏노라
○宗禮即功宗之禮也亂治也四方開治公之功也未定功宗之禮故未能敉公功也敉功者安定其功之謂卽下文命寧者也

迪將其後ᄒᆞ야監我士師工ᄒᆞ야誕保文武受民ᄒᆞ야亂爲四輔ㅣ어다

●그後를迪ᄒᆞ야將ᄒᆞ야우리士와師와工으로監케ᄒᆞ야키文武의受ᄒᆞ신民을保ᄒᆞ

야亂ᄒᆞ야四輔ㅣ되올디어다

○將大也周公居洛啓大其後使我士師工有所監視大保文武所受于天之民而治爲宗周之四輔也漢三輔蓋本諸此今按先言啓大其後而繼以亂爲四輔則命周公留後於洛明矣

王曰公定이어든予往已니公功을肅將祗歡ᄒᆞᄂᆞ니公無困哉어다我惟無斁其康事ᄒᆞ노니公勿替刑ᄒᆞ면四方이其世享ᄒᆞ리라 斁音亦

●王이ᄀᆞᆯᄋᆞ샤ᄃᆡ公이定커든내往홀만ᄒᆞᆯ디니公의功을肅ᄒᆞ야將ᄒᆞ며祗ᄒᆞ야歡ᄒᆞᄂᆞ니公이나를困케말롤디어다내그康ᄒᆞᆫ事를斁디아니ᄒᆞ노니公이刑을替티아니ᄒᆞ면四方이그世로享ᄒᆞ리라

○定爾雅曰止也成王欲周公止洛而自歸往宗周言周公之功人皆肅而將之欽而悅之宜鎭撫洛邑以慰懌人心毋求去以困我也我惟無厭其安民之事公勿替所以監我士師工者四方得以世世享公之德也吳氏曰前漢書兩引公無困哉皆以哉作我當以我爲正

周公이拜手稽首曰王命予來ᄒᆞ샤承保乃文祖受命民과越乃光烈考武王ᄒᆞ시니弘朕恭ᄒᆞ샷다

●周公이手애拜ᄒᆞ고首를稽ᄒᆞ야닐오ᄃᆡ王이나를命ᄒᆞ야오라ᄒᆞ샤네文祖의命을受ᄒᆞ신民과밋네光烈ᄒᆞ신考武王을承ᄒᆞ야保케ᄒᆞ시니朕의恭을弘히너기샷ᄃᆡ

○此下周公許成王留等事也來者來洛邑也承保乃文祖受命民及光烈考武王者答誕保文武受命之民也責難於君謂之恭弘朕恭者大其責難之義也

孺子ㅣ來相宅ᄒᆞ시니 其大惇典殷獻民ᄒᆞ샤 亂爲四方新辟ᄒᆞ샤 作周恭先ᄒᆞ소서 曰其自時로 中乂ᄒᆞ야 萬邦이 咸休ᄒᆞ면 惟王이 有成績ᄒᆞ시리이다

●孺子ㅣ來ᄒᆞ야宅을相ᄒᆞ시니그키典과殷獻民을惇ᄒᆞ샤亂ᄒᆞ야四方에新辟이되샤周앳恭으로先홈이되소셔닐오ᄃᆡ그이로브터中ᄒᆞ야乂ᄒᆞ야萬邦이다休ᄒᆞ면王이成績을두시리이다

○典典章也殷獻民殷之賢者也言當大厚其典章及殷之獻民蓋文獻者爲治之大要也亂治也言成王於新邑致治爲四方新主也作周恭先者人君恭以接下以恭而倡後王也公又言其自是宅中圖治萬邦咸底休美則王其有成績矣此周公以治洛之效望之成王也

予旦은 以多子와 越御事로 篤前人成烈ᄒᆞ야 答其師ᄒᆞ야 作周孚先ᄒᆞ야 考朕昭子刑ᄒᆞ야 乃單文祖德ᄒᆞ리이다

●나旦은多子와밋御事로써前人의成烈을篤ᄒᆞ야그師를荅ᄒᆞ야周의孚로先홈이되야朕의昭子의刑을考ᄒᆞ야文祖의德을單호리이다

○多子者衆卿大夫也唐孔氏曰子者有德之稱大夫皆稱子師衆也周公言我以衆卿大夫及治事之臣篤厚文武成功以答天下之衆也孚信也作周孚先者人臣信以事上以信而倡後人也考成也昭子猶所謂明辟也親之故曰子刑儀刑也單殫也言成我明子儀刑而殫盡文王之德蓋周公與群臣篤前人成烈者所以成成王之刑乃殫文祖德也此周公以治洛之事自效也

伻來毖殷ᄒᆞ시고 乃命寧予ᄒᆞ샤ᄃᆡ 絶句 以秬鬯二卣ᄒᆞ시고 曰明禋ᄒᆞ노니 拜手稽首ᄒᆞ야 休享ᄒᆞ노라ᄒᆞ시다 秬自許反鬯丑亮反卣音田禋音因

●伻ᄒᆞ야來ᄒᆞ야殷을毖ᄒᆞ시고命ᄒᆞ야나를寧ᄒᆞ샤ᄃᆡ秬鬯二卣로써ᄒᆞ시고닐으샤ᄃᆡ明히禋ᄒᆞ노니手에拜ᄒᆞ고首를稽ᄒᆞ야休히享ᄒᆞ노라ᄒᆞ시다

○此謹毖殷民而命寧周公也秬黑黍也一秠二米和氣所生鬯鬱金香草也卣中尊也明潔禋敬也以事神之禮事公也蘇氏曰以黑黍爲酒合以鬱鬯所以祼也宗廟之禮莫盛於祼王使人來戒勅庶殷且以秬鬯二卣綏寧周公曰明禋曰休享者何也事周公如事神明也古者有大賓客以享禮禮之酒淸人渴而不飮肉乾人饑而不食也故享有體薦豈非敬之至者則其禮如祭也歟

予不敢宿ᄒᆞ야則禋于文王武王ᄒᆞ이다

●내敢히宿디못ᄒᆞ야곧文王과武王씌禋ᄒᆞ이다

○宿與顧命三宿之宿同禋祭名周公不敢受此禮而祭於文武也

惠篤敍ᄒᆞ야無有遘自疾ᄒᆞ야萬年애厭于乃德ᄒᆞ며殷乃引考케ᄒᆞ소소 遘居侯反厭於艶反

●惠ᄒᆞ야篤ᄒᆞ며敍ᄒᆞ야스스로疾을遘홈이잇디아니ᄒᆞ야萬年애네德을厭ᄒᆞ며殷도考를引케ᄒᆞ소셔

○此祭之祝辭周公爲成王禱也惠順也篤敍與篤叙乃正父同順篤叙文武之道身其康强無有遘遇自罹疾害者子孫萬年厭飽乃德殷人亦永壽考也

王이伻殷으로乃承敍萬年ᄒᆞ야其永觀朕子ᄒᆞ야懷德케ᄒᆞ소셔

●王이殷으로ᄒᆞ야곰萬年애叙를承ᄒᆞ야그기리朕의子를觀ᄒᆞ야德을懷케ᄒᆞ소셔

○承聽受也敍敎條次第也王使殷人承敍萬年其永觀法我孺子而懷其德也蓋周公雖許成王留洛然且謂王伻殷者若曰遷洛之民我固任之至於使其承敍萬年則實繫于王也亦責難之意與召誥末用供王能祈天永命語脉相類

戊辰애王이在新邑ᄒᆞ야烝祭ᄒᆞ시니歲러니文王애騂牛一이며武王애騂牛

一이러라 王命作册ᄒᆞ신ᄃᆡ 逸이 祝册ᄒᆞ니 惟告周公其後ㅣ러라 王賓이 殺禋
이라 咸格이어늘 王이 入太室ᄒᆞ야 祼ᄒᆞ시다 戊音茂祼古玩反

●戊辰에王이新邑에在ᄒᆞ샤烝祭ᄒᆞ시니歲러니文王애騂牛ㅣ一이며武王애騂牛
ㅣ一이러라王이命ᄒᆞ야册을作ᄒᆞ라ᄒᆞ신ᄃᆡ逸이祝을册ᄒᆞ니周公이그後홈을告ᄒᆞ
얏더라王의賓이殺ᄒᆞ야禋ᄒᆞᄂᆞᆫ지라다格ᄒᆞ얏거늘王이太室애入ᄒᆞ야祼ᄒᆞ시다

○此下史官記祭祀册誥等事以附篇末也戊辰十二月之戊辰日也是日成王在洛擧
烝祭之禮曰歲云者歲擧之祭也周尙赤故用騂宗廟禮太牢此用特牛者命周公留後
於洛故擧盛禮也逸史佚也作册者册書也逸祝册者史逸爲祝册以告神也惟告周公
其後者祝册所載更不他及惟告周公留守其後之意重其事也王賓猶虞賓杞宋之屬
助祭諸侯也諸侯以王殺牲禋祭祖廟故咸至也太室淸廟中央室也祼灌也以圭瓚酌
秬鬯灌地以降神也

王이 命周公後ᄒᆞ샤 作册이어시늘 逸이 誥ᄒᆞ니 在十有二月이러라

●王이周公을命ᄒᆞ야後ᄒᆞ샤册을作ᄒᆞ라ᄒᆞ야시늘逸이誥ᄒᆞ니十이오ᄯᅩ二月의잇
더라

○逸誥者史逸誥周公治洛留後也在十有二月者明戊辰爲十二月日也

惟周公이 誕保文武受命ᄒᆞᆫ 惟七年ᄒᆞ시다

●周公이키文武의受ᄒᆞ신命保홈을七年을ᄒᆞ시다
○吳氏曰周公自留洛之後凡七年而薨也成王之留公也言誕保文武受民公之復成王也亦言承保乃文祖受命民越乃光烈考武王故史臣於其終計其年曰惟周公誕保文武受命惟七年蓋始終公之辭云

多士

商民遷洛者亦有有位之士故周公洛邑初政以王命總呼多士而告之編書者因以名篇亦誥體也今文古文皆有○吳氏曰方遷商民于洛之時成周未作其後王與周公患四方之遠鑒三監之叛於是始作洛邑欲徙周而居之其曰昔朕來自奄大降爾四國民命我乃明致天罰移爾遐逖比事臣我宗多遜者述遷民之初也曰今朕作大邑于茲洛予惟四方罔攸賓亦惟爾多士攸服奔走臣我多遜者言遷民而後作洛也故洛誥一篇終始皆無欲遷商民之意惟周公既誥成王留治于洛之後乃曰伻來毖殷又曰王伻殷乃承敍當時商民已遷于洛故其言如此愚謂武王已有都洛之志故周公黜殷之後以殷民反覆難制即遷于洛至是建成周造廬舍定疆埸乃告命與之更始焉爾此多士之所以作也由是而推則召誥攻位之庶殷其已遷洛之民歟不然則受都今衛州也洛邑今西京也相去四百餘里召公安得舍近之友民而役遠之讎民哉書序以爲成周既成遷殷頑民者謬矣吾固以爲非孔子所作也

惟三月에 周公이 初于新邑洛에 用告商王士ᄒᆞ시다

●三月애周公이처음으로新邑洛애써商人王士다려告ᄒᆞ시다

○此多士之本序也三月成王祀洛次年之三月也周公至洛久矣此言初者成王既不果遷留公治洛至是公始行治洛之事故謂之初也曰商王士者貴之也

王若曰爾殷遺多士아 弗弔라 旻天이 大降喪于殷이어시늘 我有周ㅣ佑命ᄒᆞ야 將天明威ᄒᆞ야 致王罰ᄒᆞ야 勅殷命ᄒᆞ야 終于帝ᄒᆞ소라

●王이이러타시ᄀᆞᆯᄋᆞ샤ᄃᆡ너희殷ㅅ遺ᄒᆞᆫ多士아弔티몯ᄒᆞᆫ지라旻天이ᄏᆡ降ᄒᆞ야殷을喪ᄒᆞ야시늘우리周ㅣ佑命ᄒᆞ야天ㅅ明威ᄅᆞᆯ將ᄒᆞ야王의罰을닐위여殷의命을勅ᄒᆞ야帝ᄅᆞᆯ終ᄒᆞ소라

○弗弔未詳意其爲歎憫之辭當時方言爾也旻天秋天也主肅殺而言歎憫言旻天大降災害而喪殷我周受眷佑之命奉將天之明威致王罰之公勅正殷命而革之以終上帝之事蓋推革命之公以開諭之也

肆爾多士아 非我小國이 敢弋殷命이라 惟天不畀는 允罔固亂이라 弼我ㅣ시니 我其敢求位아

●너희多士아우리小國이敢히殷命을弋ᄒᆞᆫ주리아니라天이畀티아니ᄒᆞ샴은진실

노亂을固티아니ᄒᆞ논지라우리를弼ᄒᆞ시니우리그敢히位를求ᄒᆞ랴
○肆與康誥肆汝小子封同弋取也弋鳥之弋言有心於取之也呼多士誥之謂以勢而言我小國亦豈敢弋取殷命蓋栽者培之傾者覆之固其治而不固其亂者天之道也惟天不與殷信其不固殷之亂矣惟天不固殷之亂故輔我周之治而天位自有所不容辭者我其敢有求位之心哉

惟帝不畀ᄂᆞᆫ惟我下民의秉爲ㅣ惟天明畏ㅣᆯ시니라

●帝의畀티아니ᄒᆞ샴은우리下民의秉ᄒᆞᆫ爲ㅣ天의明畏ㅣᆯ시니라
○秉持也言天命之所不與即民心之所秉爲民心之所秉爲即天威之所明畏者也反覆天民相因之理以見天之果不外乎民民之果不外乎天也詩言秉彝此言秉爲者彝以理言爲以用言也

我聞ᄒᆞ니曰上帝引逸이어시늘有夏ㅣ不適逸ᄒᆞᆫ대則惟帝ㅣ降格ᄒᆞ샤嚮于時夏ㅣ어시늘弗克庸帝ᄒᆞ고大淫泆有辭ᄒᆞᆫ대惟時天이罔念聞ᄒᆞ샤厥惟廢元命ᄒᆞ샤降致罰ᄒᆞ시니라

●나ᄂᆞᆫ드르니ᄀᆞᆯ온上帝ㅣ逸애引ᄒᆞ시거늘夏ㅣ逸애適디아니ᄒᆞᆫ대帝ㅣ降格ᄒᆞ샤이夏에嚮ᄒᆞ시거늘능히帝를庸티아니ᄒᆞ고키淫泆ᄒᆞ야辭를둔대이에天이念聞티아니ᄒᆞ샤그元命을廢ᄒᆞ샤罰을降ᄒᆞ야致ᄒᆞ시니라

○引導逸安也降格與呂刑降格同呂氏曰上帝引逸者非有形聲之接也人心得其安則亹亹而不能已斯則上帝引之也是理坦然亦何間于桀第桀喪其良心自不適於安耳帝實引之桀實避之帝猶不遽絶也乃降格災異以示意嚮於桀桀猶不知警懼不能敬用帝命乃大肆淫逸雖有矯誣之辭而天罔念聞之仲虺所謂帝用不臧是也廢其大命降致其罰而夏祚終矣

乃命爾先祖成湯ᄒᆞ샤革夏ᄒᆞ샤俊民으로甸四方ᄒᆞ시니라

●네先祖成湯을命ᄒᆞ샤夏를革ᄒᆞ샤俊民으로四方을甸케ᄒᆞ시니라

○甸治也伊尹稱湯旁求俊彦孟子稱湯立賢無方蓋明揚俊民分布遠邇甸治區畫成湯立政之大經也周公反復以夏商爲言者蓋夏之亡即殷之亡湯之興即武王之興也商民觀是亦可以自反矣

自成湯으로至于帝乙히罔不明德恤祀ᄒᆞ시니라

●成湯으로브터帝乙에닐으히德을밝히시며祀를恤티아니티아니ᄒᆞ시니라

○明德者所以修其身恤祀者所以敬乎神也

亦惟天이丕建保乂有殷이어시늘殷王두亦罔敢失帝ᄒᆞ야罔不配天其澤ᄒᆞ시니라

●또ᄒᆞᆫ天이키殷을建ᄒᆞ야保乂ᄒᆞ거시늘殷王두또ᄒᆞᆫ敢히帝를失티아니ᄒᆞ야天을配ᄒᆞ야그澤디아니티아니ᄒᆞ시니라

○亦惟天大建立保治有殷殷之先王亦皆操存此心無敢失帝之則無不配天以澤民也

在今後嗣王ᄒᆞ야誕罔顯于天이온矧曰其有聽念于先王勤家아誕淫厥泆ᄒᆞ야罔顧于天顯民祗ᄒᆞ니라

●이제後嗣王의이셔키天애顯티못ᄒᆞ곤ᄒᆞ믈며그先王의家애勤홈을聽念ᄒᆞᆫ다니ᄅᆞ랴키淫ᄒᆞ야그泆ᄒᆞ야天의顯과民의祗를顧티아니ᄒᆞ니라

○後嗣王紂也紂大不明於天道況曰能聽念商先王之勤勞於邦家者乎大肆淫泆無復顧念天之顯道民之敬畏者也

惟時上帝ㅣ不保ᄒᆞ샤降若玆大喪ᄒᆞ시니라

●이애上帝ㅣ保티아니ᄒᆞ샤이럿ᄐᆞᆺᄒᆞᆫ大喪을降ᄒᆞ시니라

○大喪者國亡而身戮也

惟天不畀ᄂᆞᆫ不明厥德일시니라

●天이畀티아니ᄒᆞ삼은그德을明티ᄒᆞ닐시니라

○商先王以明德而天丕建則商後王不明德而天不畀矣

凡四方小大邦이喪ᄒᆞ논든 罔非有辭于罰이니라

●무릇四方에小大邦이喪ᄒᆞ논든罰에辭ㅣ잇디아니티아니ᄒᆞ니라

○凡四方小大邦國喪亡其致罰皆有可言者況商罪貫盈而周奉辭以伐之者乎

王若曰爾殷多士아 今惟我周王이 丕靈承帝事ᄒᆞ시니라

●王이이러타시ᄀᆞᆯᄋᆞ샤ᄃᆡ너희殷多士아이제惟컨댄우리周王이ᄏᆞ게帝의事를靈히承ᄒᆞ시니라

○靈善也大善承天之所爲也武成言祗承上帝以遏亂畧是也

有命曰割殷이실세 告勅于帝ᄒᆞ시이라

●命을두어닐ᄋᆞ샤ᄃᆡ殷을割ᄒᆞ라ᄒᆞ실ᄉᆡ帝ᄭᅴ勅을告ᄒᆞ시니라

○帝有命曰割殷則不得不戡定翦除告其勅正之事于帝也武成言告于皇天后土將有大正于商者是也

惟我事ㅣ不貳適이라 惟爾王家ㅣ我適이니라

●우리일이貳에適디아니혼디라너의王家ㅣ우리게適ᄒᆞ니라

○上帝臨汝毋貳爾心惟我事不貳適之謂上帝既命侯于周服惟爾王家我適之謂言割殷之事非有私心一於從帝而無貳適則爾殷王家自不容不我適矣周不貳于帝殷

其能貳於周乎蓋示以確然不可動搖之意而潛消頑民反側之情爾然聖賢事不貳適日用飮食莫不皆然蓋所以事天也豈特割殷之事而已哉

予其曰惟爾洪無度ᄒᆞ니我不爾動이라自乃邑이니라

●내그닐으건ᄃᆡ네키度ㅣ업스니내너를動ᄒᆞ논주리아니라네邑으로브터니라

○三監倡亂予其曰乃汝大爲非法非我爾動變自爾邑猶伊訓所謂造攻自鳴條也

予亦念天이卽于殷ᄒᆞ샤大戾ᄒᆞ시니肆不正이로다

●내ᄯᅩᄒᆞᆫ念호니天이殷에卽ᄒᆞ샤ᄀᆡ戾ᄒᆞ시니이러홈으로正티아니ᄒᆞ도다

○予亦念天就殷邦屢降大戾紂旣死武庚又死故邪慝不正言當遷徙也

王曰猷告爾多士ᄒᆞ노라予惟時其遷居西爾ᄂᆞᆫ非我一人이奉德不康寧이라時惟天命이시니無違ᄒᆞ라朕은不敢有後ᄒᆞ리니無我怨ᄒᆞ라

●王이ᄀᆞᆯᄋᆞ샤ᄃᆡ猷ㅣ라너多士다려告ᄒᆞ노라내이러모로그너희를西에遷ᄒᆞ야居ᄒᆞ욤은나一人이德을奉홈을康寧히아니ᄒᆞ논주리아니라이天의命이시니違티말라朕은敢히後를두디아니호리니나를怨티말라

○時是也指上文殷大戾而言謂惟是之故所以遷居西爾非我一人樂如是之遷徙震動也是惟天命如此汝毋違越我不敢有後命謂有他罰爾無我怨也

惟爾知惟殷先人의有冊有典ᄒᆞᄂᆞ니殷革夏命ᄒᆞ니라

●네殷人先人의冊을두며典을두ᄂᆞᆫ줄을아ᄂᆞ니殷이夏의命을革ᄒᆞ니라

○即其舊聞以開諭之也殷之先世有冊書典籍載殷改夏命之事正如是耳爾何獨疑於今乎

今爾其曰夏ᄂᆞᆫ迪簡在王庭ᄒᆞ며有服이在百僚ㅣ라ᄒᆞᄂᆞ니予一人은惟聽用德이니라肆予ㅣ敢求爾于天邑商은予惟率肆矜爾니非予罪ㅣ라時惟天命이시니라

●이제네그닐오ᄃᆡ夏ᄂᆞᆫ迪簡ᄒᆞ야王庭애잇시며服이百僚애잇더니라ᄒᆞᄂᆞ니나一人은聽ᄒᆞ야用홈이德이니라그러므로내敢히너희를天邑商애求홈은내肆를率ᄒᆞ야너희를矜ᄒᆞ야니내罪ㅣ아니라이天命이시니라

○周公既擧商革夏事以諭頑民頑民復以商革夏事責周謂商革夏命之初凡夏之士皆啓迪簡拔在商王之庭有服列于百僚之間今周於商士未聞有所簡拔也周公擧其言以大義折之言爾頑民雖有是言然予一人所聽用者惟以德而已故予敢求爾於天邑商而遷之於洛者以冀率德改行焉予惟循商故事矜恤於爾而已其不爾用者非我之罪也是惟天命如此蓋章德者天之命今頑民滅德而欲求用得乎

王曰多士아 昔朕이 來自奄홀시 予大降爾四國民命ᄒᆞ야 我乃明致天罰ᄒᆞ야 移爾遐逖ᄒᆞ야 比事臣我宗多遜케호니라

●王이ᄀᆞᆯᄋᆞ샤ᄃᆡ多士아녯朕이奄으로브터來홀시내키너희四國의民ㅅ命을降ᄒᆞ야내天의罰을明히致ᄒᆞ야너의를遐逖에移ᄒᆞ야우리宗애比事ᄒᆞ야臣ᄒᆞ야遜이多케호니라

○降猶今法降等云者言昔我來自商奄之時汝四國之民罪皆應死我大降爾命不忍誅戮乃止明致天罰移爾遠居于洛以親比臣我宗周有多遜之美其罰蓋亦甚輕其恩因已甚厚今乃猶有所怨望乎詳此章則商民之遷固已久矣

王曰告爾殷多士ᄒᆞ노라 今予ㅣ 惟不爾殺이라 予惟時命을 有申ᄒᆞ노라 今朕이 作大邑于玆洛은 予惟四方罔攸賓이며 亦惟爾多士ㅣ 攸服ᄒᆞ야 奔走臣我多遜이니라

●王이ᄀᆞᆯᄋᆞ샤ᄃᆡ너殷人多士다려告ᄒᆞ노라이제내너희를殺티아닌ᄂᆞᆫ디라내이命을申ᄒᆞ노라이제朕이大邑을이洛애作홈은내四方이賓홀배업ᄉᆞ며ᄯᅩᄒᆞᆫ너희多士ㅣ服ᄒᆞ야奔走ᄒᆞ야우리多遜애臣홀배니라

○以自奄之命爲初命則此命爲申命也言我惟不忍爾殺故申明此命且我所以營洛

者以四方諸侯無所賓禮之地亦惟爾等服事奔走臣我多遜而無所處故也詳此章則遷民在營洛之先矣吳氏曰來自奄稱昔者遠日之辭也作大邑稱今者近日之辭也移爾遐逖比臣事我宗多遜者期之之辭也攸服奔走臣我多遜者果能之辭也以此又如遷民在前而作洛在後也

爾乃尙有爾土ᄒᆞ며爾乃尙寧幹止ㅣ니라

●너희거의네土를두며너희거의幹과止홈을寧ᄒᆞ얀는디니라

○幹事止居也爾乃庶幾有爾田業庶幾安爾所事安爾所居也詳此章所言皆仍舊有土田居止之辭信商民之遷舊矣孔氏不得其說而以得反所生釋之於文義似矣而事則非也

爾克敬ᄒᆞ면天惟畀矜爾ᄒᆞ시어니와爾不克敬ᄒᆞ면爾不啻不有爾土ㅣ라 予亦致天之罰于爾躬호리라

●네능히敬ᄒᆞ면天이너를畀ᄒᆞ야矜ᄒᆞ시려니와네능히敬티아니ᄒᆞ면네가네土를두디몯홀뿐이아니라내또ᄒᆞᆫ天의罰을네躬애致호리라

○敬則言動無不循理天之所福吉祥所集也不敬則言動莫不違悖天之所禍刑戮所加也豈特竄徙不有爾土而已哉身亦有所不能保矣

今爾惟時宅爾邑ᄒᆞ며繼爾居ᄒᆞ야爾厥有幹有年于玆洛ᄒᆞ니 爾小子의乃興이從爾遷이니라

●이제네이에네邑에宅ᄒᆞ며네居를繼ᄒᆞ야네그이洛애幹을두며年을두니너小子의興ᄒᆞᆷ이너의遷으로브터니라

○邑四井爲邑之邑繼者承續安居之謂有營爲有壽考皆于玆洛焉爾之子孫乃興自爾遷始也夫自亡國之末裔爲起家之始祖頑民雖愚亦知所擇矣

王曰又曰時予ㅣ乃或言은爾攸居ㅣ니라

●王이갈ᄋᆞ샤ᄃᆡ또갈ᄋᆞ샤ᄃᆡ이내或言ᄒᆞᆷ은너희居ᄒᆞᆯ배니라

○王曰之下當有缺文以多方篇末王曰又曰推之可見時我或有所言皆以爾之所居止爲念也申結上文爾居之意

無逸

逸者人君之大戒自古有國家者未有不以勤而興以逸而廢也益戒舜曰罔遊于逸罔淫于樂舜大聖也益猶以是戒之則時君世主其可忽哉成王初政周公懼其知逸而不知無逸也故作是書以訓之言則古昔必稱商王者時之近也必稱先王者王之親也擧三宗者繼世之君也詳文祖者耳目之所逮也上自天命精微下至畎畝艱難閭里怨詛無不具載豈獨成王之所當知哉實天下萬世人主之龜鑑也

是篇凡七更端周公皆以嗚呼發之深嗟永歎其意深遠矣亦訓體也今文古文皆有

周公曰嗚呼ㅣ라君子ᄂᆞᆫ所其無逸이니라

● 周公이ᄀᆞᆯ오ᄃᆡ嗚呼ㅣ라君子ᄂᆞᆫ그無逸로所ᄒᆞᄂᆞ니라

○所猶處所也君子以無逸爲所動靜食息無不在是焉作輟則非所謂所矣

先知稼穡之艱難이오ᄉᆞ乃逸ᄒᆞ면則知小人之依ᄒᆞ리이다

● 몬져稼穡의艱難을알오사逸ᄒᆞ면곳小人의依를알리이다

○先知稼穡之艱難乃逸者以勤居逸也依者指稼穡而言小民所恃以爲生者也農之依田猶魚之依水木之依土魚無水則死木無土則枯民非稼穡則無以生也故舜自耕稼以至爲帝禹稷躬稼以有天下文武之基起於后稷四民之事莫勞於稼穡生民之功莫盛於稼穡周公發無逸之訓而首及乎此有以哉

相小人ᄒᆞᆫᄃᆡ厥父母ㅣ勤勞稼穡이어든厥子ㅣ乃不知稼穡之艱難ᄒᆞ고乃逸ᄒᆞ며乃諺ᄒᆞ며旣誕ᄒᆞᄂᆞ니否則侮厥父母曰昔之人이無聞知라ᄒᆞᄂᆞ니이다 諺疑戰反

● 小人을相ᄒᆞᆫᄃᆡ그父母ㅣ稼穡을勤勞ᄒᆞ거든그子ㅣ稼穡의艱難을알디몯ᄒᆞ고逸

호며諺호며임믜誕호느니안인則그父母를侮호야닐오ᄃᆡ녯제人이聞호며知홈이업다호느니이다

○不知稼穡之艱難乃逸者以逸爲逸也俚言曰諺言視小民其父母勤勞稼穡其子乃生於豢養不知稼穡之艱難乃縱逸自恣乃習俚巷鄙語旣又誕妄無所不至不然則又訕侮其父母曰古老之人無聞無知徒自勞苦而不知所以自逸也昔劉裕奮農畝而取江左一再傳後子孫見其服用反笑曰田舍翁得此亦過矣此正所謂昔之人無聞知也使成王非周公之訓安知其不以公劉后稷爲田舍翁乎

周公曰嗚呼ㅣ라我聞호니曰昔在殷王中宗호샤嚴恭寅畏호샤天命自度호시며治民祗懼호샤不敢荒寧호시니肆中宗之享國이七十有五年이시니이다

●周公이ᄀᆞᆯ오ᄃᆡ嗚呼ㅣ라내드로니닐오ᄃᆡ녯殷王中宗애在호샤嚴호며恭호며寅호며畏호샤天命으로스스로度호시며民을治홈애祗懼호샤敢히荒寧티아니호시니이러모로中宗의國을享호샴이七十이오ᄯᅩ五年이시니이다

○中宗太戊也嚴則莊重恭則謙抑寅則欽肅畏則戒懼天命卽天理也中宗嚴恭寅畏以天理而自檢律其身至于治民之際亦祗敬恐懼而不敢怠荒安寧中宗無逸之實如此故能有享國永年之效也按書序太戊有原命咸乂等篇意述其當時敬天治民之事

今無所考矣

其在高宗時ᄒᆞ산 舊勞于外ᄒᆞ샤 爰暨小人이러시니 作其即位ᄒᆞ샤 乃或亮陰三年을 不言ᄒᆞ시니 其惟不言ᄒᆞ시나 言乃雍ᄒᆞ시며 不敢荒寧ᄒᆞ샤 嘉靖殷邦ᄒᆞ샤 至于小大히 無時或怨ᄒᆞ니 肆高宗之享國이 五十有九年이시니이다 亮音梁 陰音菴

●그高宗時에在ᄒᆞ샤ᄂᆞᆫ오ᄅᆡ外에勞ᄒᆞ샤이에小人으로밋ᄒᆞ더시니作ᄒᆞ야그位에即ᄒᆞ샤或亮陰ᄒᆞ야三年을言티아니ᄒᆞ시니그言티아니ᄒᆞ시나言ᄒᆞ시면雍ᄒᆞ시며敢히荒寧티아니ᄒᆞ샤殷邦을嘉ᄒᆞ며靖ᄒᆞ샤小大에닐으히이或怨ᄒᆞ리업ᄉᆞ니이러모로高宗에國을享ᄒᆞ삼이五十이오또九年이시니이다

○高宗武丁也未即位之其父小乙使久居民間與小民出入同事故於小民稼穡艱難備嘗知之也雍和也發言和順當於理也嘉美靖安也嘉靖者禮樂教化蔚然於安居樂業之中也漢文帝與民休息謂之靖則可謂之嘉則不可小大無時或怨者萬民咸和也乃雍者和之發於身嘉靖者和之發於政無怨者和之著於民也餘見說命高宗無逸之實如此故亦有享國永年之効也

其在祖甲ᄒᆞ산 不義惟王이라ᄒᆞ샤 舊爲小人이러시니 作其即位ᄒᆞ야 爰知小

人之依ᄒᆞ샤能保惠于庶民ᄒᆞ시며不敢侮鰥寡ᄒᆞ시니肆祖甲之享國이三十有三年이시니이다

●그祖甲애在ᄒᆞ샨王되오미義아니라ᄒᆞ샤오릭小人이되얏더시니作ᄒᆞ야그位에即ᄒᆞ샤이에小人의依를알으샤能히庶民을保惠ᄒᆞ시며敢히鰥寡를侮티아니ᄒᆞ시니이러모로祖甲의國을享ᄒᆞ샴이三十이오ᄯᅩ三年이시니이다

○史記高宗崩子祖庚立祖庚崩弟祖甲立則祖甲高宗之子祖庚之弟也鄭玄曰高宗欲廢祖庚立祖甲祖甲以爲不義逃於民間故不義惟王按漢孔氏以祖甲爲太甲蓋以國語稱帝甲亂之七世而殞孔氏見此等記載意爲帝甲必非周公所稱者又以不義惟王與太甲玆乃不義文似遂以此稱祖甲者爲太甲然詳此章舊爲小人作其即位與上章爰曁小人作其即位文勢正類所謂小人者皆指微賤而言非謂憸小之人也作其即位亦不見太甲復政思庸之意又按邵子經世書高宗五十九年祖庚七年祖甲三十三年世次歷年皆與書合亦不以太甲爲祖甲況殷世二十有九以甲名者五帝以太以小以沃以陽以祖別之不應二人俱稱祖甲國語傳訛承謬旁記曲說不足盡信要以周公之言爲正又下文周公言自殷王中宗及高宗及祖甲我周文王及云者因其先後次第而枚擧之辭也則祖甲之爲祖甲而非太甲明矣

自時厥後로立王이生則逸ᄒᆞ니生則逸이라不知稼穡之艱難ᄒᆞ며不

聞小人之勞ᄒᆞ고 惟耽樂之從ᄒᆞ니 自時厥後로 亦罔或克壽ᄒᆞ야 或十年ᄒᆞ며 或七八年ᄒᆞ며 或五六年ᄒᆞ며 或四三年ᄒᆞ니이다

●이로브터 그後로 立ᄒᆞ신王이 生ᄒᆞ면곳逸ᄒᆞ니 生ᄒᆞ면곳逸ᄒᆞᆫ디라 稼穡의艱難을 알디못ᄒᆞ며 小人의勞를聞치못ᄒᆞ고 오직耽樂을從ᄒᆞ니 일로브터 그後로또ᄒᆞᆫ或能히壽ᄒᆞ리업서 或十年ᄒᆞ며 或七八年ᄒᆞ며 或五六年ᄒᆞ며 或四三年ᄒᆞ니이다

○過樂謂之耽泛言自三宗之後卽君位者生則逸豫不知稼穡之艱難不聞小人之勞惟耽樂之從伐性喪生故自三宗之後亦無能壽考遠者不過十年七八年近者五六年三四年爾耽樂愈甚則享年愈促也凡人莫不欲壽而惡夭此篇專以享年永不永爲言所以開其所欲而禁其所當戒也

周公曰嗚呼ㅣ라 厥亦惟我周엣 太王王季ㅣ 克自抑畏ᄒᆞ시니이다

●周公이ᄀᆞᆯ오ᄃᆡ 嗚呼ㅣ라 그또ᄒᆞᆫ우리周엣太王과王季ㅣ 능히ᄉᆞᄉᆞ로抑ᄒᆞ며畏ᄒᆞ시니이다

○商猶異世也故又卽我周先王告之言太王王季能自謙抑謹畏者蓋將論文王之無逸故先述其源流之深長也大抵抑畏者無逸之本縱肆怠荒皆矜誇無忌憚者之爲故下文言文王曰柔曰恭曰不敢皆原太王王季抑畏之心發之耳

文王이 卑服으로 卽康功田功ᄒᆞ시니이다

●文王이卑ᄒᆞᆫ服으로康功과田功애卽ᄒᆞ시니이다

○卑服猶禹所謂惡衣服也康功安民之功田功養民之功言文王於衣服之奉所性不存而專意於安養斯民也卑服蓋擧一端而言宮室飮食自奉之薄皆可類推

徽柔懿恭ᄒᆞ샤懷保小民ᄒᆞ시며惠鮮鰥寡ᄒᆞ샤自朝로至于日中昃히不遑暇食ᄒᆞ야用咸和萬民ᄒᆞ시니이다

●徽히柔ᄒᆞ시며懿히恭ᄒᆞ샤小民을懷ᄒᆞ야保ᄒᆞ시며鰥寡를惠ᄒᆞ야鮮케ᄒᆞ샤朝로브터日이中ᄒᆞ야昃홈애닐으히食을遑暇티몯ᄒᆞ샤써萬民을다和케ᄒᆞ시니이다

○徽懿皆美也昃日昳也柔謂之徽則非柔懦之柔恭謂之懿則非足恭之恭文王有柔恭之德而極其徽懿之盛和易近民於小民則懷保之於鰥寡則惠鮮之惠鮮云者鰥寡之人垂首喪氣賚予賙給之使之有生意也自朝至于日之中自中至于日之昃一食之頃有不遑暇欲咸和萬民使無一不得其所也文王心在乎民自不知其勤勞如此豈秦始皇衡石程書隋文帝衛士傳餐代有司之任者之爲哉立政言罔攸兼于庶言庶獄庶愼則文王又若無所事事者不讀無逸則無以知文王之勤不讀立政則無以知文王之逸合二書觀之則文王之所從事可知矣

文王이不敢盤于遊田ᄒᆞ야以庶邦惟正之供ᄒᆞ시니 文王受命이惟中身이러시니厥享國이五十年이시니이다

●文王이敢히遊田에盤티아니ᄒᆞ샤庶邦앳正ᄒᆞᆫ供으로ᄡᅥᄒᆞ시니文王의命을受ᄒᆞ샴이中身이러시니그國을享ᄒᆞ샴이五十年이시니이다

○遊田國有常制文王不敢盤遊無度上不濫費故下無過取而能以庶邦惟正之供於常貢正數之外無橫斂也言庶邦則民可知文王爲西伯所統庶邦皆有常供春秋貢於霸主者班班可見至唐猶有送使之制則諸侯之供方伯舊矣受命言爲諸侯也中身者漢孔氏曰文王九十七而終卽位時年四十七言中身擧全數也上文崇素儉恤孤獨勤政事戒遊佚皆文王無逸之實故其享國有歷年之永

周公曰嗚呼ㅣ라繼自今으로嗣王은則其無淫于觀于逸于遊于田ᄒᆞ샤以萬民惟正之供ᄒᆞ쇼서

●周公이ᄀᆞᆯ오ᄃᆡ嗚呼ㅣ라이제브터니으므로嗣ᄒᆞ신王은그觀과逸과遊와田애淫홈이업스샴을則ᄒᆞ샤萬民의正ᄒᆞᆫ供으로ᄡᅥᄒᆞ쇼서

○則法也其指文王而言淫過也言自今日以往嗣王其法文王無過于觀逸遊田以萬民惟正賦之供上文言遊田而不言觀逸以大而包小也言庶邦而不言萬民以遠而見近也

無皇曰今日에耽樂이라ᄒᆞ소서乃非民의攸訓이며非天의攸若이라時人이

不則有愆ᄒᆞ리니 無若殷王受之迷亂ᄒᆞ샤酗于酒德哉ᄒᆞ쇼셔

●皇ᄒᆞ야ᄀᆞᆯ오ᄃᆡ今日에만耽樂호려마라쇼셔民의訓ᄒᆞᆯ배아니며天의若ᄒᆞᆯ배아니라時人人이키愆을則ᄒᆞ리니殷王受의迷亂ᄒᆞᆷ이갓타샤酒德에酗티마라쇼셔

○無與毋通皇與遑通訓法若順則法也毋自寬暇曰今日姑爲是耽樂也一日耽樂固若未害然下非民之所法上非天之所順時人大法其過逸之行猶商人化受而崇飮之類故繼之曰毋若商王受之沈迷酗于酒德哉酗酒謂之德者德有凶有吉韓子所謂道與德爲虛位是也

周公曰嗚呼ㅣ라我聞ᄒᆞ니 古之人이猶胥訓告ᄒᆞ며胥保惠ᄒᆞ며 胥敎誨ᄒᆞᆫ드로 民이無或胥譸張爲幻ᄒᆞ니이다 譸張流反 幻音患

●周公이ᄀᆞᆯ오ᄃᆡ嗚呼ㅣ라나ᄂᆞᆫ드ᄅᆞ니ᄀᆞᆯ오ᄃᆡ녯사ᄅᆞᆷ이오히려서로訓告ᄒᆞ며서로保惠ᄒᆞ며서로敎誨ᄒᆞᆫ드로民이或서로譸ᄒᆞ며張ᄒᆞ야幻ᄒᆞᆷ이업더니이다

○胥相訓誡惠順譸誑張誕也變名易實以眩觀者曰幻歎息言古人德業已盛其臣猶且相與誠告之相與保惠之相與敎誨之保惠者保養而將順之非特誠告而已也敎誨則有規正成就之意又非特保惠而已也惟其若是是以視聽思慮無所蔽塞好惡取予明而不悖故當時之民無或敢誑誕爲幻也

此厥不聽ᄒᆞ시면 人乃訓之ᄒᆞ야 乃變亂先王之正刑ᄒᆞ야 至于小大ᄒᆞ리

니

民이否則厥心이違怨ᄒᆞ며否則厥口詛祝ᄒᆞ리이다 否俯久反 詛莊助反 祝音州

●이를그聽티아니ᄒᆞ시면人이이에訓ᄒᆞ야先王의正刑을變亂ᄒᆞ야小大에至ᄒᆞ리니民이否ᄒᆞ면곳그心이違ᄒᆞ며怨ᄒᆞ며否ᄒᆞ면곳그口ㅣ詛ᄒᆞ며祝ᄒᆞ리이다

○正刑正法也言成王於上文古人胥訓告保惠敎誨之事而不聽信則人乃法則之君臣上下師師非度必變亂先王之正法無小無大莫不盡取而紛更之蓋先王之法甚便於民甚不便於縱侈之君如省刑罰以重民命民之所便也而君之殘酷者則必變亂之如薄賦斂以厚民生民之所便也而君之貪侈者則必變亂之厥心違怨者怨之蓄于中也厥口詛祝者怨之形於外也爲人上而使民心口交怨其國不危者未之有也蓋治此亂存亡之機故周公懇懇言之

周公曰嗚呼ㅣ라自殷王中宗ᄒᆞ야及高宗과及祖甲과及我周文王과玆四人이迪哲ᄒᆞ시니이다

●周公이ᄀᆞᆯ오ᄃᆡ嗚呼ㅣ라殷王ㅅ中宗으로自ᄒᆞ야밋高宗과밋祖甲과밋우리周文王과四人이哲을迪ᄒᆞ시니이다

○迪蹈哲智也孟子以知而弗去爲智之實迪云者所謂弗去是也人主知小人之依而或忿戾之者是不能蹈其知者也 惟中宗高宗祖甲 文王允蹈其知故 周公以迪哲稱之

厥或告之曰小人이怨汝詈汝ㅣ라커든則皇自敬德ᄒᆞ사厥愆을曰朕之愆이라ᄒᆞ소서允若時ᄒᆞ시면不啻不敢含怒ㅣ리이다 詈力智反

●그或이告ᄒᆞ야ᄀᆞᆯ오ᄃᆡ小人이너를怨ᄒᆞ며너를詈ᄒᆞᆫ다커든곳키ᄉᆞᄉᆞ로德을敬ᄒᆞ샤그愆을ᄀᆞᆯᄋᆞ샤ᄃᆡ朕의愆이라ᄒᆞ쇼서진실로이ᄀᆞᆺ치ᄒᆞ시면敢히怒를含티아닐ᄯᅡ롬이아니리이다

○詈罵言也其或有告之曰小人怨汝詈汝則皇自敬德反諸其身不尤其人其所誣毁之愆安而受之曰是我之愆允若時者誠實若是非止隱忍不敢藏怒也蓋三宗文王於小民之依心誠知之故不暇責小人之過言且因以察吾身之未至怨詈之語乃所樂聞是豈特止於隱忍含怒不發而已哉

此厥不聽ᄒᆞ시면人乃或譸張爲幻ᄒᆞ야曰小人이怨汝詈汝ㅣ라커든則信之ᄒᆞ리니則若時ᄒᆞ면不永念厥辟이며不寬綽厥心ᄒᆞ야亂罰無罪ᄒᆞ며殺無辜ᄒᆞ리니怨有同ᄒᆞ야是叢于厥身ᄒᆞ리이다 綽尺約反

●이를그聽티아니ᄒᆞ시면人이或譸ᄒᆞ며張ᄒᆞ야幻를ᄒᆞ야ᄀᆞᆯ오ᄃᆡ小人이너를怨ᄒᆞ며너를詈ᄒᆞᆫ다커든곳信ᄒᆞ리니곳이ᄀᆞᆺ티면그辟을永히念티아니ᄒᆞ며그心을寬綽디아니ᄒᆞ야亂히無罪를罰ᄒᆞ며無辜를殺ᄒᆞ리니怨이同ᄒᆞ야이에그身에叢ᄒᆞ

리이다

○綽大叢聚也言成王於上文三宗文王迪哲之事不肯聽信則小人乃或譸張變置虛實曰小民怨汝詈汝則聽信之則如是不能永念其爲君之道不能寬大其心以譸張無實之言羅織疑似亂罰無罪殺戮無辜天下之人受禍不同而同於怨皆叢於人君之一身亦何便於此哉大抵無逸之書以知小人之依爲一篇綱領而此章則申言旣知小人之依則當蹈其知也三宗文王能蹈其知故其胷次寬平人之怨詈不足以芥蔕其心如天地之於萬物一於長育而已其悍疾憤戾天豈私怒於其間哉天地以萬物爲心人君以萬民爲心故君人者要當以民之怨詈爲己責不當以民之怨詈爲已怒以爲己責則民安而君亦安以爲已怒則民危而君亦危矣吁可不戒哉

周公曰嗚呼ㅣ라 嗣王은 其監于茲ᄒᆞ쇼셔

●周公이골오ᄃᆡ嗚呼ㅣ라嗣ᄒᆞ신王은그이에監ᄒᆞ쇼셔

○茲者指上文而言也無逸一篇七章章首皆先致其咨嗟詠歎之意然後及其所言之事至此章則於嗟歎之外更無他語惟以嗣王其監於茲結之所謂言有盡而意則無窮成王得無深警於此哉

君奭

召公告老而去周公留之史氏錄其告語爲篇亦誥體也以周公首呼君奭因以君

奭名篇篇中語多未詳今文古文皆有○按此篇之作史記謂召公疑周公當國踐祚唐孔氏謂召公以周公嘗攝王政今復在臣位葛氏謂召公未免常人之情以爵位先後介意故周公作是篇以諭之陋哉斯言要皆爲序文所誤獨蘇氏謂召公之意欲周公告老而歸爲近之然詳本篇旨意迺召公自以盛滿難居欲避權位退老厥邑周公反覆告諭以留之爾熟復而詳味之其義固可見也

周公이 若曰君奭아

●周公이이러타시ᄀᆞᆯᄋᆞ샤ᄃᆡ君奭아

○君者尊之之稱奭召公名也古人尙質相與語多名之

弗弔ㅣ라 天이 降喪于殷ᄒᆞ샤 殷이 旣墜厥命이어늘 我有周ㅣ 旣受ᄒᆞ소니 我不敢知ᄒᆞ노니 曰厥基ᄂᆞᆫ 永孚于休아 若天이 棐忱가 我亦不敢知ᄒᆞ노니 曰其終애 出于不祥가

●弔ᄐᆡ못ᄒᆞᆫ디라天이喪을殷애降ᄒᆞ샤殷이임의그命을墜ᄒᆞ야ᄂᆞᆯ우리周ㅣ임의受ᄒᆞ소니내敢히아지못ᄒᆞ노니닐르건ᄃᆡ그基ᄂᆞᆫ기리休에孚ᄒᆞᆯ가말일에天이忱을棐ᄒᆞᆯ가나ᄂᆞᆫ또ᄒᆞᆫ敢히아디못ᄒᆞ노니닐으건ᄃᆡ그終애不祥에出ᄒᆞᆯ가

○不祥者休之反也天旣下喪亡于殷殷旣失天命我有周旣受之矣我不敢知曰其基

業長信於休美乎如天果輔我之誠耶我亦不敢知曰其終果出於不祥乎○按此篇周公留召公而作此其言天命吉凶雖曰我不敢知然其懇惻危懼之意天命吉凶之決實主於召公留不留如何也

嗚呼ㅣ라 君이 已曰時我ㅣ라ᄒᆞ더니 我亦不敢寧于上帝命ᄒᆞ야 弗永遠念天威ㅣ 越我民애 罔尤違ᄒᆞ노니 惟人이니라 在我後嗣子孫ᄒᆞ야 大弗克恭上下ᄒᆞ야 遏佚前人光ᄒᆞ면 在家不知아

●嗚呼ㅣ라君이이임의ᄀᆞᆯ오ᄃᆡ이내라ᄒᆞ더니내ᄯᅩᄒᆞᆫ敢히上帝ㅅ命을寧티못ᄒᆞ야기리遠히天앳威ㅣ우리民에게尤ᄒᆞ며違홈이업스리라念티아니ᄒᆞᄂᆞ니人이니라우리後嗣子孫에이셔ᄀᆡ능히上下를恭티못ᄒᆞ야前人의光을遏佚ᄒᆞ면家애이셔아디못ᄒᆞ다ᄒᆞ랴

○尤怨違背也周公歎息言召公已嘗曰是在我而已周公謂我亦不敢苟安天命而不永遠念天之威於我民無尤怨背違之時也天命民心去就無常實惟在人而已今召公乃忘前日之言翻然求去使在我後嗣子孫大不能敬天敬民驕慢肆侈遏絶佚墜文武光顯可得謂在家而不知乎

天命이不易ᄒᆞ라 天難諶이니 乃其墜命은 弗克經歷嗣前人의 恭明

德이니라 諶時王反

●天命이易티아니혼디라天이諶홈이어려오니그命을墜홈은능히前人의恭ᄒᆞ시며明ᄒᆞ신德을經歷ᄒᆞ야嗣티못홀시니라

○天命不易猶詩曰命不易哉命不易保天難諶信乃其墜失天命者以不能經歷繼嗣前人之恭明德也吳氏曰弗克恭故不能嗣前人之恭德遏佚前人光故不能嗣前人之明德

在今予小子旦ᄒᆞ야非克有正이라迪은惟前人光으로施于我沖子니라

●이제나小子旦의이셔능히正홈을둔ᄂᆞᆫ주리아니라迪홈은前人의光으로우리沖子씌施ᄒᆞᄂᆞᆫ지니라

○吳氏曰小子自謙之辭也非克有正亦自謙之辭也言在今我小子旦非能有所正也凡所開導惟以前人光大之德使益焜燿而付于沖子而已以前言後嗣子孫遏佚前人光而言也

又曰天不可信이나我道ᄂᆞᆫ惟寧王德을延ᄒᆞ야天不庸釋于文王受命이니라

●또ᄀᆞᆯᄋᆞ샤ᄃᆡ天을可히信티몯ᄒᆞᆯ거시나내의道ᄂᆞᆫ寧王의德을延ᄒᆞ야天으로文王의受ᄒᆞ신命을庸釋디아니케ᄒᆞᆯ디니라

○又曰者以上文言天命不易天難諶此又申言天不可信故曰又曰天固不可信然在我之道惟以延長武王之德使天不容捨文王所受之命也

公曰君奭아 我聞호니 在昔成湯이 旣受命이어시ᄂᆞᆯ 時則有若伊尹이 格于皇天ᄒᆞ며 在太甲ᄒᆞ야 時則有若保衡ᄒᆞ며 在太戊ᄒᆞ야 時則有若伊陟臣扈ㅣ 格于上帝ᄒᆞ며 巫咸이 乂王家ᄒᆞ며 在祖乙ᄒᆞ야 時則有若巫賢ᄒᆞ며 在武丁ᄒᆞ야 時則有若甘盤ᄒᆞ니라

●公이ᄀᆞᆯᄋᆞ샤ᄃᆡ君奭아내드르니녜이셔成湯이임의命을受ᄒᆞ야시ᄂᆞᆯ時애伊尹갓타니이셔皇天ᄭᅴ格ᄒᆞ며太甲에이셔時애保衡갓타니이시며太戊애이셔時애伊陟과臣扈갓타니이셔上帝ᄭᅴ格ᄒᆞ며巫咸이王家를乂ᄒᆞ며祖乙에이셔時애巫賢갓타니이시며武丁에이셔時애甘盤갓타니잇더니라

○時則有若者言當其時有如此人也保衡即伊尹也見說命太戊太甲之孫伊陟伊尹之子臣扈與湯時臣扈二人而同名者也巫氏咸名祖乙太戊之孫巫賢巫咸之子也武丁高宗也甘盤見說命呂氏曰此章序商六臣之烈蓋勉召公匹休於前人也伊尹佐湯以聖輔聖其治化與天無間伊陟臣扈之佐太戊以賢輔賢其治化克厭天心自其徧覆

言之謂之天自其主宰言之謂之帝書或稱天或稱帝各隨所指非有重輕至此章對言之則聖賢之分而深淺見矣巫咸止言其乂王家者咸之爲治功在王室精微之蘊猶有愧於二臣也亡書有咸乂四篇其乂王家之實歟巫賢甘盤而無指言者意必又次於巫咸也○蘇氏曰殷有聖賢之君七此獨言五下文云殷禮陟配天豈配祀于天者止此五王而其臣偕配食于廟乎在武丁時不言傳說豈傳說不配食於配天之王乎其詳不得而聞矣

率惟玆有陳ᄒᆞ야 保乂有殷ᄒᆞ니 故殷이 禮陟配天ᄒᆞ야 多歷年所ᄒᆞ니라

●이를率ᄒᆞ야陳을두어殷을保乂ᄒᆞ니故로殷이禮로陟ᄒᆞ야天에配ᄒᆞ야年을歷ᄒᆞᆫ所ㅣ多ᄒᆞ니라

○陟升遐也言六臣循惟此道有陳列之功以保乂有殷故殷先王終以德配天而享國長久也

天惟純佑命이라 則商이 實ᄒᆞ야 百姓王人이 罔不秉德明恤ᄒᆞ며 小臣屛侯甸이 矧咸奔走ㅣᄯᆞ녀 惟玆惟德을 稱ᄒᆞ야 用乂厥辟이라 故一人이 有事于四方이어든 若卜筮ᄒᆞ야 罔不是孚ᄒᆞ니라

●天이佑ᄒᆞ샤命ᄒᆞ샤미純ᄒᆞᆫ다라곳商이實ᄒᆞ야百姓과王人이德을秉ᄒᆞ며恤을明

티아니아니아니ᄒᆞ며小臣과屛엣侯甸이ᄒᆞ믈며다奔走홈이ᄯᅡ녀이러모로德을稱ᄒᆞ야
ᄡᅥ그辟을乂ᄒᆞᆫ디라故로一人이事을四方애두시거든卜筮갓타여이에孚티아니아
니ᄒᆞ니라

○佑助也實虛實之實國有人則實孟子言不信仁賢則國空虛是也稱擧也亦秉持之
義事征伐會同之類承上章六臣輔君格天致治遂言天佑命有商純一而不雜故商國
有人而實內之百官著姓與夫王臣之微者無不秉持其德明致其憂外之小臣與夫藩
屛侯甸矧皆奔走服役惟此之故惟德是擧用乂其君故君有事于四方如龜之卜如蓍
之筮天下無不敬信之也

**公曰君奭아天壽平格이라保乂有殷ᄒᆞ더시니有殷이嗣天滅威ᄒᆞ니今
汝ㅣ永念ᄒᆞ면則有固命ᄒᆞ야厥亂이明我新造邦ᄒᆞ리라**

◉公이ᄀᆞᆯ으샤ᄃᆡ君奭아天이平ᄒᆞ야格ᄒᆞᄂᆞ니를壽ᄒᆞ시논디라殷을保乂ᄒᆞ더사니
殷이天을嗣ᄒᆞ야滅ᄒᆞᆫ威에ᄒᆞ니今애네永홀念을ᄒᆞ면곳固ᄒᆞᆫ命이이셔그亂이우리
新造ᄒᆞᆫ邦애明ᄒᆞ리라

○呂氏曰坦然無私之謂平格者通徹三極而無間者也天無私壽惟至平通格于天者
則壽之伊尹而下六臣能盡平格之實故能保乂有殷多歷年所至于殷紂亦嗣天位乃
驟罹滅亡之威天曷不私壽之也固命者不墜之天命也今召公勉爲周家久永之念則

有天之固命其治效亦赫然明著於我新造之邦而身與國俱顯矣

公曰君奭아 在昔上帝ㅣ割ᄒᆞ샤 申勸寧王之德ᄒᆞ샤 其集大命于厥躬ᄒᆞ시니라

●公이ᄀᆞᆯ으샤ᄃᆡ君奭아녜이셔上帝ㅣ割ᄒᆞ샤다시곰寧王의德을勸ᄒᆞ샤그大命을그躬애集ᄒᆞ시니라

○申重勸勉也在昔上帝降割于殷申勸武王之德而集大命于其身使有天下也

惟文王이 尙克修和我有夏ᄒᆞ산든 亦惟有若虢叔과 有若閎夭와 有若散宜生과 有若泰顚과 有若南宮括이니라

●文王이거의능히우리둔ᄂᆞᆫ夏를修和ᄒᆞ산든또ᄒᆞᆫ虢叔ᄀᆞᆮ타니와閎夭ᄀᆞᆮ타니와散宜生ᄀᆞᆮ타니와泰顚ᄀᆞᆮ타니와南宮括ᄀᆞᆮ타니이실ᄉᆡ니라

○虢叔文王弟閎散泰南宮皆氏夭宜生顚括皆名言文王庶幾能修治燮和我所有諸夏者亦惟有虢叔等五臣爲之輔也康誥言一二邦以修無逸言用咸和萬民即文王修和之實也

又曰無能往來玆ᄒᆞ야迪彝教ᄒᆞ던든 文王두 蔑德이 降于國人ᄒᆞ시리러니라 蔑莫結反

●또ᄀᆞᆯᄋᆞ샤ᄃᆡ능히이에往來ᄒᆞ야彝教를迪디아니ᄒᆞ던든文王두德이國人에게降ᄒᆞᆷ이업스시리러니라

○蔑無也夏氏曰周公前既言文王之興本此五臣故又反前意而言曰若此五臣者不能爲文王往來奔走於此導迪其常教則文王亦無德降及於國人矣周公反覆以明其意故以又曰更端發之

亦惟純佑ᄂᆞᆫ秉德이迪知天威ᄒᆞ야乃惟時昭文王ᄒᆞ야迪見冒ᄒᆞ야聞于上帝라惟時受有殷命哉ᄒᆞ시니라

●또ᄒᆞᆫ純히佑ᄒᆞ삼은德을秉ᄒᆞ니迪ᄒᆞ야天威를知ᄒᆞ야일로文王을昭ᄒᆞ야迪見ᄒᆞ여冒ᄒᆞ야上帝ᄭᅴ聞ᄒᆞᆫ디라이런ᄃᆞᆯ로殷앳命을受ᄒᆞ시니라

○言文王有此五臣者故亦如殷爲天純佑命百姓王人罔不秉德也上既反言文王若無此五臣爲迪彝教則亦無德下及國人故此又正言亦惟天乃純佑文王蓋以如是秉德之臣蹈履至到實知天威是以昭明文王啓迪其德使著見於上覆冒于下而升聞于上帝惟是之故遂能受有殷之天命也

武王은惟茲四人이尙迪有祿ᄒᆞ니後暨武王으로誕將天威ᄒᆞ야咸劉厥敵ᄒᆞ니惟茲四人이昭武王惟冒ᄒᆞ야不單稱德ᄒᆞ니라 單與殫通 稱平聲

●武王은이四人이거의迪ᄒᆞ야祿을두니後애밋武王으로키天威를將ᄒᆞ야다그敵을劉ᄒᆞ니이四人이武王을昭ᄒᆞ야冒ᄒᆞ야키다德을稱케ᄒᆞ니라

○虢叔先死故曰四人劉殺也單盡也武王惟此四人庶幾迪有天祿其後暨武王盡殺其敵惟此四人能昭武王遂覆冒天下天下大盡稱武王之德謂其達聲敎于四海也文王冒西土而已不單稱德惟武王爲然於文王言命於武王言祿者文王但受天命至武王方富有天下也呂氏曰師尙父之事文武烈莫盛焉不與五臣之列蓋一時議論或詳或畧隨意而言主於留召公而非欲爲人物評也

今在予小子旦ᄒᆞ야若游大川ᄒᆞ리니予往에暨汝奭으로其濟ᄒᆞ리라小子ㅣ同未在位ᄒᆞ시니誕無我責가收罔勗不及ᄒᆞ야耇造德이不降ᄒᆞ면我則鳴鳥를不聞이온矧曰其有能格가

●이졔나小子旦의이서大川애游홈갓다니予ㅣ往홈애너奭으로밋그濟호리라小子ㅣ位에잇다아님과同ᄒᆞ시니키우리責이업스랴收ᄒᆞ야不及을勗디아니ᄒᆞ야耇造의德이降티아니ᄒᆞ면우리곳鳴ᄒᆞ던鳥를聞티못ᄒᆞᆯ거시온ᄒᆞ믈며그能히格홈이잇다니르랴

○小子旦自謙之稱也浮水曰游周公言承文武之業懼不克濟若浮大川罔知津涯豈能獨濟哉予往與汝召公其共濟可也小子成王也成王幼冲雖已卽位與未卽位同誕

大也大無我責上疑有缺文收罔勗不及未詳耉造德不降言召公去則耉老成人之德不下於民在郊之鳳將不復得聞其鳴矣況敢言進此而有感格乎是時周方隆盛鳴鳳在郊卷阿鳴于高岡者乃詠其實故周公云爾也

公曰嗚呼ㅣ라君아 肆其監于玆ㅣ어다 我受命이 無疆惟休ㅣ나 亦大惟艱이니 告君乃猷裕ᄒᆞ노니 我ᄂᆞᆫ 不以後人迷ᄒᆞ노라

●公이ᄀᆞᆯ으샤ᄃᆡ嗚呼ㅣ라君아키그이에監ᄒᆞᆯ디어다우리命을受홈이無疆ᄒᆞᆫ休ㅣ나또ᄒᆞᆫ키艱ᄒᆞ니君다려告ᄒᆞ야裕홈을猷케ᄒᆞ노니我ᄂᆞᆫ後人으로써迷킈저아니ᄒᆞ노라

○肆大猷謀也玆指上文所言周公歎息欲召公大監視上文所陳也我文武受命固有無疆之美矣然迹其積累締造蓋亦艱難之大者不可不相與竭力保守之也告君謀所以寬裕之道勿陜隘求去我不欲後人迷惑而失道也○呂氏曰大臣之位百責所萃震撼擊撞欲其鎭定辛甘燥濕欲其調齊盤錯棼結欲其解紓黯闇汚濁欲其茹納自非曠度洪量與夫患失乾沒者未嘗無翩然捨去之意況召公親遭大變破斧缺斨之時屈折調護心勞力瘁又非平時大臣之比顧以成王未親政不敢乞身爾一旦政柄有歸浩然去志固人情之所必至然思文武王業之艱難念成王守成之無助則召公義未可去也今乃汲汲然求去之不暇其迫切己甚矣盡謀所以寬裕之道圖功攸終展布四體爲久

大規模使君德開明未可捨去而聽後人之迷惑也

公曰前人이敷乃心ᄒᆞ샤乃悉命汝ᄒᆞ샤作汝民極ᄒᆞ시고曰汝明勗偶王ᄒᆞ야在亶乘玆大命ᄒᆞ야惟文王德ᄒᆞ야丕承無疆之恤ᄒᆞ라ᄒᆞ시다

●公이갈ᄋᆞ샤ᄃᆡ前人이心을敷ᄒᆞ샤다너를命ᄒᆞ샤너를民極을삼ᄋᆞ시고ᄀᆞᆯᄋᆞ샤ᄃᆡ네明히勗ᄒᆞ야王의偶ᄒᆞ야亶에在ᄒᆞ야이大命을乘ᄒᆞ야文王의德을惟ᄒᆞ야ᄏᆡ無疆ᄒᆞᆫ恤을承ᄒᆞ라ᄒᆞ시다

○偶配也蘇氏曰周公與召公同受武王顧命輔成王故周公言前人敷乃心腹以命汝召公位三公以爲民極且曰汝當明勉輔孺子如耕之有偶也在於相信如車之有馭也幷力一心以載天命念文考之舊德以丕承無疆之憂武王之言如此而可以去乎

公曰君아告汝朕允ᄒᆞ노라保奭아其汝ㅣ克敬以予ᄒᆞ야監于殷喪大否ᄒᆞ야肆念我天威ᄒᆞ라

●公이ᄀᆞᆯᄋᆞ샤ᄃᆡ君아너다려朕의允으로告ᄒᆞ노라保ㅣ언奭아그네능히나로써敬ᄒᆞ야殷의喪ᄒᆞᆫ大否를監ᄒᆞ야ᄏᆡ우리天威를念ᄒᆞ라

○大否大亂也告汝以我之誠呼其官而名之言汝能敬以我所言監視殷之喪亡大亂可不大念我天威之可畏乎

予不允이오 惟若茲誥아 予惟曰襄我二人이라ᄒᆞ노니 汝有合哉아 言曰在時二人ᄒᆞ야 天休ㅣ滋至어든 惟時二人이 不戡이로소니 其汝克敬德ᄒᆞ야 明我俊民이니 在讓後人于丕時니라

●내允티아니ᄒᆞ고이러타시誥ᄒᆞ랴내닐오ᄃᆡ襄ᄒᆞᆷ이우리二人이라ᄒᆞ노니네合ᄒᆞᆷ이잇ᄂᆞ냐言ᄒᆞ야ᄀᆞᆯ오ᄃᆡ이二人애이셔天休ㅣ滋ᄒᆞ야至ᄒᆞ거든이二人이戡티못ᄒᆞ리로소니그네능히德을敬ᄒᆞ야우리俊民을明ᄒᆞᆯ디니後人을丕時에讓ᄒᆞᆷ애닛ᄂᆞ니라

○戡勝也戡堪古通用周公言我不信於人而若此告語乎予惟曰王業之成在我與汝而已汝聞我言而有合哉亦曰在是二人但天休滋至惟是我二人將不堪勝汝若以盈滿爲懼則當能自敬德益加寅畏明揚俊民布列庶位以盡大臣之職業以答滋至之天休毋徒惴惴而欲去爲也他日在汝推遜後人于大盛之時超然肥遯誰復汝禁今豈汝辭位之時乎

嗚呼ㅣ라 篤棐ᄂᆞᆫ 時二人이니 我ㅣ 式克至于今日休ᄒᆞ나 我ㅣ 咸成文王功于不怠ᄒᆞ야 丕冒ᄒᆞ야 海隅出日이 罔不率俾니라

●嗚呼ㅣ라棐에篤ᄒᆞᄂᆞ니ᄂᆞᆫ이二人이니내써능히今日休애至ᄒᆞ나내다文王의功

을不怠에成ᄒᆞ야키冒ᄒᆞ야海隅人日이出ᄒᆞᄂᆞᆫ듸率俾티아니아니케ᄒᆞ고제니라
○周公復歎息言篤於輔君者是我二人我用能至于今日休盛然我欲與召公共成文王功業于不怠大覆冒斯民使海隅日出之地無不臣服然後可也周都西土去東爲遠故以日出言吳氏曰周公未嘗有其功以其留召公故言之蓋敍其所已然而勉其所未至亦人所說而從者也

公曰君아予不惠오ㅣ若玆多誥아予惟用閔于天越民이니라

●公이ᄀᆞᆯᄋᆞ샤ᄃᆡ君아내惠티아니ᄒᆞ고이러타시해誥ᄒᆞ라내써天과밋民을閔ᄒᆞᄂᆞᆫ디니라
○周公言我不順於理而若玆諄復之多誥耶予惟用憂天命之不終及斯民之無賴也韓子言畏天命而悲人窮亦此意前言若玆誥故此言若玆多誥周公之告召公其言語之際亦可悲矣

公曰嗚呼ㅣ라君아惟乃知民德ᄒᆞᄂᆞ니亦罔不能厥初ㅣ나惟其終이니祗若玆ᄒᆞ야往敬用治ᄒᆞ라

●公이ᄀᆞᆯᄋᆞ샤ᄃᆡ嗚呼ㅣ라君아네民의德을아ᄂᆞ니ᄯᅩᄒᆞᆫ그初에能티아니아니ᄒᆞ나그終을惟홀디니이를祗若ᄒᆞ야가敬ᄒᆞ야써治ᄒᆞ라
○上章言天命民心而民心又天命之本也故卒章專言民德以終之周公歎息謂召公

踐歷諳練之久惟汝知民之德民德謂民心之嚮順亦罔不能其初今日固罔尤違矣當思其終則民之難保者尤可畏也其祗順此誥往敬用治不可忽也此召公已留周公飭遣就職之辭厥後召公既相成王又相康王再世猶未釋其政有味於周公之言也夫

蔡仲之命

蔡國命仲字蔡叔之子也叔沒周公以仲賢命諸成王復封之蔡此其誥命之詞也

今文無古文有○按此篇次敍當在洛誥之前

惟周公이位冢宰ᄒᆞ샤正百工이어시늘羣叔이流言ᄒᆞᆫᄃᆡ乃致辟管叔于商ᄒᆞ시고囚蔡叔于郭鄰호ᄃᆡ以車七乘ᄒᆞ시고降霍叔于庶人ᄒᆞ야三年不齒러시니蔡仲이克庸祗德이어늘周公이以爲卿士ㅣ러시니叔이卒커늘乃命諸王ᄒᆞ샤邦之蔡ᄒᆞ시다

●周公이冢宰에位ᄒᆞ샤百工을正ᄒᆞ거시늘羣叔이流言ᄒᆞᆫᄃᆡ管叔을商애辟을致ᄒᆞ시고蔡叔을郭鄰애囚호ᄃᆡ車七乘으로써ᄒᆞ시고霍叔을庶人에降ᄒᆞ야三年을齒티아니ᄒᆞ얏더시니蔡仲이능히덧덧이德을祗ᄒᆞ거늘周公이써卿士를삼앗더시니叔이卒커늘이에王ᄭᅴ命ᄒᆞ샤蔡에邦ᄒᆞ시다

○周公位冢宰正百工武王崩時也郭鄰孔氏曰中國之外地名蘇氏曰郭虢也周禮六

遂五家爲隣管霍國名武王崩成王幼周公居冢宰百官總己以聽者古今之通道也當是時三叔以主少國疑乘商人之不靖謂可惑以非義遂相與流言倡亂以搖之是豈周公一身之利害乃欲顚覆社稷塗炭生靈天討所加非周公所得己也故致辟管叔于商致辟云者誅戮之也囚蔡叔于郭隣以車七乘囚云者制其出入而猶從以七乘之車也降霍叔于庶人三年不齒三年之後方齒祿以復其國也三叔刑罰之輕重因其罪之大小而已仲叔之子克常敬德周公以爲卿士叔卒乃命之成王而封之蔡也周公留佐成王食邑於圻内圻內諸侯孟仲二卿故周公用仲爲卿非魯之卿也蔡左傳在淮汝之間仲不別封而命邦之蔡者所以不絕叔於蔡也封仲以他國則絕叔於蔡矣呂氏曰象欲殺舜舜在側微其害止於一身故舜得遂其友愛之心周公之位則繫于天下國家雖欲遂友愛於三叔不可得也舜與周公易地皆然史臣先書惟周公位冢宰正百工而繼以羣叔流言所以結正三叔之罪也後言蔡仲克庸祗德周公以爲卿士叔卒卽命之王以爲諸侯以見周公釁然於三叔之刑幸仲克庸祗德則亟擢用分封之也吳氏曰此所謂冢宰正百工與詩所謂攝政皆在成王諒闇之時非以幼冲而攝而其攝也不過位冢宰之位而已冢宰亦非如荀卿所謂攝天子位之事也三年之喪二十五月而畢方其畢時周公固未嘗攝亦非有七年而後還政之事也百官總己以聽冢宰未知其所從始如殷之高宗己然不特周公行之此皆論周公者所當先知也

王若曰小子胡아 惟爾率德改行ᄒᆞ야 克愼厥猷ᄒᆞᆯ서 肆予ㅣ命爾ᄒᆞ야

侯于東土ᄒᆞ노니往即乃封ᄒᆞ야敬哉어다
●王이이러타시글ᄋᆞ샤ᄃᆡ小子胡아네德을率ᄒᆞ야行을改ᄒᆞ야능히그猷를愼ᄒᆞᆯᄉᆡ
이러모로내너를命ᄒᆞ야東土애侯ᄒᆞ노니往ᄒᆞ야네封애即ᄒᆞ야敬ᄒᆞᆯ디어다
○胡仲名言仲循祖文王之德改父蔡叔之行能謹其道故我命汝爲侯于東土往就汝
所封之國其敬之哉呂氏曰敬哉者欲其無失此心也命書之亂雖稱成王實周公之意
爾尙蓋前人之愆은惟忠惟孝ㅣ니爾乃邁跡自身ᄒᆞ야克勤無怠ᄒᆞ야
以垂憲乃後ᄒᆞ야率乃祖文王之彝訓ᄒᆞ고無若爾考之違王命ᄒᆞ라
●네오히려前人의愆을蓋ᄒᆞᆷ은忠과孝ㅣ니네迹을邁호ᄃᆡ身으로브터ᄒᆞ야능히勤
ᄒᆞ야怠티마라써憲을네後애垂ᄒᆞ야네祖文王의彝訓을率ᄒᆞ고네考의王命을違ᄒᆞᆷ
갓치말라
○蔡叔之罪在於不忠不孝故仲能掩前人之愆者惟在於忠孝而已叔違王命仲無所
因故曰邁迹自身克勤無怠所謂自身也垂憲乃後所謂邁迹也率乃祖文王之彝訓無
若爾考之違王命上文所謂率德改行也
皇天은無親ᄒᆞ샤惟德을是輔ᄒᆞ시며民心은無常이라惟惠之懷ᄒᆞᄂᆞ니爲善

이不同ᄒᆞ同歸于治ᄒᆞ고爲惡이不同ᄒᆞ나同歸于亂ᄒᆞᄂᆞ니爾其戒哉어다

●皇天은親홈이업ᄉᆞ샤德을이예輔ᄒᆞ시며民心은덧덧홈이업ᄉᆞᆫ디라惠를懷ᄒᆞᄂᆞ니善을ᄒᆞ욤이同티아니ᄒᆞ나ᄒᆞᆫ가지로治애歸ᄒᆞ고惡ᄒᆞ욤이同티아니ᄒᆞ나ᄒᆞᆫ가지로亂에歸ᄒᆞᄂᆞ니네그戒홀디어다

○此章與伊尹申誥太甲之言相類而有深淺不同者太甲蔡仲之有間也善固不一端而無不可行之善惡亦不一端而無可爲之惡爾其可不戒之哉

愼厥初호되惟厥終이라ᄉᆞ終以不困ᄒᆞ리니不惟厥終ᄒᆞ면終以困窮ᄒᆞ리라

●그初를愼호티그終을惟ᄒᆞ야사마잠ᄂᆡ써困티아니ᄒᆞ리니그終을惟티아니ᄒᆞ면마잠ᄂᆡ써困窮ᄒᆞ리라

○惟思也窮困之極也思其終者所以謹其初也

懋乃攸績ᄒᆞ며睦乃四鄰ᄒᆞ며以蕃王室ᄒᆞ며以和兄弟ᄒᆞ며康濟小民ᄒᆞ라

●네의績홀바를懋ᄒᆞ며네四鄰을睦ᄒᆞ며써王室을蕃ᄒᆞ며써兄弟를和ᄒᆞ며小民을康濟ᄒᆞ라

○勉汝所立之功親汝四鄰之國蕃屛王家和協同姓康濟小民五者諸侯職之所當盡也

率自中이오無作聰明ᄒᆞ야亂舊章ᄒᆞ며詳乃視聽ᄒᆞ야罔以側言으로攻厥

度ᄒᆞ면則予一人이汝嘉ᄒᆞ리라

●率ᄒᆞᆷ을中으로브터ᄒᆞ고聰明을作ᄒᆞ야舊章을亂티말며네視聽을詳히ᄒᆞ야側ᄒᆞᆫ言으로써그度을改티아니ᄒᆞ면一人이너을嘉ᄒᆞ리라

○率循也無毋同詳審也中者心之理而無過不及之差者也舊章者先王之成法厥度者吾身之法度皆中之所出者作聰明則喜怒好惡皆出於私而非中矣其能不亂先王之舊章乎戒其本於己者然也側言一偏之言也視聽不審惑於一偏之說則非中矣其能不改吾身之法度乎戒其徇於人者然也仲能戒是則我一人汝嘉矣呂氏曰作聰明者非天之聰明特沾沾小智耳作與不作而天人判焉

王曰嗚呼ㅣ라小子胡아汝ㅣ往哉ᄒᆞ야無荒棄朕命ᄒᆞ라

●王이ᄀᆞᆯ으샤ᄃᆡ嗚呼ㅣ라小子胡아네往ᄒᆞ야朕의命을荒葉티말라

○飭往就國戒其毋廢棄我命汝所言也

多方

成王卽政奄與淮夷又叛成王滅奄歸作此篇按費誓言徂玆淮夷徐戎並興卽其事也疑當時扇亂不特殷人如徐戎淮夷四方容或有之故及多方亦誥體也今文古文皆有○蘇氏曰大誥康誥酒誥梓材召誥洛誥多士多方八篇雖所誥不一然大畧以殷人心不服周而作也予讀泰誓武成常怪周取殷之易及讀此八篇又怪

周安殷之難也多方所誥不止殷人乃及四方之士是紛紛焉不心服者非獨殷人也予乃今知湯己下七王之德深矣方殷之虐人如在膏火中歸周如流不暇念先王之德及天下粗定人自膏火中出卽念殷先七王如父母雖以武王周公之聖相繼撫之而莫能禦也夫以西漢道德比之殷猶碔砆之與美玉然王莽公孫述隗囂之流終不能使人忘漢光武功若建瓴然使周無周公則亦殆矣此周公之所以畏而不敢去也

惟五月丁亥애王이來自奄ᄒᆞ샤至于宗周ᄒᆞ시다

●五月丁亥애王이來ᄒᆞᆷ을奄으로브터ᄒᆞ샤宗周애至ᄒᆞ시다

○成王卽政之明年商奄又叛成王征滅之杜預云奄不知所在宗周鎬京也呂氏曰王者定都天下之所宗也東遷之後定都于洛則洛亦謂之宗周衛孔悝之鼎銘曰隨難于漢陽卽宮于宗周是時鎬已封秦宗周蓋指洛也然則宗周初無定名隨王者所都而名耳

周公曰王若曰猷ㅣ라告爾四國多方ᄒᆞ노라惟爾殷侯尹民아我惟大降爾命ᄒᆞ니爾罔不知니라

●周公이ᄀᆞᆯᄋᆞ샤ᄃᆡ王이이러타시ᄀᆞᆯᄋᆞ샤ᄃᆡ猷ㅣ라너희四國과多方다려告ᄒᆞ노라너희殷侯의民을尹ᄒᆞᄂᆞ니아ᄂᆡ키너희命을降ᄒᆞ니네아디아니티못ᄒᆞᆯ거시니

라

○呂氏曰先曰周公曰而復曰王若曰何也明周公傳王命而非周公之命也周公之命誥終於此篇故發例于此以行大誥諸篇凡稱王曰者無非周公傳成王之命也成王滅奄之後告諭四國殷民而因以曉天下也所主殷民故又專提殷侯之正民者告之言殷民罪應誅戮我大降宥爾命爾宜無不知也

洪惟圖天之命ᄒᆞ야弗永寅念于祀ᄒᆞ니라

●키天의命을圖ᄒᆞ야기라寅念ᄒᆞ야祀티아니ᄒᆞ니라

○圖謀也言商奄大惟私意圖謀天命自底滅亡不深長敬念以保其祭祀呂氏曰天命可受而不可圖圖則人謀之私而非天命之公矣此蓋深示以天命不可妄干乃多方一篇之綱領也下文引夏商所以失天命受天命者以明示之

惟帝ㅣ降格于夏ㅣ어시늘有夏ㅣ誕厥逸ᄒᆞ야不肯慼言于民ᄒᆞ고乃大淫昏ᄒᆞ야不克終日勸于帝之迪은乃爾攸聞이니라

○帝ㅣ夏애降ᄒᆞ야格ᄒᆞ시거늘夏ㅣ키그逸ᄒᆞ야民을慼ᄒᆞ는言을肯티아니ᄒᆞ고키淫昏ᄒᆞ야능히日이終토록帝의迪을勸티아니ᄒᆞ옴은너희드론배니라

○言帝降災異以譴告桀桀不知戒懼乃大肆逸豫憂民之言尙不肯出諸口况望其有憂民之實乎勸勉也迪啓迪也視聽動息日用之間洋洋乎皆上帝所以啓迪開導斯人

者桀乃大肆淫昏終日之間不能少勉於是天理或幾乎息矣況望有惠迪而不違乎此乃爾之所聞欲其因桀而知紂也厥逸與多士引逸不同者猶亂之爲亂亂爲治耳逸豫以民言淫昏以帝言各以其義也此章上疑有缺文

厥圖帝之命ᄒᆞ야 不克開于民之麗ᄒᆞ고 乃大降罰ᄒᆞ야 崇亂有夏ᄒᆞ니 因甲于內亂ᄒᆞ야 不克靈承于旅ᄒᆞ며 罔丕惟進之恭ᄒᆞ야 洪舒于民이오 亦惟有夏之民이 叨懫를 日欽ᄒᆞ야 劓割夏邑ᄒᆞ니라 明他刀反 叨陟利反

●그帝의命을圖ᄒᆞ야능히民의麗를開티아니ᄒᆞ고키罰을降ᄒᆞ야有夏의亂을崇ᄒᆞ니因은內亂에甲ᄒᆞ야능히旅를靈承티아니ᄒᆞ며키恭애進ᄒᆞ야키民을舒티아니ᄒᆞ고또有夏의民이叨ᄒᆞ며懫ᄒᆞᄂᆞ니를日로欽ᄒᆞ야夏邑을劓割ᄒᆞ니라

○此章文多未詳麗猶日月麗乎天之麗謂民之所依以生者也依於土依於衣食之類甲始也言桀矯誣上天圖度帝命不能開民衣食之原於民依恃以生者一皆抑塞遏絕之猶乃大降威虐于民以增亂其國其所因則始于內嬖蠱其心敗其家不能善承其衆不能大進於恭而大寬裕其民亦惟夏邑之民貪叨忿懫者則日欽崇而尊用之以戕害於其國也

天이 惟時求民主ᄒᆞ샤 乃大降顯休命于成湯ᄒᆞ샤 刑殄有夏ᄒᆞ시니라

●天이이에民의主를求ᄒᆞ샤키顯ᄒᆞᆫ休命을成湯의降ᄒᆞ샤有夏를刑殄ᄒᆞ시니라

○言天惟是爲民求主耳桀旣不能爲民之主天乃大降顯休命於成湯使爲民主而伐夏殄滅之也○呂氏曰曰求曰降豈眞有求之降之者哉天下無統渙散漫流勢不得不歸其所聚而湯之一德乃所謂顯休命之實一衆離而聚之者也民不得不聚於湯湯不得不受斯民之聚是豈人爲之私哉故曰天求之天降之也

惟天이 **不畀純**은 **乃惟以爾多方之義民**으로 **不克永于多享**이오 **惟夏之恭多士**ᄂᆞᆫ **大不克明保享于民**이오 **乃胥惟虐于民**ᄒᆞ야 **至于百爲**히 **大不克開**ᄒᆞ니라

●天이畀티아니ᄒᆞ샴이純홈은너희多方앳義民으로써多享애능히기리아니ᄒᆞ고夏애恭ᄒᆞᆫ多士ᄂᆞᆫ키능히民을明히保ᄒᆞ야享티못ᄒᆞ고서로民을虐ᄒᆞ야百爲에닐으히키능히開티못ᄒᆞ게ᄒᆞ니라

○純大也義民賢者也言天不與桀者大乃以爾多方賢者不克永于多享以至于亡也言桀於義民不能用其所敬之多士率皆不義之民上文所謂叨懫日欽者同惡相濟大不能明保享于民乃相與播虐于民民無所措其手足凡百所爲無一能達上文所謂不克開于民之麗者政暴民窮所以速其亡也此雖指桀多士爾殷侯尹民甞逺事紂者寧不惕然內愧乎

乃惟成湯이 **克以爾多方簡**으로 **代夏**ᄒᆞ야 **作民主**ᄒᆞ시니라

●成陽이능히너희多方의簡으로써夏를代ᄒᆞ샤民의主ㅣ되시니라

○簡擇也民擇湯而歸之

愼厥麗ᄒᆞ야乃勸ᄒᆞ신디厥民이刑ᄒᆞ야用勸ᄒᆞ니라

●그麗를愼ᄒᆞ야勸ᄒᆞ신디그民이刑ᄒᆞ야써勸ᄒᆞ니라

○湯深謹其所依以勸勉其民故民皆儀刑而用勸勉也人君之於天下仁而已矣仁者君之所依也君仁則莫不仁矣

以至于帝乙히罔不明德愼罰ᄒᆞ샤亦克用勸ᄒᆞ시니라

●써帝乙에날으히德을明ᄒᆞ며罰을愼티아니아니ᄒᆞ샤또ᄒᆞᆫ능히써勸ᄒᆞ시니라

○明德則民愛慕之謹罰則民畏服之自成湯至于帝乙雖歷世不同而皆知明其德謹其罰故亦能用以勸勉其民也明德謹罰所以謹厥麗也明德仁之本也謹罰仁之政也

要囚를殄戮多罪도亦克用勸이며開釋無辜도亦克用勸이니라

●要ᄒᆞᆫ囚를多罪ᄒᆞ니를殄戮ᄒᆞ욤도또ᄒᆞᆫ능히써勸홈이며無辜를開釋ᄒᆞ욤도또ᄒᆞᆫ능히써勸홈이니라

○德明之而已罰有辟焉有宥焉故再言辟而當罪亦能用以勸勉宥而赦過亦能用以勸勉言辟與宥皆足以使人勉於善也

今至于爾辟ᄒᆞ야弗克以爾多方으로享天之命ᄒᆞ니라

●이제너희辟에至ᄒᆞ야능히너희多方으로써天命을享티못ᄒᆞ니라
○呂氏曰爾辟謂紂也商先哲王世傳家法積累維持如此今一旦至于汝君乃以爾全盛之多方不克坐享天命而亡之是誠可閔也天命至公操則存舍則亡以商先王之多基圖之大紂曾不得席其餘蔭其亡忽焉危微操舍之幾周公所以示天下深矣豈徒曰慰解之而已哉

嗚呼ㅣ라 **王若曰誥告爾多方**ᄒᆞ노라 **非天**이 **庸釋有夏**ㅣ며 **非天**이 **庸釋有殷**이시니라

●嗚呼ㅣ라王이이러ᄐᆞ시ᄀᆞᆯ으샤ᄃᆡ誥로너희多方다려告ᄒᆞ노라天이써有夏를釋ᄒᆞᄂᆞᆫ주리아니며天이써有殷을釋ᄒᆞᄂᆞᆫ쥬리아니시니라
○先言嗚呼而後言王若曰者唐孔氏曰周公先自歎息而後稱王命以誥之也庸用也有心之謂釋去之也上文言夏殷之亡因言非天有心於去夏亦非天有心於去殷下文遂言乃惟桀紂自取亡滅也○呂氏曰周公先自歎息而始宣布成王之誥告以見周公未嘗稱王也入此篇之始周公曰王若曰複語相承書無此體也至於此章先嗚呼而後王若曰書亦無此體也周公居聖人之變史官豫憂來世傳疑襲誤蓋有竊之爲口實矣故於周公誥命終篇發新例二著周公實未嘗稱王所以別嫌明微而謹萬世之防也

乃惟爾辟이 **以爾多方**으로 **大淫圖天之命**ᄒᆞ야 **屑有辭**ᄒᆞ니라

●네辟이너희多方으로써키淫ᄒᆞ야天의命을圖ᄒᆞ야屑ᄒᆞᆫ辭를두니라
○紂以多方之富大肆淫泆圖度天命瑣屑有辭與多士言桀大淫泆有辭義同殷之亾非自取乎以下二章推之此章之上當有缺文

乃惟有夏ㅣ圖厥政ᄒᆞ되不集于享ᄒᆞᆫ되 天降時喪ᄒᆞ샤有邦으로間之ᄒᆞ시니라

●有夏ㅣ그政을圖ᄒᆞ되享에集디아니ᄒᆞᆫ되天이이喪을降ᄒᆞ샤有邦으로間케ᄒᆞ시니라
○集萃也享享有之享桀圖其政不集于享而集于亡故天降是喪亂而俾有殷代之夏之亡非自取乎

乃惟爾商後王니逸厥逸ᄒᆞ야圖厥政ᄒᆞ되不蠲烝ᄒᆞᆫ되 天惟降時喪ᄒᆞ시니라

●너의商後王이逸로그逸ᄒᆞ야그政을圖ᄒᆞ되蠲ᄒᆞ며烝티아니ᄒᆞᆫ되天이이로喪을降ᄒᆞ시니라
○蠲潔烝進也紂以逸居逸淫酒無度故其爲政不蠲潔而穢惡不烝進而怠惰天以是降喪亡于殷殷之亡非自取乎此十三節皆應上文非天庸釋之語

惟聖이라두罔念ᄒᆞ면作狂ᄒᆞ고惟狂이라두克念ᄒᆞ면作聖ᄒᆞ나니 天惟五年을須

暇之子孫ᄒᆞ사誕作民主ㅣ어시늘罔可念聽ᄒᆞ니라

●聖이라두念티아니ᄒᆞ면狂이되고狂이라두능히念ᄒᆞ면聖이되ᄂᆞ니天이五年을子孫애須ᄒᆞ며暇ᄒᆞ샤키民의主ㅣ되거시늘可히念ᄒᆞ며聽티아니ᄒᆞ니라

○聖通明之稱言聖而罔念則爲狂矣愚而能念則爲聖矣紂雖昏愚亦有可改過遷善之理故天又未忍遽絶之猶五年之久須待暇寬於紂覬其克念大爲民主而紂無可念可聽者五年必有指實而言孔氏牽合歲月者非是或曰狂而克念果可爲聖乎曰聖固未易爲也狂而克念則作聖之功知所向方太甲其庶幾矣聖而罔念果至於狂乎曰聖固無所謂罔念也禹戒舜曰無若丹朱傲惟慢遊是好一念之差雖未至於狂而狂之理亦在是矣此人心惟危聖人拳拳告戒豈無意哉

天惟求爾多方ᄒᆞ샤 大動以威ᄒᆞ야開厥顧天이어시늘惟爾多方이罔堪顧之ᄒᆞ니라

●天이너희多方애求ᄒᆞ샤키威로써動ᄒᆞ야그天의顧를開ᄒᆞ거시늘너희多方이顧를堪티몯ᄒᆞ니라

○紂旣罔可念聽天於是求民主於爾多方大警動以禨祥譴告之威以開發其能受眷顧之命者而爾多方之衆皆不足以堪眷顧之命也

惟我周王이靈承于旅ᄒᆞ샤克堪用德ᄒᆞ샤 惟典神天이실서 天惟式教

我用休ᄒᆞ샤簡畀殷命ᄒᆞ샤尹爾多方ᄒᆞ시니라

●우리周王이旅ᄅᆞᆯ靈承ᄒᆞ샤능히德을堪ᄒᆞ야用ᄒᆞ샤神天을典ᄒᆞ릴ᄉᆡ天이ᄡᅥ우리ᄅᆞᆯ敎ᄒᆞ샤ᄃᆡ休로ᄡᅥᄒᆞ샤簡ᄒᆞ야殷의命을畀ᄒᆞ샤너희多方을尹케ᄒᆞ시니라

○典主式用也克堪者能勝之謂也德輶如毛民鮮克擧之言德擧者莫能勝也文武善承其衆克堪用德是誠可以爲神天之主矣故天式敎文武用以休美簡擇畀付殷命以正爾多方也呂氏曰式敎用休者如之何而敎之也文武旣得乎天天德日新左右逢原其思也若或起之其行也若或翼之乃天之所以敎而用以昌大休明者也非諄諄然而敎之也此章深論天下向者天命未定眷求民主之時能者則得之孰有過汝者乃無一能當天之眷今天旣命我周而定于一矣爾猶洶洶不靖欲何爲耶明指天命而讋服四海姦雄之心者莫切於是

今我ᄂᆞᆫ曷敢多誥ㅣ리오我惟大降爾四國民命ᄒᆞ니라

●이제나ᄂᆞᆫ엇지敢히만히誥ᄒᆞ리오내키너의四國人民의命을降호니라

○言今我何敢如此多誥我惟大降宥爾四國民命擧其宥過之恩而責其遷善之實也

爾ᄂᆞᆫ曷不忱裕之于爾多方고爾ᄂᆞᆫ曷不夾介乂我周王享天之命고今爾尙宅爾宅ᄒᆞ며畋爾田ᄒᆞᄂᆞ니爾ᄂᆞᆫ曷不惠王ᄒᆞ야熙天之

命고 夾訖洽反

●너ᄂᆞᆫ엇디너희多方에忱ᄒᆞ며裕티아니ᄒᆞᄂᆞ뇨너ᄂᆞᆫ엇디우리周王이天의命을享ᄒᆞ삼을夾ᄒᆞ며介ᄒᆞ야乂티아니ᄒᆞᄂᆞ뇨이제네오히려네宅애宅ᄒᆞ며네田을畋ᄒᆞᄂᆞ니너ᄂᆞᆫ어디王을惠ᄒᆞ야天의命을熙티아니ᄒᆞᄂᆞ뇨

○夾夾輔之夾介賓介之介爾何不誠信寬裕於爾之多方乎爾何不夾輔介助我周王享天之命乎爾之叛亂據法定罪則瀦其宅收其田可也今爾猶得居爾宅耕爾田爾何不順我王室各守爾典以廣天命乎此三節責其何不如此也

爾乃迪屢不靜ᄒᆞ니爾心未愛아爾乃不大宅天命가爾乃屑播天命가爾乃自作不典ᄒᆞ야圖忱于正가

●네ᄌᆞ조不靜을迪ᄒᆞᄂᆞ니네心애愛티몯ᄒᆞᄂᆞ냐네키天의命을宅디아니ᄒᆞᄂᆞ냐네天의命을屑播ᄒᆞᄂᆞᆫ가네스스로不典을作ᄒᆞ야正에忱을圖ᄒᆞᄂᆞᆫ가

○爾乃屢蹈不靜自取亡滅爾心其未知所以自愛耶爾乃大不安天命耶爾乃輕棄天命耶爾乃自爲不法欲圖見信于正者以爲當然耶此四節責其不可如此也

我惟時其教告之ᄒᆞ며我惟時其戰要囚之ᄒᆞ되至于再ᄒᆞ며至于三ᄒᆞ니乃有不用我의降爾命ᄒᆞ면我乃其大罰殛之ᄒᆞ리니非我有周ㅣ

秉德不康寧이라乃惟爾自速辜ㅣ니라

●내이에그敎告ᄒᆞ며내이에그戰ᄒᆞ야要囚호ᄃᆡ再에至ᄒᆞ며三에至호니네나의네命을降홈을用티아니ᄒᆞ면내그키罰ᄒᆞ야殛호리니우리周ㅣ德을秉홈니康寧티아니ᄒᆞᆫ주리아니라너희스스로辜를速ᄒᆞᄂᆞᆫ디니라

○我惟是敎告而誨諭之我惟是戒懼而要囚之今至于再至于三矣爾不用我降宥爾命而猶狃於叛亂反覆我乃其大罰殛殺之非我有周持德不安靜乃惟爾自爲凶逆以速其罪耳

王曰嗚呼ㅣ라猷ㅣ라告爾有方多士와暨殷多士ᄒᆞ노라今爾奔走臣我監이五祀ㅣ어니라

●王이ᄀᆞᆯ으샤ᄃᆡ嗚呼ㅣ라猷ㅣ라너의有方의多士와밋殷多士다려告ᄒᆞ노라이제네奔走ᄒᆞ야우리監애臣ᄒᆞ얀디五祀ㅣ어니라

○監監洛邑之遷民者也猶諸侯之分民有君道焉所以謂之臣我監也言商士遷洛奔走臣服我監於今五年矣不曰年而曰祀者因商俗而言也又按成周旣成而成王卽政成王卽政而商奄繼叛事皆相因纔一二年耳今言五祀則商民之遷固在作洛之前矣尤爲明驗

越惟有胥伯小大多正아爾罔不克臬이어다

●밋胥와伯과小大多正아너희臬을능히아니아니홀디어다
○臬事也周官多以胥以伯以正爲名胥伯大小衆多之正蓋殷多士授職於洛共長治遷民者也其奔走臣我監亦久矣宜相體悉竭力其職無或反側偸惰而不能事也

自作不和ᄒᆞ니 爾惟和哉어다 爾室이 不睦ᄒᆞ니 爾惟和哉어다 爾邑克明이ᄅᆞᄉᆞ 爾惟克勤乃事ㅣ니라

●스스로不和를作ᄒᆞ니너희和홀디어다너희室이睦디아니ᄒᆞ니너희和홀디어다너희邑이능히明ᄒᆞ야사너희능히너희事를勤ᄒᆞ논디니라
○心不安靜則身不和順矣身不安靜則家不和順矣言爾惟和哉者所以勸勉之也和其身睦其家而後能協于其邑驩然有恩以相愛粲然有文以相接爾邑克明始爲不負其職而可謂克勤乃事矣前旣戒以罔不克臬故以克勤乃事期之也

爾尙不忌于凶德ᄒᆞ야 亦則以穆穆으로 在乃位ᄒᆞ며 克閱于乃邑ᄒᆞ야 謀介ᄒᆞ라

●너희거의凶德을忌티말아또ᄒᆞᆫ穆穆으로ᄡᅥ네位에在ᄒᆞ며능히邑에閱ᄒᆞ야介를謀ᄒᆞ라
○忌畏也穆穆和敬貌頑民誠可畏矣然如上文所言爾多士庶幾不至畏忌頑民凶德亦則以穆穆和敬端處爾位以潛消其悍逆悖戾之氣又能簡閱爾邑之賢者以謀其助

則民之頑者且革而化矣尙何可畏之有哉成王誘掖商士之善以化服商民之惡其轉移感動之機微矣哉

爾乃自時洛邑으로 尙永力畋爾田ᄒᆞ면 天惟畀矜爾ᄒᆞ시며 我有周두 惟其大介賚爾ᄒᆞ야 迪簡在王庭ᄒᆞ리니 尙爾事ㅣ어다 有服이 在大僚ㅣ니라

● 네 이 洛邑으로브터 거의 기리 힘써 네 田을 畋ᄒᆞ면 天이 너희를 畀ᄒᆞ며 矜ᄒᆞ시며 우리 周두 그 키 너희를 介ᄒᆞ며 賚ᄒᆞ야 迪ᄒᆞ며 簡ᄒᆞ야 王庭에 在호리니 거의 네 事를 홀디어다 服이 大僚에 잇ᄂᆞ니라

○爾乃自時洛邑庶幾可以保有其業力畋爾田天亦將畀予矜憐於爾我有周亦將大介助賚錫於爾啓迪簡拔置之王朝矣其庶幾勉爾之事有服在大僚不難至也多士篇商民嘗以夏迪簡在王庭之有服在百僚爲言故此因以勸勵之也

王曰嗚呼ㅣ라 多士아 爾不克勸忱我命ᄒᆞ면 爾亦則惟不克享이라 凡民惟曰不享이라ᄒᆞ리니 爾乃惟逸惟頗ᄒᆞ야 大遠王命ᄒᆞ면 則惟爾多方이 探天之威ㅣ라 我則致天之罰ᄒᆞ야 離逖爾土호리라

● 王이 ᄀᆞᆯᄋᆞ샤ᄃᆡ 嗚呼ㅣ라 多士아 너희 能히 내 命을 勸ᄒᆞ야 忱티 아니ᄒᆞ면 너희 ᄯᅩᄒᆞᆫ 능히 享티 아니ᄒᆞᆫ디라 무릇 民이 닐오ᄃᆡ 享티 아닐거시라 ᄒᆞ리니 너희 逸ᄒᆞ며 頗ᄒᆞ

야키王命을遠ᄒᆞ면너희多方이天威ᄅᆞᆯ探홈이라내곳天의罰을致ᄒᆞ야너희土ᄅᆞᆯ離ᄒᆞ야逖게호리라

○誥告將終乃歎息言爾多士如不能相勸信我之誥命爾亦則惟不能享上凡爾之民亦惟曰上不必享矣爾乃放逸頗僻大違我命則惟爾多士自取天威我亦致天之罰播流蕩析俾爾離遠爾土矣爾雖欲宅爾宅畋爾田尙可得哉多方疑當作多士上章旣勸之以休此章則董之以威商民不惟有所慕而不敢違越且有所畏而不敢違越矣

王曰我不惟多誥ㅣ라我惟祗告爾命이니라

●王이ᄀᆞᆯᄋᆞ샤ᄃᆡ내多히誥ᄒᆞᄂᆞᆫ주리아니라내네게命을祗ᄒᆞ야告ᄒᆞ노라

○我豈若是多言哉我惟敬告爾以上文勸勉之命而已

又曰時惟爾初ㅣ니不克敬于和ᄒᆞ면無我怨ᄒᆞ리라

●또ᄀᆞᆯᄋᆞ샤ᄃᆡ이너의初ㅣ니능히和애敬티아니ᄒᆞ면곳나ᄅᆞᆯ怨티못ᄒᆞ리라

○與之更始故曰時惟爾初也爾民至此苟又不能敬于和猶復乖亂則自底誅戮毋我怨尤矣開其爲善禁其爲惡周家忠厚之意於是篇尤爲可見○呂氏曰又曰二字所以形容周公之惓惓斯民會已畢而猶有餘情誥已終而猶有餘語顧眄之光猶曄然溢於簡冊也

立政

吳氏曰此書戒成王以任用賢才之道而其旨意則又上戒成王專擇百官有司之長如所謂常伯常任準人等云者盖古者外之諸侯一卿已命於君內之卿大夫則亦自擇其屬如周公以蔡仲爲卿士伯冏謹簡乃僚之類其長旣賢則其所擧用無不賢者矣葛氏曰誥體也今文古文皆有

周公若曰拜手稽首ᄒᆞ야 告嗣天子王矣로이다 用咸戒于王曰王左右는 常伯과 常任과 準人과 綴衣와 虎賁괘니이다 周公曰嗚呼ㅣ라 休茲ㅣ나 知恤이 鮮哉니이다 綴朱衛丁劣二反賁音奔

●周公이이러ᄐᆞ시ᄀᆞᆯᄋᆞ샤ᄃᆡ手에拜ᄒᆞ고首를稽ᄒᆞ야嗣天子王ᄭᅴ告ᄒᆞ노이다써다王ᄭᅴ戒ᄒᆞ야ᄀᆞᆯᄋᆞ샤ᄃᆡ王의左右는常伯과常任과準人과綴衣와虎賁괘니이다周公이ᄀᆞᆯᄋᆞ샤ᄃᆡ嗚呼ㅣ라이休ᄒᆞ나恤을知ᄒᆞ리鮮ᄒᆞ니이다

○此篇周公所作而記之者周史也故稱若曰言周公帥群臣進戒于王賛之曰拜手稽首告嗣天子王矣羣臣用皆進戒曰王左右之臣有牧民之長曰常伯有任事之公卿曰常任有守法之有司曰準人三事之外掌服器者曰綴衣執射御者曰虎賁皆任用之所當謹者周公於是歎息言曰美矣此官然知憂恤者鮮矣言五等官職之美而知憂其得人者少也吳氏曰綴衣虎賁近臣之長也葛氏曰綴衣周禮司服之類虎賁周禮之虎賁氏也

古之人이迪ᄒᆞ니惟有夏ㅣ乃有室大競ᄒᆞ야籲俊尊上帝ᄒᆞ니迪知忱恂于九德之行ᄒᆞ야乃敢告敎厥后曰拜手稽首后矣로이다曰宅乃事ᄒᆞ며宅乃牧ᄒᆞ며宅乃準이라사兹惟后矣니이다謀面ᄒᆞ야用丕訓德이라ᄒᆞ야則乃宅人ᄒᆞ면兹乃三宅애無義民ᄒᆞ리이다 恂音荀行胡孟反

●네사ᄅᆞᆷ이迪ᄒᆞ니有夏ㅣ室이키競ᄒᆞ야俊을籲ᄒᆞ야上帝를尊ᄒᆞ니九德의行을迪知ᄒᆞ며忱恂ᄒᆞ야敢히그后씌告敎ᄒᆞ야ᄀᆞᆯᄋᆞ샤ᄃᆡ后ᄂᆞᆫ주를手에拜ᄒᆞ고首를稽ᄒᆞ노이다ᄀᆞᆯ오ᄃᆡ네事를宅ᄒᆞ며네牧을宅ᄒᆞ며네準을宅ᄒᆞ야사이러ᄒᆞ야야后ㅣ니이다面에謀ᄒᆞ야ᄡᅥ키德게訓ᄒᆞ니라ᄒᆞ야人을宅ᄒᆞ면이三宅에義民이업스리이다

○古之人有行此道者惟有夏之君當王室大强之時而求賢以爲事天之實也迪知者蹈知而非苟知也忱恂者誠信而非輕信也言夏之臣蹈知誠信于九德之行乃敢告敎其君曰拜手稽首后矣云者致敬以尊其爲君之名也曰宅乃事宅乃牧宅乃準兹惟后矣云者致告以敍其爲君之實也兹者此也言如此而後可以爲君也卽臯陶與禹言九德之事謀面者謀人之面貌也言非迪知忱恂于九德之行而徒謀之面貌用以爲大順於德乃宅而任之如此則三宅之人豈復有賢者乎蘇氏曰事則向所謂常任也牧則向所謂常伯也準則向所謂準人也一篇之中所論宅俊者參差不齊然大要不出是三者其餘則皆小臣百執事也吳氏曰古者凡以善言語人皆謂之敎不必自上敎下而後謂

之敎也

桀德은 惟乃弗作往任ᄒᆞ고 是惟暴德이라 罔後ᄒᆞ니이다

●桀의德은往에任을作디아니ᄒᆞ고이暴德을ᄒᆞᆫ디라後ㅣ업스니이다

○夏桀惡德弗作往昔先王任用三宅而所任者乃惟暴德之人故桀以喪亡無後

亦越成湯이 陟ᄒᆞ산 丕釐上帝之耿命ᄒᆞ산든 乃用三有宅이 克卽宅ᄒᆞ며 曰三有俊이 克卽俊ᄒᆞ야 嚴惟丕式ᄒᆞ야 克用三宅三俊ᄒᆞ산들로 其在商邑ᄒᆞ얀 用協于厥邑ᄒᆞ며 其在四方ᄒᆞ얀 用丕式見德ᄒᆞ니이다

●또ᄒᆞᆫ밋成湯이陟ᄒᆞ야上帝ㅅ耿命을키釐ᄒᆞ산든用ᄒᆞ신三有宅이능히宅에卽ᄒᆞ며골온三有俊이능히俊에卽ᄒᆞ야嚴히惟ᄒᆞ며키式ᄒᆞ야三宅과三俊을用홈을克ᄒᆞ산들로그商邑에在ᄒᆞ얀써그邑을協ᄒᆞ며그四方에在ᄒᆞ얀써키式ᄒᆞ야德을見ᄒᆞ니이다

○亦越者繼前之辭也耿光也湯自七十里升爲天子典禮命討昭著於天下所謂陟丕釐上帝之光命也三宅謂居常伯常任準人之位者三俊謂有常伯常任準人之才者克即者言湯所用三宅實能就是位而不曠其職所稱三俊實能就是德而不浮其名也三俊說者謂他日次補三宅者 詳宅以位 言俊以德 言意 其儲養待用或如說者所云也惟思式法也湯於三宅三俊嚴思而丕法之故能盡其宅俊之用而宅者得以效其職俊

者得以著其才賢智奮庸登於至治其在商邑用協于厥邑近者察之詳其情未易齊畿甸之協則純之至也其在四方用丕式見德遠者及之難其德未易徧觀法之同則大之至也至純至大治道無餘蘊矣曰邑曰四方者各極其遠近而言耳

嗚呼ㅣ라 其在受德暋ᄒᆞ야 惟羞刑暴德之人으로 同于厥邦ᄒᆞ며 乃惟庶習逸德之人으로 同于厥政ᄒᆞᆫ듸 帝欽罰之ᄒᆞ샤 乃伻我有夏ᄒᆞ야 式商受命ᄒᆞ야 奄甸萬姓ᄒᆞ시니이다 暋音敏奄衣檢反

●嗚呼ㅣ라受ㅣ德이暋홈이이에刑을羞ᄒᆞᄂᆞᆫ暴德읫人으로그邦을同ᄒᆞ며庶를習ᄒᆞᆫ逸德읫人으로그政을同ᄒᆞᆫ듸帝ㅣ欽ᄒᆞ야罰ᄒᆞ샤우리로ᄒᆞ야곰有夏를두어商의受ᄒᆞᆫ命을써다萬姓을甸케ᄒᆞ시니이다

○羞刑進任刑戮者也庶習備諸衆醜者也言紂德強暴又所與共國者惟羞刑暴德之諸侯所與共政者惟庶習逸德之臣下上帝敬致其罰乃使我周有此諸夏用商所受之命而奄甸萬姓焉甸者井牧其地什伍其民也

亦越文王武王이 克知三有宅心ᄒᆞ시며 灼見三有俊心ᄒᆞ샤 以敬事上帝ᄒᆞ시며 立民長伯ᄒᆞ시니이다

●또밋文王과武王이三有宅의心을克히知ᄒᆞ시며三有俊의心을灼히見ᄒᆞ샤써上帝를敬事ᄒᆞ시며民의長과伯을立ᄒᆞ시니이다

○三宅三俊文武克知灼見皆曰心者即所謂迪知忱恂而非謀面也三宅已授之位故曰克知三俊未任以事故曰灼見以是敬事上帝則天職修而上有所承以是立民長伯則體統立而下有所寄人君位天人之兩間而俯仰無怍者以是也夏之尊帝商之丕釐周之敬事其義一也長如王制所謂五國以爲屬屬有長伯如王制所謂二百一十國以爲州州有伯是也

立政애任人과準夫와牧과로作三事ᄒᆞ시니이다

●政을立ᄒᆞ샴애任人과準夫와牧과로三事를作ᄒᆞ시니이다

○言文武立政三宅之官也任人常任也準夫準人也牧常伯也以職言故曰言事

虎賁과綴衣와趣馬와小尹과左右攜僕과百司와庶府와 趣此苟反

●虎賁과綴衣와趣馬와小尹과左右攜僕과百司와庶府와

○此侍御之官也趣馬掌馬之官小尹小官之長攜僕攜持僕御之人百司若司裘司服庶府若內府大府之屬也

大都와小伯과藝人과表臣百司와太史와尹伯괘庶常吉士ㅣ러라

●大都와小伯과藝人과表臣인百司와太史와尹伯괘모든常ᄒᆞᆫ吉士ㅣ러라

○此都邑之官也呂氏曰大都小伯者謂大都之伯小都之伯也大都言都不言伯小伯言伯不言都互見之也藝人者卜祝巫匠執技以事上者表臣百司表外也表對裡之詞

上文百司蓋內百司若內府內司服之屬所謂裏臣也此百司蓋外百司若外府外司服
之屬所謂表臣也太史者史官也尹伯者有司之長如庖人內饔膳夫則是數尹之伯也
鍾師尹鍾磬師尹磬大師司樂則是數尹之伯也凡所謂官吏莫不在內外百司之中至
於特見其名者則皆有意焉虎賁綴衣趣馬小尹左右攜僕以扈衛親近而見庶府以冗
賤人所易忽而見藝人恐其或興淫巧機詐以蕩上心而見太史以奉諱惡公天下後世
之是非而見尹伯以大小相維體統所係而見若大都小伯則分治郊畿不預百司之數
者旣條陳歷數文武之衆職而總結之曰庶常吉士庶衆也言在文武之廷無非常德吉
士也

司徒와司馬와司空과亞旅와

●司徒와司馬와司空과亞旅와
○此諸侯之官也司徒主邦敎司馬主邦政司空主邦土餘見牧誓言諸侯之官莫不得
人也諸侯之官獨擧此者以其名位通於天子歟

夷와微와盧烝과三亳이阪앳尹이러라

●夷와微와盧烝과三亳이阪앳尹이러라
○此王官之監於諸侯四夷者也微盧見經亳見史三亳蒙爲北亳穀熟爲南亳偃師爲
西亳烝或以爲衆或以爲夷名阪未詳古者險危之地封彊之守或不以封而使王官治

之參錯於五服之間是之謂尹地志載王官所治非一此特擧其重者耳自諸侯三卿以降惟列官名而無他語承上庶常吉士之文以內見外也夫上自王朝內而都邑外而諸侯遠而夷狄莫不皆得人以爲官使何其盛歟

文王이惟克厥宅心ᄒᆞ샤乃克立玆常事司牧人ᄒᆞ샤ᄃᆡ以克俊有德으로ᄒᆞ더시다

●文王이그宅의心을克히ᄒᆞ샤능히이常事와司牧人을立ᄒᆞ샤ᄃᆡ능히俊과德이잇는이로써ᄒᆞ더시다

○文王惟能其三宅之心能者能之也知之至信之篤之謂故能立此常任常伯用能俊有德也不言準人者因上章言文王用人而申克知三有宅心之說故畧之也

文王은罔攸兼于庶言庶獄庶愼ᄒᆞ시고惟有司之牧夫를是訓用違ᄒᆞ시니라

●文王은庶言과庶獄과庶愼을兼ᄒᆞᆫ빈업ᄉᆞ시고有司ㅣ牧夫를이에用ᄒᆞ며違ᄒᆞᄂᆞ니를訓ᄒᆞ시니라

○庶言號令也庶獄獄訟也庶愼國之禁戒儲備也有司有職主者牧夫牧人也文王不敢下侵庶職惟於有司牧夫訓勅用命及違命者而己漢孔氏曰勞於求才逸於任賢

庶獄庶愼을文王이罔敢知于玆ᄒᆞ시니라

●庶獄과庶愼을文王이敢히이에知호려아니ᄒᆞ시니라

○上言罔攸兼則猶知之特不兼其事耳至此罔敢知則若未嘗知有其事蓋信任之益專也上言庶言此不及者號令出於君有不容不知者故也呂氏曰不曰罔知于玆而曰罔敢知于玆者徒言罔知則是莊老之無也惟言罔敢知然後見文王敬畏思不出位之意毫釐之辨學者宜精察之

亦越武王이率惟敉功ᄒᆞ사不敢替厥義德ᄒᆞ며率惟謀ᄒᆞ사從容德ᄒᆞ사以並受此丕丕基ᄒᆞ시니라

●ᄯᅩᄒᆞᆫ밋武王이敉ᄒᆞ신功을率ᄒᆞ샤敢히그義德을替티아니ᄒᆞ시며謀를率ᄒᆞ샤容德을從ᄒᆞ샤써다이丕丕ᄒᆞᆫ基를受ᄒᆞ시니라

○率循也敉功安天下之功義德義德之人容德容德之人蓋義德者有撥亂反正之才容德者有休休樂善之量皆成德之人也周公上文言武王率循文王之功而不敢替其所用義德之人率循文王之謀而不敢違其容德之士意如虢叔閎夭散宜生泰顚南宮括之徒所以輔成王業者文用之於前武任之於後故周公於君奭言五臣克昭文王受有殷命武王惟玆四人尙迪有祿正猶此敍文武用人而並受此丕丕基也

嗚呼ㅣ라孺子ㅣ王矣시니繼自今으로我其立政애立事와準人과牧夫

를 我其克灼知厥若ᄒᆞ야 丕乃俾亂ᄒᆞ야 相我受民ᄒᆞ시며 和我庶獄庶愼ᄒᆞ시고 時則勿有間之ᄒᆞ쇼셔

●嗚呼ㅣ라 孺子ㅣ 王이되야 계시니 이제브터 날으모로 내 그 政을 立홈에 立事와 準人과 牧夫를 내 능히 그 若을 灼知ᄒᆞ야 키ᄒᆞ야곰 亂ᄒᆞ야 우리의 受ᄒᆞᆫ 民을 相ᄒᆞ시며 우리의 庶獄과 庶愼을 和케ᄒᆞ시고 이에 間티 마라쇼셔

○我者指王而言若順也周公旣述文武基業之大歎息而言曰孺子今旣爲王矣繼此以往王其於立政立事準人牧夫之任當能明知其所順順者其心之安也孔子曰察其所安人焉廋哉察其所順者知人之要也夫旣明知其所順果正而不他然後推心而大委任之使展布四體以爲治相助左右所受之民和調均齊獄愼之事而又戒其勿以小人間之使得終始其治此任人之要也民而謂之受者言民者乃受之於天受之於祖宗非成王之所自有也

自一話一言으로 我則末惟成德之彥ᄒᆞ샤 以乂我受民ᄒᆞ쇼셔

●一話와 一言으로브터 내 곳마춤ᄂᆡ 成德ᄒᆞᆫ 彥을 惟ᄒᆞ샤 써 우리 受ᄒᆞᆫ 民을 乂ᄒᆞ쇼셔

○末終惟思也自一話一言之間我則終思成德之美士以治我所受之民而不敢斯須忘也

嗚呼ㅣ라 予旦은 已受人之徽言으로 咸告孺子王矣로니 繼自今으로 文

子文孫은其勿誤于庶獄庶愼ᄒᆞ시고惟正을是乂之ᄒᆞ쇼서

●嗚呼ㅣ라나旦ᄂᆞᆫ님의人에게受ᄒᆞᆫ徽言으로다孺子王ᄭᅴ告ᄒᆞ노니今으로브터니으모로文子文孫은그庶獄庶愼을誤티마라시고正을이에乂ᄒᆞ쇼서

○前所言禹湯文武任人之事無非至美之言我聞之於人者已皆告孺子王矣文子文孫者成王武王之文子文王之文孫也成王之時法度彰禮樂著守成尙文故曰文誤失也有所兼有所知不付之有司而以己誤之也正猶康誥所謂正人與官正酒正之正指當職者爲言不以己誤庶獄庶愼惟當職之人是治之下文言其勿誤庶獄惟有司之牧夫即此意

自古商人과亦越我周文王이立政애立事와牧夫와準人을則克宅之ᄒᆞ시며克由繹之ᄒᆞ시니茲乃俾乂ᄒᆞ시니이다

●自古와商人과ᄯᅩᄒᆞᆫ밋우리周人文王이政을立홈애立事와牧夫와準人을克히宅ᄒᆞ시며克히由ᄒᆞ야繹ᄒᆞ시니이에ᄒᆞ야곰乂케ᄒᆞ시니이다

○自古及商人及我周文王於立政所以用三宅之道則克宅之者能得賢者以居其職也克由繹之者能細繹用之而盡其才也既能宅其才以安其職又能繹其才以盡其用玆其所以能俾乂也歟

國則罔有立政애用憸人이니不訓于德이라是罔顯在厥世ᄒᆞ리이다繼

自今으로立政애其勿以憸人ᄒᆞ시고其惟吉士ᄒᆞ샤用勱相我國家ᄒᆞ쇼셔 勱音邁

●國은政을立ᄒᆞ욤에憸人을用티아니ᄒᆞᄂᆞ니德애訓티아니혼디라이애顯ᄒᆞ야그世에잇디못ᄒᆞ리이다今으로브터니으모로政을立홈에그憸人으로써마라시고그吉士로ᄒᆞ샤써勱ᄒᆞ야우리國家를相케ᄒᆞ쇼셔

○自古爲國無有立政用憸利小人者小人而謂之憸者形容其沾沾便捷之狀也憸利小人不順于德是無能光顯以在厥世王當繼今以往立政勿用憸利小人其惟用有常吉士使勉力以輔相我國家也呂氏曰君子陽類用則升其國於明昌小人陰類用則降其國於晻昧陰陽升降亦各從其類也

今文子文孫孺子王矣시니其勿誤于庶獄ᄒᆞ시고惟有司之牧夫ᄒᆞ쇼셔

●이제文子文孫이언孺子ㅣ王이시니그庶獄을誤티마ᄅᆞ시고有司ㅣ牧夫를ᄒᆞ쇼셔

○始言和我庶獄庶愼時則勿有間之繼言其勿誤于庶獄庶愼庶正是乂之至是獨曰其勿誤于庶獄惟有司之牧夫蓋刑者天下之重事挈其重而獨擧之使成王尤知刑獄之可畏必專有司牧夫之任而不可以己誤之也

其克詰爾戎兵ᄒᆞ야以陟禹之迹ᄒᆞ야方行天下ᄒᆞ야至于海表히罔

有不服게ᄒᆞ샤 以覲文王之耿光ᄒᆞ시며 以揚武王之大烈ᄒᆞ소서

●그克히네戎과兵을詰ᄒᆞ야써禹애迹에陟ᄒᆞ야方으로天下에行ᄒᆞ야海表에닐으히服디아니아니케ᄒᆞ샤써文王의耿光을覲ᄒᆞ시며써武王의大烈을揚ᄒᆞ쇼서

○詰治也治爾戎服兵器也陟升也禹迹禹服舊迹也方四方也海表四裔也言德威所及無不服也覲見也耿光德也大烈業也於文王稱德於武王稱業各於其盛者稱之呂氏曰兵刑之大也故既言庶獄而繼以治兵之戒焉或曰周公之訓稽其所弊得無啓後世好大喜功之患乎曰周公詰兵之訓繼勿誤庶獄之後庶獄之間尚恐一刑之誤況六師萬衆之命其敢不審而誤擧乎推勿誤庶獄之心而奉克詰戎兵之戒必非得已不已而輕用民命者也

嗚呼ㅣ라 繼自今으로 後王은 立政애 其惟克用常人ᄒᆞ소서

●嗚呼ㅣ라今으로브터이으모로後王은政을立홈에그능히常人을用ᄒᆞ쇼서

○幷周家後王而戒之也常人常德之人也皐陶曰彰厥有常吉哉常人與吉士同實而異名者也

周公이 若曰太史아 司寇蘇公이 式敬爾由獄ᄒᆞ야 以長我王國ᄒᆞ니

玆式有愼ᄒᆞ면 以列로 用中罰ᄒᆞ리이다

●周公이이러ᄐᆞ시ᄀᆞᆯᄋᆞ샤ᄃᆡ太史아司寇蘇公이너의由ᄒᆞᄂᆞᆫ獄을敬ᄒᆞ야써우리王國을長케ᄒᆞ니이에式ᄒᆞ야愼ᄒᆞ면列로써中罰을用ᄒᆞ리이다

○此周公因言愼罰而以蘇公敬獄之事告之太史使其幷書以爲後世司獄之式也蘇國名也左傳蘇忿生以溫爲司寇周公告太史以蘇忿生爲司寇用能敬其所由之獄培植基本以長我王國令於此取法而有謹焉則能以輕重條列用其中罰而無過差之患矣

正本集註書傳卷之五 終

正本

集註書傳卷之六　　蔡沈集傳

周官

成王訓迪百官史錄其言以周官名之亦訓體也今文無古文有○按此篇與今周禮不同如三公三孤周禮皆不載或謂公孤兼官無正職故不載然三公論道經邦三孤貳公弘化非職乎職任之大無踰此矣或又謂師氏即太師保氏即太保然以師保之尊而反屬司徒之職亦無是理也又此言六年五服一朝而周禮六服諸侯有一歲一見者二歲一見者三歲一見者亦與此不合是固可疑然周禮非聖人不能作也意周公方條治事之官而未及師保之職所謂未及者鄭重而未及言之也書未成而公亡其間法制有未施用故與此異而冬官亦缺要之周禮首末未備周公未成之書也惜哉讀書者參互而考之則周公經制可得而論矣

惟周王이撫萬邦ᄒᆞ샤巡侯甸ᄒᆞ샤四征弗庭ᄒᆞ샤綏厥兆民ᄒᆞ신ᄃᆡ六服群辟이罔不承德이어늘歸于宗周ᄒᆞ샤董正治官ᄒᆞ시다

●周王이萬邦을撫ᄒᆞ샤侯甸애巡ᄒᆞ샤四로弗庭을征ᄒᆞ샤그兆民을綏케ᄒᆞ신ᄃᆡ六服애群辟이德을承티아니아니ᄒᆞ거늘宗周애歸ᄒᆞ샤治ᄒᆞᄂᆞᆫ官을董正ᄒᆞ시다

○此書之本序也庭直也葛氏曰弗庭弗來庭者六服侯甸男采衛幷畿內爲六服也禹貢五服通畿內周制五服在王畿外也周禮又有九服侯甸男采衛蠻夷鎭蕃與此不同

宗周鎬京也董督也治官凡治事之官也言成王撫臨萬國巡狩侯甸四方征討不庭之國以安天下之民六服諸侯之君無不奉承周德成王歸于鎬京督正治事之官外攘之功擧而益嚴內治之修也唐孔氏曰周制無萬國惟伐淮夷非四征也大言之爾

王曰若昔大猷애制治于未亂ᄒᆞ며保邦于未危ᄒᆞ시니라 治去聲

●王이ᄀᆞᆯᄋᆞ샤ᄃᆡ녯大猷애治ᄅᆞᆯ亂티아닌제制ᄒᆞ며邦을危티아닌제保ᄒᆞ시니라

○若昔大道之世制治保邦于未亂未危之前即下文明王立政是也

曰唐虞ㅣ稽古ᄒᆞ야建官惟百ᄒᆞ시니 內有百揆四岳ᄒᆞ고外有州牧侯伯ᄒᆞ야庶政이惟和ᄒᆞ야萬國이咸寧ᄒᆞ니라 夏商은官倍ᄒᆞ야亦克用乂ᄒᆞ니明王立政은不惟其官이라惟其人이니라 倍薄亥反

●唐虞ㅣ古ᄅᆞᆯ稽ᄒᆞ야官을建호ᄃᆡ百을ᄒᆞ사니內애百揆와四岳이잇고外애州牧과侯伯이이셔庶政이和ᄒᆞ야萬國이다寧ᄒᆞ니라夏商官은倍ᄒᆞ야ᄯᅩᄒᆞᆫ능히ᄡᅥ乂ᄒᆞ니明王의政立홈은그官ᄒᆞᆯᄯᅡ름이아니라그人이니라

○百揆無所不總者四岳總其方岳者州牧各總其州者侯伯次州牧而總諸侯者也百揆四岳總治于內州牧侯伯總治于外內外相承體統不紊故庶政惟和而萬國咸安夏商之時世變事繁觀其會通制其繁簡官數加倍亦能用治明王立政不惟其官之多惟其得人而已

今予小子ᄂᆞᆫ祗勤于德ᄒᆞ야夙夜애不逮ᄒᆞ야仰惟前代時若ᄒᆞ야訓迪厥官ᄒᆞ노라 逮徒耐反又湯亥大計二反

●이제나小子ᄂᆞᆫ德애祗勤ᄒᆞ야夙夜애逮티몯ᄒᆞᆯ닷ᄒᆞ야前代를仰ᄒᆞ야이에若ᄒᆞ야그官을訓迪ᄒᆞ노라

○逮及時是若順也成王祗勤于德早夜若有所不及然蓋修德者任官之本也

立太師太傅太保ᄒᆞ노니 玆惟三公이니 論道經邦ᄒᆞ며 燮理陰陽ᄒᆞᄂᆞ니 官不必備라 惟其人이니라

●太師太傅太保를立ᄒᆞ노니이三公이니道를論ᄒᆞ야邦을經ᄒᆞ며陰陽을燮理ᄒᆞᄂᆞ니官은반다시備ᄒᆞᆯ거시아니라그人을ᄒᆞᆯ디니라

○立始辭也三公非始於此立爲周家定制則始於此也賈誼曰保者保其身體傅者傅之德義師道之教訓此所謂三公也陰陽以氣言道者陰陽之理恒而不變者也易曰一陰一陽之謂道是也論者講明之謂經者經綸之謂燮理者和調之也非經綸天下之大經燮天地之化育者豈足以任此責故官不必備惟其人也

少師少傅少保ᄂᆞᆫ曰三孤ㅣ니 貳公弘化ᄒᆞ야 寅亮天地ᄒᆞ야 弼予一人ᄒᆞᄂᆞ니라 少夫照反

●少師少傅少保ᄂᆞᆫ ᄀᆞᆯ온三孤ㅣ니公애貳ᄒᆞ야化를弘ᄒᆞ야天地를寅ᄒᆞ며亮ᄒᆞ야予一人을弼ᄒᆞᄂᆞ니라

○孤特也三少雖三公之貳而非其屬官故曰孤天地以形言化者天地之用運而無迹者也易曰範圍天地之化是也弘者張而大之寅亮者敬而明之也公論道孤弘化公燮理陰陽孤寅亮天地公論於前孤弼於後公孤之分如此

冢宰ᄂᆞᆫ掌邦治ᄒᆞ니統百官ᄒᆞ야均四海ᄒᆞᄂᆞ니라

●冢宰ᄂᆞᆫ邦앳治를掌ᄒᆞ니百官을統ᄒᆞ야四海를均케ᄒᆞᄂᆞ니라

○冢大宰治也天官卿治官之長是爲冢宰內統百官外均四海蓋天子之相也百官異職管攝使歸于一是之謂統四海異宜調劑使得其平是之謂均

司徒ᄂᆞᆫ掌邦敎ᄒᆞ니敷五典ᄒᆞ야擾兆民ᄒᆞᄂᆞ니라

●司徒ᄂᆞᆫ邦앳敎를掌ᄒᆞ니五典을敷ᄒᆞ야兆民을擾케ᄒᆞᄂᆞ니라

○擾馴也地官卿主國敎化敷君臣父子夫婦長幼朋友五者之敎以馴擾兆民之不順者而使之順也唐虞司徒之官固已職掌如此

宗伯은掌邦禮ᄒᆞ니治神人ᄒᆞ야和上下ᄒᆞᄂᆞ니라

●宗伯은邦앳禮를掌ᄒᆞ니神人을治ᄒᆞ야上下를和케ᄒᆞᄂᆞ니라

○春官卿主邦禮治天神地祇人鬼之事和上下尊卑等列春官於四時之序爲長故其

官謂之宗伯成周合樂於禮官謂之和者蓋以樂而言也

司馬ᄂᆞᆫ 掌邦政ᄒᆞ니 統六師ᄒᆞ야 平邦國ᄒᆞᄂᆞ니라

● 司馬ᄂᆞᆫ 邦앳政을 掌ᄒᆞ니 六師를 統ᄒᆞ야 邦國을 平케ᄒᆞᄂᆞ니라

○夏官卿主戎馬之事掌國征伐統御六軍平治邦國平謂强不得淩弱衆不得暴寡而人皆得其平也軍政莫急於馬故以司馬名官何莫非政獨戎政謂之政者用以征伐而正彼之不正王政之大者也

司寇ᄂᆞᆫ 掌邦禁ᄒᆞ니 詰姦慝ᄒᆞ며 刑暴亂ᄒᆞᄂᆞ니라

● 司寇ᄂᆞᆫ 邦앳禁을 掌ᄒᆞ니 姦慝을 詰ᄒᆞ며 暴亂을 刑ᄒᆞᄂᆞ니라

○秋官卿主寇賊禁法羣行攻劫曰寇詰姦慝刑强暴作亂者掌刑不曰刑而曰禁者禁於未然也呂氏曰姦慝隱而難知故謂之詰推鞫窮詰而求其情也暴亂顯而易見直刑之而已

司空은 掌邦土ᄒᆞ니 居四民ᄒᆞ야 時地利ᄒᆞᄂᆞ니라

● 司空은 邦앳土를 掌ᄒᆞ니 四民을 居케ᄒᆞ며 時ᄒᆞ야 地利케ᄒᆞᄂᆞ니라

○冬官卿主國空土以居士農工商四民順天時以興地利按周禮冬官則記考工之事與此不同蓋本闕冬官漢儒以考工記當之也

六卿이 分職ᄒᆞ야 各率其屬ᄒᆞ야 以倡九牧ᄒᆞ야 阜成兆民ᄒᆞᄂᆞ니라

●六卿이職을分ᄒᆞ야각각그屬을率ᄒᆞ야써九牧을倡ᄒᆞ야兆民을阜成케ᄒᆞᄂᆞ니라

○六卿分職各率其屬官以倡九州之牧自內達之于外政治明教化洽兆民之衆莫不阜厚而化成也按周禮每卿六十屬卿三百六十屬也呂氏曰冢宰相天子統百官則司徒以下無非冢宰所統乃均列一職而併數之爲六者綱在綱中也乾坤之與六子並列於八方冢宰之與五卿幷列於六職也

六年애五服이一朝ㅣ어든又六年애王乃時巡ᄒᆞ야考制度于四岳이어시든諸侯ㅣ各朝于方岳ᄒᆞ거든大明黜陟ᄒᆞᄂᆞ니라

●六年애五服이ᄒᆞᆫ번朝ᄒᆞ거든또六年애王이時로巡ᄒᆞ야制度를四岳애考커시든諸侯ㅣ각각方岳애朝ᄒᆞ거든黜陟을키ᄇᆞᆰ히ᄂᆞ니라

○五服侯甸男采衛也六年一朝會京師十二年王一巡狩時巡者猶舜之四仲巡狩也考制度者猶舜之協時月正日同律度量衡等事也諸侯各朝方岳者猶舜之肆覲東后也大明黜陟者猶舜之黜陟幽明也䟽數異時繁簡異制帝王之治因時損益者可見矣

王曰嗚呼ㅣ라凡我有官君子아欽乃攸司ᄒᆞ며愼乃出令ᄒᆞ라令出은惟行이라弗惟反이니以公으로滅私ᄒᆞ면民其允懷ᄒᆞ리라

●王이갈으샤듸嗚呼ㅣ라무릇우리官둔는君子아네司ᄒᆞ는바를欽ᄒᆞ며너희出ᄒᆞ는令을愼ᄒᆞ라令出홈은行콰뎌ᄒᆞ논디라反콰뎌아니ᄒᆞ노니公으로써私를滅ᄒᆞ면民이그允ᄒᆞ며懷ᄒᆞ리라

○建官之體統前章既訓迪之矣此則居守官職者咸在曰凡有官君子者合尊卑小大而同訓之也反者令出不可行而壅逆之謂言敬汝所主之職謹汝所出之令令出欲其行不欲其壅逆而不行也以天下之公理滅一己之私情則令行而民莫不敬信懷服矣

學古入官ᄒᆞ야議事以制ᄒᆞ야政乃不迷ᄒᆞ리니其爾ᄂᆞᆫ典常으로作之師ᄒᆞ고無以利口로亂厥官ᄒᆞ라蓄疑ᄒᆞ면敗謀ᄒᆞ며怠忽ᄒᆞ면荒政ᄒᆞ며不學ᄒᆞ면牆面이라莅事ㅣ惟煩ᄒᆞ리라 蓄勅六反

●古를學ᄒᆞ야官애入ᄒᆞ야事를議ᄒᆞ야써制ᄒᆞ야샤政이迷티아니ᄒᆞ리니그너ᄂᆞᆫ典常으로師를삼고利口로써그官을亂티말라疑를蓄ᄒᆞ면謀를敗ᄒᆞ며怠忽ᄒᆞ면政을荒ᄒᆞ며學디아니ᄒᆞ면牆面ᄒᆞᆫ지라事를莅홈이煩ᄒᆞ리라

○學古學前代之法也制裁度也迷錯謬也典常當代之法也周家典常皆文武周公之所講畫至精至備凡莅官者謹師之而已不可喋喋利口更改而紛亂之也積疑不決必敗其謀惰怠忽畧必荒其政人而不學其猶正牆面而立必無所見而擧錯煩擾也○蘇氏曰鄭子產鑄刑書晉叔向譏之曰昔先王議事以制不爲刑辟其言蓋取諸此先王人

法並任而任人爲多故律設大法而已其輕重之詳則付之人臨事而議以制其出入故刑簡而政淸自唐以前治罪科條止於令律令而已人之所犯日變無窮而律令有限以有限治無窮不聞有所闕豈非人法兼行吏猶得臨事而議乎今律令之外科條數萬而不足於用司有請立新法者日益不已嗚呼任法之弊一至於此哉

戒爾卿士ᄒᆞ노니 功崇은 惟志ㅣ오 業廣은 惟勤이니 惟克果斷ᄒᆞ야사 乃罔後艱ᄒᆞ리라 斷都玩反

●너의卿士를戒ᄒᆞ노니功의崇ᄒᆞ욤은志오業의廣ᄒᆞ욤은勤이니능히果斷ᄒᆞ야사이에後艱이업스리라

○此下申戒卿士也王氏曰功以智崇業以仁廣斷以勇克此三者天下之達道也呂氏曰功者業之成也業者功之積也崇其功者存乎志廣其業者存乎勤勤由志而生志待斷而遂雖有二者當幾而不能果斷則志與勤虛用而終蹈後艱矣

位不期驕ㅣ며 祿不期侈ㅣ니 恭儉惟德이오 無載爾僞ᄒᆞ라 作德ᄒᆞ면 心逸ᄒᆞ야 日休코 作僞ᄒᆞ면 心勞ᄒᆞ야 日拙ᄒᆞᄂᆞ니라 載作代反

●位ᄂᆞᆫ期티아이ᄒᆞ야두驕ᄒᆞ며祿은期티아이ᄒᆞ야두侈ᄒᆞᄂᆞ니恭儉을德애ᄒᆞ고네僞를載티말라德을作ᄒᆞ면心이逸ᄒᆞ야日로休코僞를作ᄒᆞ면心이勞ᄒᆞ야日로拙ᄒᆞᄂᆞ니라

○貴不與驕期而驕自至祿不與侈期而侈自至故居是位當知所以恭饗是祿當知所以儉然恭儉豈可以聲音笑貌爲哉當有實得於己不可從事於僞作德則中外惟一故心逸而日休休焉作僞則掩護不暇故心勞而日著其拙矣或曰期待也位所以崇德非期於爲驕祿所以報功非期於爲侈亦通

居寵思危호야罔不惟畏호라弗畏ㅣ면入畏호리라

●寵애居호야셔危를思호야畏티아니호라畏티아니호면畏에入호리라

○居寵盛則思危辱當無所不致其祗畏苟不知祗畏則入于可畏之中矣後之患失者與思危相似然思危者以寵利爲憂患失者以寵利爲樂所存大不同也

推賢讓能호면庶官이乃和호고不和호면政厖호리니擧能其官이惟爾之能이며稱匪其人이惟爾ㅣ不任이니라 推通回切 厖莫江切

●賢을推호며能을讓호면庶官이和호고和티아니호면政이厖호리니擧ㅣ그官을能히홈이爾의能이며稱이그人이아니미네任티못홈이니라

○賢有德者也能有才者也王氏曰道二義利而已推賢讓能所以爲義大臣出於義則莫不出於義此庶官所以不爭而和蔽賢害能所以爲利大臣出於利則莫不出於利此庶官所以爭而不和庶官不和則政必雜亂而不理矣稱亦擧也所擧之人能修其官是亦爾之所能擧非其人是亦爾不勝任古者大臣以人事君其責如此

王曰嗚呼ㅣ라 三事暨大夫아 敬爾有官ᄒᆞ며 亂爾有政ᄒᆞ야 以佑乃辟ᄒᆞ야 永康兆民ᄒᆞ야 萬邦이 惟無斁케ᄒᆞ라 辟必益反 斁音亦

●王이ᄀᆞᆯᄋᆞ샤ᄃᆡ嗚呼ㅣ라三事와밋大夫아너희두ᄂᆞᆫ官을敬ᄒᆞ며너희두ᄂᆞᆫ政을亂ᄒᆞ야써네辟을佑ᄒᆞ야기리兆民을康ᄒᆞ야萬邦이斁홈이업게ᄒᆞ라

○三事卽立政三事也亂治也篇終歎息上自三事下至大夫而申戒勅之也其不及公孤者公孤德尊位隆非有待於戒勅也

君陳

君陳臣名唐孔氏曰周公遷殷頑民於下都周公親自監之周公旣沒成王命君陳代周公此其策命之詞史錄其書以君陳名篇今文無古文有

王若曰君陳아 惟爾令德은 孝恭이니 惟孝ᄒᆞ며 友于兄弟ᄒᆞ야 克施有政ᄒᆞᆯ시 命汝ᄒᆞ야 尹玆東郊ᄒᆞ노니 敬哉ᄒᆞ라

●王이이러타시ᄀᆞᆯᄋᆞ사ᄃᆡ君陳아너의令ᄒᆞᆫ德은孝ㅣ며恭이니孝ᄒᆞ며兄弟에友ᄒᆞ야능히政의施ᄒᆞᆯ시너를命ᄒᆞ야이東郊를尹케ᄒᆞ노니敬ᄒᆞ라

○言君陳有令德事親孝事上恭惟其孝友於家是以能施政於邦孔子曰居家理故治可移於官陳氏曰天子之國五十里爲近郊自王城言之則下都乃東郊之地故君陳畢

命皆指下都爲東郊

昔애 周公이 師保萬民ᄒᆞ신ᄃᆡ 民懷其德ᄒᆞᄂᆞ니 往愼乃司ᄒᆞ야 玆率厥常ᄒᆞ야 懋昭周公之訓ᄒᆞ면 惟民其乂ᄒᆞ리라

●昔에周公이萬民을師ᄒᆞ야保ᄒᆞ신ᄃᆡ民이그德을懷ᄒᆞᄂᆞ니往ᄒᆞ야네司를愼ᄒᆞ야이에그常을率ᄒᆞ야周公의訓을힘써昭ᄒᆞ면民이그乂ᄒᆞ리라

○周公之在東郊有師之尊有保之親師敎之保安之民懷其德君陳之往但當謹其所司率循其常勉明周公之舊訓則民其治矣蓋周公既歿民方思慕周公之訓君陳能發明而光大之固宜其翕然聽順也

我聞ᄒᆞ니 曰至治ᄂᆞᆫ 馨香ᄒᆞ야 感于神明ᄒᆞᄂᆞ니 黍稷이 非馨이라 明德이 惟馨이라ᄒᆞ니 爾尙式時周公之猷訓ᄒᆞ야 惟日孜孜ᄒᆞ야 無敢逸豫ᄒᆞ라

●내聞호니지극ᄒᆞᆫ治ᄂᆞᆫ馨香ᄒᆞ야神明을感ᄒᆞᄂᆞ니黍稷이馨ᄒᆞᆫ주리아니라明德이馨ᄒᆞ다ᄒᆞ니네거의이周公의猷訓을式ᄒᆞ야日로孜孜ᄒᆞ야敢히逸豫티말라

○呂氏曰成王既勉君陳昭周公之訓復擧周公精微之訓以告之至治馨香以下四語所謂周公之訓也既言此而揭之以爾尙式時周公之猷訓則是四言爲周公之訓明矣物之精華固無二體然形質止而氣臭升止者有方升者無間則馨香者精華之上達者

也至治之極馨香發聞感格神明不疾而速凡昭薦黍稷之苾芬是豈黍稷之馨哉所以苾芬者實明德之馨也至治擧其成明德循其本非有二馨香也周公之訓固爲精微而擧以告君陳尤當其可自殷頑民言之欲其感格非可刑驅而勢迫所謂洞達無間者蓋當深省也自周公法度言之典章雖具苟無前人之德則索然萎苶徒爲陳迹也故勉之以用是猷訓惟日孜孜無敢逸豫焉是訓也至精至微非日新不已深致敬篤之功孰能與於斯

凡人이未見聖ᄒᆞᆫ若不克見ᄒᆞ다가既見聖ᄒᆞᆫ亦不克由聖ᄒᆞᄂᆞ니爾其戒哉어다爾惟風이오下民은惟草ㅣ라

●무릇人이聖를보지못ᄒᆞ야ᄂᆞᆫ능히聖을보지못ᄒᆞᆯ듯ᄒᆞ다가임의聖을보와ᄂᆞᆫ또ᄒᆞᆫ능히聖를由티아니ᄒᆞᄂᆞ니네그戒ᄒᆞᆯ디어다爾ᄂᆞᆫ風이오下民은草ㅣ라

○未見聖如不能得見既見聖亦不能由聖人情皆然君陳親見周公故特申戒以此君子之德風也小人之德草也草上之風必偃君陳克由周公之訓則商民亦由君陳之訓矣

圖厥政호ᄃᆡ莫或不艱ᄒᆞ야有廢有興애出入을自爾師로虞ᄒᆞ야庶言이同則繹ᄒᆞ라

●그政을圖호ᄃᆡ或도艱티아니아이ᄒᆞ야廢ᄒᆞᆷ이이시며興ᄒᆞᆷ이이시믜出入을너의

師로붓터虞ᄒᆞ야庶言이同ᄒᆞ거든곳繹ᄒᆞ라

○師衆虞度也言圖謀其政無小無大莫或不致其難有所當廢有所當興必出入反覆與衆共虞度之衆論旣同則又細繹而深思之而後行也蓋出入自爾師虞者所以合乎人之同庶言同則繹者所以斷於已之獨孟子曰國人皆曰賢然後察之國人皆曰可殺然後察之庶言同則繹之謂也

爾有嘉謀嘉猷어든則入告爾后于內ᄒᆞ고爾乃順之于外ᄒᆞ야曰斯謀斯猷ㅣ惟我后之德이라ᄒᆞ라嗚呼ㅣ라臣人이咸若時사라惟良顯哉ㄴ뎌

●爾ㅣ嘉謀와嘉猷ㅣ잇거든곳入ᄒᆞ야네后다려內에告ᄒᆞ고外에順ᄒᆞ야닐로ᄃᆡ이謀와이猷ㅣ우리后의德이라ᄒᆞ라嗚呼ㅣ라臣人이다이갓티ᄒᆞ야사良ᄒᆞ며顯ᄒᆞᆯ딘뎌

○言切於事謂之謀言合於道謂之猷道與事非二也各擧其甚者言之良以德言顯以名言或曰成王擧君陳前日已陳之善而歎息以美之也○葛氏曰成王殆失斯言矣欲其臣善則稱君人臣之細行也然君旣有是心至於有過則將使誰執哉禹聞善言則拜湯改過不吝端不爲此言矣嗚呼此其所以爲成王歟

王曰君陳아爾惟弘周公丕訓ᄒᆞ야無依勢作威ᄒᆞ며無倚法以削ᄒᆞ고寬而有制ᄒᆞ며從容以和ᄒᆞ라 從七恭反

●王이ᄀᆞᆯᄋᆞ샤ᄃᆡ君陳아네周公의큰訓ᄋᆞᆯ弘ᄒᆞ야勢ᄅᆞᆯ依ᄒᆞ야威ᄅᆞᆯ作디말며法ᄋᆞᆯ倚ᄒᆞ야써削ᄒᆞ디말고寬호ᄃᆡ制ᄅᆞᆯ두며從容히ᄒᆞ야써和ᄒᆞ라

○此篇言周公訓者三曰懋昭曰式時至此則弘周公之丕訓欲其益張而大之也君陳何至依勢以爲威倚法以侵削者然勢我所有也法我所用也喜怒予奪毫髮不於人而於己是私意也非公理也安能不作威以削乎君陳之世當寬和之時也然寬不可一於寬必寬而有制和不可一於和必從容以和之而後可以和厥中也

殷民이在辟이어든予曰辟이라두爾惟勿辟ᄒᆞ며予曰宥ㅣ라두爾惟勿宥ᄒᆞ고惟厥中ᄒᆞ라 辟昆亦反

●殷民이辟애잇거든내닐오ᄃᆡ辟ᄒᆞ라ᄒᆞ야도네辟디말며내닐오ᄃᆡ宥ᄒᆞ라ᄒᆞ야두네宥티말고그中으로ᄒᆞ라

○上章成王慮君陳之徇己此則慮君陳之徇君也言殷民之在刑辟者不可徇君以爲生殺惟當審其輕重之中也

有弗若于汝政ᄒᆞ며弗化于汝訓이어든辟以止辟이어사乃辟ᄒᆞ라

●네政애若디아니ᄒᆞ며네訓애化티아니라잇거든辟ᄒᆞ야써辟ᄋᆞᆯ止ᄒᆞ리어사辟ᄒᆞ라

○其有不順于汝之政不化于汝之訓刑之可也然刑期無刑刑而可以止刑者乃刑之

此終上章之辟

狃于姦宄ᄒᆞ며敗常亂俗은三細라두不宥니라 狃女九反

●姦宄에狃ᄒᆞ며常을敗ᄒᆞ며俗을亂ᄒᆞᄂᆞ니이ᄂᆞᆫ三이細ᄒᆞ야두宥티말롤디니라

○狃習也常典常也俗風俗也狃于姦宄與夫毁敗典常壞亂風俗人犯此三者雖小罪亦不可宥以其所關者大也此終上章之宥

爾無忿疾于頑ᄒᆞ며無求備于一夫ᄒᆞ라

●네頑을忿疾티말며一夫애備를求티말라

○無忿疾人之所未化無求備人之所不能

必有忍이라사其乃有濟ᄒᆞ며有容이라사德乃大ᄒᆞ리라

●반다시忍을두어사그濟ᄒᆞ미이스며容을두어사德이大ᄒᆞ리라

○孔子曰小不忍則亂大謀必有所忍而後能有所濟然此猶有堅制力蓄之意若洪裕寬綽恢恢乎有餘地者斯乃德之大也忍言事容言德各以深淺言也

簡厥修ᄒᆞ되亦簡其或不修ᄒᆞ며進厥良ᄒᆞ야以率其或不良ᄒᆞ라

●그修를簡ᄒᆞ되또ᄒᆞᆫ그或修티아니ᄒᆞᄂᆞ니를簡ᄒᆞ며그良을進ᄒᆞ야써그良티아니ᄒᆞᄂᆞ니를率케ᄒᆞ라

○王氏曰修謂其職業良謂其行義職業有修與不修當簡而別之則人勸功進行義之良者以率其不良則人勵行

惟民生厚ᄒᆞ나因物有遷이라違上所命ᄒᆞ고從厥攸好ᄒᆞᄂᆞ니爾克敬典在德ᄒᆞ면時乃罔不變이라允升于大猷ᄒᆞ리니惟予一人이膺受多福ᄒᆞ며其爾之休두終有辭於永世ᄒᆞ리라

●民의生이厚ᄒᆞ나物을因ᄒᆞ야遷ᄒᆞᄂᆞᆫ지라上의命ᄒᆞᄂᆞᆫ바란違ᄒᆞ고그好ᄂᆞᆫ바ᄅᆞᆯ從ᄒᆞᄂᆞ니네그능히典을敬호ᄃᆡ德에在ᄒᆞ면이에變티아니아니홀디라진실로大猷에升ᄒᆞ리니나一人이多福을膺受ᄒᆞ며그너의休도마ᄎᆞᆷ내永世애辭ㅣ잇스리라

○言斯民之生其性本厚而所以澆薄者以誘於習俗而爲物所遷耳然厚者旣可遷而薄則薄者豈不可反而厚乎反薄歸厚特非聲音笑貌之所能爲爾民之於上固不從其令而從其好大學言其所令反其所好則民不從亦此意也敬典者敬其君臣父子兄弟夫婦朋友之常道也在德者得其典常之道而著之於身也蓋知敬典而不知在德則典與我猶二也惟敬典而在德焉則所敬之典無非實有諸巳實之感人捷於桴鼓所以時乃罔不變而信升于大猷也如是則君受其福臣成其美而有令名於永世矣

顧命

顧還視也成王將崩命羣臣立康王史序其事爲篇謂之顧命者鄭玄云回首曰顧臨死回顧而發命也今文古文皆有○呂氏曰成王經三監之變王室幾搖故此正其終始特詳焉顧命成王所以正其終康王之誥康王所以正其始

惟四月哉生魄애王이不懌ᄒᆞ시다

●惟四月비로소魄이生홈애王이懌티못ᄒᆞ시다

○始生魄十六日王有疾故不悅懌

甲子애王이乃洮頮水ㅣ어시늘相이被冕服ᄒᆞᆫ디憑玉几ᄒᆞ시다 洮音桃 頮音悔

●甲子애王이水로洮ᄒᆞ며頮ᄒᆞ야시늘相이冕服을被ᄒᆞᆫ디玉几를憑ᄒᆞ시다

○王發大命臨羣臣必齊戒沐浴今疾病危殆故但洮盥頮面扶相者被以袞冕憑玉几以發命

乃同召太保奭과芮伯과彤伯과畢公과衛侯와毛公과師氏와虎臣과百尹과御事ᄒᆞ시다 召直笑反芮如稅反彤音仝

●이에ᄒᆞᆷᄭᅴ太保奭과芮伯과彤伯과畢公과衛侯와毛公과師氏와虎臣과百尹과御事와를召ᄒᆞ시다

○同召六卿下至御治事者太保芮伯彤伯畢公衛侯毛公六卿也冢宰第一召公領之

司徒第二芮伯爲之宗伯第三彤伯爲之司馬第四畢公領之司寇第五衛侯爲之司空第六毛公領之太保畢毛三公兼也芮彤畢衛毛皆國名入爲天子公卿師氏大夫宫虎臣虎賁氏百尹百官之長及諸御治事者平時則召六卿使帥其屬此則將發顧命自六卿至御事同以王命召也

王曰嗚呼ㅣ라 疾이 大漸惟幾ᄒᆞ야 病이 日臻ᄒᆞ야 既彌留ᄒᆞᆯ서 恐不獲誓言嗣ᄒᆞ야 玆予ㅣ 審訓命汝ᄒᆞ노라

●王이ᄀᆞᆯᄋᆞ샤ᄃᆡ嗚呼ㅣ라疾이키漸ᄒᆞ야幾ᄒᆞ야病이日로臻ᄒᆞ야임의彌ᄒᆞ며留ᄒᆞᆯ서誓言ᄒᆞ야嗣를獲디못ᄒᆞᆯ가저ᄒᆞ야이에내審ᄒᆞ야訓ᄒᆞ야汝를命ᄒᆞ노라

○此下成王之顧命也自歎其疾大進惟危殆病日至既彌甚而留連恐遂死不得誓言以嗣續我志此我所以詳審發訓命汝統言曰疾甚言曰病

昔君文王武王이 宣重光ᄒᆞ샤 奠麗陳教ᄒᆞ신ᄃᆡ 則肄ᄒᆞ야 肄不違ᄒᆞ야 用克達殷ᄒᆞ야 集大命ᄒᆞ시니라

●네君에文王武王이重光을宣ᄒᆞ사麗를奠ᄒᆞ며敎를陳ᄒᆞ신ᄃᆡ곳肄ᄒᆞ야肄ᄒᆞ야違ᄃᆡ아니ᄒᆞ야써능히殷에達ᄒᆞ야大命을集ᄒᆞ시니라

○武猶文謂之重光猶舜如堯謂之重華也奠定麗依也言文武宣布重明之德定民所

依陳列敎條則民習服習而不違天下化之用能達於殷邦而集大命於周也

在後之侗ᄒᆞ야 敬迓天威ᄒᆞ야 嗣守文武大訓ᄒᆞ야 無敢昏逾ᄒᆞ라 侗音同

●後엣侗애이셔天威를敬迓ᄒᆞ야文武의大訓을嗣守ᄒᆞ야敢히昏逾티아니호라

○侗愚也成王自稱言其敬迎上天威命而不敢少忽嗣守文武大訓而無敢昏逾天威天命也大訓述天命者也於天言天威於文武言大訓非有二也

今天이 降疾ᄒᆞ사 殆弗興弗悟ㅣ로소니 爾尙明時朕言ᄒᆞ야 用敬保元子釗ᄒᆞ야 弘濟于艱難ᄒᆞ라 釗音昭

●이제天이疾을降ᄒᆞ샤殆ᄒᆞ야興티못ᄒᆞ며悟티못ᄒᆞ리로소니네거의이朕의言을明ᄒᆞ야ᄡᅥ元子釗를敬保ᄒᆞ야키艱難을濟ᄒᆞ라

○釗康王名成王言今天降疾我身殆將必死弗興弗悟爾庶幾明是我言用敬保元子釗大濟于艱難曰元子者正其統也

柔遠能邇ᄒᆞ며 安勸小大庶邦ᄒᆞ라

●遠을柔ᄒᆞ며邇를能ᄒᆞ며小ᄒᆞ며大ᄒᆞᆫ모ᄃᆞᆫ邦을安ᄒᆞ며勸ᄒᆞ라

○懷來馴擾安寧勸導皆君道所當盡者合遠邇小大而言又以見君德所施公平周溥而不可有所偏滯也

思夫人은自亂于威儀ㅣ니爾無以釗ㅣ로冒貢于非幾ᄒᆞ라

●思컨ᄃᆡ夫人은ᄉᆞᄉᆞ로威儀ᄅᆞᆯ亂ᄒᆞᆯ지니네釗로써非ᄒᆞᆫ幾의冒貢치말라
○亂治也威者有威可畏儀者有儀可象擧一身之則而言也蓋人受天地之中以生是
以有動作威儀之則成王思夫人之所以爲人者自治於威儀耳自治云者正其身而不
假於外求也貢進也成王又言羣臣其無以元子而冒進於不善之幾也蓋幾者動之微
而善惡之所有分也非幾則發於不善而陷於惡矣威儀擧其著於外者而勉之也非幾
擧其發於中者而戒之也威儀之治皆本於一念一慮之微可不謹乎孔子所謂知幾子
思所謂謹獨周子所謂幾善惡者皆致意於是也成王垂絶之言而拳拳及此其有得於
周公者亦深矣○蘇氏曰死生之際聖賢之所甚重也成王將崩之一日被冕服以見百
官出經遠保世之言其不死於燕安婦人之手也明矣其致刑措宜哉

玆旣受命還ᄒᆞ거늘出綴衣于庭ᄒᆞ니越翼日乙丑애王이崩ᄒᆞ시다 還音旋

●이애임의命을受ᄒᆞ야還ᄒᆞ거ᄂᆞᆯ綴衣ᄅᆞᆯ庭에出ᄒᆞ니건넌翼日乙丑애王이崩ᄒᆞ시다
○綴衣幄帳也羣臣旣退徹出幄帳於庭喪大記云疾病君徹懸東首於北牖下是也於
其明日王崩

太保ㅣ命仲桓南宮毛ᄒᆞ야俾爰齊侯呂伋으로以二干戈과虎賁
百人으로逆子釗於南門之外ᄒᆞ야延入翼室ᄒᆞ야恤宅宗ᄒᆞ시다

●太保ㅣ仲桓과南宮毛를命ᄒᆞ야齊侯ㅣ인呂伋으로ᄒᆞ야곰二千戈와虎賁百人으로써子釗를南門의外애逆ᄒᆞ야翼室에延入ᄒᆞ야恤宅에宗ᄒᆞ시다

○桓毛二臣名伋太公望子爲天子虎賁氏延引也翼室路寢旁左右翼室也太保以冢宰攝政命桓毛二臣使齊侯呂伋以二千戈虎賁百人逆太子釗于路寢門外引入路寢翼室爲憂居宗主也呂氏曰發命者冢宰傳命者兩朝臣承命者勳戚顯諸侯體統尊嚴樞機周密防危慮患之意深矣入自端門萬姓咸覩與天下共之也延入翼室爲憂居之宗示天下不可一日無統也唐穆敬文武以降閹寺執國命易主於宮掖而外廷猶不聞然後知周家之制曲盡備豫雖一條一節亦不可廢也

丁卯애命作冊度ᄒᆞ시다

●丁卯애命ᄒᆞ야冊과度를作ᄒᆞ시다

○命史爲冊書法度傳顧命於康王

越七日癸酉애伯相이命士須材ᄒᆞ니라

●건넌七日癸酉에伯相이士를命ᄒᆞ야材를須ᄒᆞ니라

○伯相召公也召公以西伯爲相須取也命士取材木以供喪用

狄이設黼扆綴衣ᄒᆞ니 扆隱豈反

●狄이黼扆와綴衣를設ᄒᆞ니라

○狄下士祭統云狄者樂吏之賤者也喪大記狄人設階蓋供喪役而典設張之事者也黼扆屛風畫爲斧文者設黼扆幄帳如成王生存之日也

牖間애南嚮ᄒᆞ야敷重篾席黼純ᄒᆞ니華玉仍几러라 篾莫結反

●牖間의南으로嚮ᄒᆞ야重ᄒᆞᆫ篾席을黼로純ᄒᆞᆫ이를敷ᄒᆞ니華玉으로ᄒᆞᆫ几를仍ᄒᆞ얏더라

○此平時見羣臣覲諸侯之坐也敷設重席所謂天子之席三重者也篾席桃竹枝席也黼白黑雜繒純緣也華彩色也華玉以飾几仍因也因生時所設也周禮吉事變几凶事仍几是也

西序애東嚮ᄒᆞ야敷重底席綴純ᄒᆞ니文貝仍几러라

●西序애東을嚮ᄒᆞ야重ᄒᆞᆫ底席을綴로純ᄒᆞᆫ이를敷ᄒᆞ니文貝로ᄒᆞᆫ几를仍ᄒᆞ얏더라

○此旦夕聽事之坐也東西廂謂之序底席蒲席也綴雜彩文貝有文之貝以飾几也

東序애西嚮ᄒᆞ야敷重豐席畫純ᄒᆞ니雕玉仍几러라

●東序애西로嚮ᄒᆞ야重ᄒᆞᆫ豐席을畫로純ᄒᆞ니를敷ᄒᆞ니彫ᄒᆞᆫ玉으로ᄒᆞᆫ几를仍ᄒᆞ얏더라

○此養國老饗羣臣之坐也豐席筍席也畫彩色雕刻鏤也

西夾애南嚮ᄒᆞ야敷重筍席玄紛純ᄒᆞ니漆仍几러라

●西夾애南으로嚮ᄒᆞ야重ᄒᆞᆫ筍席을玄으로紛ᄒᆞ야純ᄒᆞ니를敷ᄒᆞ니漆ᄒᆞᆫ几를仍ᄒᆞ야더라

○此親屬私燕之坐也西廂夾室之前筍席竹席也紛雜也以玄黑之色雜爲之緣漆漆几也牖間兩序西夾其席有四牖戶之間謂之扆朝諸侯則牖間南嚮之席坐之正也其三席各隨事以時設也將傳先王顧命知神之在此乎在彼乎故兼設平生之坐也

越玉五重ᄒᆞ며陳寶ᄒᆞ니赤刀와大訓과弘璧과琬琰은在西序ᄒᆞ고大玉과夷玉과天球와河圖는在東序ᄒᆞ고胤之舞衣와大貝와鼖鼓는在西房ᄒᆞ고兌之戈와和之弓과垂之竹矢는在東房ᄒᆞ더라

●멋玉五重을ᄒᆞ며寶를陳ᄒᆞ니赤刀와大訓과弘璧과琬琰은西序에잇고大玉과夷玉과天球와河圖는東序에잇고胤엣舞衣와大貝와鼖鼓는西房에잇고兌의戈와和의弓과垂의竹矢는東房에잇더라

○於東西序坐北列玉五重及陳先王所寶器物赤刀赤削也大訓三皇五帝之書訓誥亦在焉丈武之訓亦曰大訓弘璧大璧也琬琰圭名夷常也球鳴球也河圖伏羲時龍馬負圖出於河一六位北二七位南三八位東四九位西五十居中者易大傳所謂河出圖是也胤國名胤國所制舞衣大貝如車渠鼖鼓長八尺兌和皆古之巧工垂舜時共工舞衣鼖鼓戈弓竹矢皆制作精巧中法度故歷代傳寶之孔氏曰弘璧琬琰大玉夷玉天球

玉之五重也呂氏曰西序所陳不惟赤刀弘璧而大訓𥝤之東序所陳不惟大玉夷玉而河圖𥝤之則其所寶者斷可識矣愚謂寶玉器物之陳非徒以爲國容觀美意者成王平日之所觀閱手澤在焉陳之以象其生存也楊氏中庸傳曰宗器於祭陳之示能守也於顧命陳之示能傳也

大輅ᄂᆞᆫ在賓階ᄒᆞ야面ᄒᆞ고綴輅ᄂᆞᆫ在阼階ᄒᆞ야面ᄒᆞ고先輅ᄂᆞᆫ在左塾之前ᄒᆞ고次輅ᄂᆞᆫ在右塾之前ᄒᆞ더라

●大輅ᄂᆞᆫ賓階에이셔面ᄒᆞ고綴輅ᄂᆞᆫ阼階에이셔面ᄒᆞ고先輅ᄂᆞᆫ左塾의압헤닛고次輅ᄂᆞᆫ右塾압헤잇더라

○大輅玉輅也綴輅金輅也先輅木輅也次輅象輅革輅也王之五輅玉輅以祀不以封爲最貴金輅以封同姓爲次之象輅以封異姓爲又次之革輅以封四衛爲又次之木輅以封蕃國爲最賤其行也貴者宜自近賤者宜遠也王乘玉輅綴之者金輅也故金輅謂之綴輅最遠者木輅也故木輅謂之先輅以木輅爲先輅則革輅象輅爲次輅矣賓階西階也阼階東階也面南嚮也塾門側堂也五輅陳列亦象成王之生存也周禮典路云若有大祭祀則出路大喪大賓客亦如之是大喪出輅爲常禮也又按所陳寶玉器物皆以西爲上者成王殯在西序故也

二人은雀弁으로執惠ᄒᆞ야立于畢門之內ᄒᆞ고四人은綦弁으로執戈上

刄ᄒᆞ야夾兩階戺ᄒᆞ고一人은冕으로執劉ᄒᆞ야立于東堂ᄒᆞ고一人은冕으로執鉞ᄒᆞ야立于西堂ᄒᆞ고一人은冕으로執戣ᄒᆞ야立于東垂ᄒᆞ고一人은冕으로執瞿ᄒᆞ야立于西垂ᄒᆞ고一人은冕으로執銳ᄒᆞ야立于側階ᄒᆞ더라

●二人은雀弁으로惠를執ᄒᆞ야畢門內에立ᄒᆞ고四人은綦弁으로戈를執ᄒᆞ되刃을上케ᄒᆞ야兩階戺에夾ᄒᆞ고一人은冕으로劉를執ᄒᆞ야東堂에立ᄒᆞ고一人은冕으로鉞을執ᄒᆞ야西堂에立ᄒᆞ고一人은冕으로戣를執ᄒᆞ야東垂에立ᄒᆞ고一人은冕으로瞿를執ᄒᆞ야西垂에立ᄒᆞ고一人은冕으로銳를執ᄒᆞ야側階에立ᄒᆞ얏더라

○弁士服雀弁赤色弁也綦弁以文鹿子皮爲之惠三隅矛路寢門一名畢門上刃刃外嚮也堂廉曰戺冕大夫服劉鉞屬戣瞿皆戟屬銳當作鈗說文曰鈗臣所執兵從金允聲周書曰一人冕執鈗讀若允東西堂路寢東西廂之前堂也東西垂路寢東西序之階上也側階北陛之階上也○呂氏曰古者執戈戟以宿衛王宮皆士大夫之職無事而奉燕私則從容養德而有膏澤之潤有事而司禦侮則堅明守義而無腹心之虞下及秦漢陛楯執戟尚餘一二此制既廢人主接士大夫者僅有視朝數刻而周廬陛楯或環以椎埋嚚悍之徒有志於復古者當深繹也

王이麻冕黼裳으로由賓階ᄒᆞ야隮ᄒᆞ시거늘卿士邦君은麻冕蟻裳으로入卽

位ᄒᆞ니다

●王이麻冕과黼裳으로賓階로由ᄒᆞ야隮ᄒᆞ거시ᄂᆞᆯ卿士와邦君은麻冕과蟻裳으로入ᄒᆞ야位에即ᄒᆞ니라

○麻冕三十升麻爲冕也隮升也康王吉服自西階升堂以受先王之命故由賓階也蟻玄色公卿大夫及諸侯皆同服亦廟中之禮不言升階者從王賓階也入即位者各就其位也○呂氏曰麻冕黼裳王祭服也卿士邦君祭服之裳皆纁今蟻裳者葢無事於奠祝不欲純用吉服有位於班列不可純用凶服酌吉凶之間示禮之變也

太保와太史와太宗은皆麻冕形裳이러니太保는承介圭ᄒᆞ고上宗은奉同瑁ᄒᆞ야由阼階隮ᄒᆞ고太史는秉書ᄒᆞ야由賓階隮ᄒᆞ야御王冊命ᄒᆞ니라

●太保와太史와太宗은다麻冕과形裳이러니太保ᄂᆞᆫ介圭를承ᄒᆞ고上宗은同과瑁를奉ᄒᆞ야阼階로由ᄒᆞ야隮ᄒᆞ고太史ᄂᆞᆫ書를秉ᄒᆞ야賓階로由ᄒᆞ야隮ᄒᆞ야王씌冊命을御ᄒᆞ니라

○太宗宗伯也形纁也太保受遺太史奉冊太宗相禮故皆祭服也介大也大圭天子之守長尺有二寸同爵名祭以酌酒者瑁方四寸邪刻之以冒諸侯之珪璧以齊瑞信也太保宗伯以先王之命奉符寶以傳嗣君有主道焉故升自阼階太史以冊命御王故持書由賓階以升蘇氏曰凡王所臨所服用皆曰御

曰皇后ㅣ 憑玉几ᄒᆞ샤 道揚末命ᄒᆞ샤 命汝嗣訓ᄒᆞ노니 臨君周邦ᄒᆞ야 率循大卞ᄒᆞ야 燮和天下ᄒᆞ야 用答揚文武之光訓ᄒᆞ라ᄒᆞ시다

●ᄀᆞᆯᄋᆞ샤ᄃᆡ皇后ㅣ玉几를憑ᄒᆞ샤末命을道揚ᄒᆞ샤너를命ᄒᆞ야訓을嗣케ᄒᆞ노니周邦의臨君ᄒᆞ야大卞을率循ᄒᆞ야天下를燮和ᄒᆞ야써文武의光ᄒᆞ신訓을答揚ᄒᆞ라ᄒᆞ시다

○成王顧命之言書之冊矣此文史口陳者也皇大后君也言大君成王力疾親憑玉几道揚臨終之命命汝嗣守文武大訓曰汝者父前子名之義卞法也臨君周邦位之大也率循大卞法之大也燮和天下和之大也居大位由大法致大和然後可以對揚文武之光訓也

王이 再拜興ᄒᆞ샤 答曰眇眇予末小子ᄂᆞᆫ 其能而亂四方ᄒᆞ야 以敬忌天威아

●王이再拜ᄒᆞ고興ᄒᆞ샤ᄀᆞᆯᄋᆞ샤ᄃᆡ眇眇ᄒᆞᆫ나末小子ᄂᆞᆫ그能히四方을亂ᄒᆞ야써天威를敬忌ᄒᆞᆷ갓타랴

○眇小而如亂治也王拜受顧命起答太史曰眇眇然予微末小子其能如父祖治四方以敬忌天威乎謙辭退托於不能也顧命有敬迓天威嗣守文武大訓之語故太史所告

康王所答皆於是致意焉

乃受同瑁ᄒᆞ샤王이三宿三祭三咤ᄒᆞ신ᄃᆡ上宗曰饗이라ᄒᆞ시다

●同과瑁를受ᄒᆞ샤王이세번宿ᄒᆞ시며세번祭ᄒᆞ시며세번咤ᄒᆞ신ᄃᆡ上宗이ᄀᆞᆯ오ᄃᆡ
饗ᄒᆞ라ᄒᆞ시다

○王受瑁爲主受同以祭宿進爵也祭祭酒也咤奠爵也禮成於三故三宿三祭三咤葛
氏曰受上宗同瑁則受太保介圭可知宗伯曰饗者傳神命以饗告也

太保ㅣ受同ᄒᆞ야降盥ᄒᆞ고以異同으로秉璋以酢ᄒᆞ고授宗人同ᄒᆞ고拜ᄒᆞᆫᄃᆡ王
이答拜ᄒᆞ시다 酢疾各反

●太保ㅣ同을受ᄒᆞ야降ᄒᆞ야盥ᄒᆞ고달은同으로써璋을秉ᄒᆞ야써酢ᄒᆞ고宗人에게
同을授ᄒᆞ고拜ᄒᆞᆫᄃᆡ王이答ᄒᆞ야拜ᄒᆞ시다

○太保受王所咤之同而下堂盥洗更用他同秉璋以酢酢報祭也祭禮君執圭瓚祼尸
太宗執璋瓚亞祼報祭亦亞祼之類故亦秉璋也以同授宗人而拜尸王答拜者代尸拜
也宗人小宗伯之屬相太保酢者也太保供王故宗人供太保

太保ㅣ受同ᄒᆞ야祭嚌ᄒᆞ고宅ᄒᆞ야授宗人同ᄒᆞ고拜ᄒᆞᆫᄃᆡ王이答拜ᄒᆞ시다

●太保ㅣ同을受ᄒᆞ야祭ᄒᆞ고嚌ᄒᆞ고宅ᄒᆞ야宗人에게同을授ᄒᆞ고拜ᄒᆞᆫᄃᆡ王이答ᄒᆞ
야拜ᄒᆞ시다

○以酒至齒曰嚌太保復受同以祭飮福至齒宅居也太保退居其所以同授宗人又拜王復答拜大保飮福至齒者方在喪疚歆神之賜而不甘其味也若王則喪之主非徒不甘味雖飮福亦廢也

太保ㅣ降커늘收ᄒᆞ더니諸侯ㅣ出廟門ᄒᆞ야俟ᄒᆞ더라

●太保ㅣ降커늘收ᄒᆞ더니諸侯ㅣ廟門에出ᄒᆞ야俟ᄒᆞ더라

○太保下堂有司収撤器用廟門路寢之門也成王之殯在焉故曰廟言諸侯則卿士之下可知俟者俟見新君也

康王之誥

今文古文皆有但今文合于顧命

王이出在應門之內어시늘太保는率西方諸侯ᄒᆞ야入應門左ᄒᆞ고畢公은率東方諸侯ᄒᆞ야入應門右ᄒᆞ니皆布乘黃朱ㅣ러라賓이稱奉圭兼幣ᄒᆞ야曰一二臣衛는敢執壤奠이라ᄒᆞ고皆再拜稽首ᄒᆞᆫ디王이義嗣德이라答拜ᄒᆞ시다

●王이出ᄒᆞ샤應門ㅅ內에在커시늘太保는西方ㅅ諸侯를率ᄒᆞ야應門에入ᄒᆞ야左ᄒᆞ고畢公은東方ㅅ諸侯를率ᄒᆞ야應門에入ᄒᆞ야右ᄒᆞ니다乘黃을布ᄒᆞ되朱ᄒᆞ얏더

라賓이奉ᄒᆞᆫ圭와幣를兼ᄒᆞ야稱ᄒᆞ야ᄀᆞᆯ오ᄃᆡ一二臣衛ᄂᆞᆫ敢히壤을執ᄒᆞ야奠ᄒᆞ노이다ᄒᆞ고다再拜ᄒᆞ고首를稽ᄒᆞᆫᄃᆡ王이德을嗣ᄒᆞ미義ᄒᆞᆫ다라答ᄒᆞ야拜ᄒᆞ시다

○漢孔氏曰王出畢門立應門內鄭氏曰周禮五門一曰臯門二曰雉門三曰庫門四曰應門五曰路門路門一曰畢門外朝在路門外則應門之內蓋內朝所在也周中分天下諸侯主以二伯自陜以東周公主之自陜以西召公主之召公率西方諸侯蓋西伯舊職畢公率東方諸侯則繼周公爲東伯矣諸侯入應門列于左右布陳也乘四馬也諸侯皆陳四黃馬而朱其鬣以爲廷實或曰黃朱若篚厥玄黃之類賓諸侯也稱擧也諸侯擧所奉圭兼幣曰一二臣衛一二見非一也爲王蕃衛故曰臣衛敢執壤地所出奠贄皆再拜首至地以致敬義宜也義嗣德云者史氏之辭也康王宜嗣前人之德故答拜也吳氏曰穆公使人弔公子重耳重耳稽顙而不拜穆公曰仁夫公子稽顙而不拜則未爲後也蓋爲後者拜不拜故未爲後也弔者含者襚者升堂致命主孤拜稽顙成爲後者也康王之見諸侯若以爲不當拜而不拜則疑未爲後也且純乎吉也答拜旣正其爲後且知其以喪見也

太保ㅣ暨芮伯으로咸進相揖ᄒᆞ고皆再拜稽首ᄒᆞ야曰敢敬告天子ᄒᆞ노이다 皇天이改大邦殷之命이어시늘 惟周文武ㅣ誕受羑若ᄒᆞ야 克恤西土ᄒᆞ시니이다

●太保ㅣ밋芮伯으로다進ᄒᆞ야서로揖ᄒᆞ고다再拜ᄒᆞ고首를稽ᄒᆞ야ᄀᆞᆯ오ᄃᆡ敢히天

子ᄭᅴ敬告ᄒᆞ노이다皇天이大邦殷의命을改ᄒᆞ거시ᄂᆞᆯ周ㅅ文武ㅣ카羑若을受ᄒᆞ샤능
히西土를恤ᄒᆞ시니이다
○冢宰及司徒與羣臣皆進相揖定位又皆再拜稽首陳戒於王曰敢敬告天子示不敢
輕告且尊稱之所以重其聽也曰大邦殷者明有天下不足恃也羑若未詳蘇氏曰羑羑
里也文王出羑里之囚天命自是始順或曰羑若卽下文之厥若也羑厥或字有訛謬西
土文武所興之地言文武所以大受命者以其能恤西土之衆也進告不言諸侯以內見
外

惟新陟王이畢協賞罰ᄒᆞ샤戡定厥功ᄒᆞ샤用敷遺後人休ᄒᆞ시니 今王
은敬之哉ᄒᆞ샤張皇六師ᄒᆞ샤無壞我高祖寡命ᄒᆞ소서

●새로陟ᄒᆞ신王이賞과罰을다協케ᄒᆞ샤그功을이의여定ᄒᆞ샤써後人에게休를敷
ᄒᆞ야遺ᄒᆞ시니이제王은敬ᄒᆞ샤六師를張皇ᄒᆞ샤우리高祖ㅅ寡ᄒᆞᆫ命을壞티마라소
서

○陟升遐也成王初崩未葬未謚故曰新陟王畢盡協合也好惡在理不在我故能盡合
其賞之所當賞罰之所當罰而克定其功用施及後人之休美今王嗣位其敬勉之哉皇
大也張皇六師大戒戎備無廢壞我文武艱難寡得之基命也按召公此言若導王以尙
威武者然守成之世多溺宴安而無立志苟不詰爾戎兵奮揚武烈則廢弛怠惰而陵遲

之漸見矣成康之時病正在是故周公於立政亦懇懇言之後世墜先王之業忘祖父之讎上下苟安甚至於口不言兵亦異於召公之見矣可勝歎哉

王若曰庶邦侯甸男衛아惟予一人釗ᄂᆞᆫ報誥ᄒᆞ노라

●王이이러타시ᄀᆞᆯ아샤ᄃᆡ庶邦앳侯甸男衛아나一人釗ᄂᆞᆫ誥로報ᄒᆞ노라

○報誥而不及羣臣者以外見內康王在喪故稱名春秋嗣王在喪亦書名也

昔君文武ㅣ丕平富ᄒᆞ시며不務咎ᄒᆞ샤底至齊信ᄒᆞ샤用昭明于天下ㅣ어시늘則亦有熊羆之士와不二心之臣이保乂王家ᄒᆞ야用端命于上帝ᄒᆞ시니皇天이用訓厥道ᄒᆞ샤付畀四方ᄒᆞ시니라

●녯君文武ㅣ키平ᄒᆞ야富케ᄒᆞ시며咎를務티아니ᄒᆞ샤至를底ᄒᆞ며齊ᄒᆞ야信ᄒᆞ샤써天下에昭明ᄒᆞ거시늘ᄯᅩᄒᆞᆫ熊羆ㅅ士와心을貳티아니ᄒᆞᄂᆞᆫ臣이王家를保乂ᄒᆞ야써上帝씌端命을ᄒᆞ시니皇天이써그道를訓ᄒᆞ샤四方을付畀ᄒᆞ시니라

○丕平富者溥博均平薄斂富民言文武德之廣也不務咎者不務咎惡輕省刑罰言文武罰之謹也底至者推行而底其至也齊信者兼盡而極其誠也文武務德不務罰之心推行而底其至兼盡而極其誠內外充實故光輝發越用昭明于天下蓋誠之至者不可揜也而又有熊羆武勇之士不二心忠實之臣戮力同心保乂王室文武用受正命於天

上天用順文武之道而付之以天下之大也康王言此者求助羣臣諸侯之意

乃命建侯樹屏은 在我後之人이니 今予一二伯父는 尙胥曁顧綏爾先公之臣服于先王ᄒᆞ야 雖爾身이 在外ᄒᆞ나 乃心이 罔不在王室ᄒᆞ야 用奉恤厥若ᄒᆞ야 無遺鞠子羞ᄒᆞ라

●命ᄒᆞ야侯를建ᄒᆞ며屏을樹ᄒᆞ샴은우리後ㅅ人에게잇나니이제나의一二伯父는거의서로밋너의先公의先王ᄭᅴ臣服ᄒᆞ던주를顧ᄒᆞ야綏ᄒᆞ야비록爾의身이外에이ᄉᆞ나乃의心은王室에在ᄒᆞ이티아닛아니ᄒᆞ야써恤를奉ᄒᆞ야그若ᄒᆞ야鞠子에개羞를遺티말라

○天子稱同姓諸侯曰伯父康王言文武所以命建侯邦植立蕃屛者意蓋在我後之人也今我一二伯父庶幾相與顧綏爾祖考所以臣服于我先王之道雖身守國在外乃心當常在王室用奉上之憂勤其順承之毋遺我稚子之耻也

群公이 既皆聽命ᄒᆞ고 相揖趨出이어늘 王이 釋冕ᄒᆞ시고 反喪服ᄒᆞ시다

●群公이임의다命을聽ᄒᆞ고서로揖ᄒᆞ고趨ᄒᆞ야出커늘王이冕을釋ᄒᆞ시고喪服을反ᄒᆞ시다

○始相揖者揖而進也此相揖者揖而退也蘇氏曰成王崩未葬君臣皆冕服禮歟曰非

禮也謂之變禮可乎曰不可禮變於不得已嫂非溺終不援也三年之喪既成服釋之而即吉無時而可者曰成王顧命不可以不傳既傳不可以喪服受也曰何爲其不可也孔子曰將冠子未及期日而有齊衰大功之喪則因喪服而冠冠吉禮也猶可以喪服行之受顧命見諸侯獨不可以喪服乎太保使大史奉册授王于次諸侯入哭於路寢而見王於次王喪服受敎戒諫哭踊答拜聖人復起不易斯言矣春秋傳曰鄭子皮如晉葬晉平公將以幣行子產曰喪安用幣子皮固請以行既葬諸侯之大夫欲因見新君叔向辭之曰大夫之事畢矣而又命孤孤斬焉在衰絰之中其以嘉服見則喪禮未畢以喪服見是重受吊也大夫將若之何皆無辭以退今康王既以喪服見諸侯而又受乘黃玉帛之幣使周公在必不爲此然則孔子何取此書也曰至矣其父子君臣之間敎戒深切著明足以爲後世法孔子何爲不取哉然其失禮則不可不辯

畢命

康王以成周之衆命畢公保釐此其册命也今文無古文有○唐孔氏曰漢律曆志云康王畢命豐刑曰惟十有二年六月庚午朏王命作册書豐刑此僞作者傳聞舊語得其年月不得以下之辭妄言作豐刑耳亦不知豐刑之言何所道也

惟十有二年六月庚午朏越三日壬申애王이朝步自宗周ᄒᆞ샤至于豐ᄒᆞ샤以成周之衆으로命畢公ᄒᆞ야保釐東郊ᄒᆞ시다

●十有二年ㅅ六月ㅅ庚午朏로서건넌三日壬申애王이朝애步를宗周로브터ᄒᆞ샤豐에至ᄒᆞ샤成周ㅅ衆으로써畢公을命ᄒᆞ야東郊를保釐케ᄒᆞ시다

○康王之十二年也畢公嘗相文王故康王就豐文王廟命之成周下都也保安釐理也保釐即下文旌別淑慝之謂蓋一代之治體一篇之宗要也

王若曰嗚呼ㅣ라 **父師**아 **惟文王武王**이 **敷大德于天下**ᄒᆞ샤 **用克受殷命**ᄒᆞ시니라

●王이이러타시ᄀᆞᆯ으샤ᄃᆡ嗚呼ㅣ라父師아文王과武王이큰德을天下에敷ᄒᆞ샤써능히殷命을受ᄒᆞ시니다

○畢公代周公爲太師也文王武王布大德于天下用能受殷之命言得之之難也

惟周公이 **左右先王**ᄒᆞ야 **綏定厥家**ᄒᆞ시고 **毖殷頑民**ᄒᆞ야 **遷于洛邑**ᄒᆞ야 **密邇王室**ᄒᆞ시니 **式化厥訓**ᄒᆞ야 **既歷三紀**ᄒᆞ야 **世變風移**ᄒᆞ야 **四方無虞**ᄒᆞ니 **予一人**이 **以寧**호라

●周公이先王을左右ᄒᆞ야그家를綏定ᄒᆞ시고殷人頑民을毖ᄒᆞ야洛邑애遷ᄒᆞ야王室애密邇케ᄒᆞ시니써그訓을化ᄒᆞ야임의三紀ㅣ歷ᄒᆞ야世ㅣ變ᄒᆞ고風이移ᄒᆞ야四方의虞ㅣ업스니나一人이써寧호다

○十二年曰紀父子曰世周公左右文武成王安定國家謹毖頑民遷于洛邑密近王室用化其教既歷三紀世己變而風始移今四方無可虞度之事而予一人以寧言化之之難也

道有升降ᄒᆞ며政由俗革ᄒᆞ니不臧厥臧ᄒᆞ면民罔攸勸ᄒᆞ리라

●道ㅣ升ᄒᆞ며降홈이이시며政이俗을由ᄒᆞ야革ᄒᆞᄂᆞ니그臧을臧티아니ᄒᆞ면民이勸홀배업스리라

○有升有降猶言有隆有汚也周公當世道方降之時至君陳畢公之世則將升於大猷矣爲政者因俗變革故周公毖殷而謹厥始君陳有容而和厥中皆由俗爲政者當今之政旌別淑慝之時也苟不善其善則民無所勸慕矣

惟公이懋德으로克勤小物ᄒᆞ야弼亮四世ᄒᆞ야正色率下ᄒᆞᄃᆡ罔不祗師言ᄒᆞ야嘉績이多于先王ᄒᆞ니予小子ᄂᆞᆫ垂拱仰成ᄒᆞ노라

●公이懋ᄒᆞᆫ德으로능히小物을勤ᄒᆞ야四世를弼亮ᄒᆞ야色을正히ᄒᆞ야下를率ᄒᆞᄃᆡ師의言을祗티아니아니ᄒᆞ야嘉ᄒᆞᆫ績이先王에多ᄒᆞ니나小子ᄂᆞᆫ垂ᄒᆞ고拱ᄒᆞ야成을仰ᄒᆞ노라

○懋盛大之義予懋乃德之懋小物猶言細行也言畢公既有盛德又能勤於細行輔導四世風釆凝峻表儀朝著若大若小罔不祗服師訓休嘉之績蓋多於先王之時矣今我小子復何爲哉垂衣拱手以仰其成而已康王將付畢公以保釐之寄故敍其德業之盛

而歸美之也

王曰嗚呼ㅣ라父師아今予ㅣ祇命公以周公之事ᄒᆞ노니往哉어다

●王이ᄀᆞᆯ아샤ᄃᆡ嗚呼ㅣ라父師아今에내公을周公의事로써祇ᄒᆞ야命ᄒᆞ노니往홀디어다

○今我敬命公以周公化訓頑民之事公其往哉言非周公所爲不敢屈公以行也

旌別淑慝ᄒᆞ야表厥宅里ᄒᆞ며彰善癉惡ᄒᆞ야樹之風聲ᄒᆞ며弗率訓典이어든殊厥井疆ᄒᆞ야俾克畏慕ᄒᆞ며申畫郊圻ᄒᆞ며愼固封守ᄒᆞ며以康四海ᄒᆞ라 癉多旱反 守舒究反

●淑과慝을旌ᄒᆞ며別ᄒᆞ야그宅里를表ᄒᆞ며善을彰ᄒᆞ고惡을癉ᄒᆞ야風聲을樹ᄒᆞ며訓典을率티아니ᄒᆞ거든그井疆을殊ᄒᆞ야ᄒᆞ야곰능히畏ᄒᆞ고慕케ᄒᆞ며다시郊圻를畫ᄒᆞ며封애守를愼固ᄒᆞ야써四海를康ᄒᆞ라

○淑善慝惡癉病也旌善別惡成周今日由俗革之政也表異善人之居里如後世旌表門閭之類顯其爲善者而病其爲不善者以樹立爲善者風聲使顯於當時而傳於後世所謂旌淑也其不率訓典者則殊異其井里疆界使不得與善者雜處禮記曰不變移之郊不變移之遂即其法也使能畏爲惡之禍而慕爲善之福所謂別慝也圻與畿同郊圻之制昔固規畫矣曰申云者申明之也封域之險昔固有守矣曰謹云者戒嚴之也疆域

障塞歲久則易湮世平則易玩時緝而屢省之乃所以尊嚴王畿王畿安則四海安矣

政貴有恒이오辭尙體要ㅣ라不惟好異니商俗이靡靡ᄒᆞ야利口를惟賢ᄒᆞ던餘風이未殄ᄒᆞ니公其念哉어다 恒胡登反

●政은恒홈이貴ᄒᆞ고辭ᄂᆞᆫ體와要를尙ᄒᆞ논디라異를好치아니ᄒᆞ노니商俗이靡靡ᄒᆞ야利口를賢타ᄒᆞ던餘風이殄티못ᄒᆞ얏ᄂᆞ니公이그念홀디어다

○對暫之謂恒對常之謂異趣完具而已之謂體衆體所會之謂要政事純一辭令簡實深戒作聰明趨浮末好異之事凡論治體者皆然而在商俗則尤爲對病之藥也蘇氏曰張釋之諫漢文帝秦任刀筆之吏爭以亟疾苛察相高其弊徒文具無惻隱之實以故不聞其過陵夷至于二世天下土崩今以嗇夫口辯而超遷之臣恐天下隨風靡爭口辯無其實凡釋之所論則康王以告畢公者也

我聞ᄒᆞ니曰世祿之家ㅣ鮮克由禮ᄒᆞ야以蕩陵德ᄒᆞ며實悖天道ᄒᆞ야敝化奢麗ㅣ萬世同流ㅣ니라 鮮上聲悖蒲沒反

●나ᄂᆞᆫ드르니ᄀᆞᆯ온世祿ᄒᆞᆫ家ᄂᆞᆫ능히禮을由ᄒᆞ리적어蕩으로써德을陵ᄒᆞ며진실로天道를悖ᄒᆞ야化를敝ᄒᆞ야奢ᄒᆞ며麗ᄒᆞ미萬世에ᄒᆞᆫ가지로流ᄒᆞᄂᆞ니라

○古人論世祿之家逸樂豢養其能由禮者鮮矣旣不由禮則心無所制肆其驕蕩陵蔑有德悖亂天道敝壞風化奢侈美麗萬世同一流也康王將言殷士怙侈滅義之惡故先

取古人論世族者發之

玆殷庶士ㅣ席寵이惟舊ᄒᆞ야怙侈滅義ᄒᆞ며服美于人ᄒᆞ야驕淫矜侉ᄒᆞ야將由惡終이러니雖收放心ᄒᆞ나閑之惟艱ᄒᆞ니라 怙沒爪反

●이殷人庶士ㅣ寵을席홈이舊ᄒᆞ야侈를怙ᄒᆞ야義를滅ᄒᆞ며服美로人의게ᄒᆞ야驕淫ᄒᆞ며矜侉ᄒᆞ야장ᄎᆞᆺ惡으로말믜아마終ᄒᆞ리러니비록放ᄒᆞᆫ心을收ᄒᆞ나閑홈이艱ᄒᆞ니라

○呂氏曰殷士憑藉光寵助發其私欲者有自來矣私欲公義相爲消長故怙侈必至滅義義滅則無復羞惡之端徒以服飾之美侉之於人而身之不美則莫之恥也流而不反驕淫矜侉百邪幷見將以惡終矣洛邑之遷式化厥訓雖已收其放心而其所以防閑其邪者猶甚難也

資富能訓이惟以永年이니惟德惟義ㅣ時乃大訓이니不由古訓이면于何其訓이리오

●資ᄒᆞ야富커든능히訓ᄒᆞ요미써年을永홈이니德과義ㅣ이큰訓이니라古를由ᄒᆞ야訓티아니ᄒᆞ면어ᄃᆡ그訓ᄒᆞ리오

○言殷士不可不訓之也資資財也資富而能訓則心不遷於外物而可全其性命之正也然訓非外立教條也惟德惟義而已德者心之理義者理之宜也德義人所同有也惟

德義以訓是乃天下之大訓然訓非可以己私言也當稽古以爲之說蓋善無證則民不從不由古以爲訓于何以爲訓乎

王曰嗚呼ㅣ라 父師아 邦之安危는 惟玆殷士ㅣ니 不剛不柔ㅣ라사 厥德이 允修ᄒᆞ리라

㊀王이 ᄀᆞᆯᄋᆞ샤ᄃᆡ 嗚呼ㅣ라 父師아 邦의 安ᄒᆞ며 危홈은 이 殷士ㅣ니 剛티 아니ᄒᆞ며 柔티 아니ᄒᆞ야사 그 德이 진실로 修ᄒᆞ리라

○是時四方無虞矣蠢爾殷民化訓三紀之餘亦何足慮而康王拳拳以邦之安危惟繫此其不苟於小成者如此文武周公之澤其深長也宜哉不剛所以保之不柔所以釐之不剛不柔其德信乎其修矣

惟周公이 克愼厥始ᄒᆞ야늘 惟君陳이 克和厥中ᄒᆞ야늘 惟公이 克成厥終ᄒᆞ야 三后ㅣ 協心ᄒᆞ야 同底于道ᄒᆞ야 道洽政治ᄒᆞ야 澤潤生民ᄒᆞ야 四夷左衽이 罔不咸賴ᄒᆞ니 予小子는 永膺多福이로다

㊀周公이 능히 그 始를 愼ᄒᆞ야늘 君陳이 능히 그 中을 和ᄒᆞ야늘 公이 능히 그 終을 成ᄒᆞ야 三后ㅣ 心이 協ᄒᆞ야 ᄒᆞᆫ가지로 道애 底ᄒᆞ야 道애 洽ᄒᆞ고 政이 治ᄒᆞ야 澤이 生民애 潤ᄒᆞ야 四夷ㅣ 左衽이 다 賴티 아니 아니ᄒᆞ니 나 小子는 기리 多福을 膺ᄒᆞ리로다

○殊厥井疆非治之成也使商民皆善然後可謂之成此曰成者預期之也三后所治者洛邑而施及四夷王畿四方之本也吳氏曰道者致治之道也始之中之終之雖時有先後皆能即其行事觀其用心而有以濟之若出於一時若成於一人謂之協心如此

公其惟時成周애建無窮之基ᄒᆞ면亦有無窮之聞ᄒᆞ리니子孫이訓其成式ᄒᆞ야惟乂ᄒᆞ리라 聞音問

●公이그이成周애無窮ᄒᆞᆫ基를建ᄒᆞ면또無窮ᄒᆞᆫ聞이이스리니子孫이그成ᄒᆞᆫ式을訓ᄒᆞ야乂ᄒᆞ리라

○建立訓順式法也成周指下都而言呂氏曰畢公四世元老豈區區立後世名者而勳德之隆亦豈少此康王所以望之者蓋相期以無窮事業乃尊敬之至也

嗚呼ㅣ라罔曰弗克이라ᄒᆞ야惟旣厥心ᄒᆞ며罔曰民寡라ᄒᆞ야惟愼厥事ᄒᆞ야欽若先王成烈ᄒᆞ야以休于前政ᄒᆞ라

●嗚呼ㅣ라능히못ᄒᆞ리로다닐으디마라그心을旣ᄒᆞ며民이寡ᄒᆞ다닐으디마라그事를愼ᄒᆞ야先王의成烈을欽若ᄒᆞ야써前政에셔休케ᄒᆞ라

○蘇氏曰曰弗克者畏其難而不敢爲者也曰民寡者易其事以爲不足爲者也前政周公君陳也

君牙

君牙臣名穆王命君牙爲大司徒此其誥命也今文無古文有

王若曰嗚呼ㅣ라君牙아惟乃祖乃父ㅣ世篤忠貞ᄒᆞ야服勞王家ᄒᆞ야厥有成績이紀于太常ᄒᆞ니라

●王이이러타시ᄀᆞᆯᄋᆞ샤ᄃᆡ嗚呼ㅣ라네祖와네父ㅣ世로忠貞을篤ᄒᆞ야王家애服勞ᄒᆞ야그成績이太常애紀ᄒᆞ얏ᄂᆞ니라

○王穆王也康王孫昭王子周禮司勳云凡有功者銘書於王之太常司常云日月爲常畫日月於旌旗也

惟予小子ㅣ嗣守文武成康遺緖ᄒᆞᆫ든亦惟先王之臣이克左右ᄒᆞ야亂四方ᄒᆞ니心之憂危ㅣ若蹈虎尾ᄒᆞ며涉于春冰호라

●나小子ㅣ文武成康ㅅ遺緖ᄅᆞᆯ嗣守ᄒᆞᆫ든先王의臣이능히左右ᄒᆞ야四方을亂ᄒᆞᆷ을惟ᄒᆞ노니心의危ᄅᆞᆯ憂ᄒᆞᆷ이虎尾ᄅᆞᆯ蹈ᄒᆞ며春氷을涉ᄒᆞᆷᄀᆞᆺ티호라

○緖統緖也若蹈虎尾畏其噬若涉春冰畏其陷言憂危之至以見求助之切也

今애命爾ᄒᆞ노니予翼ᄒᆞ야作股肱心膂ᄒᆞ야纘乃舊服ᄒᆞ야無忝祖考ᄒᆞ라

●이제너ᄅᆞᆯ命ᄒᆞ노니나ᄅᆞᆯ翼ᄒᆞ야股肱이며心膂되여네舊服을纘ᄒᆞ야祖考ᄅᆞᆯ忝디

말라
○膂脊也舊服忠貞服勞之事忝辱也欲君牙以其祖考事先王者而事我也
弘敷五典ᄒᆞ야式和民則ᄒᆞ라爾身이克正ᄒᆞ면罔敢弗正ᄒᆞ리니民心이罔中이라惟爾之中이니라
●五典을弘ᄒᆞ야敷ᄒᆞ야民의則을式ᄒᆞ야和ᄒᆞ라네身이능히正ᄒᆞ면敢히正티아니티아니ᄒᆞ리니民의心이中이아니라너의中이니라
○弘敷者大而布之也式和者敬而和之也則有物有則之則君臣之義父子之仁夫婦之別長幼之序朋友之信是也典以設敎言故曰弘敷則以民彝言故曰式和此司徒之敎也然敎之本則在君牙之身正也中也民則之體而人之所同然也正以身言欲其所處無邪行也中以心言欲其所存無邪思也孔子曰子率以正孰敢不正周公曰率自中此告君牙以司徒之職也
夏暑雨애小民이惟曰怨咨ᄒᆞ며冬祁寒애小民이亦惟曰怨咨ᄒᆞᄂᆞ니厥惟艱哉ㄴ뎌思其艱ᄒᆞ야以圖其易ᄒᆞ면民乃寧ᄒᆞ리라
●夏人暑雨애小民이怨咨ᄒᆞ며冬祁寒애小民이또怨咨ᄒᆞᄂᆞ니그艱ᄒᆞᆫ뎌그艱을思ᄒᆞ야써그易를圖ᄒᆞ면民이寧ᄒᆞ리라

○祁大也暑雨祁寒小民怨咨自傷其生之艱難也厥惟艱哉者歎小民之誠爲艱難也思念其難以圖其易民乃安也艱者饑寒之艱易者衣食之易司徒敷五典擾兆民彜敎養之職此又告君牙以養民之難也

嗚呼ㅣ라 丕顯哉라 文王謨여 丕承哉라 武王烈이여 啓佑我後人ᄒᆞ샤ᄃᆡ 咸以正罔缺ᄒᆞ시니 爾惟敬明乃訓ᄒᆞ야 用奉若于先王ᄒᆞ야 對揚文武之光命ᄒᆞ며 追配于前人ᄒᆞ라

●嗚呼ㅣ라키顯ᄒᆞ다文王의謨여키承ᄒᆞ다武王의烈이여우리後人을啓佑ᄒᆞ샤ᄃᆡ다正으로써ᄒᆞ고缺홈이업ᄉᆞ니네訓을敬明ᄒᆞ야써先王을奉若ᄒᆞ야文武의光命을對揚ᄒᆞ며前人에追配ᄒᆞ라

○丕大謨謀烈功也文顯於前武承於後曰謨曰烈各指其實而言之咸以正者無一事不出於正咸罔缺者無一事不致其周密若順對答配匹也前人君牙祖父

王若曰君牙아 乃惟由先正舊典ᄒᆞ야 時式ᄒᆞ라 民之治亂이 在玆ᄒᆞ니 率乃祖考之攸行ᄒᆞ야 昭乃辟之有乂ᄒᆞ라

●王이이러타시ᄀᆞᆯᄋᆞ샤ᄃᆡ君牙아네先正ㅅ舊典을由ᄒᆞ야이에式ᄒᆞ라民의治ᄒᆞ며亂홈이이에이시니네祖考의行ᄒᆞ던바를率ᄒᆞ야네辟의乂홈을昭ᄒᆞ라

○先正君牙祖父也君牙由祖父舊職而是法之民之治亂在此而已法則治否則亂也循汝祖父之所行而顯其君之有又復申戒其守家法以終之按此篇專以君牙祖父爲言曰纘舊服以由舊典曰無忝曰追配曰由先正舊典曰率祖考攸行然則君牙之祖父嘗任司徒之職而其賢可知矣惜載籍之無傳也陳氏曰康王時芮伯爲司徒君牙豈其後邪

冏命

穆王命伯冏爲太僕正此其誥命也今文無古文有○呂氏曰陪僕暬御之臣後世視爲賤品而不之擇者曾不知人主朝夕與居氣體移養常必由之潛消默奪於冥冥之中而明爭顯諫於昭昭之際抑末矣自周公作立政而歎綴衣虎賁知恤者鮮則君德之所繫前此知之者亦罕矣周公表而出之其選始重穆王之用太僕正特作命書至與大司徒畧等其知本哉

王若曰伯冏아 惟予弗克于德ᄒᆞ야 嗣先人宅丕后ᄒᆞ야 怵惕惟厲ᄒᆞ야 中夜以興ᄒᆞ야 思免厥愆ᄒᆞ노라 惕勅律反

●王이이러타시ᄀᆞᆯᄋᆞ샤ᄃᆡ伯冏아내德에克디몯ᄒᆞ야先人을嗣ᄒᆞ야丕后애宅ᄒᆞ야怵惕ᄒᆞ야厲ᄒᆞ야中夜애써興ᄒᆞ야그愆을免홈을思ᄒᆞ노라

○伯冏臣名穆王言我不能于德繼前人居大君之位恐懼危厲中夜以興思所以免其

咎過

昔在文武ᄒᆞ샤聰明齊聖이어시늘小大之臣이咸懷忠良ᄒᆞ며其侍御僕從이罔匪正人이라以旦夕에承弼厥辟ᄒᆞᆫ들로出入起居에罔有不欽ᄒᆞ며發號施令을罔有不臧ᄒᆞᆫ대下民이祗若ᄒᆞ며萬邦이咸休ᄒᆞ니라

○昔애文武의在ᄒᆞ샤聰明ᄒᆞ며齊聖ᄒᆞ시거늘小大臣이다忠良을懷ᄒᆞ며그侍御ᄒᆞᄂᆞᆫ僕從이正人이아니아니라써곰旦夕애그辟을承ᄒᆞ며弼ᄒᆞᆫ들로出入ᄒᆞ며起居애欽티아니아니ᄒᆞ며號를發ᄒᆞ고令을施호믈臧티아닛아니ᄒᆞᆫ대下民이祗若ᄒᆞ며萬邦이다休ᄒᆞ니라

○侍給侍左右者御車御之官僕從太僕羣僕凡從王者承承順之謂弼正救之謂雖文武之君聰明齊聖小大之臣咸懷忠良固無待於侍御僕從之承弼者然其左右奔走皆得正人則承順正救亦豈小補哉

惟予一人이無良ᄒᆞ야實賴左右前後有位之士의匡其不及ᄒᆞ며繩愆糾謬ᄒᆞ야格其非心ᄒᆞ야俾克紹先烈ᄒᆞ노라

●나一人이良티못ᄒᆞ야진실로左右와前後앳有位ᄒᆞᆫ士의그不及을匡ᄒᆞ며愆을繩ᄒᆞ며謬를糾ᄒᆞ야그非心을格ᄒᆞ야ᄒᆞ야곰능히先烈을紹홈을賴코져ᄒᆞ노라

○無良言其質之不善也匡輔助也繩直糾正也非心非僻之心也先烈文武也

今予ㅣ命汝ᄒᆞ야 作大正ᄒᆞ노니 正于羣僕侍御之臣ᄒᆞ야 懋乃后德ᄒᆞ야 交修不逮ᄒᆞ라

●이제내너를命ᄒᆞ야大正을作ᄒᆞ노니群僕과侍御ᄒᆞᄂᆞᆫ臣을正ᄒᆞ야네后의德을懋ᄒᆞ야不逮를交修ᄒᆞ라

○大正太僕正也周禮太僕下大夫也羣僕謂祭僕隸僕戎僕齊僕之類穆王欲伯冏正其羣僕侍御之臣以勉君德而交修其所不及或曰周禮下大夫不得爲正漢孔氏以爲太御中大夫蓋周禮太御最長下又有羣僕與此所謂正于羣僕者合且與君同車最爲親近也

愼簡乃僚ᄒᆞ되 無以巧言令色便辟側媚ᄒᆞ고 其惟吉士ᄒᆞ라 便毗連反 辟亦四反

●네僚를愼ᄒᆞ야簡호ᄃᆡ言를巧ᄒᆞ며色을令ᄒᆞ나니와便辟ᄒᆞ며側ᄒᆞ며媚ᄒᆞ나니로써말고그吉士로ᄒᆞ라

○巧好令善也好其言善其色外飾而無質實者也便者順人之所欲辟者避人之所惡側者姦邪媚者諛說小人也吉士君子也言當謹擇汝之僚佐無任小人而惟用君子也又按此言謹簡乃僚則成周之時凡爲官長者皆得自擧其屬不特辟除府史胥徒而已

僕臣正이면 厥后克正ᄒᆞ고 僕臣諛ㅣ면 厥后自聖ᄒᆞ리니 后德두 惟臣이며 不

德두 惟臣이니라

●僕臣이正ᄒᆞ면그后ㅣ능히正ᄒᆞ고僕臣이諛ᄒᆞ면그后ㅣ스스로聖이로라ᄒᆞ리니后의德도臣이며德아님도臣이니라

○自聖自以爲聖也僕臣之賢否係君德之輕重如此呂氏曰自古小人之敗君德爲昏爲虐爲侈爲縱曷其有極至於自聖猶若淺之爲害穆王獨以是蔽之者蓋小人之蠱其君必使之虛美熏心傲然自聖則謂人莫己若而欲予言莫之違然後法家拂士日遠而快意肆情之事亦莫或齟齬其間自聖之證旣見而百疾從之昏虐侈縱皆其枝葉而不足論也

爾無昵于憸人ᄒᆞ야充耳目之官ᄒᆞ야迪上以非先王之典ᄒᆞ라

●네憸人을昵ᄒᆞ야耳目ㅅ官애充ᄒᆞ야先王의典아닌거스로써迪게말라

○汝無比近小人充我耳目之官導君上以非先王之典蓋穆王自量其執德未固恐左右以異端進而蕩其心也

非人其吉이오 惟貨其吉ᄒᆞ면 若時瘝厥官ᄒᆞ리니 惟爾大弗克祗厥辟이라 惟予ㅣ汝辜ᄒᆞ리라

●人을그吉로아니ᄒᆞ고貨로그吉라ᄒᆞ면이에그官을瘝ᄒᆞ리니네키능히그辟을祗

티아니ᄒᆞ논디라내너를辜ᄒᆞ리라

○戒其以貨賄任羣僕也言不于其人之善而惟以貨賄爲善則是曠厥官汝大不能敬其君而我亦汝罪矣

王曰嗚呼ㅣ라欽哉ᄒᆞ야永弼乃后于彝憲ᄒᆞ라

●王이ᄀᆞᆯ으샤ᄃᆡ嗚呼ㅣ라欽ᄒᆞ야기리네后를彝憲에弼ᄒᆞ라

○彝憲常法也呂氏曰穆王卒章之命望於伯冏者深且長矣此心不繼造父爲御周遊天下將必有車轍馬跡導其侈者果出於僕御之間抑不知伯冏猶在職乎否也穆王豫知所戒憂思深長猶不免躬自蹈之人心操捨之無常可懼哉

呂刑

呂侯爲天子司寇穆王命訓刑以詰四方史錄爲篇今文古文皆有○按此篇專訓贖刑蓋本舜典金作贖刑之語今詳此書實則不然蓋舜典所謂贖者官府學校之刑爾若五刑則固未嘗贖也五刑之寬惟處以流鞭扑之寬方許其贖今穆王贖法雖大辟亦與其贖免矣漢張敞以討羌兵食不繼建爲入穀贖罪之法初亦未嘗及夫殺人及盜之罪而蕭望之等猶以爲如此則富者得生貧者獨死恐開利路以傷治化曾謂唐虞之世而有是贖法哉穆王巡遊無度財匱民勞至其末年無以爲計乃爲此一切權宜之術以歛民財夫子錄之蓋亦示戒然其一篇之書哀矜惻怛猶

可以想見三代忠厚之遺意云爾又按書傳引此多稱甫刑史記作甫侯言於王作
修刑辟呂後爲甫歟

惟呂를命ᄒᆞ시니王이享國百年애耄荒ᄒᆞ야度作刑ᄒᆞ야以詰四方ᄒᆞ시다

●呂를命ᄒᆞ사니王이國을享ᄒᆞ신百年애耄ᄒᆞ며荒ᄒᆞ야刑를作ᄒᆞ야써四方을詰ᄒᆞ시다

○惟呂命與惟說命語意同先此以見訓刑爲呂侯之言也耄老而昏亂之稱荒忽也孟子曰從獸無厭謂之荒穆王享國百年車轍馬跡遍于天下故史氏以耄荒二字發之亦以見贖刑爲穆王耄荒所訓耳蘇氏曰荒大也大度作刑猶禹曰予荒度土功荒當屬下句亦通然耄亦貶之之辭也

王曰若古애有訓ᄒᆞ니蚩尤ㅣ惟始作亂ᄒᆞᆫ딕延及于平民ᄒᆞ야罔不寇賊ᄒᆞ야鴟義姦宄ᄒᆞ며奪攘矯虔ᄒᆞ니라 攘充之反 鴟處脂反

●王이ᄀᆞᆯ으샤딕若古에訓이인ᄂᆞ니蚩尤ㅣ비로소亂을作ᄒᆞᆫ딕平民애延及ᄒᆞ야寇ᄒᆞ며賊디아니아니ᄒᆞ야鴟로義ᄒᆞ야姦ᄒᆞ며宄ᄒᆞ며奪ᄒᆞ며攘ᄒᆞ며矯虔ᄒᆞ니라

○言鴻荒之世渾厚敦厖蚩尤始開暴亂之端驅扇熏灸延及平民無不爲寇爲賊鴟義者以鴟張跋扈爲義矯虔者矯詐虔劉也

苗民이弗用靈ᄒᆞ야制以刑이오惟作五虐之刑曰法이라ᄒᆞ야殺戮無辜

ᄒᆞ니

爰始淫爲劓刵椓黥ᄒᆞ야越茲麗刑ᄒᆞ야幷制ᄒᆞ야罔差有辭ᄒᆞ니라 劓先例反刵而志反椓竹角反黥渠京反

●苗民이靈을써刑을制티아니ᄒᆞ고다삿虐ᄒᆞᆫ刑을作ᄒᆞ야골오ᄃᆡ法이라ᄒᆞ야無辜를殺戮ᄒᆞ니이에비로소너모劓ᄒᆞ며刵ᄒᆞ며椓ᄒᆞ며黥ᄒᆞ야이에麗ᄒᆞ니를刑ᄒᆞ야다制ᄒᆞ야辭로差티아니ᄒᆞ니라

○苗民承蚩尤之暴不用善而制以刑惟作五虐之刑名之曰法以殺戮無罪於是始過爲劓鼻刵耳椓竅黥面之法於麗法者必刑之幷制無罪不復以曲直之辭爲差別皆刑之也

民興胥漸ᄒᆞ야泯泯棼棼ᄒᆞ야罔中于信이오以覆詛盟ᄒᆞ니虐威庶戮이方告無辜于上ᄒᆞᆫᄃᆡ上帝監民ᄒᆞ시니罔有馨香德이오刑發聞이惟腥이러라 棼敷文反又音粉

●民이興ᄒᆞ야서로漸ᄒᆞ야泯泯ᄒᆞ며棼棼ᄒᆞ야中이信에아니ᄒᆞ고써詛盟을覆ᄒᆞ니虐으로威ᄒᆞᆫ庶戮이바야흐로無辜를上애告ᄒᆞᆫᄃᆡ上帝ㅣ民을監ᄒᆞ시니馨香ᄒᆞᆫ德이잇디아니ᄒᆞ고刑發聞홈이腥ᄒᆞ더라

○泯泯昏也棼棼亂也民相漸染爲昏爲亂無復誠信相與反覆詛盟而已虐政作威衆被戮者方各告無罪於天天視苗民無有馨香德而刑戮發聞莫非腥穢呂氏曰形於聲

嗟窮之反也動於氣臭惡之熱也馨香陽也腥穢陰也故德爲馨香而刑發腥穢也

皇帝哀矜庶戮之不辜ᄒᆞ샤報虐以威ᄒᆞ샤遏絕苗民ᄒᆞ야無世在下ᄒᆞ시니라

●皇帝庶戮의辜ㅣ아니믈哀矜ᄒᆞ샤虐을報호ᄃᆡ威로써ᄒᆞ샤苗民을遏絕ᄒᆞ야世ᄒᆞ야下애在홈이업게ᄒᆞ시니라

○皇帝舜也以書攷之治苗民命伯夷禹稷皐陶皆舜之事報苗之虐以我之威絕滅也謂竄與分北之類遏絕之使無繼世在下國

乃命重黎ᄒᆞ샤絕地天通ᄒᆞ샤罔有降格ᄒᆞ신ᄃᆡ群后之逮在下ㅣ明明棐常ᄒᆞ야鰥寡無蓋ᄒᆞ니라

●重과黎를命ᄒᆞ샤地와天의通홈을絕ᄒᆞ샤降格홈이잇디아니케ᄒᆞ신ᄃᆡ群后와밋下에在ᄒᆞ얏ᄂᆞ니明明ᄒᆞ야常을棐ᄒᆞ야이鰥寡ㅣ라도蓋홈이업ᄉᆞ니라

○重小昊之後黎高陽之後重即羲黎即和也呂氏曰治世公道昭明爲善得福爲惡得禍民曉然知其所由則不求之渺茫冥昧之間當三苗昏虐民之得罪者莫知其端無所控訴相與聽於神祭非其鬼天地人神之典雜揉瀆亂此妖誕之所以興人心之所以不正也在舜當務之急莫先於正人心首命重黎修明祀典天子然後祭天地諸侯然後祭山川高卑上下各有分限絕地天之通嚴幽明之分焄蒿妖誕之說舉皆屏息群后及在

下之羣臣皆精白一心輔助常道民卒善而得福惡而得禍雖鰥寡之微亦無有蓋蔽而不得自伸者也○按國語曰少皥氏之衰九黎亂德民神雜揉家爲巫史民瀆齊盟禍災荐臻顓頊受之乃命南正重司天以屬神北正黎司地以屬民使無相侵瀆其後三苗復九黎之德堯復育重黎之後不忘舊者使復典之

皇帝ㅣ淸問下民ᄒᆞ시니鰥寡ㅣ有辭于苗어늘德威ᄒᆞ신ᄃᆡ惟畏ᄒᆞ고德明ᄒᆞ신ᄃᆡ惟明ᄒᆞ니라

●皇帝ㅣ下民을淸問ᄒᆞ시니鰥寡ㅣ苗의辭를두거늘德으로威ᄒᆞ신ᄃᆡ畏ᄒᆞ고德으로明ᄒᆞ신ᄃᆡ明ᄒᆞ니라

○淸問虛心而問也有辭聲苗之過也苗以虐爲威以察爲明帝反其道以德威而天下無不畏以德明而天下無不明也

乃命三后ᄒᆞ샤恤功于民ᄒᆞ시니伯夷ᄂᆞᆫ降典ᄒᆞ야折民惟刑ᄒᆞ고禹平水土ᄒᆞ야主名山川ᄒᆞ고稷降播種ᄒᆞ야農殖嘉穀ᄒᆞ니三后ㅣ成功ᄒᆞ야惟殷于民ᄒᆞ니라

●三后을命ᄒᆞ샤民을恤ᄒᆞᄂᆞᆫ功을ᄒᆞ시니伯夷ᄂᆞᆫ典을降ᄒᆞ야民의刑을折ᄒᆞ고禹ᄂᆞᆫ水土를平ᄒᆞ야名ᄒᆞᆫ山川을主ᄒᆞ고稷은種播홈을降ᄒᆞ야農의嘉穀을殖ᄒᆞ니三后ㅣ

功을成ᄒᆞ야民을殷케ᄒᆞ니라

○恤功致憂民之功也典禮也伯夷降天地人之三禮以折民之邪妄蘇氏曰失禮則入刑禮刑一物也伯夷降典以正民心禹平水土以定民居稷降播種以厚民生三后成功而致民之殷盛富庶也吳氏曰二典不載有兩刑官蓋傳聞之謬也愚意皐陶未爲刑官之時豈伯夷實兼之歟下文又言伯夷播刑之迪不應如此謬誤

士制百姓于刑之中ᄒᆞ야以敎祗德ᄒᆞ니라

●士ㅣ百姓을刑의中의制ᄒᆞ야써德의祗홈을敎ᄒᆞ니라

○命皐陶爲士制百姓于刑辟之中所以檢其心而敎以祗德也○吳氏曰皐陶不與三后之列遂使後世以刑官爲輕後漢楊賜拜廷尉自以代非法家言曰三后成功惟殷于民皐陶不與蓋吝之也是後世非獨人臣以刑官爲輕人君亦以爲輕矣觀舜之稱皐陶曰刑期于無刑民協于中時乃功又曰俾予從欲以治四方風動惟乃之休其所繫乃如此是可輕哉呂氏曰呂刑一篇以刑爲主故歷叙本末而歸之於皐陶之刑勢不得與伯夷禹稷雜稱言固有賓主也

穆穆在上ᄒᆞ며明明在下ᄒᆞ야灼于四方ᄒᆞ야罔不惟德之勤ᄒᆞ니故乃明于刑之中ᄒᆞ야率乂民ᄒᆞ야棐彝ᄒᆞ니라

●穆穆히上에在ᄒᆞ며明明히下에在ᄒᆞ야四方에灼ᄒᆞ야德을勤티아니아니ᄒᆞ니故

로刑中을밝혀다民을乂ᄒᆞ야彝를棐ᄒᆞ니라

○穆穆者和敬之容也明明者精白之容也灼于四方者穆穆明明輝光發越而四達也君臣之德昭明如是故民皆觀感動盪爲善而不能自已也如是而猶有未化者故士師明于刑之中使無過不及之差率乂于民輔其常性所謂刑罰之精華也

典獄이非訖于威라惟訖于富ㅣ니敬忌ᄒᆞ야罔有擇言在身ᄒᆞ야惟克天德이라사自作元命ᄒᆞ야配享在下ᄒᆞ니라

●獄典ᄒᆞ요이威에만訖ᄒᆞᆯ뿐니아니라富에도訖ᄒᆞᆯ티니敬ᄒᆞ며忌ᄒᆞ야擇ᄒᆞᆯ言이身애잇디아니ᄒᆞ야능히天德이라사스스로元命을作ᄒᆞ야配ᄒᆞ야享ᄒᆞ야下애이스리라

○訖盡也威權勢也富賄賂也當時典獄之官非惟得盡法於權勢之家亦惟得盡法於賄賂之人言不爲威屈不爲利誘也敬忌之至無有擇言在身大公至正純乎天德無毫髮不可擧以示人者天德在我則大命自我作而配享在下矣在下者對天之辭蓋推典獄用刑之極功而至於與天爲一者如此

王이曰嗟四方司政典獄아非爾惟作天牧가今爾ᄂᆞᆫ何監고非時伯夷播刑之迪가其今爾何懲고惟時苗民이匪察于獄之麗ᄒᆞ며罔擇吉人ᄒᆞ야觀于五刑之中이오惟時庶威奪貨로斷制五

刑ᄒᆞ야以亂無辜ᄒᆞᆫ대上帝不蠲ᄒᆞ야 降咎于苗ᄒᆞ시니 苗民이 無辭于罰ᄒᆞ야
乃絕厥世ᄒᆞ니라

●王이ᄀᆞᆯᄋᆞ샤ᄃᆡ嗟홉다四方앳政을司ᄒᆞ야獄을典ᄒᆞ얀ᄂᆞ니아네天牧을作디아니ᄒᆞ얀ᄂᆞ냐今에너ᄂᆞᆫ무슨거슬監ᄒᆞᆯ고이伯夷이刑을播ᄒᆞ야迪홈이아닌가이제네무스거슬懲ᄒᆞᆯ고이苗民이獄의麗를察티아니ᄒᆞ며吉人을擇ᄒᆞ야五刑의中을觀케아니ᄒᆞ고이庶威와貨로奪ᄒᆞᄂᆞ니로五刑을斷制ᄒᆞ야써無辜ᄅᆞᆯ亂케ᄒᆞᆫᄃᆡ上帝이蠲티아니ᄒᆞ샤咎를苗애降ᄒᆞ시니苗民이罰을辭홈이업서그世를絕ᄒᆞ니라

○司政典獄漢孔氏曰諸侯也爲諸侯主刑獄而言非爾諸侯爲天牧養斯民乎爲天牧民則今爾何所監懲所當監者非伯夷乎所當懲者非有苗乎伯夷布刑以啓迪斯民舍皐陶而言伯夷者探本之論也麗附也苗民不察於獄辭之所麗又不擇吉人俾觀于五刑之中惟是貴者以威亂政富者以貨奪法斷制五刑亂虐無罪上帝不蠲貸而降罰于苗苗民無所辭其罰而遂殄滅之也

王曰嗚呼ㅣ라念之哉어다伯父와伯兄과仲叔과季弟와幼子와童孫아皆聽朕言ᄒᆞ라庶有格命ᄒᆞ니라今爾ㅣ罔不由慰日勤ᄒᆞᄂᆞ니爾罔或戒不勤ᄒᆞ라天齊于民이라俾我一日이지니非終惟終이在人ᄒᆞ니爾尙

敬逆天命(ᄒᆞ야)以奉我一人(ᄒᆞ야)雖畏(나)勿畏(ᄒᆞ며)雖休(나)勿休(ᄒᆞ야)惟敬五刑(ᄒᆞ야)以成三德(ᄒᆞ면)一人有慶(ᄒᆞ며)兆民賴之(ᄒᆞ야)其寧惟永(ᄒᆞ리라)

●王이갈ᄋᆞ샤ᄃᆡ嗚呼ㅣ라念홀지어다伯父와伯兄과仲叔과季弟와幼子와童孫아다朕言을聽ᄒᆞ라거의格ᄒᆞᆫ命이이스리라今에네由ᄒᆞ야慰홈이日로勤티아니아니ᄒᆞᄂᆞ니或도不勤코쟈戒치말라天이民을齊ᄒᆞ시ᄂᆞᆫ디라우리로ᄒᆞ야금一日만ᄒᆞ게ᄒᆞ시니終아니며終이人에在ᄒᆞ니네맛당이天命을敬逆ᄒᆞ야써나一人을奉ᄒᆞ야비록畏ᄒᆞ라ᄒᆞ나畏티말며비록休ᄒᆞ라ᄒᆞ나休티마라五刑을敬ᄒᆞ야써三德을成ᄒᆞ면一人이慶이이스며兆民이賴ᄒᆞ야그寧이永ᄒᆞ리라

○此告同姓諸侯也格至也參錯訊鞫極天下之勞者莫若獄苟有毫髮怠心則民有不得其死者矣罔不由慰日勤者爾所用以自慰者無不以日勤故職擧而刑當也爾罔或戒不勤者刑罰之用一成而不可變者也苟頃刻之不勤則刑罰失中雖深戒之而已施者亦無及矣戒固善心也而用刑豈可以或戒也哉且刑獄非所恃以爲治也天以是整齊亂民使我爲一日之用而已非終卽康誥大罪非終之謂言過之當宥者惟終卽康誥小罪惟終之謂言故之當辟者非終惟終皆非我得輕重惟在夫人所犯耳爾當敬逆天命以承我一人畏威古通用威辟之也休宥之也我雖以爲辟爾惟勿辟我雖以爲宥爾惟勿宥惟敬乎五刑之用以成剛柔正直之德則君慶於上民賴於下而安寧之福其永

久而不替矣

王曰吁ㅣ라來ᄒᆞ라有邦有土아告爾祥刑ᄒᆞ노라在今爾安百姓인딘何擇고非人가何敬고非刑가何度고非及가

●王이갈ᄋᆞ샤ᄃᆡ吁ㅣ라來ᄒᆞ라邦두ᄂᆞᆫ니와士두ᄂᆞᆫ니아너다려祥刑을告ᄒᆞ노라今에이셔네百姓을安케ᄒᆞᆯ딘댄무어슬擇ᄒᆞᆯ고人이아니가무어슬敬ᄒᆞᆯ고刑이아니가무어슬度ᄒᆞᆯ고及이아니가

○有民社者皆在所告也夫刑凶器也而謂之祥者刑期無刑民協于中其祥莫大焉及逮也漢世詔獄所逮有至數萬人者審度其所當逮者而後可逮之也曰何曰非問答以發其意以明三者之決不可不盡心也

兩造ㅣ具備어든師聽五辭ᄒᆞ리니五辭애簡孚어든正于五刑ᄒᆞ며五刑애不簡이어든正于五罰ᄒᆞ며五罰애不服이어는正于五過ᄒᆞ라

●兩이造ᄒᆞ고具備커든모다五辭를聽호리니五辭에簡ᄒᆞ야孚ᄒᆞ거든五刑에正ᄒᆞ며五刑에簡티아니ᄒᆞ거든五罰애正ᄒᆞ며五罰에服디아니ᄒᆞ거든五過에正ᄒᆞ라

○兩造者兩爭者皆至也周官以兩造聽民訟具備者詞證皆在也師衆也五辭麗於五刑之辭也簡核其實也孚無可疑也正質也五辭簡核而可信乃質于五刑也不簡者辭

與刑參差不應刑之疑者也罰贖也疑于刑則質于罰也不服者辭與罰又不應也罰之疑者也過誤也疑于罰則質于過而宥免之也

五過之疵는 惟官과 惟反과 惟內와 惟貨와 惟來니 其罪ㅣ 惟均ᄒᆞ니 其審克之ᄒᆞ라

●五過의疵는官과反과內와貨와來니그罪ㅣ均ᄒᆞ니그審ᄒᆞ야克ᄒᆞ라

○疵病也官威勢也反報德怨也內女謁也貨賄賂也來干請也惟此五者之病以出入人罪則以人之所犯坐之也審克者察之詳而盡其能也下文屢言以見其丁寧忠厚之志疵於刑罰亦然但言於五過者舉輕以見重也

五刑之疑ㅣ 有赦ᄒᆞ고 五罰之疑ㅣ 有赦ᄒᆞ니 其審克之ᄒᆞ라 簡孚ㅣ 有衆이어든 惟貌ㅣ 有稽니 無簡이어든 不聽ᄒᆞ야 具嚴天威ᄒᆞ라

●五刑의疑ㅣ赦ㅣ잇고五罰의疑ㅣ赦ㅣ잇ᄂᆞ니그審ᄒᆞ야克ᄒᆞ라簡ᄒᆞ야孚ㅣ衆ᄒᆞ거든貌ㅣ稽홈이잇ᄂᆞ니簡이업거든聽티마라다天威를嚴케ᄒᆞ라

○刑疑有赦正于五罰也罰疑有赦正于五過也簡核情實可信者衆亦惟考察其容貌周禮所謂色聽是也然聽獄以簡核爲本苟無情實在所不聽上帝臨汝不敢有毫髮之不盡也

墨辟疑赦는 其罰이百鍰이니 閱實其罪ᄒᆞ라劓辟疑赦는 其罰이惟倍니 閱實其罪ᄒᆞ라 剕辟疑赦는 其罰이倍差니 閱實其罪ᄒᆞ라 宮辟疑赦는 其罰이 六百鍰이니閱實其罪ᄒᆞ라 大辟疑赦는 其罰이 千鍰이니閱實其罪ᄒᆞ라墨罰之屬이 千이오劓罰之屬이千이오剕罰之屬이 五百이오宮罰之屬이 三百이오大辟之罰이 其屬이 二百이니 五刑之屬이三千이니上下比罪ᄒᆞ야無僭亂辭ᄒᆞ며勿用不行이오 惟察惟法ᄒᆞ야 其審克之ᄒᆞ라 胡關反

●墨辟에疑ᄒᆞ니赦홈은그罰이百鍰이니그罪를閱實ᄒᆞ라劓辟에疑ᄒᆞ니赦홈은그罰이倍ᄒᆞ니그罪를閱實ᄒᆞ라剕辟에疑ᄒᆞ니赦홈은그罰이倍ᄒᆞ고差ᄒᆞ니그罪를閱實ᄒᆞ라宮辟에疑ᄒᆞ니赦홈은그罰이六百鍰이니그罪를閱實ᄒᆞ라大辟의疑ᄒᆞ니赦홈은그罰이千鍰이니그罪를閱實ᄒᆞ라墨罰의屬이千이오劓罰의屬이千이오剕罰의屬이五百이오宮罰의屬이三百이오大辟의罰이그屬이二百이니五刑의屬이三千이니上ᄒᆞ며下ᄒᆞ야罪를比ᄒᆞ야僭亂ᄒᆞᆫ辭애말며行티아니ᄒᆞᄂᆞ니를쓰디말고法을察ᄒᆞ야 그審ᄒᆞ야克ᄒᆞ라

○墨刻顙而涅之也劓割鼻也剕刖足也宮淫刑也男子割勢婦人幽閉大辟死刑也六兩曰鍰閱視也倍二百鍰也倍差倍而又差五百鍰也屬類也三千總計之也周禮司刑所掌五刑之屬二千五百刑雖增舊然輕罪比舊爲多而重罪比舊爲減也比附也罪無正律則以上下刑而比附其罪也無僭亂辭勿用不行未詳或曰亂辭辭之不可聽者不行舊有是法而今不行者戒其無差誤於僭亂之辭勿用今所不行之法惟詳明法意而審克之也○今按皐陶所謂罪疑惟輕者降一等而罪之耳今五刑疑赦而直罰之以金是大辟宮剕劓墨皆不復降等用矣蘇氏謂五刑疑各入罰不降當因古制非也舜之贖刑官府學校鞭扑之刑耳夫刑莫輕於鞭扑入於鞭扑之刑而又情法猶有可議者則是無法以治之故使之贖特不欲遽釋之也而穆王之所謂贖雖大辟亦贖也舜豈有是制哉詳見篇題

上刑이라두 適輕이어든 下服ᄒᆞ며 下刑이라두 適重이어든 上服ᄒᆞ라 輕重諸罰이 有權ᄒᆞ며 刑罰이 世輕世重ᄒᆞᄂᆞ니 惟齊非齊나 有倫有要ᄒᆞ니라

●上刑이라두輕에適ᄒᆞ거든下를服ᄒᆞ며下刑이라두重애適ᄒᆞ거든上을服ᄒᆞ라諸罰을輕重홈이權이이시며刑罰이世로輕ᄒᆞ며世로重ᄒᆞᄂᆞ니齊티아닌거ᄉᆞ로齊ᄒᆞ나倫이이ᄉᆞ며要ㅣ잇ᄂᆞ니라

○事在上刑而情適輕則服下刑舜之宥過無大康誥所謂大罪非終者是也事在下刑

而情適重則服上刑舜之刑故無小康誥所謂小罪非眚者是也若謂罰之輕重亦皆有權焉權者進退推移以求其輕重之宜也刑罰世輕世重者周官刑新國用輕典刑亂國用重典刑平國用中典隨世而爲輕重者也輕重諸罰有權者權一人之輕重也刑罰世輕世重者權一世之輕重也惟齊非齊者法之權也有倫有要者法之經也言刑罰雖惟權變是適而齊之以不齊焉至其倫要所在蓋 有截然 而不可紊者 矣此兩句 總結上意

罰懲이 非死나ㅣ 人極于病ᄒᆞᄂᆞ니 非佞이 折獄이라 惟良이 折獄이라사 罔非在中이라 察辭于差ᄒᆞ야 非從惟從ᄒᆞ며 哀敬折獄ᄒᆞ며 明啓刑書ᄒᆞ야 胥占이라사 咸庶中正ᄒᆞ리니 其刑其罰을 其審克之ᄒᆞ야샤 獄成而孚ᄒᆞ며 輸而孚ᄒᆞ리니 其刑을 上備ᄒᆞ되 有幷兩刑ᄒᆞ라

●罰ᄒᆞ며懲홈이死ㅣ아니나人이가장病ᄒᆞᄂᆞ니佞이獄을折홀거시아니라良이獄을折ᄒᆞ야사中에在티아니아니ᄒᆞ리라辭를差애察ᄒᆞ야從호려아니ᄒᆞ야從호며哀ᄒᆞ며敬ᄒᆞ야獄을折ᄒᆞ며刑書를明啓ᄒᆞ야서로占ᄒᆞ야샤다거의中ᄒᆞ고正ᄒᆞ리니그刑ᄒᆞ며그罰홈을그審ᄒᆞ야克ᄒᆞ야사獄이成ᄒᆞ야孚ᄒᆞ며輸ᄒᆞ야孚ᄒᆞ리니그刑을上ᄒᆞ야備호되兩刑을幷ᄒᆞ라

○罰以懲過雖非致人於死然民重出贖亦甚病矣佞口才也非口才辯給之人可以折獄惟溫良長者視民如傷者能折獄而無不在中也此言聽獄者當擇其人也察辭于差者辭非情實終必有差聽獄之要必於其差而察之非從惟從者察辭不可偏主猶曰不然而然所以審輕重而取中也哀敬折獄者惻怛敬畏以求其情也明啓刑書胥占者言詳明法律而與衆占度也咸庶中正者皆庶幾其無過忒也於是刑之罰之又當審克之也此言聽獄者當盡其心也若是則獄成於下而民信之獄輸於上而君信之其刑上備有幷兩刑者言上其斷獄之書當備情節 一人而犯重事罪雖從重亦幷兩刑而上之也此言讞獄者當備其辭也

王曰嗚呼ㅣ라敬之哉어다官伯族姓아 朕言多懼ᄒᆞ노라 朕敬于刑ᄒᆞ노니 有德이사惟刑이니라 今天이相民이시니作配在下ㅣ어다 明清于單辭ᄒᆞ라 民之亂은罔不中聽獄之兩辭ㅣ니 無或私家于獄之兩辭ᄒᆞ라 獄貨非寶ㅣ라惟府辜功ᄒᆞ야報以庶尤ᄒᆞᄂᆞ니 永畏ᄂᆞᆫ惟罰이니라 非天이不中이라 惟人이在命ᄒᆞ니天罰이不極이면庶民이罔有令政이在于天下ᄒᆞ리라

●王이ᄀᆞᆯᄋᆞ샤ᄃᆡ嗚呼ㅣ라敬ᄒᆞᆯ디어다官과伯과族과姓아朕이言호미도해懼ᄒᆞ노라朕이刑을敬ᄒᆞ노니德이잇ᄂᆞ니사刑을ᄒᆞ리니라今에天이民을相ᄒᆞ시ᄂᆞ니配를

作ᄒᆞ야下에在ᄒᆞᆯ디어다單辭애明ᄒᆞ며淸ᄒᆞ라民의亂ᄒᆞᆷ은獄의兩辭를中으로聽티아니아니홈이니或도獄의兩辭를私家티말라獄貨ᄂᆞᆫ寶ㅣ아니라辜功을府ᄒᆞ야庶尤로써報ᄒᆞᄂᆞ니기리畏ᄒᆞ욤은罰이니라天이中으로아니ᄒᆞ시ᄂᆞᆫ주리아니라人이命을두ᄂᆞ니天罰이極디아니ᄒᆞ면庶民이令政애天下에잇디몯ᄒᆞ리라

○此總告之也官典獄之官也伯諸侯也族同族姓異姓也朕之於刑言且多懼況用之乎朕敬于刑者畏之至也有德惟刑厚之至也今天以刑相治斯民汝實任責作配在下可也明淸以下敬刑之事也獄辭有單有兩單辭者無證之辭也聽之爲尤難明者無一毫之蔽淸者無一點之汚曰明曰淸誠敬篤至表裏洞徹無少私曲然後能察其情也亂治也獄貨鬻獄而得貨也府聚也辜功猶云罪狀也報以庶尤者降之百殃也非天不中惟人在命者非天不以中道待人惟人自取其殃禍之命爾此章文有未詳者姑缺之

王曰嗚呼ㅣ라嗣孫아今往은何監고非德于民之中가尙明聽之哉이다哲人이惟刑ᄒᆞ야無疆之辭ᄂᆞᆫ屬于五極ᄒᆞ야咸中이라有慶이니受王嘉師ᄂᆞᆫ監于玆祥刑이어다

●王이ᄀᆞᆯᄋᆞ샤ᄃᆡ嗚呼ㅣ라嗣孫아今往은무스거슬監ᄒᆞᆯ고德ᄒᆞ야民의中이아니가거의明히聽ᄒᆞᆯ디어다哲人이刑ᄒᆞ야無疆ᄒᆞᆫ辭ᄂᆞᆫ五極을屬ᄒᆞ야다中ᄒᆞᆫ디라慶이잇나니王의嘉師를受ᄒᆞᄂᆞ니ᄂᆞᆫ이祥刑을監ᄒᆞᆯ디어라

○此詔來世也嗣孫嗣世子孫也言今往何所監視非用刑成德而能全民所受之中者乎下文哲人即所當監者五極五刑也明哲之人用刑而有無窮之譽蓋由五刑咸得其中所以有慶也嘉善師衆也諸侯受天子良民善衆當監視于此祥刑申言以結之也

文侯之命

幽王爲犬戎所殺晉文侯與鄭武公迎太子宜臼立之是爲平王遷於東都平王以文侯爲方伯賜以秬鬯弓矢作策書命之史錄爲篇今文古文皆有

王若曰父義和아 丕顯文武ㅣ 克愼明德ᄒᆞ사 昭升于上ᄒᆞ며 敷聞在下ᄒᆞ신ᄃᆡ 惟時上帝ㅣ 集厥命于文王이어시ᄂᆞᆯ 亦惟先正이 克左右ᄒᆞ야 昭事厥辟ᄒᆞ야 越小大謀猷애 罔不率從이라 肆先祖ㅣ 懷在位ᄒᆞ시니라

●王이러타시ᄀᆞᆯ으샤ᄃᆡ父義和아키顯ᄒᆞ신文武ㅣ능히明德을愼ᄒᆞ샤昭ᄒᆞ야上에升ᄒᆞ며敷ᄒᆞ야下에잇ᄂᆞᆫᄃᆡ聞ᄒᆞ신ᄃᆡ이에上帝ㅣ그命을文王의集ᄒᆞ거시ᄂᆞᆯ또ᄒᆞᆫ先正이능히左右ᄒᆞ야그辟을昭事ᄒᆞ야小ᄒᆞ며大ᄒᆞᆫ謀猷에率ᄒᆞ며從티아니티아니ᄒᆞᆫ지라이先祖ㅣ懷히位에계시니라

○同姓故稱父文侯名仇義和其字不名者尊之也丕顯者言其德之所成克謹者言其德之所修昭升敷聞言其德之所至也文武之德如此故上帝集厥命于文王亦惟爾祖

父能左右昭事其君於小大謀猷無敢背違故先王得安在位

嗚呼ㅣ라閔予小子ᄂᆞᆫ 嗣造天丕愆ᄒᆞ야 殄資澤于下民이라 侵戎我國家ㅣ 純커늘 即我御事ㅣ 罔或耆壽俊이 在厥服ᄒᆞ며 予則罔克ᄒᆞ라 曰惟祖惟父ㅣ 其伊恤朕躬고 嗚呼ㅣ라 有績予一人이면 永綏在位ᄒᆞ리라

● 嗚呼ㅣ라閔ᄒᆞᆫ나小子ᄂᆞᆫ嗣애天에큰愆을造ᄒᆞ야資澤을下民에殄ᄒᆞᆫ지라戎이우리國家를侵홈이純커늘곳우리御事ㅣ或耆壽俊이그服에잇디아니ᄒᆞ며내克디못ᄒᆞ라니ᄅᆞ샤ᄃᆡ祖와父ㅣ그뉘朕躬을恤ᄒᆞᆯ고嗚呼ㅣ라나一人에게績을두면기리綏히位에在ᄒᆞ리라

○歎而自痛傷也閔憐也嗣造天丕愆者嗣位之初爲天所大譴父死國敗也殄絕純大也絕其資用惠澤于下民本旣先撥故戎狄侵陵爲我國家之害甚大今我御事之臣無有老成俊傑在厥官者而我小子又才劣無能其何以濟難又言諸侯在我祖父之列者其誰能恤我乎又歎息言有能致功予一人則可永安厥位矣蓋悲國之無人無有如上文先正之昭事而先王得安在位也

父義和아 汝克昭乃顯祖ᄒᆞ야 汝肇刑文武ᄒᆞ야 用會紹乃辟ᄒᆞ야 追

孝于前文人ᄒᆞ라汝多修扞我于艱ᄒᆞ니若汝ᄂᆞᆫ予嘉ㅣ니라

●父義和아네능히네顯ᄒᆞᆫ祖ᄅᆞᆯ昭ᄒᆞ야네비로소文武ᄅᆞᆯ刑ᄒᆞ야써네辟을會ᄒᆞ며紹ᄒᆞ야前文人을追ᄒᆞ야孝ᄒᆞ라네해修ᄒᆞ야나ᄅᆞᆯ艱에扞ᄒᆞ니너갓타니ᄂᆞᆫ내嘉ᄒᆞ논디라

○顯祖文人皆謂唐叔卽刑文先正昭事厥辟者也後罔或耆壽俊在厥服則刑文武之道絕矣今刑文武自文侯始故曰肇刑文武會者合之而使不離紹者繼之而使不絕前文人猶云前寧人汝多所修完扞衛我于艱難若汝之功我所嘉美也

王曰父義和아其歸視爾師ᄒᆞ야寧爾邦ᄒᆞ라用賚爾秬鬯一卣와彤弓一과彤矢百과盧弓一과盧矢百과馬四匹ᄒᆞ노니父ㅣ往哉ᄒᆞ야柔遠能邇ᄒᆞ며惠康小民ᄒᆞ야無荒寧ᄒᆞ야簡恤爾都ᄒᆞ야用成爾顯德ᄒᆞ라

●王이ᄀᆞᆯᄋᆞ샤ᄃᆡ父義和아그歸ᄒᆞ야네師ᄅᆞᆯ視ᄒᆞ야네邦을寧케ᄒᆞ라써너ᄅᆞᆯ秬鬯一卣와彤弓一과彤矢百과盧弓一과盧矢百과馬四匹을賚ᄒᆞ노니父ㅣ往ᄒᆞ야遠을柔ᄒᆞ며邇을能ᄒᆞ며小民을惠康ᄒᆞ야荒寧티마라네都ᄅᆞᆯ簡ᄒᆞ며恤ᄒᆞ야써곰너의顯ᄒᆞᆫ德을成ᄒᆞ라

○師衆也黑黍曰秬釀以鬯草卣中樽也諸侯受錫命當告其始祖故錫鬯也彤赤盧黑

也諸侯有大功賜弓矢然後得專征伐馬供武用四匹曰乘侯伯之賜無常以功大小爲度也簡者簡閱其士恤者惠恤其民都者國之都鄙也○蘇氏曰予讀文侯篇知東周之不復興也宗周傾覆禍敗極矣平王宜若衛文公越句踐然今其書乃旋旋焉與平康之世無異春秋傳曰厲王之禍諸侯釋位以間王政宣王有志而後効官讀文侯之命知平王之無志也愚按史記幽王娶於申而生太子宜臼後幽王嬖褒姒廢申后去太子申侯怒與繒西夷犬戎攻王而殺之諸侯卽申侯而立故太子宜臼是爲平王平王以申侯立己爲有德而忘其弑父爲當誅方將以復讎討賊之衆而爲戍申戍許之擧其忘親背義得罪於天已甚矣何怪其委靡頽墮而不自振也哉然則是命也孔子以其猶能言文武之舊而存之歟抑亦以示戒於天下後世而存之歟

費誓

費地名淮夷徐戎並起爲寇魯侯征之於費誓衆故以費誓名篇今文古文皆有○呂氏曰伯禽撫封於魯夷戎妄意其未更事且乘其新造之隙而伯禽應之者甚整暇有序先治戎備次之以除道路又次之以嚴部伍又次之以立期會先後之序皆不可紊又按費誓秦誓皆侯國之事而繫於帝王書末者猶詩之錄商頌魯頌也

公曰嗟人아無譁ᄒᆞ야聽命ᄒᆞ라徂玆淮夷徐戎이並興이로다

●公이ᄀᆞᆯ오ᄃᆡ嗟흡다人아譁티마라命을聽ᄒᆞ라져즘쎄淮夷와徐戎이다興ᄒᆞ도다

○漢孔氏曰徐戎淮夷並起寇魯伯禽爲方伯帥諸侯之師以征歎而敕之使無喧譁欲
其靜聽誓命蘇氏曰淮夷叛已久矣及伯禽就國又脅徐戎幷起故曰徂茲淮夷徐戎幷
興徂茲者猶曰往者云

善敹乃甲胄ᄒᆞ며敿乃干ᄒᆞ되無敢不弔ᄒᆞ며備乃弓矢ᄒᆞ며鍛乃戈矛ᄒᆞ며
礪乃鋒刃ᄒᆞ되無敢不善ᄒᆞ라 敹遼條反敿擧天反 弔音的鍛都玩反

●네甲胄를善히敹ᄒᆞ며네干을敿호ᄃᆡ敢히吊디아니티말며네弓矢를備ᄒᆞ며네戈
矛를鍛ᄒᆞ며네鋒刃을礪호ᄃᆡ敢히善티아니티말라

○敹縫完也縫完其甲胄勿使斷毀敿鄭氏云猶繫也王肅云敿楯當有紛繫持之弔精
至也鍛淬礪磨也甲胄所以衛身弓矢戈矛所以克敵先自衛而後攻人亦其序也

今惟淫舍牿牛馬ᄒᆞ리니杜乃擭ᄒᆞ며斂乃穽ᄒᆞ야無敢傷牿ᄒᆞ라牿之傷
ᄒᆞ면汝則有常刑ᄒᆞ리라 牿音谷擭胡北反斂 乃結反穽郢靜反

●今에牛馬舍ᄒᆞᆯ牿을淫케호리니네擭를杜ᄒᆞ며네穽을斂ᄒᆞ야敢히牿을傷케말라
牿히傷ᄒᆞ면네덧덧ᄒᆞᆫ刑이이스리라

○淫大也牿閑牧也擭機檻也斂塞也師旣出牛馬所舍之閑牧大布於野當窒塞其擭
穽一或不謹而傷閑牧之牛馬則有常刑此令軍在所之居民也擧此例之凡川梁藪澤

險阻屏翳有害於師屯者皆在矣此除道路之事

馬牛其風ᄒᆞ며臣妾逋逃ㅣ어든無敢越逐ᄒᆞ며祗復之ᄒᆞ라我商賚汝ᄒᆞ리라乃越逐ᄒᆞ며不復ᄒᆞ면汝則有常刑ᄒᆞ리라無敢寇攘ᄒᆞ며踰垣牆ᄒᆞ야竊馬牛ᄒᆞ며誘臣妾ᄒᆞ라汝則有常刑ᄒᆞ리라

●馬牛ㅣ그風ᄒᆞ며臣妾이逋逃ᄒᆞ거든敢히越ᄒᆞ야逐디말며祗ᄒᆞ야復ᄒᆞ라내商ᄒᆞ야너를賚호리라越ᄒᆞ야逐ᄒᆞ며復디아이ᄒᆞ면네곳常刑이이스리라敢히寇攘ᄒᆞ며垣墻을踰ᄒᆞ야馬牛를竊ᄒᆞ며臣妾을誘티말라네곳常刑이이스리라

○役人賤者男曰臣女曰妾馬牛風逸臣妾逋亡不得越軍壘而逐之失主雖不得逐而人得風馬牛逃臣妾者又當敬還之我商度多寡以賞汝如或越逐而失伍不復而攘取皆有常刑有故竊奪踰垣牆竊人牛馬誘人臣妾者亦有常刑此嚴部伍之事

甲戌애我惟征徐戎ᄒᆞ리니峙乃糗糧ᄒᆞ되無敢不逮ᄒᆞ라汝則有大刑ᄒᆞ리라魯人三郊三遂아峙乃楨榦ᄒᆞ라甲戌에我惟築ᄒᆞ리니無敢不供ᄒᆞ라汝則有無餘刑이나非殺이니라魯人三郊三遂아峙乃芻茭ᄒᆞ되無敢不多ᄒᆞ라汝則有大刑ᄒᆞ리라 峙文理反糗去九反楨音貞芻聰俞反茭音交

●甲戌에내徐戎을征호리니네糗糧을峙호ᄃᆡ敢히逮티아니케말라네곳큰刑이이스리라魯人三郊와三遂아네楨榦을峙ᄒᆞ라甲戌에내築호리니敢히供티아니티말라네곳남은刑이업스나殺로아니호리라魯人三郊와三遂아네芻茭를峙호ᄃᆡ敢히多티아니케말라네곳큰刑이잇스리라

○甲戌用兵之期也峙儲備也糗糧食也不逮者若今之乏軍興淮夷徐戎並起今所攻獨徐戎者蓋量敵之堅瑕緩急而攻之也國外曰郊郊外曰遂天子六軍則六鄉六遂大國三軍故魯三郊三遂也楨榦板築之木題曰楨牆端之木也旁曰榦牆兩邊障土木也以是日征是日築者彼方禦我之攻勢不得擾我之築也無餘刑非殺者刑之非一但不至於殺爾芻茭供軍牛馬之用軍以期會芻糧爲急故皆服大刑楨榦芻茭獨言魯人者地近而致便也

秦誓

左傳杞子自鄭使告于秦曰鄭人使我掌其北門之管若潛師以來國可得也穆公訪諸蹇叔蹇叔曰不可公辭焉使孟明西乞白乙伐鄭晉襄公帥師敗秦師于殽囚其三帥穆公悔過誓告羣臣史錄爲篇今文古文皆有

公曰嗟我士아聽無譁ᄒᆞ라予誓告汝群言之首ᄒᆞ노라

●公이골오ᄃᆡ嗟홉다우리士아聽ᄒᆞ야譁티말라내誓ᄒᆞ야너희게群言의首를告ᄒᆞ노라

○首之爲言第一義也將擧古人之言故先發此

古人有言曰호ᄃᆡ 民訖自若是多盤ᄒᆞᄂᆞ니 責人이 斯無難이라 惟受責俾如流ㅣ 是惟艱哉ㄴ뎌

● 古人이 말ᄉᆞᆷ두어 닐오ᄃᆡ 民이 ᄉᆞᄉᆞ로이 갓티만이 盤ᄒᆞᄂᆞ니 人은 責홈이 이에 難티 아니ᄒᆞᆫ디라 責을 受홈을 ᄒᆞ야곰 流ᄃᆞᆺᄒᆞ요미 이 艱ᄒᆞᆫ뎌

○訖盡盤安也凡人盡自若是多安於循己其責人無難惟受責於人俾如流水畧無扞格是惟難哉穆公悔前日安於自徇而不聽蹇叔之言深有味乎古人之語故擧爲誓言之首也

我心之憂는 日月이 逾邁ㅣ라 若弗云來니라

● 내 마ᄋᆞᆷ애 憂홈은 日月이 逾邁ᄒᆞᄂᆞᆫ디라 來티 아닐 ᄃᆞᆺᄒᆞ예니라

○己然之過不可追未遷之善猶可及憂歲月之逝若無復有來日也

惟古之謀人으란 則曰未就予라ᄒᆞ야 忌코 惟今之謀人으란 姑將以爲親호니 雖則云然이나 尙猷詢玆黃髮ᄒᆞ면 則罔所愆ᄒᆞ리다

● 녯謀人으란 니ᄅᆞ되 내게 就티 아니ᄒᆞᄂᆞ니라 ᄒᆞ야 忌ᄒᆞ고 이젠 謀人으란 아즉 將ᄒᆞᄂᆞ니라 ᄒᆞ야 써 親호니 비록 그러나 오히려 이 黃髮에게 猷ᄒᆞ야 詢ᄒᆞ면 愆ᄒᆞᆫ배 업ᄉᆞ리라

○忌疾姑日也古之謀人老成之士也今之謀人新進之士也非不知其爲老成以其不就已而忌疾之非不知其新進姑樂其順便而親信之前日之過雖己云然然尙謀詢玆黃髮之人則庶罔有所愆蓋悔其旣往之失而冀其將來之善也

番番良士ㅣ旅力旣愆이란으 我尙有之ᄒᆞ고 仡仡勇夫ㅣ 射御不違란 我尙不欲ᄒᆞ니 惟截截善諞言ᄒᆞ야 俾君子로 易辭를 我皇多有之아

●番番ᄒᆞᆫ良士ㅣ旅力이임의愆ᄒᆞ니란내거의두고仡仡ᄒᆞᆫ勇夫ㅣ射御를違티아니ᄒᆞᄂᆞ니란내거의欲디아니호나截截이善히諞言ᄒᆞ야君子로ᄒᆞ야곰辭를易게ᄒᆞᄂᆞ니를내皇ᄒᆞ야해두고져ᄒᆞ리아

○番番老貌仡仡勇貌截截辯給貌諞巧也皇遑通旅力旣愆之良士前日所詆墓木旣拱者我猶庶幾得而有之射御不違之勇夫前日所誇過門超乘者我庶幾不欲用之勇夫我尙不欲則辯給善巧言能使君子變易其辭說者我遑暇多有之哉良士謂蹇叔勇夫謂三帥諞言謂杞子先儒皆謂穆公悔用孟明詳其誓意蓋深悔用杞子之言也

昧昧我思之ᄒᆞ니 如有一介臣이 斷斷猗無他技나 其心이 休休焉ᄒᆞᆫ디 其如有容이라 人之有技를 若己有之ᄒᆞ며 人之彥聖을 其心好之호디 不啻如自其口出ᄒᆞ면 是能容之라 以保我子孫黎民이며 亦

職有利哉ㅣ뎌 斷都玩反

●味味ᄒᆞ야내思ᄒᆞ니만일에一介臣이이셔斷斷ᄒᆞ고녀나믄技업스나그心이休休ᄒᆞᆫ디그容ᄒᆞ요미잇ᄂᆞᆫ닷ᄒᆞᆫ디라人의技두쇼을己두ᄂᆞᆫ다시ᄒᆞ며人의彥과聖을그心에好ᄒᆞ되그口로브터남갓흘ᄲᅮᆫ아니면이능히容ᄒᆞᄂᆞᆫ디라써우리子孫과黎民을保ᄒᆞ며ᄯᅩᄒᆞᆫ利잇슴에職ᄒᆞᆯ진뎌

○味味而思者深潛而靜思也介獨也大學作箇斷斷誠一之貌猗語辭大學作兮休休易直好善之意容有所受也彥美士也聖通明也技才聖德也心之所好甚於口之所言也職主也

人之有技를冒疾以惡之ᄒᆞ며人之彥聖을而違之ᄒᆞ야俾不達ᄒᆞ면是不能容이라以不能保我子孫黎民이며亦曰殆哉ㅣ뎌

●人의技두쇼믈冒ᄒᆞ며疾ᄒᆞ야써惡ᄒᆞ며人의彥과聖을違ᄒᆞ야ᄒᆞ야곰達케아니ᄒᆞ면이능히容티못ᄒᆞᄂᆞᆫ디라써우리子孫과黎民을保티못ᄒᆞ며ᄯᅩᄒᆞᆫ殆ᄒᆞ린뎌

○冒大學作媢忌也違背違之也達窮達之達殆危也蘇氏曰至哉穆公之論此二人也前一人似房玄齡後一人似李林甫後之人主監此足矣

邦之杌隉은曰由一人이며邦之榮懷ᄂᆞᆫ亦尙一人之慶이니라

●邦의扤隉호믄가론一人을말미아마며邦의榮懷호믄또흔거의一人의慶이니라

○扤隉不安也懷安也言國之危殆繫於所任一人之非國之榮安繫於所任一人之是

申繳上二章意

正本集註書傳卷之六 終

原本集註 **書傳**

初版 發行 ● 1981年 4月 25日
重版 發行 ● 2015年 12月 10日

校 閱 ● 金 赫 濟
發行者 ● 金 東 求

發行處 ● 明 文 堂(1923. 10. 1 창립)
서울특별시 종로구 안국동 17~8
우체국 010579-01-000682
전화 (영) 733-3039, 734-4798
(편) 733-4748
FAX 734-9209
Homepage www.myungmundang.net
E-mail mmdbook1@hanmail.net
등록 1977. 11. 19. 제1~148호

정가 12,000원
ISBN 978-89-7270-906-0 93140

新選東洋古典

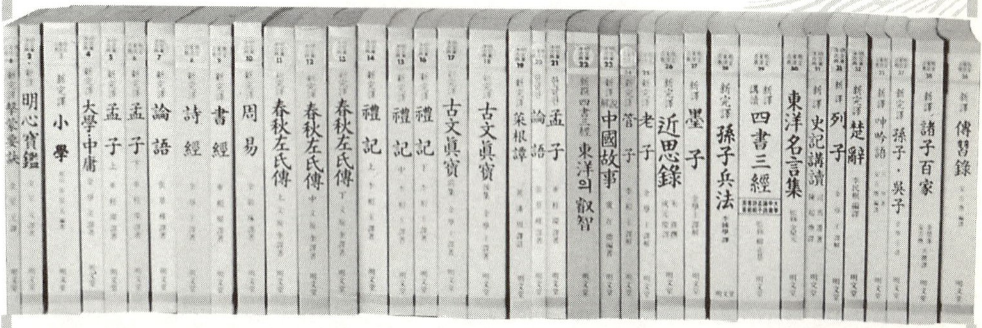

新選東洋古典

新完譯 **擊蒙要訣** 金星元 譯註
新譯 **明心寶鑑** 金星元 譯著
新完譯 **小學** 金星元 譯著
新完譯 **大學·中庸** 金學主 譯著
新完譯 **孟子**(上,下) 車柱環 譯著
新完譯 **論語** 張基槿 譯著
新完譯 **詩經** 金學主 譯著
新完譯 **書經** 車相轅 譯著
新完譯 **周易** 金敬琢 譯著
新完譯 **春秋左氏傳**(全3卷) 文璇奎 譯著
新完譯 **禮記**(全3卷) 李相玉 譯著
新完譯 **古文眞寶**(前,後) 金學主 譯著
新完譯 **菜根譚** 洪自誠 原著 黃浿周 譯註
한글판 **論語** 張基槿 譯著
한글판 **孟子** 車柱環 譯著
新譯 **管子** 李相玉 譯解
新完譯 **老子** 金學主 譯解
新完譯 **近思錄** 朱憙 撰 成元慶 譯
新譯 **墨子** 金學主 譯解
新完譯 **孫子兵法** 李鍾學 譯著
新譯講讀 **四書三經** 柳正基 監修
東洋名言集 金星元 監修
新譯 **史記講讀** 司馬遷 著 진기환 譯
新譯 **列子** 金學主 譯解
新完譯 **楚辭** 屈原 著 이민수 譯
新完譯 **忠經·孝經** 金學主 譯著
新譯 **呻吟語** 呂坤 著 安吉煥 編譯
新譯 **傳習錄** 安吉煥 編譯
新完譯 **孫子·吳子** 金學主 譯
新譯 **諸子百家** 金瑩洙·安吉煥 共撰譯
新譯 **戰國策** 李相玉 譯
新完譯 **六韜三略** 李相玉 譯解
新完譯 原本 **明心寶鑑講義** 金星元 譯著
新譯 **三國志故事成語辭典** 陳起煥 編
新完譯 **淮南子**(上,中,下) 劉安 編著 安吉煥 編譯

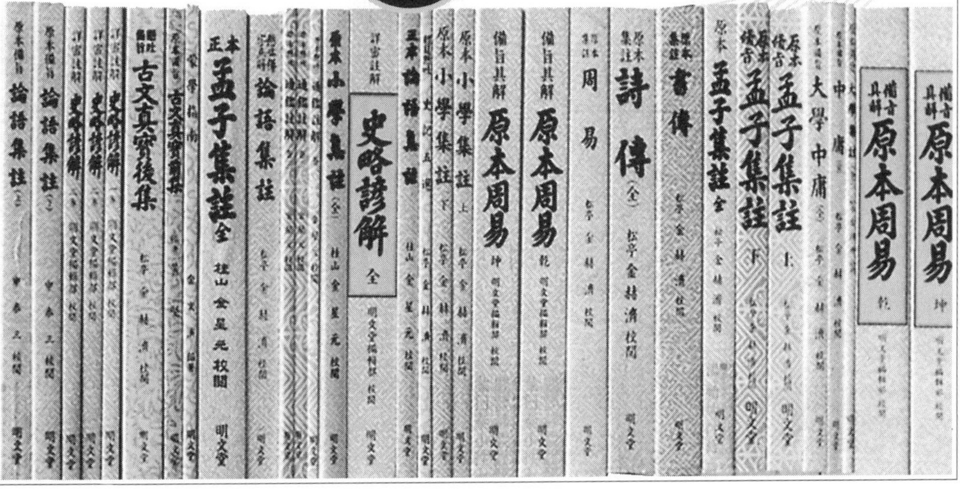